经世济民

诚信服务

德法兼修

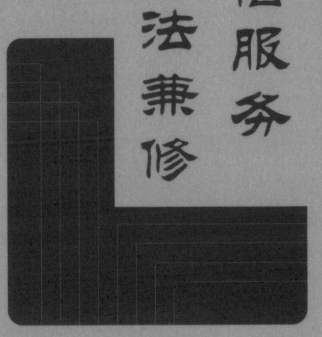

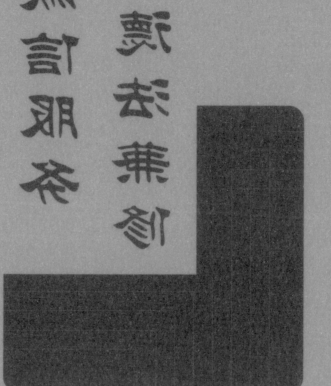

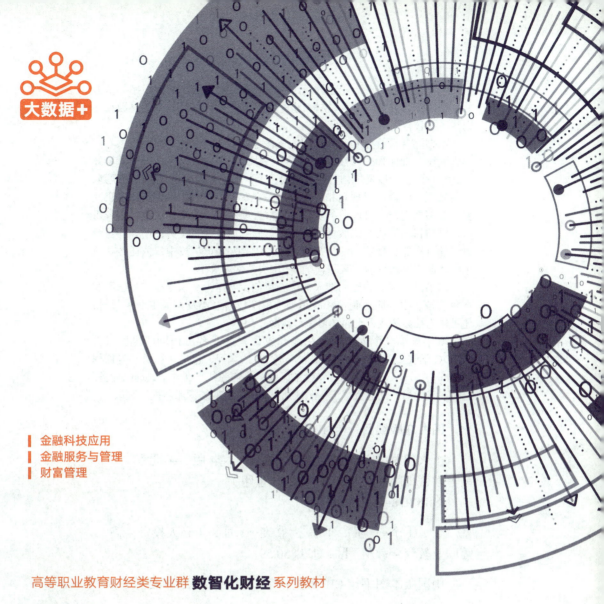

大数据+

金融科技应用
金融服务与管理
财富管理

高等职业教育财经类专业群 **数智化财经** 系列教材

ICVE 智慧职教 高等职业教育在线开放课程新形态一体化教材

个人理财

（第四版）

主　编　潘静波　裘晓飞

副主编　张润禾

高等教育出版社·北京

内容提要

本书是"十二五"职业教育国家规划教材修订版，国家级精品资源共享课"个人理财"配套教材，也是高等职业教育财经类专业群数智化财经系列教材之一。

本书融合银行业专业人员职业资格考试"个人理财"课程的核心内容，强调基础性和应用性的统一。本书共分十个项目，包括理财基础知识、客户分析、投资规划、现金规划、消费规划、人生规划、保障规划、个税规划、综合理财规划和理财规划综合案例，内容体系完整，逻辑性强。本书依托资产管理业务变化和财富管理专业新教学标准进行内容重构，以项目为模块组织教材内容，每个任务均设置有任务情境、任务精讲、任务实施、技能训练，并将课程思政融入知识讲授中，依托教材改革载体创新课堂教学，满足全方面多层次教学需求。

本书具有鲜明的应用型人才培养特色，可作为高职专科院校、职业本科院校、中等职业院校和应用型本科院校财经类及相关专业的教材，还可作为社会从业人士的学习参考读物。

本书配有"个人理财"在线开放课程，读者可访问"智慧职教MOOC学院"（mooc.icve.com.cn）进行在线学习，也可通过访问爱课程网（http://www.icourses.cn）上的国家精品资源共享课"个人理财业务"进行在线学习。其他资源可按照"郑重声明"页的资源服务提示获取。

图书在版编目（CIP）数据

个人理财 / 潘静波，裘晓飞主编 . -- 4 版 . -- 北京：高等教育出版社，2022.5（2024.1重印）

ISBN 978-7-04-057405-0

Ⅰ . ①个… Ⅱ . ①潘… ②裘… Ⅲ . ①私人投资 – 高等职业教育 – 教材 Ⅳ . ① F830.59

中国版本图书馆 CIP 数据核字（2021）第 247982 号

个人理财（第四版）

GEREN LICAI

| 策划编辑 | 黄 茜 | 责任编辑 | 黄 茜 | 封面设计 | 李树龙 | 版式设计 | 于 婕 |
| 插图绘制 | 邓 超 | 责任校对 | 高 歌 | 责任印制 | 刁 毅 | | |

出版发行	高等教育出版社	网 址	http://www.hep.edu.cn
社 址	北京市西城区德外大街 4 号		http://www.hep.com.cn
邮政编码	100120	网上订购	http://www.hepmall.com.cn
印 刷	北京市大天乐投资管理有限公司		http://www.hepmall.com
开 本	787mm×1092mm 1/16		http://www.hepmall.cn
印 张	23.75	版 次	2012 年 8 月第 1 版
			2022 年 5 月第 4 版
字 数	450 千字	印 次	2024 年 1 月第 3 次印刷
购书热线	010-58581118	定 价	49.80 元
咨询电话	400-810-0598		

本书如有缺页、倒页、脱页等质量问题，请到所购图书销售部门联系调换
版权所有 侵权必究
物 料 号 57405-00

第四版前言

本书是"十二五"职业教育国家规划教材修订版，也是高等职业教育财经类专业群数智化财经系列教材之一。依托国家级精品资源共享课"个人理财"课程编写。本书也是浙江省高校"十三五"优势专业建设项目和浙江金融职业学院专业建设能力提升计划的建设成果，本书课程团队成员曾获得全国职业院校技能大赛教学能力比赛一等奖。

本书依据国家专业教学标准、理财行业准则，对接"1+X"证书、职业院校技能大赛、银行业专业人员职业资格证书，基于岗位典型工作任务开发教学内容，结合现代教育技术，要求学生通过学习后能够快速适应数字时代下财富管理职业工作岗位任职需求。本书始终坚持以社会主义核心价值观引导培育学生，多年来一直秉承"实践主导、岗课赛证融合，教学与社会服务一致"的教材编写理念，按照"创新、开放、共享"的发展思路，在教学信息化浪潮中不断丰富教材配套资源，创新课程教学方法，促进优质资源应用与共享，坚持深化教学改革。

浙江金融职业学院"个人理财"课程深耕十余年，逐步形成科学完整的内容体系、多元的实践教学，同时具有鲜明的通识教育特色，并融入投资者金融安全教育，呈现了较强的发展性、应用性与实践性。本书将课程教学设计融入社会服务活动、学生社团活动、投资理财技能大赛等实践项目中，实现"个人理财"理在生活中、理入学习中、理到工作中，在"乐学"中开展通识教育、在"会学"中提升理财知识和技能。

本次修订在已有成熟的新形态一体化教材基础上，依托资产管理业务变化和财富管理专业教学标准进行内容重构，打破了原有教材的章节体系框架，以项目为模块组织教材内容。每个任务均设置有任务情境、任务精讲、任务实施、技能训练，并将课程思政融入知识讲授中，依托教材改革载体创新课堂教学，满足全方面多层次教学需求。在教材框架上，本书更新至十个项目，包括理财基础知识、客户分析、投资规划、现金规划、消费规划、人生规划、保障规划、个税规划、综合理财规划和理财规划综合案例，内容体系完整，逻辑性强。

**个人理财
导学**

　　本书由国家级精品资源共享课"个人理财"团队核心成员共同编写而成，由潘静波、裘晓飞担任主编，张润禾担任副主编，具体编写分工如下：项目一、项目八、项目十由潘静波编写；项目二、项目三由裘晓飞编写；项目四由张润禾编写；项目五由李兵编写；项目六由蔡茂祥编写；项目七由吴诗怡编写；项目九由陆妙燕编写；浙江钱塘江金研院咨询股份有限公司咨询证书部总经理周伟、咨询分析师朱有辉为教材编写提供了丰富、生动的中国理财市场案例。浙江金融职业学院党委书记周建松教授、投资保险学院院长王静教授以及黄海沧教授为本书的撰写提供了许多指导性意见。在本书的编写过程中，我们借鉴了前辈及同行的很多富有价值的成果，在此对他们表示衷心的感谢！由于编者水平有限，书中难免有疏漏不当之处，敬请广大读者批评指正。

编者

2021 年 10 月于杭州

第一版前言

本书是"十二五"职业教育国家规划教材。本书主编所主持的课程"个人理财"于 2010 年申报并获国家精品课程建设项目立项，该课程的定位或特色是：实践主导、教学与社会服务一体，"课证赛"融合。两年来，课程组成员按照计划不断深化课程教学改革，形成了丰富的教学成果，其中本书就是其核心成果之一。

"个人理财"是一门实践性极强的课程，我们在课程改革与建设中，强调课程教学与专业实践活动的统一，强调日常教学与社会服务的"相得益彰"，实现了课程教学与职业资格考证、投资理财技能大赛活动的高度融合。

随着社会公众理财意识的提高和学生对相应职业资格考证需要的不断提升，国家理财规划师（初级）越来越受到学生特别是财经类专业学生的欢迎。为此，本课程组经过反复论证，立足于"理财规划师"国家职业资格认证（ChFP）考试的主体框架，并融合中国银行业从业人员资格认证考试"个人理财"课程的核心内容，历经两年完成了本书的编写任务。

本书的特色可概括为：① 实现课程学习与职业资格考证的有机结合，既有利于学生按照人才培养方案的要求完成课程学习任务，又有助于学生参加国家理财规划师（初级）考试并获取证书；② 强调基础性和应用性的统一，将国家理财规划师（初级）的"基础知识"与"专业能力"两大部分有机地融合在一起；③ 突出专业知识体系的完整性与逻辑性。"个人理财"作为财经大类各专业的专业课程，其内容不同于单纯的职业资格考证。本书以财经大类专业学生为对象，以"经济学基础"和"金融概论"课程为基础，强调本课程与其所学专业之间的知识衔接，以及专业知识体系本身的逻辑性。

本书共分八章，包括理财基础知识、客户分析、人生规划、现金与消费规划、保障规划、个人投资规划、个人税收筹划和综合理财规划等内容，内容之间统分结合，逻辑性强。本书由国家精品课程"个人理财"负责人、浙江金融职业学院陶永诚教授策划、总纂。本书各章的核心编写人员分别为：第一章，陶永诚；第二章，陆妙燕；第三章，裴晓飞；第四章，孙颖；第五章，李兵；第六章，蔡茂祥；第七章，陈琼；第八章，潘静波。裴晓飞、潘静波两位老师在本书的编写过程中做了大量的前期调研和后期核稿工作。中央财经大学博士生导师、原教育部高职高专经济类教学指导委员会主任、首批国家教学名师、国家级教学团队带头人李健教授担任本书的审稿人。浙江金融职业学院党委书记周建松教授、浙江地方金融发展研究中心常务副主任王静教授为本书的撰写提供了许多指导性意见。

在本书的编写过程中，我们借鉴了相关职业资格考证的内容框架与一些表述，吸收了前辈及同行的很多富有价值的成果，在此对他们表示衷心的感谢。

由于编者水平有限，书中难免存在错误或不足之处，敬请广大读者批评指正。

编者

二〇一二年八月

目录 <<<<<<<<

项目一　理财基础知识 / 001

　　任务一　认知经济基础知识 / 004

　　任务二　认知金融基础知识 / 012

　　任务三　掌握财务基础计算 / 025

　　任务四　熟悉理财相关法律法规 / 037

　　任务五　了解岗位及职业发展 / 044

项目二　客户分析 / 053

　　任务一　分析客户财务状况 / 056

　　任务二　分析客户风险特征 / 077

　　任务三　分析客户理财需求 / 085

项目三　投资规划 / 093

　　任务一　测算投资规划需求 / 096

　　任务二　认知投资规划工具 / 100

　　任务三　开展投资规划 / 125

项目四　现金规划 / 135

　　任务一　测算流动性需求 / 138

　　任务二　认知现金规划工具 / 140

　　任务三　开展现金规划 / 148

项目五　消费规划 / 153

　　任务一　测算家庭消费需求 / 156

　　任务二　认知消费规划工具 / 159

　　任务三　开展消费规划 / 162

项目六　人生规划 / 183

　　任务一　测算人生阶段需求 / 186

　　任务二　开展教育规划 / 192

　　任务三　开展养老规划 / 199

　　任务四　开展财富传承规划 / 208

项目七 保障规划 / 215

　　任务一　测算保障需求 / 218

　　任务二　认知保障规划工具 / 230

　　任务三　开展保障规划 / 239

项目八 个税规划 / 249

　　任务一　认知个人税收基础 / 252

　　任务二　开展个人税收筹划 / 275

项目九 综合理财规划 / 287

　　任务一　综合编制理财规划方案 / 290

　　任务二　综合理财方案编制与评价 / 298

项目十 理财规划综合案例 / 311

　　任务一　城市成熟型家庭理财规划方案 / 313

　　任务二　杭州市"80后"双职工中薪家庭理财规划 / 327

附录一 财务计算器及运用实例 / 347

附录二 资金时间价值系数表 / 355

参考文献 365

项目一
理财基础知识

- 任务一　认知经济基础知识
- 任务二　认知金融基础知识
- 任务三　掌握财务基础计算
- 任务四　熟悉理财相关法律法规
- 任务五　了解岗位及职业发展

学习目标

知识目标
- 理解宏观经济知识
- 理解宏观金融知识
- 掌握理财财务计算方法
- 熟悉理财所处法律环境

能力目标
- 加深对宏观指标掌握，能够分析指标反映的信息
- 能发现理财计算规律，解决理财场景中存在问题
- 能处理各类理财数据，用多种方式进行展示表达

素养目标
- 提高对宏观经济变化的敏锐性
- 培养观察能力和问题解决能力
- 形成投资者理性投资基本理念

思维导图

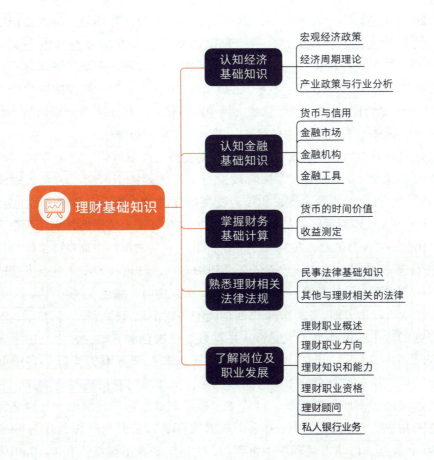

理财基础知识

- 认知经济基础知识
  - 宏观经济政策
  - 经济周期理论
  - 产业政策与行业分析
- 认知金融基础知识
  - 货币与信用
  - 金融市场
  - 金融机构
  - 金融工具
- 掌握财务基础计算
  - 货币的时间价值
  - 收益测定
- 熟悉理财相关法律法规
  - 民事法律基础知识
  - 其他与理财相关的法律
- 了解岗位及职业发展
  - 理财职业概述
  - 理财职业方向
  - 理财知识和能力
  - 理财职业资格
  - 理财顾问
  - 私人银行业务

任务一　认知经济基础知识

【任务情境】

新冠肺炎疫情下货币与财政政策保驾护航

2020 年是极不平凡的一年，面对复杂严峻的国内外环境，特别是新冠肺炎疫情的严重冲击，我国经济运行稳定恢复，成为 2020 年全球唯一实现经济正增长的主要经济体，也是少数实施正常货币政策的主要经济体之一，同时也在财政政策方面书写了不平凡的一笔，2020 年全年，我国国内生产总值（GDP）同比增长 2.3%，经济总量突破 100 万亿元，居民消费价格指数（CPI）同比上涨 2.5%，就业形势总体稳定，进出口贸易逆势增长。

在财政政策方面。由于受到新冠肺炎疫情的严重冲击。2020 年的财政赤字率目标上调到了 3.6%。中央财政发行 1 万亿元特别国债，加大了财政对"六稳""六保"的支持力度，积极为受疫情冲击的企业纾困，满足民生需求。在 2019 年大规模减税降费基础上，加上 2020 年新推出的措施，全年为企业新增减负超过 2.5 万亿元。2021 年是"十四五"开局之年，中央经济工作会议提出 2021 年经济工作的八项重要任务，归纳起来，财政政策需要重点支持的有以下几个方面：科技发展、"三农"发展、扩大内需、绿色发展。

在货币政策方面。《2020 年第四季度中国货币政策执行报告》显示，2020 年稳健的货币政策体现了前瞻性、主动性、精准性和有效性，为我国率先控制疫情、率先复工复产、率先实现经济正增长提供了有力支撑。多措并举引导金融系统向实体经济让利 1.5 万亿元，实体部门获得感明显增强，总量上通过降准、中期借贷便利、再贷款、再贴现等工具，共推出 9 万多亿元货币支持措施。价格上前瞻性引导中期借贷便利和公开市场操作中标利率下降 30 个基点，带动市场利率中枢下行，1 年期贷款市场报价利率（LPR）同步下行。货币政策目标顺利实现，2020 年年末广义货币（M2）同比增长 10.1%，社会融资规模存量同比增长 13.3%。企业综合融资成本明显下降，2020 年 12 月企业贷款加权平均利率为 4.61%，较上年同期下降 0.51 个百分点，创有统计以来新低。信贷结构持续优化，2020 年年末普惠小微贷款和制造业中长期贷款余额同比分别增长 30.3% 和 35.2%。人民币汇率以市场供求为基础双向浮动，弹性增强，在合理均衡水平上保持基本稳定。2020 年年末中国外汇交易中心（CFETS）人民币汇率指数报 94.84，较上年年末升值 3.78%。

新冠肺炎疫情下货币政策、财政政策打出了组合拳，通过宏观调控政策渡过疫情给经济带来的难关。总的来说，保持积极的财政政策可大力提质增效、突出结构调整，保持稳健的货币政策使其更加灵活适度。那么，应如何理解各类宏观经济政策呢？

【任务精讲】

宏观经济和金融环境与理财密切相关，可以看作是理财活动的"晴雨表"。因此必须首先要熟悉不同层次的经济环境，了解个人理财活动在整个经济活动中的地位以及经济形势、政策等对个人理财的影响。具体来说，从事个人理财活动，首先就要了解 GDP、物价指数、汇率、利率、财政政策、货币政策等的含义，并且把握其与个人理财活动的千丝万缕的关系。

一、宏观经济政策

宏观经济政策对个人理财具有实质性影响。因为宏观经济政策的制定是为了达到物价稳定、经济增长、充分就业、国际收支平衡等目标，是解决经济问题的总体性指导原则和保障手段，所以直接影响个人理财策略的制定。

（一）财政政策

财政政策是指政府根据当前宏观经济形势，采取税收、预算、国债、财政补贴、转移支付等手段来调整财政收入与支出的规模和结构，以达到预期的财政政策目标，并对整个经济运行产生影响。积极的财政政策往往可以有效地刺激投资需求的增长，紧缩的财政政策则可以熨平通货膨胀带来的影响。

（二）货币政策

货币政策是中央银行对当前的经济形势进行判断，并借助于货币政策工具来实现对宏观经济的调控。经常采用的货币政策工具有：存款准备金制度、再贴现政策、公开市场业务。货币政策通常分为紧缩的货币政策和宽松的货币政策。在宽松的货币政策下，中央银行采取降低准备金率与再贴现率和公开市场买进的政策，促使资本价格上扬；反之，中央银行采取紧缩政策，造成资本价格下跌。

财富万象（一）

理财时代与个人理财基础

财政政策

货币政策

中国人民银行有哪些"新型"货币政策工具？

我国货币政策日趋多元化，除了"三大法宝"（央行公开市场操作、存款准备金、再贴现政策）外，中国人民银行还创设了各种货币政策工具。同学们知道有哪些吗？

【提示】中国人民银行（简称央行）根据不同的目的和需要创设了多

种流动性调节工具，主要有：短期流动性调节工具（SLO）、临时流动性便利（TLF）、逆回购（Reverse Repo）、常备借贷便利（SLF）、中期借贷便利（MLF）、抵押补充贷款（PSL）。

短期流动性调节工具（Short-term Liquidity Operations, SLO）作为公开市场常规操作（逆回购）的必要补充，在银行体系流动性出现临时性波动而逆回购操作暂停时相机使用。这一工具的及时创设，有利于央行有效调节市场短期资金供给，熨平突发性、临时性因素导致的市场资金供求大幅波动。

临时流动性便利（Temporary Liquidity Facilities, TLF）是央行为保障春节前现金投放的集中性需求，确保银行体系流动性和货币市场平稳运行而进行的操作，为在现金投放中占比高的几家大型商业银行，提供临时流动性支持，该操作期限为 28 天。

逆回购（Reverse Repo）是人民银行向一级交易商购买有价证券并约定在未来特定日期将有价证券卖给一级交易商的交易行为，逆回购为央行向市场上投放流动性的操作，逆回购到期则为央行从市场收回流动性的操作。

常备借贷便利（Standing Lending Facility, SLF）是中国人民银行正常的流动性供给渠道，主要功能是满足金融机构期限较长的大额流动性需求。对象主要为政策性银行和全国性商业银行。但是在实践中，SLF 的操作期限并不长，以 1 个月以内的短期为主。期限为隔夜、7 天和 1 个月。

中期借贷便利（Medium-terms Lending Facility, MLF）是中央银行提供中期基础货币的货币政策工具，对象为符合宏观审慎监管要求的商业银行和政策性银行，可通过招标方式开展。发放方式为质押方式，需提供国债、央行票据、政策性金融债、高等级信用债等优质债券作为合格质押品。操作期限较长，具体来看有 3 个月、6 个月和 1 年 3 种操作期限。

抵押补充贷款（Pledged Supplemental Lending, PSL）是支持国民经济重点领域、薄弱环节和社会事业发展而对金融机构提供的期限较长的大额融资，抵押补充贷款采取质押方式发放，合格抵押品包括高等级债券资产和优质信贷资产。

（三）其他政策手段

（1）收入分配政策。收入分配政策是指国家为实现宏观调控总目标和总任务，针对居民收入水平高低、收入差距大小在分配方面制定的政策和方针。偏紧的收入分配政策会降低投资需求，造成资本价格下跌，自然影响了理财需求；反之，偏松的分配政策会刺激投资理财。

（2）税收政策。税收政策直接影响交易成本，从而关乎投资收益的多少，因此在个人理财活动中，形成不同程度的活跃度。例如，新个税改革后个税免征额提高到 5 000 元，可以增加广大居民的可支配收入，增加消费与投资。

（3）外贸政策。外贸政策是指一国政府根据本国的政治经济利益和发展目标而制定的在一定时期内的进出口贸易活动的准则，集中体现为一国在一定时期内对进出口贸易所实行的法律、规章、条例及措施等。

二、经济周期理论

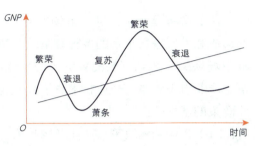

图 1-1　一个完整的经济周期

经济周期又称商业循环，是指经济活动沿着经济发展的总体趋势所经历的有规律的扩张和收缩。一个完整的经济周期通常包括萧条、复苏、繁荣和衰退四个阶段（见图 1-1），在不同的经济周期中对应的投资策略也应有所区别，因此理财需要踩准经济周期的节拍。

经济周期不同阶段的特征能够有效地反映在各个经济变量上。在经济复苏、繁荣阶段，GDP 快速增长，工业产值提高，就业率上升，个人可支配的收入增加，对应的企业股票估值上升，证券投资收益的表现尤其明显，理财策略应尽量地分享周期向上带来的回报，持有对周期波动敏感行业的相应资产（如房地产、金融行业股票），减少储蓄类和固定收益类产品（债券）的配置。在经济处于衰退、萧条阶段，个人和家庭应考虑增加抗风险能力较强、受周期波动较小的行业资产（如医药、电力等行业股票），增加债券和储蓄类产品，避免周期波动带来的资产缩水。具体见表 1-1。

表 1-1　经济周期与个人理财策略表

理财产品	预期经济增长，处于景气周期		预期经济衰退，处于不景气周期	
	理财策略调整建议	调整理由	理财策略调整建议	调整理由
储蓄	减少配置	收益偏低	增加配置	收益稳定
债券	减少配置	收益偏低	增加配置	风险较低
股票	增加配置	企业盈利增加，可以支撑牛市	减少配置	企业盈利降低，可能引发熊市
基金	增加配置	在投资市场繁荣的支撑下提升基金价值	减少配置	投资市场不景气，基金业绩表现不佳
房产	增加配置	价格上涨	适当减少	市场转淡

三、产业政策与行业分析

宏观经济政策和经济周期都是从宏观层面分析理财影响因素，而这部分侧重从中观和微观角度进行解析，这就要求理财规划师能够从多个侧面去剖析实际理财案例。

（一）产业政策

产业政策是为了弥补"市场失灵"，实现一定的经济和社会目标而对产业的形成和发展进行干预的各种政策的总和。通过直接或者间接的干预手段，弥补市场缺陷，达到有效配置资源的功能。产业政策大致可以分为产业结构政策、产业组织政策、产业技术政策和产业布局政策四大类，它们共同构成了产业政策的基本体系。

（1）产业结构政策。产业结构政策，简单来说就是产业发展的重点顺序选择问题。国家在规划和调整产业结构时，都会依据当下经济发展的内在联系，通过选择一系列的支柱产业、主导产业、重点产业，揭示一定时期内产业结构的变化趋势及其过程，进而推动国民经济发展的政策。

（2）产业组织政策。产业组织政策，即政府为实现这一目标而对某一产业或企业采取的鼓励或限制性的政策措施。同时，因一般认为良好产业组织的形成需以市场结构合理、竞争适度为条件，因而，产业组织政策也被称为禁止垄断政策或促进竞争政策。

（3）产业技术政策。产业技术政策是指国家制定的用以引导、促进和干预产业技术进步的政策的总和。它以产业技术进步为直接的政策目标，是保障产业技术适度和有效发展的重要手段。由于其几乎涉及国民经济的所有产业，因此，产业技术政策也往往被看作是整个国家的技术政策。

布局"十四五"，首批国家 66 个战略性新兴产业集群

"十四五"时期战略性新兴产业的产业布局主要需要关注两方面的变化，一方面是国家区域协调发展战略对于新兴产业提出了新的要求，在粤港澳大湾区、长江经济带、长江三角洲区域一体化、京津冀协同发展等国家战略中均对战略性新兴产业的发展提出了对应的布局要求。另一方面是战略性新兴产业本身布局政策着力点的变化。随着产业规模的快速扩大，产业布局政策关注点的层级也需快速提升，不应再将大量精力投入到具体的产业项目中，而是应将重点转向区域集群的建设。通过在重点领域推动重点集群的发展实现整个产业竞争力的全面提升。2019 年国家发展改革委下发了《关于加快推进战略性新兴

产业集群建设有关工作的通知》，在十二个重点领域公布了第一批国家级战略性新兴产业集群建设名单，共涉及 22 个省、市、自治区的 66 个产业集群（见表 1-2）。

表 1-2　第一批国家级战略性新兴产业集群

领域	个数
人工智能	4
集成电路	5
新型显示器	3
下一代信息网络	3
信息技术服务	7
网络安全	1
生物医药	17
节能环保	3
先进结构材料	5
新型功能材料	9
智能制造	7
轨道交通装备	2
合计	66

为了应对"十四五"时期内外部环境变化带来的重大挑战与重大机遇，应结合我国具体发展基础和下一步重大发展需求，推动创新驱动战略性新兴产业加快发展的实现：一是"补短板"。习近平总书记指出："关键核心技术是要不来、买不来、讨不来的。"针对我国战略性新兴产业中的集成电路生产基础工艺与核心设备、高端功能材料等重点"卡脖子"领域，必须发挥举国体制优势，加大投入力度，集中攻关予以突破。二是"促长板"。"十四五"期间要重点在第五代移动通信、人工智能、新能源、新能源汽车等我国已经具备一定竞争实力的领域，加强整体创新体系建设，在一批产业领域形成中国具备引领能力的产业标准与认证体系。三是"强基础"。基础研究是整个科学体系的源头，基础材料、基础工艺是整个产业发展的源头，只有打好基础，才能长远发展，始终保持立于潮头。为了保证战略性新兴产业的长期发展能力，需在新材料、量子信息、可控核聚变等重点领域、重点技术方面长期持续投入，久久为功，以图长远。

讨论：产业发展与布局对个人理财有哪些重要作用？

（4）产业布局政策。产业布局政策解决的是产业空间和地域的配置格局问题，为实现产业分布合理化而采取的政策手段的总和，是实现产业合理分布的重要手段。

在经济不发达阶段，政府的产业布局政策应该强调地区发展的非均衡性，优先发展具有某些优势的地区，使其实现超常规增长，成为区域增长极，从而带动其他地区乃至整个国家经济的增长。在经济发展到一定水平后，产业布局政策应该从社会稳定的大局出发，注重地区发展的均衡性，对经济落后地区进行重点扶持。在经济发展到相当发达水平，即一个国家之内各个地区的经济都比较发达之后，这时的产业布局政策就不用再对某些地区实行倾斜，而应该以分散布局为主。

（二）行业分析

行业分析是指根据经济学原理，综合应用统计学、计量经济学等分析工具对行业经济的运行状况、产品生产、销售、消费、技术、行业竞争力、市场竞争格局、行业政策等行业要素进行深入的分析，从而发现行业运行的内在经济规律，进而预测未来行业发展的趋势。理财规划师对行业的市场结构、竞争结构以及生命周期进行判断，做出投资理财的决策，这也是证券投资分析的重要部分。

（1）行业的市场结构分析。根据各行业中企业的数量、产品的属性和价格的控制程度等因素，可以将行业分成四种类型：完全竞争、不完全竞争、寡头垄断和完全垄断。

（2）行业的竞争结构分析。在分析本行业的企业竞争格局以及本行业与其他行业之间的关系时，可以借用"现代竞争战略之父"美国哈佛商学院著名教授迈克尔·波特（M.E.Porter）的观点。他认为，一个行业中的竞争，不止是在原有竞争对手中进行，而是存在着五种基本的竞争力量：潜在的行业新进入者、替代品的竞争、购买者讨价还价的能力、供应商讨价还价的能力以及现有竞争者之间的竞争（见图1-2）。这五种基本竞争力量的状况及综合强度，决定着行业竞争的激烈程度，从而决定着行业的获利潜力以及资本向本行业的流向程度，这一切最终决定着企业保持高收益的能力。

（3）行业的生命周期。行业的生命周期指行业从出现到完全退出社会经济活动所经历的时间。行业的生命周期主要包括四个发展阶段：幼稚期、成长期、成熟期、衰退期。在不同的阶段会显现出不同的特征。因此投资者需要顺应产业结构演进的趋势，在选择有潜力的行业进行投资的同时，也要把握不同生命周期的行业，因为不同生命周期的行业的风险和收益特征是不一样的。

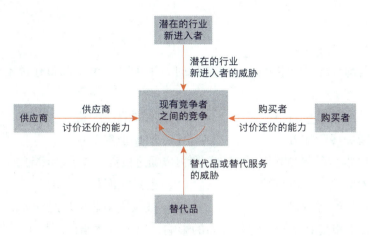

图 1-2　波特的五力模型

【任务实施】

结合任务精讲，在"新冠肺炎疫情下货币与财政政策保驾护航"的任务情境中，我们看到了财政政策和货币政策的综合运用，共同在产业发展、企业纾困、居民生活中发挥了积极正向作用。

财政政策方面，在疫情冲击的当下，针对企业和低收入群体，增加支出的财政政策效果要好于减税。对疫情防控重点企业给予财政支持，主要措施包括退还增值税、进口关税、消费税等，支持企业购置防疫设备、生产防疫物资等。疫后重建时期，在财政收入方面，利用减税政策来鼓励投资减少管制等措施来支持企业扩大投资，提升有效需求。加大减税力度，降低中小企业各项税费，允许企业设备购置费税前抵扣。支出方面，一方面积极支持企业复工复产，促进供给恢复。另一方面积极扩大消费、投资等有效需求。对部门重点企业提供财政贴息和补贴。加强市政工程、农业农村设施、5G 通信等基础设施建设。重点加大消费升级和产业升级领域财政支持力度，支持产业创新服务平台建设，支持新业态、新产业、新服务发展。在更长时期，财政要通过加大在医疗、社会保障等民生和公共领域的投资来提升整个社会的公共基础设施，提升国家、社会以及民众抵御风险的能力。

货币政策方面，首先应继续保持流动性合理的充裕，通过政策利率的引导作用，降低企业的融资成本。其次，使已经出台的专项贷款继续用好落地。同时，充分利用好已有的普惠性货币政策制度。再次，充分发挥政策性金融的作用。大力度支持三家政策性银行继续发挥作用，支持国家开发银行对制造业企业、中国进出口银行对外贸企业、中国农业发展银行对生猪生产的全产业链企业扩大融资支持。

【技能训练】

（一）知识测试（单选题）

1. 当预计经济增长处于景气周期时，下列理财策略调整建议不合理的是（　　）。

A. 减少储蓄配置　　　　　　　B. 增加股票配置

C. 增加房产配置　　　　　　　D. 增加债券配置

2. 下列因素引起的风险中，理财者可以通过投资组合予以消减的是（　　）。

A. 宏观经济状况变化　　　　　B. 世界能源状况变化

C. 发生经济危机　　　　　　　D. 被投资企业出现经营失误

3. 关于市场利率对经济各方面的影响，以下说法错误的是（　　）。

A. 市场基准利率是金融资产定价的基础

B. 当市场利率提高时，可以适当增加银行存款

C. 市场利率的提高会促进房地产市场扩大投资

D. 市场利率的提高会导致债券的价格下降

（二）能力训练

宏观政策综合运用分析

2020 年新冠肺炎疫情给企业生产带来困难、造成财政增收压力，所以必须加大财政支出，加强疫情防控经费保障，继续研究出台阶段性、有针对性的减税降费措施，缓解企业经营困难，这进一步要求积极的财政政策大力提质增效。那么，应如何充分运用宏观政策支持防控疫情、应对疫情影响？

1. 我国的汇率政策是什么？将会新冠肺炎疫情受到疫情的什么影响？

2. 国家采取了哪些货币政策应对新冠肺炎疫情？实施时，需要注意哪些问题？

3. 国家采取了哪些财政政策应对新冠肺炎疫情？实施时，需要注意哪些问题？

任务二　认知金融基础知识

【任务情境】

P2P 网贷机构 "归零"

P2P 网贷机构已实现归零，存量结清压力仍在，越来越多的平台谋求通过输出技术，转型助贷业务。100% 资金来自合作银行、信托等持牌金融机构的平台方越来越多，持牌机构资产业务也逐渐贡献了其大部分营收。

P2P 的本质是一种小额信用借款，英国的 ZOPA 机构发现了小额信贷的商业前景，于是就将这种小额贷款搬到了互联网上，成了最早的 P2P 平台。

在中国，P2P 诞生于互联网金融起步阶段，一经诞生，所有的资本都疯狂流入这个行业，P2P 平台数量一路狂飙。数据显示，2013 年网贷平台数量在 800 家左右，到了 2015 年，为 3 844 家，2017 年中国累计 P2P 平台有 5 970 家。之后立刻急转直下，5 970 家 P2P 平台中有问题的平台高达 4 039 家。2018 年，跑路和爆雷的 P2P 平台数量高达 577 家。在过去的几年里，被揭露的庞氏骗局和大量欺诈交易导致中国监管机构加强了对贷款行业的监管，截至 2020 年 12 月，P2P 平台已经全部清零。

金融市场中，P2P 为何起势如此之快，影响如此之大？从底层逻辑来看，一方面是投融资需求的日益旺盛与投融双方信息断层的矛盾被不良企业利用，通过虚假宣传，庞氏骗局等吸引投资者入局，这也是 P2P 网贷非法集资问题频出的源头；另一方面是互联网金融发展迅速，创新产品良莠不齐，市场监管难以全面覆盖，P2P 平台的发展已经背离了金融基础的借贷行为，缺乏风控能力、尽调能力、投资者保护等。那么如何通过金融市场体系、运行原理来分析 P2P 事件？

【任务精讲】

金融市场是指资金供应者和资金需求者双方，通过信用工具进行交易而实现市场资金融通。金融机构在金融市场中充当了催化剂的作用，帮助资金盈余者和短缺者更快地找到对方，同时货币既是市场的基础，也是国家调控的重要手段，影响着个人生活和理财方式的选择。

一、货币与信用

（一）货币

货币，通常被认为是在商品、劳务交易中或债务清偿中被社会普遍接受，充当一般等价物的东西，是价值尺度和流通手段的统一。在现代社会，广义的货币以各种各样的形态存在，包括现金、存款、支票、银行卡、旅行支票、汇票等。从表 1-3 中可以看到这些货币的存在方式有着各自的特点。

货币与信用

表 1-3　货币的主要形式和特征

形　式	特　征
流通中的现金	直接用于支付，即期、实时结算，流动性最强，不记名，人们普遍接受，以国家法律为发行保证，中央银行信用，无收益或收益较低

续表

形 式	特 征
活期存款	流动性仅次于现金，记名，商业银行为付款人，能灵活支取，可转账，但需要一定的程序，收益较低，安全性较高
定期存款	流动性差，是潜在的购买力，支取需要一定的程序，记名，银行为付款人，有一定收益，安全性高
银行卡	记名，银行卡本身不是货币，银行卡项下的存款是货币，属于即期，可以提现或转账，收益低，风险小
单用途借记卡	如购物卡、饭卡、交通卡，类似现金，不记名，无收益，丢失后有被他人使用的风险
有价证券	国库券、企业债券、人寿保单、股票、基金等，可记名也可不记名，变现需要一定的程序，比银行存款收益高，除国库券外其他债券有一定的风险
外汇	外汇现钞：无收益，境内无法使用 外汇有价证券：有收益，也有风险，兑现需要一定的程序 外汇票据：无收益或低收益，可调动存款账户，远期票据可以进行贴现融资 外汇存款：收益较低，安全性较高
黄金	买卖需要一定的金融市场

（1）货币层次。在现代金融体系之下，货币是引起宏观经济变动的重要因素，观测和分析货币的流通结构和路径，成为各国中央银行制定货币政策的重要依据。

我国根据自身政策目的的特点和需要，以金融资产流动性的大小作为标准，将货币分为四个层次：

第一层次：M0=流通中的现金。

货币流向

第二层次：M1=M0+企业、机关团体、部队的活期存款+农村活期存款+其他活期存款。

第三层次：M2=M1+城乡储蓄存款+企业、机关团体、部队的定期存款。

第四层次：M3=M2+财政金库存款+银行汇兑在途资金+其他非银行金融机构存款。

在这四个层次中，M0与消费变动密切相关，是最活跃的货币；M1通常被称为狭义货币，反映居民和企业资金的松紧变化和现实购买力，是经济周期波动的先行指标，流动性仅次于M0；M2通常被称为广义货币，反映的是社会总需求的变化和未来通货膨胀的压力状况，即通常所说的货币供应量；M3根据金融工具的不断创新而设置。

（2）货币价值。在信用货币制度下，一国货币的对内价值就是该国货币的对内购买力。其大小由单位货币所能购买的商品和劳务决定，因此货币的对内购买力通常与一国国内物价水平呈反向相关关系，用数学公式表示就是货币的对内购买力等于该国国内物价水平的倒数。

货币对外价值是指一国货币对外的兑换能力，通常通过汇率来表现。兑换的外币越多，说明对外价值越高。一般来说货币的对内价值是决定其对外价值的基本依据，但二者之间经常发生较大幅度的偏离，这主要是因为货币的对外价值不仅取决于对内购买力的大小，还要受外汇市场上货币供求状况变化的影响。

（3）通货膨胀与通货紧缩。通货膨胀是指由于货币供应过多而引起的货币贬值，物价水平持续而普遍上涨的现象，反之则为通货紧缩。根据物价的上涨水平，可分为缓行的通货膨胀、疾驰的通货膨胀和恶性循环的通货膨胀三类。在经济发展过程中，保持温和的通货膨胀可以刺激经济的增长，能像润滑油一样刺激经济的发展，这就是所谓的"润滑油政策"。

近年来，通货膨胀的重要参考指标CPI（见图1-3），成为国家制定宏观经济策略的重要参考，也成为大众关注的焦点。因为出现通货膨胀，所有固定利率（不随市场变化而调整产品利率）的资产都将不同程度地贬值，因此需要持有一些浮动利率的资产、黄金、股票和外汇进行保值，表1-4列出了通货膨胀、通货紧缩对个人理财产生的决策改变。

图 1-3　中国 1987—2020 年 CPI 年度数据

表 1-4　通货膨胀、通货紧缩与个人理财策略

理财产品	预期未来温和通货膨胀		预期未来温和通货紧缩	
	理财策略调整建议	理财策略调整理由	理财策略调整建议	理财策略调整理由
储蓄	减少配置	扣除通胀后的净收益走低	维持配置	收益稳定
债券	减少配置	利率上升，市场价格下跌	增加配置	利率下降，市场价格上升
股票	适当增加配置	企业盈利上升，股票价格上升	减少配置	企业盈利下降、股票价格下跌
基金	增加股票型基金配置	投资回报总体上升	减少股票型基金配置	投资回报总体下降

（二）信用

在商品交换和货币流通存在的条件下，债权人以有条件贷出货币或赊销商品，债务人则按约定的日期偿还借贷或偿还货款，并支付利息，被称为信用。信用与货币的不同之处，在于它只是未来付款的一种承诺，而承诺是否兑现，即承诺的可靠性，完全靠授信方或赊销卖方自行判断。

从市场实践看，信用有等同货币作用的性质，信用方式也是一种占据主导地位的支付方式，如信用结算（票据、担保）、信用卡、信用证等。作为现代市场经济的一个重要特点，信用渗透到人们社会生产、生活和交换的每一个角落。

货币传导
创造机制

人人都有"经济身份证"

在现代社会，信用对于个人非常重要，被称作第二张身份证。而"个人征信系统"则逐渐让信用成为日常生活中不可缺少的一张"经济身份证"。

简单来说，征信系统就是专业化的、独立的第三方机构（目前我国是中国人民银行征信中心）为个人建立信用档案和基础数据库，依法采集、客观记录个人的信用信息，并依法对外提供个人的信用报告的系统。我国的个人征信系统于 2006 年 1 月正式在全国联网运行。央行的个人征信系统并非老百姓所认为的"黑名单"，而是个人信贷情况的真实反映。目前，各金融机构在办理企

业和个人信贷业务，包括信用卡等过程中，均把查询企业和个人的信用记录作为审批的条件。对于连续三次逾期还款或累计六次逾期还款的个人，在办理银行业务的时候很有可能被拒绝。

"个人征信系统"以特有的方式，影响着个人的行为，推动着社会信用体系的建设。截至目前，个人信用报告主要包括四大类信息：个人基本信息，包括个人的姓名、证件类型及号码、通信地址、联系方式、婚姻状况、居住信息、职业信息等；贷款信息，包括贷款发放银行、贷款额、贷款期限、还款方式、实际还款记录、担保信息等；信用卡信息，包括发卡银行、授信额度、还款记录等；信贷信息以外的信用信息，如公积金、社保等非银行信用信息。

个人可以在中国人民银行征信中心现场查询网点和互联网查询平台查询自己的信用报告，查询自己的信用报告只需携带有效身份证件的原件及复印件；也可以书面形式委托他人代理查询，代理人需携带其本人和委托人的有效身份证件的原件及复印件。

（三）利率

利息，从其形态上看，是货币所有者因为借出货币资金而从借款者手中获得的报酬。简单地说，就是借出者在借贷期间所获得的利息额和借贷本金的比率，通常表示为单位时间内一定本金百分比的形式。

利率包括法定利率和市场利率。市场利率是市场资本借贷成本的真实反映，也成为市场上理财产品定价的重要标准。而能够及时反映短期市场利率变动的指标有银行间同业拆借利率、国债回购利率等。在现实生活中，计算理财产品真实收益的时候，将名义利率减去通货膨胀率之后才是实际利率。

利率对于个人理财策略来说是最基础、最核心的影响因素之一，发挥着"经济杠杆"的作用，可以直接影响人们的经济利益。例如，提高利率会减少社会投资总量，而差别利率可以调节社会投资结构；在企业经济活动中，调整利率高低，可以影响企业的生产成本与收益，并使其发挥促进企业改善经营管理的作用；在个体经济行为中，调整利率高低可以改变储蓄收益，对居民的储蓄倾向和储蓄方式的选择产生影响，进而影响社会资本的供给。在理财时可参考表1-5中的相关建议。因此，在制定理财策略的时候，应掌握几个重要的标志性利率，如我国1年期存款基准利率、5年期贷款基准利率等，需要考虑到这些基准利率变化带来的影响。

表 1-5　利率变化与个人理财策略

理财产品	预期利率上升		预期利率下降	
	理财策略调整建议	理财策略调整理由	理财策略调整建议	理财策略调整理由
储蓄	减少配置	扣除通货膨胀后的净收益走低	维持配置	收益稳定
债券	减少配置	市场价格下跌	增加配置	市场价格上升
股票	减少配置	不利于股票市场整体走势	增加配置	市场价格上升，对股票市场整体是利好
基金	增加货币市场基金配置，减少股票债券基金配置	债券、股票市场不利，影响基金业绩	增加股票、债券类基金配置	债券、股票市场的有利变化影响基金业绩

（四）汇率

外汇是以外币表示的用来清偿国家间债权债务关系的支付手段和工具。外汇的价格称为"汇率"，是将一种货币表示为另一种货币的价格。在国际汇兑中，外汇汇率具有双向表示的特点：既可以用本币表示外币价格，被称为直接标价法；又可以用外币表示本币价格，被称为间接标价法。

在开放经济体系下，一个经济体的货币汇率的变动对国内总供给、产业结构、就业水平、国民收入、国际收支、国际经济都会造成影响，会联动个人理财策略。例如，当一个经济体出现持续的国际收支顺差（或逆差）时，将会导致本币汇率升值（或贬值），那么个人理财组合应同时考虑本币理财产品与外币理财产品的搭配。对于外币理财的选择还需要考虑结构配置，可参考表 1-6 列示的汇率变化与个人理财策略。

表 1-6　汇率变化与个人理财策略

理财产品	预期未来本币升值		预期未来本币贬值	
	理财策略调整建议	理财策略调整理由	理财策略调整建议	理财策略调整理由
储蓄	增加配置	收益将增加	减少配置	收益将减少
债券	增加配置	本币资产升值	减少配置	本币资产贬值
股票	增加配置	本币资产升值	减少配置	本币资产贬值
基金	增加配置	本币资产升值	减少配置	本币资产贬值
房产	增加配置	本币资产升值	减少配置	本币资产贬值
外汇	减少配置	本币价值更高	增加配置	外汇相对有升值空间

二、金融市场

（一）金融市场的含义

金融市场是指以金融资产为交易对象而形成的供求关系以及交易机制的综合。它是金融资产进行交易的有形和无形的"场所"，反映了金融资产供应者和需求者之间的供求关系，包含了金融资产的交易机制，其中最主要的是价格（包括利率、汇率等）机制。

（二）金融市场的构成要素

金融市场的构成要素包括主体、客体和中介。

（1）主体。金融市场的主体是参与金融市场交易的当事人，既是资金供应者，也是资金需求者，包括企业、政府及政府机构、金融机构、居民个人等。他们既能向金融市场提供资金，也需从金融市场筹措资金，这是金融市场得以形成和发展的一项基本因素。

（2）客体。金融市场的客体即金融工具，是金融市场的交易对象。它包括货币头寸、票据、债券、股票、外汇和金融衍生品等。

（3）中介。在资金融通过程中，中介在资金供给者与资金需求者之间起媒介或桥梁作用。金融中介大体分为两类：交易中介和服务中介。交易中介通过市场为买卖双方成交撮合，并从中收取佣金。交易中介包括银行、证券公司、证券交易所和证券登记结算公司等。服务中介本身不是金融机构，但却是金融市场上不可或缺的，如会计师事务所、律师事务所、投资咨询公司和证券评级机构等。

（三）金融市场的分类

金融市场的构成十分复杂，它是由许多不同的子市场组成的一个庞大市场体系。子市场的组成和关系就是通常说的金融市场结构。金融市场按金融资产期限可分为货币市场和资本市场；按交易工具不同可分为债权市场和权益市场；按照发行流通性质不同可分为一级市场和二级市场；按组织方式不同可分为交易所市场和场外交易市场；按交割方式不同可分为现货市场和衍生品市场；按辐射地域不同可分为国际金融市场和国内金融市场；按金融资产的种类不同可分为证券市场和非证券金融市场。其中证券市场包括股票市场、债券市场、证券投资基金市场、证券衍生品市场等，非证券金融市场包括股权投资市场、信托市场、融资租赁市场、外汇市场、黄金市场、保险市场、银行理财产品市场、长期贷款市场等（见图1-4）。

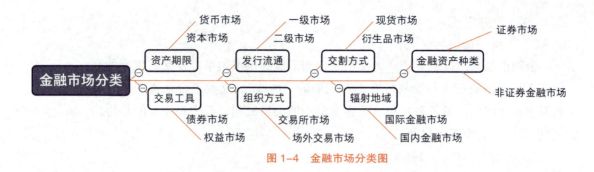

图 1-4　金融市场分类图

三、金融机构

金融机构作为金融市场的重要参与者，是指从事与金融服务业有关的金融中介机构，主要包括商业银行、政策性银行、非银行金融机构以及对金融体系实施监管的中央银行和其他监管机构。

根据国家金融监管机构官方网站的权威发布数据，截至 2019 年 12 月月末，我国银行业金融机构法人 4 607 家，其中开发性金融机构 1 家、住房储蓄银行 1 家、政策性银行 2 家、国有大型商业银行 6 家、股份制商业银行 12 家、民营银行 18 家、外资法人银行 41 家、城市商业银行 134 家、信托公司 68 家、金融租赁公司 70 家、消费金融公司 24 家、汽车金融公司 25 家、货币经纪公司 5 家、企业集团财务公司 258 家、金融资产管理公司 4 家、贷款公司 13 家、村镇银行 1 630 家、农村商业银行 1 478 家、农村信用社 722 家、农村资金互助社 44 家、农村合作银行 28 家、其他金融机构 23 家。另外还有监管的 2 652 家保险专业中介机构、236 家保险机构，证券公司总数达到 133 家，期货公司 149 家，公募基金管理机构 127 家。

我国金融体系见图 1-5。

（一）商业银行

商业银行是个人理财活动中的一个重要主体。因此作为一名理财规划师，需要熟悉商业银行的主要业务、发展概况和现状，以给出准确的理财建议。商业银行的主要类型包括：

（1）国有商业银行。传统的国有商业银行是指中国工商银行、中国银行、中国农业银行、中国建设银行和中国邮政储蓄银行。尽管这些银行中有些已经完成了股份制改造甚至已经上市，从严格意义上讲已经不是国家全资所有的银行，但由于国有股份仍然占很高的比例，于是在本书中仍保留了国有商业银行这个传统的称谓。

（2）股份制商业银行。股份制商业银行包括交通银行、中信银行、光大银行、华夏银行、广东发展银行、深圳发展银行、招商银行、上海浦东发展银行、兴业银行、民生银行、恒丰银行、浙商银行等。

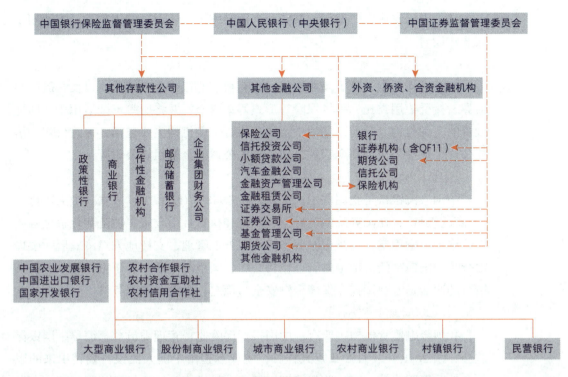

图 1-5　我国金融体系图

（3）城市商业银行和城市信用社。城市商业银行是中国银行业的重要组成和特殊群体，其前身是城市信用社，目的是为中小企业提供金融支持，为地方经济搭桥铺路。如北京银行、杭州银行、宁波银行、徽商银行等。

（4）农村商业银行和农村信用社。农村商业银行是由农村信用合作社发展起来的，是由个人集资联合组成的以互助为主要宗旨的合作金融机构，简称信用社。其以互助、自助为目的，在社员中开展存款、放款业务。

（5）外资商业银行。外资商业银行是指依照中华人民共和国有关法律、法规，经批准在中国境内设立的下列金融机构：总行在中国境内的外国资本的银行（简称外资银行），外国银行在中国境内的分行（简称外国银行分行），以及外国的金融机构同中国金融机构在中国境内合资经营的银行（简称合资银行）。

（二）政策性银行

我国目前的政策性银行主要有三家，分别是国家开发银行、中国进出口银行、中国农业发展银行，均直属国务院领导。

（1）国家开发银行。其资金来源是发行国家政策性金融债券，同时也从国际金融市场上筹措资金。主要用于提供开发性贷款。

（2）中国进出口银行。其资金来源是发行国家政策性金融债券，同时也从国际金融市场上筹措资金。主要用于出口信贷。

（3）中国农业发展银行。其资金来源是中国人民银行的再贷款。主要用于农业建设。

（三）非银行金融机构

在金融体系中，除了商业银行，还有很多非银行金融机构，以发行股票和债券、接受信用委托、提供保险等形式筹集资金，并将所筹资金运用于长期性投资的金融机构。目前，我国主要的非银行金融机构主要包括：保险公司、信托公司、证券公司、基金管理公司、财务公司、金融租赁公司等。

（四）中央银行

中国人民银行是我国的中央银行，于1948年12月1日成立。中央银行是"国家的银行"，在国务院的领导下，制定和执行货币政策，防范和化解金融风险，维护金融稳定，提供金融服务，加强外汇管理，支持地方经济发展。中央银行是一国最高的货币金融管理机构，在各国金融体系中居于主导地位。中央银行的职能是宏观调控、保障金融安全与稳定、提供金融服务。

（五）其他监管机构

我国金融监管机构主要有：中国银行保险监督管理委员会，简称中国银保监会，于2018年4月8日正式挂牌，主要承担由中国人民银行划转出来的银行业的监管职能等，统一监督管理银行业金融机构及信托投资公司等其他金融机构，同时负责全国商业保险市场的监督管理；中国证券监督管理委员会，简称中国证监会，于1992年10月成立，依法对证券、期货业实施监督管理。按照我国现有法律和有关制度规定，中国人民银行保留部分金融监管职能（见图1-6）。

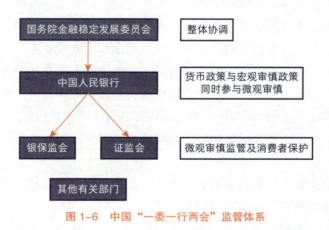

图1-6 中国"一委一行两会"监管体系

四、金融工具

（一）金融工具概述

金融工具是指在金融市场中可交易的金融资产，是贷者与借者之间交易的书面文件，各类金融工具有期限性、流动性、风险性、收益性的共同特性。所有金融工具一般都具有上述四个特征，但不同的金融工具在上述四个方面所表现的程度是有差异的，这种差异便是金融工具购买者在进行选择时所考虑的主要内容。不同种类的金融工具反映了各种特性的不同组合，故能够分别满足投资者和筹资者的不同需求。

（二）金融工具分类

按不同的分类标准（见表1-7），金融工具有多种形式，典型品种包括票据、股票、债券、金融衍生性产品等，具体产品介绍将在投资规划章节中加以详细阐述。

表 1-7　金融工具的种类

分类标准	种类
按不同期限分类	货币市场工具（商业票据、短期公债、大额可转让定期存单、回购协议）
	资本市场工具（股票、公司债券、中长期公债）
按不同融资形式分类	直接融资工具（商业票据、股票、债券）
	间接融资工具（银行承兑汇票、大额可转让定期存单、银行债券、人寿保单）
按不同权利义务分类	债权凭证（除股票外的其他金融工具）
	所有权凭证（股票）
按与实际信用活动的关系分类	原生性金融工具（商业票据、股票、债券、基金）
	衍生性金融工具（期货合约、期权合约、互换合约）

【任务实施】

结合任务精讲，从"P2P网贷机构'归零'"任务情境中，我们可以看到金融体系的严肃性、复杂性。中国金融体系寿险以发展生产力为根本目的，为社会主义建设服务的金融体系意义在于灵活配置资源、发展生产力。国家和广大人民的利益高于私人资本的利益。为社会主义建设服务的金融体系，在价值取向上与处处维护私人资本的资本主义金融体系有着本质不同，"金融创新"绝不意味着损害广大人民利益。国家对于金融体系和金融监管应有必要的顶层设计，顶层设计的目的是趋利避害，充分发挥金融活动的建设性作用，并且特异性地抑制金融活动的破坏性作用。国家坚决反对互联网金融无序竞争、违规运行，脱离实体经济、损害广大人民利益。

【技能训练】

（一）知识测试（单选题）

1. 在通货膨胀条件下（　　）。

A. 名义利率才能真实反映资产的投资收益率

B. 实际利率高于名义利率

C. 个人和家庭的购买力增加

D. 固定利率资产贬值

2. 金融产品下列排序标准下，不准确的是（　　）。

A. 按金融产品的风险由大到小排序为：外汇保证金交易、期货、公司债券、储蓄

B. 按金融产品的流动性由大到小排序为：活期存款、货币市场基金、国债

C. 按金融产品的收益率由大到小排序为：股票、债券、定期存款

D. 按金融产品的利率由大到小排序为：同业拆借、回购协议、银行承兑汇票

3. 中国人民银行、中国银行保险监督管理委员会、中国证券监督管理委员会、国家外汇管理局联合发布《关于规范金融机构资产管理业务的指导意见》。这份资管新规的发布，打破了刚性兑付，让银行理财产品保本保收益成历史。这段描述（　　）。

A. 错误　　　　　　　　　B. 正确

4. 金融市场的首要功能是（　　）。

A. 价格发现　　　　　　　B. 风险管理

C. 资金融通　　　　　　　D. 提供流动性

（二）能力训练

宏观经济与理财产品分析

要求：关注利率、汇率走势，结合当下宏观经济走势进行理财相关分析。

我们生活在中国的宏观环境和政策背景之下，理解和把握这些因素，有利于科学判断理财方向和制定理财策略，也能够为客户提供合理建议，体现理财规划师的专业度。请结合如下几个经济指标进行小组讨论，分析它们对理财产品的影响。

1. 请查阅 2008 年至今的利率政策，国家进行了几次主要的调控，分别是升息还是降息？为什么采取调控？是否起到作用？如果国家提高基准利率，对股票、债券、房产、外汇、保险有何影响？

2. 请查阅 2008 年至今的美元兑换人民币的汇率数据，人民币处于升值还是贬值趋势？在人们的理财生活中应该采取怎样的策略应对？

任务三 掌握财务基础计算

【任务情境】

"双 11"，我该如何合理预支消费？

"双 11"期间，小张看到商家的各种宣传，心里痒痒的，打开蚂蚁借呗，发现 1 万元借一年分 12 期的利息只有 308 块，这样算下来利率只有 3%，再打开余额宝，发现当前年化收益率是 4.01%，部分理财产品年化收益率为 4.7%，小张琢磨着"我把蚂蚁借呗借出来的钱放进余额宝里，这样不就可以躺着挣利差了吗？"

另外，小张还有一张信用卡，他考虑信用卡分期进行消费，按照信息介绍，如果刷卡 1 万元，每月还本金 833.33 元（10000÷12=833.33 元），如果每月多还 60 元的手续费或者利息，一年一共 720 元，年利率是 7.2%（720÷10000=7.2%），好像也不贵。

现实生活中，我们常会接触到各种琳琅满目的年利率、日利率、月利率、7 日年化收益率、分期手续费、等额本息、等额本金等财务名词，只有掌握一定的财务基础知识才能做出准确判断，避免进入消费陷阱。那么小张该如何选择？

【任务精讲】

学习理财，除了了解基础的金融知识，还需要掌握一定的财务管理技能，因为理财旨在让客户的财富实现最大化。只有考虑到资金的时间价值和投资的风险价值，才能进行资源的合理配置，达到收益与风险的平衡。

一、货币的时间价值

货币与时间之间有密切联系，相同的货币在不同的时点出现了价值的差异，这种差异就可以理解为货币的时间价值。这个原理也构成了理财与投资分析的数学基础。无论多么复杂的定价公式，其分析模型都是在这一基础上构建起来的。

（一）货币时间价值的含义

西方有句谚语叫"放在桌上的现金"（cash on the table），它等同于中文俗语

"压在床板下的钱"，喻指人们错过了获利机会，丧失了货币应有的时间价值。

货币拥有时间价值，这个理念可以说是金融发展到今天所倚仗的最根本的原则。货币的时间价值表现为同一数量的货币在不同时点上具有不同的价值差异，差异可能是正向增值或是反向贬值效果。

同一货币量之所以在不同的时点出现价值差异，原因包括：① 货币可以满足当前消费或用于投资而产生回报，具有机会成本。在西方，大多数经济学家都认为货币的时间价值是对货币所有者推迟消费的耐心给予的报酬。② 通货膨胀可能造成货币贬值。③ 投资可能产生投资风险，需要得到风险报酬补偿。高风险的投资需要高回报的补偿，反之亦然。

而影响货币的时间价值大小的因素又包括：① 时间因素。时间与时间价值的大小直接相关，时间越长，价值越大，它们之间成正比关系。② 收益率和通货膨胀率。收益率是决定货币在未来增值程度的关键因素，起到正向效果，而通货膨胀率是货币实际购买力下降的反向贬值因素。③ 累积方式。单利是以最初的本金作为计算收益的基数，而复利则以本息和为基数计息，也被称为利滚利，可以产生比单利更迅速地收益倍增效益。

（二）货币时间价值的计算

货币时间价值的计算涉及的基本参数包括现值、终值、期数、利率、计息方式。

现值：货币今天的价值，通常用 PV 表示。

终值：与现值相对应的一组概念，货币在未来某个时点上的价值，通常用 FV 表示。

期数：货币价值的参照系，通常用 t 或者 n 表示。

利率：即影响金钱时间价值程度的波动要素，通常用 r 表示。

计息方式：包括单利和复利计息方式两种。按照单利计算，每期产生的利息均不会被加入本金中计算下期利息和，而按照复利计算，则每期产生的利息会被加入本金里，用来计算下一期本息和。

财 商学堂

神奇的 72 法则

所谓"72 法则"就是以 1% 的复利来计息，经过 72 年以后，你的本金就会变成原来的一倍。这个公式好用的地方在于它能以一推十。例如，利用 5% 年报酬率的投资工具，经过 14.4 年（72/5）本金就变成一倍；利用 12% 的投资工具，则要六年左右（72/12）就能让 1 元钱变成 2 元钱。

　　因此，如果你手中有 100 万元，运用了年报酬率 15% 的投资工具，便可以很快知道，经过约 4.8 年，你的 100 万元就会变成 200 万元。

　　虽然利用 72 法则不像查表计算那么精确，但可以十分接近，因此当你手中没有复利表时，记住简单的 72 法则，或许能够帮你不少忙。

　　如果你在 60 岁的时候要赚够 200 万元的养老金，投资年回报率在 12%，那么你在 20 岁的时候应该有多少本金呢？

1. 单利终值计算

在单利方式下，终值的计算公式为：

$$FV=PV\times(1+r\times t)$$

式中，FV 为终值；r 为利率；t 为期数。

复利单利

【实训活动 1-1】陈先生现在有一笔资金 1 000 元，如果进行银行的定期储蓄存款，期限为 3 年，年利率为单利 2.00%，那么，根据银行存款利息的计算规则，到期时所得的本息和是多少？

　　陈先生手里的 1 000 元现金是现值，采取的是 2% 的单利年利率，存期为 3 年，因此这笔钱的终值：

$$FV=1\,000\times(1+2.00\%\times3)=1\,060（元）$$

　　如果反过来说，按照单利计算，3 年后的 1 060 元相当于现在的多少资金呢？反推过来的 1 000 元就是现值，在 3 年时间里，从 1 000 元变成了 1 060元，这就是货币的时间价值。

2. 复利终值计算

在复利方式下，终值的计算公式为：

$$FV=PV\times(1+r)^{t}$$

式中，FV 为终值；r 为利率；t 为期数。

【实训活动 1-2】陈先生现在有一笔资金 1 000 元，银行的 1 年期定期储蓄存款的利率为 2.00%，按复利计算，存期为 3 年。那么他在第 3 年年末总共可以得到多少本金和利息呢？

　　陈先生手里的 1 000 元现金是现值，采取的是 2% 的复利年利率，存期为 3 年，因此这笔钱在第一年年末的终值即本息和为：

$1\,000+1\,000\times2.00\%=1\,020（元）$ 相等于 $1\,000\times(1+0.02)=1\,020$（元）

第二年年末的终值为：

$1\,020+1\,020\times2.00\%=1\,040.40（元）$ 相等于 $1\,000\times(1+0.02)^{2}=1\,040.40$（元）

第三年年末的终值为：

$1\,040.40+1\,040.40\times2.00\%\approx1\,061.21（元）$ 相等于 $1\,000(1+0.02)^{3}\approx$

1 061.21（元）

反过来看，如果陈先生想在三年后有 1 061.21 元收入，如果按照复利的投资方法，他现在应该存多少钱进入银行？这就是从终值进行折现到现值的计算，即 $PV=FV/（1+r）^t=1\,000$（元）。

3．名义利率、有效年利率与终值

通常在理财的时候，会碰到两个利率概念：名义利率和有效年利率。名义利率是指 1 年复利几次所给出的年利率，有效年利率是指在考虑复利效果后付出（或收到）的实际利率，简称为实际利率，两者之间存在一定关系。

我们还是来看陈先生的案例。如果这位陈先生存入银行的 1 000 元，1 年定期存款利率仍然是 2%，但是每半年复利一次，存期仍然是 3 年，在第 3 年年末总共可以得到多少本金和利息呢？

原来是一年复利一次，现在变成了半年复利一次，显然 2% 的利率并不是真实有效的年利息，因而被称为名义利率。那么，如何计算实际利率呢？我们可以使用如下公式把名义利率转变成实际利率：

有效年利率的计算公式为：

$$EAR=（1+r/m）^m-1$$

式中，EAR 为有效年利率；r 为名义利率；m 为一年中复利次数。

通过公式可以发现：

其一，有效年利率能真正反映资本的时间价值。

其二，同一名义利率下，复利次数增加，有效年利率也会不断增加，但增加速度会越来越慢。

也就是说，陈先生有效存款利率 $=（1+2\%/2）^2-1=2.01\%$，那么 3 年后的本息和即终值就应该是：$1\,000×（1+2.01\%）^3≈1\,061.52$（元）。如果是每季度复利一次，那就是复利 4 次，$m=4$。可以发现，复利次数越多，有效年利率就越大，产生的利息收益也越多。

其实换个角度来看，在不同复利次数的情况下，对应的复利阶段也是不一样的。原来是 1 年复利 2 次，2% 的利率，共 3 年，即以半年为一个计息周期，利率是 1%，总共有 6 个周期，同样按照终值计算方法：3 年后的终值 = $1\,000（1+2\%/2）^{2×3}≈1\,061.52$（元），结果是相同的。

因此在复杂的复利计息情况下，货币终值可以选择下列公式进行计算：

$$FV=PV×（1+EAR）^t$$

或

$$FV=PV×（1+r/m）^{mt}$$

【实训活动 1-3】陈先生把 1 000 元存进银行，利率为 5%，半年复利一次，求实际利率和 3 年后的终值是多少？

$$EAR=（1+5\%/2）^2-1=0.050\ 625=5.06\%$$

第一个方法：$FV=1\ 000×（1+5\%/2）^{2×3}≈1\ 159.69$（元）。

第二个方法：$FV=1\ 000×（1+0.050\ 625）^{3}≈1\ 159.69$（元）。

4. 年金

在现实生活中，我们有时候需要在固定的一段时间内存取相同数额的货币数量。例如，零存整取的银行存款、住房按揭的分期摊还、消费信贷的分期付款、保险养老金分期给付等。这些现金流都有着相似的特点：在某特定时期内一组时间间隔相同、金额相等、方向相同的现金流，这些都被称为年金，通常用 c、A 或 PMT 表示。

等值现金流发生的时间点不同，这两种年金的终值和现值的计算存在一定的差异。如果是发生在每期期末的收支款项，称为普通年金，也称期末年金；如果是发生在每期期初的收支款项，则称为预付年金，又称期初年金。

（1）普通年金现值公式。

$$PV=c/r×\left[1-（1+r）^{-t}\right]$$

年金计算

【实训活动 1-4】陈先生采用分期付款方式购入商品房一套，每年年末付款 15 000 元，分 10 年付清。若银行利率为 6%，该项分期付款相当于一次现金支付的购买价格是多少？

$PV=c/r×\left[1-（1+r）^{-t}\right]=15\ 000/6\%×\left[1-（1+6\%）^{-10}\right]≈110\ 401$（元）

（2）普通年金终值公式。

$$FV=c/r×\left[（1+r）^{t}-1\right]$$

【实训活动 1-5】陈先生有一笔债务为 10 000 元，打算 3 年还清，如果从现在开始每年年末存入银行一笔相同数额的现金，假设银行的年利率为 5%，他每年需要存入银行多少钱？

$$FV=c/r×\left[（1+r）^{t}-1\right]$$

$$10\ 000=c/5\%×\left[（1+5\%）^{3}-1\right]$$

$$c≈3\ 172（元）$$

（3）期初年金现值公式。

$$PV=c/r×\left[1-（1+r）^{-t}\right]×（1+r）$$

【实训活动 1-6】陈先生采用分期付款方式购入商品房一套，每年年初付款 15 000 元，分 10 年付清。若银行利率为 6%，该项分期付款相当于一次现金支付的购买价格是多少？

这道题目要求计算期初年金现值。

$$PV=c/r×\left[1-（1+r）^{-t}\right]×（1+r）$$

$$=15\ 000/6\%×\left[1-（1+6\%）^{-10}\right]×（1+6\%）$$

$$≈117\ 025（元）$$

（4）期初年金终值公式。

$$FV=c/r \times [(1+r)^t -1] \times (1+r)$$

【实训活动 1-7】给儿子上大学准备资金，陈先生连续 6 年于每年年初存入银行 3 000 元。若银行存款利率为 5%，则陈先生在第 6 年年末能一次取出本利和多少钱？

$$FV=c/r \times [(1+r)^t -1] \times (1+r)$$
$$=3\ 000/5\% \times [(1+5\%)^6 -1] \times (1+5\%)$$
$$\approx 21\ 426（元）$$

（三）计算窍门

除了应掌握用公式去计算货币的时间价值，还应学会快速查找各类系数表格 [①]、运用网络理财计算器把复杂的计算过程简单化。

我们同样可以使用年金系数表快速来解决【实训活动 1-4】—【实训活动 1-7】的复杂计算。

实训活动 1-4，通过查表 1-8，计算如下：

$$PV=15\ 000 \times 7.360\ 1=110\ 401（元）$$

表 1-8 普通年金现值系数表（部分）$f=[1-(1+r)^{-t}]/r$

期数	1%	2%	3%	4%	5%	6%	7%	8%	9%	10%
1	0.990 1	0.980 4	0.970 9	0.961 5	0.952 4	0.943 4	0.934 6	0.925 9	0.917 4	0.909 1
2	1.970 4	1.941 6	1.913 5	1.886 1	1.859 4	1.833 4	1.808 0	1.783 3	1.759 1	1.735 5
3	2.941 0	2.883 9	2.828 6	2.775 1	2.723 2	2.673 0	2.624 3	2.577 1	2.531 3	2.486 9
4	3.902 0	3.807 7	3.717 1	3.629 9	3.546 0	3.465 1	3.387 2	3.312 1	3.239 7	3.169 9
5	4.853 4	4.713 5	4.579 7	4.451 8	4.329 5	4.212 4	4.100 2	3.992 7	3.889 7	3.790 8
6	5.795 5	5.601 4	5.417 2	5.242 1	5.075 7	4.917 3	4.766 5	4.622 9	4.485 9	4.355 3
7	6.728 2	6.472 0	6.230 3	6.002 1	5.786 4	5.582 4	5.389 3	5.206 4	5.033 0	4.868 4
8	7.651 7	7.325 5	7.019 7	6.732 7	6.463 2	6.209 8	5.971 3	5.746 6	5.534 8	5.334 9
9	8.556 0	8.162 2	7.786 1	7.435 3	7.107 8	6.801 7	6.515 2	6.246 9	5.995 2	5.759 0
10	9.471 3	8.982 6	8.530 2	8.110 9	7.721 7	7.360 1	7.023 6	6.710 1	6.417 7	6.144 6

实训活动 1-5，通过查表 1-9，计算如下：

$$C=10\ 000/3.152\ 5=3\ 172（元）$$

---

① 本书最后部分有相应的附表。

表 1-9　普通年金终值系数表（部分）$f=\left[\left(1+r\right)^{t}-1\right]/r$

期数	1%	2%	3%	4%	5%	6%	7%	8%	9%	10%
1	1.000 0	1.000 0	1.000 0	1.000 0	1.000 0	1.000 0	1.000 0	1.000 0	1.000 0	1.000 0
2	2.010 0	2.020 0	2.030 0	2.040 0	2.050 0	2.060 0	2.070 0	2.080 0	2.090 0	2.100 0
3	3.030 1	3.060 4	2.090 9	3.121 6	3.152 5	3.183 6	3.214 9	3.246 4	3.278 1	3.310 0
4	4.060 4	4.121 6	4.183 6	4.246 5	4.310 1	4.374 6	4.439 9	4.506 1	4.573 1	4.641 0
5	5.101 0	5.204 0	5.309 1	5.416 3	5.525 6	5.637 1	5.750 7	5.866 6	5.984 7	6.105 1
6	6.152 0	6.308 1	6.468 4	6.633 0	6.801 9	6.975 3	7.153 3	7.335 9	7.523 3	7.715 6
7	7.213 5	7.434 3	7.662 5	7.898 3	8.142 0	8.393 8	8.654 0	8.922 8	9.200 4	9.487 2
8	8.285 7	8.583 0	8.892 3	9.214 2	9.549 1	9.897 5	10.259 8	10.636 6	11.028 5	11.435 9
9	9.368 5	9.754 6	10.159 1	10.582 8	11.026 6	11.491 3	11.978 0	12.487 6	13.021 0	13.579 5
10	10.462 2	10.949 7	11.463 9	12.006 1	12.577 9	13.180 8	13.816 4	14.486 6	15.192 9	15.937 4

实训活动 1-6，通过查表 1-8，计算如下：

$$PV=15\,000 \times 7.360\,1 \times \left(1+6\%\right)=117\,025\,（元）$$

小思考

1．动手算算看，实训活动 1-7 如何通过查表计算？
2．来个小测试，看你掌握财务相关计算了吗？

财务基础自
测题

财 商学堂

轻松搞定理财计算

　　在实际计算中，我们还可以寻求简单便捷的方法简化复杂的现值、终值及年金计算。例如，我们可以使用网络计算器和财务计算器，让计算变得很轻松。很多理财、金融网站都提供网络计算器，包括房贷计算器、终值计算器、利息收益计算器等，这些都是进行快速便捷估算的良好途径。

　　我们还可以运用财务计算器解题。如果参加助理理财规划师、金融理财师等职业资格考试，目前经标准委员会认可的金融理财师与国际金融理财师考试专用财务计算器包括如下几个产品系列，在本书最后的"附录"里可以找到以HP12c、TI BA Ⅱ plus 和 CASIO FC-200V 为代表的财务计算器，并以此来进行运算演示操作。

二、收益测定

（一）持有期收益率

持有期收益率，是指投资者在持有投资对象的一段时间内所获得的收益率。它等于这段时间内所获得的收益额与初始投资额的比率。

【实训活动 1-8】张先生去年以每股 25 元价格买入一只股票，去年一年获得每股 0.2 元红利，一年后股票每股价格上升为 30 元，持有期收益率为多少？

$$持有期收益率 = \frac{0.2+（30-25）}{25} = 20.8\%.$$

（二）预期收益率

持有期收益率可以帮助我们计算实际的回报率，而预期收益率则可以帮助我们进行投资决策。因为投资收益具有不确定性，为了能够进行比较和衡量，我们对投资对象未来可能获得的各种收益率的加权平均值，即预期回报率或被称为期望收益率进行计算。

预期收益率的计算公式：

$$E（R_i）=（P_1R_1+P_2R_2+\cdots+P_iR_i）\times 100\% = \sum P_iR_i \times 100\%$$

【实训活动 1-9】王先生投资一个项目，该项目在不同条件下的预期收益率如表 1-10 所示，求总的预期收益率。

表 1-10　不同条件下的预期收益率

条件	概率	收益率
经济运行良好	0.15	20%
正常运行	0.70	10%
经济衰退	0.15	−20%

$$E（R）=0.15 \times 20\%+0.70 \times 10\%+0.15 \times （-20\%）=7\%$$

（三）必要收益率

必要收益率（又称最低必要报酬率或最低要求的收益率），表示投资者对某资产合理要求的最低收益率。

必要收益率＝无风险收益率＋风险收益率＝货币的时间价值＋通货膨胀补偿率＋风险收益率

无风险收益：牺牲（放弃）即期消费应得到的补偿，是货币的纯时间价值。风险收益：指投资者由于冒风险投资获取的超过资金时间价值的额外报酬。通货膨胀补偿：是指对由于货币贬值而给投资带来损失的一种补偿。货币的时间价值前已有解释，在此不再赘述。

预期收益率≠最高收益率≠实际收益率

在销售理财产品时，商业银行不得无条件向客户承诺高于同期储蓄存款利率的保证收益率，"商业银行向客户承诺保证收益的附加条件，可以是对理财计划期限调整、币种转换等权利，也可以是对最终支付货币和工具的选择权利等。商业银行使用保证收益理财计划附加条件所产生的投资风险应由客户承担。"因此，无论是固定收益理财产品还是浮动收益理财产品，客户在购买时看到的"收益率"实际上都是"预期收益率"甚至是"最高预期收益率"的概念。预期收益是银行认为的在"正常"的市场走势下获得的收益，而最高预期收益是在极为有利的市场走势下获得的封顶收益。

只有当产品到期，银行根据整个理财期间产品投资标的的实际表现，按照事先在产品说明书上列明的收益率计算方法计算出来的收益率才是"实际收益率"。

注意：无论是最高预期收益率还是预期收益率，银行都不具有保证支付义务，最终的实际收益率很可能与最高预期收益率或预期收益率出现偏差。投资者可以通过许多公开的信息渠道了解投资标的的表现，并根据产品说明书的计算方法检验"实际收益率"是否正确，如有疑问可咨询相关商业银行。

（四）资金成本与财务杠杆

1. 资金成本的概念

资金成本是指企业从自身利益考虑在筹集和使用资金时所付出的代价，包括资金筹集费和资金占用费两部分。

（1）资金筹集费，是指在资金筹集过程中支付的各种费用，如发行股票、发行债券支付的印刷费、律师费、公证费、担保费及广告宣传费。

（2）资金占用费，是指占用他人资金应支付的费用，或者说是资金所有者凭借其对资金所有权向资金占用者索取的报酬，如股东的股息、红利、债券及银行借款支付的利息。

由于存在筹资费用，企业计划筹资额与实际筹资额是不相等的，实际筹资额等于计划筹资额减去筹资费用，因此企业使用资金的实际代价大于名义代价。如果不考虑所得税因素，资金成本可按如下公式进行计算：

$$资金成本 = 每年的用资费用 / （筹资总额 - 筹资费用）$$

2. 资金成本的作用

（1）资金成本在企业筹资决策中的作用表现为：① 资金成本是影响企业筹资总额的重要因素；② 资金成本是企业选择资金来源的基本依据；③ 资金成本是企业选用筹资方式的参考标准；④ 资金成本是确定最优资金结构的主要参数。

（2）资金成本在投资决策中的作用表现为：① 在利用净现值指标进行投资决策时，常以资金成本作为折现率；② 在利用内部收益率指标进行决策时，一般以资金成本作为基准收益率。

3. 财务杠杆的使用

无论企业营业利润多少，债务利息和优先股的股利都是固定不变的。当息税前利润增大时，每一元盈余所负担的固定财务费用就会相对减少，这能给普通股股东带来更多的盈余。这种债务对投资者收益的影响，称为财务杠杆。

财务杠杆是一个应用很广的概念。在物理学中，利用一根杠杆和一个支点，就能用很小的力量抬起很重的物体。那么，什么是财务杠杆呢？简单而言，可以看成是对负债的利用：如果负债经营使得企业每股利润上升，便称为正财务杠杆；如果负债经营使得企业每股利润下降，通常称为负财务杠杆。因而财务杠杆又可称为融资杠杆、资本杠杆或者负债经营。

4. 上市公司财务分析

（1）财务分析的含义。财务分析是根据企业会计部门提供的会计报表等资料，按照一定的程序，运用一定的方法，计算出一系列评价指标并据以评价企业财务状况和经营成果的过程。财务分析的起点是财务报表，其所分析使用的数据大部分为公开发布的财务报表。因此，财务分析的前提是正确理解财务报表。财务报表分析主要是对企业的偿债能力、盈利能力和抗风险能力进行评估。

（2）财务分析的主体。要进行财务分析，首先应对所涉及的多个主体（包括债权人、投资者、企业管理层、政府监督部门和其他与企业有利益关系的人士）进行梳理，因为主体利益不同，所关心的问题不同，对财务分析的目的也就不同。

债权人比较关心贷款的安全性，并不那么关心企业是否盈利。短期债权人关心的是当前的财务状况，如资产的流动性和变现能力；长期债权人更关心资本结构和长期的盈利能力。对于债权人报表分析是为了回答：企业为什么需要额外筹资？企业还本付息所需资金的可能来源是什么？企业对以前的短期借款及长期借款是否能按期归还？企业将来在哪些方面还需要借款？

投资者对影响财富增长的偿债能力、盈利能力、风险控制能力都比较关心，既关心公司的当前状况，也关心公司的未来发展。对于投资者报表分析是为了回答：企业当前和未来收益水平的高低及易受哪些重大变动因素的影响？企业目前的财务状况及由资本结构决定的风险和收益如何？与其他竞争者相比，企业处于何种地位？

企业管理层则对契约约定事项十分关注，他们关心的是企业的财务状况、盈利能力、发展潜力等重大方面，往往从外部使用人的角度分析企业。对于企业管理层报表分析是为了回答：企业业绩如何？与契约约定有哪些差异？改善企业业绩可以采取哪些方法和手段，从而使债权人和投资人满意？

政府监督部门及其他人比较关心企业在法律规定范围内以满足社会发展为目标从事生产经营活动，关心企业盈利能力和长远发展能力，履行监管职责。对政府监督部门报表分析是为了回答：企业能够在法律规定的范围内从事哪些生产经营活动？企业盈利能力和长远发展能力可能会受到哪些损害及其原因？可以采取哪些措施增强企业的盈利能力和长远发展能力？

综合起来看，财务分析主要包括如下内容：偿债能力评价、营运能力评价、盈利能力评价、财务状况综合评价。具体针对一个企业的财务分析，详见项目三投资规划。

【任务实施】

结合任务精讲，从"双11，我该如何合理预支消费？"案例任务中，蚂蚁借呗一年的名义年利率 = 0.000 15×30×12 = 5.4%，实际利率则要考虑提前还款部分产生的复利，简化公式为 $EAR=(1+r/m)^m-1$，其中 r 为名义年利率，m 为计息周期年实际利率与名义利率 r 的换算关系为：对于蚂蚁借呗，实际利率为 $(1+0.054/12)^{12}-1=5.53\%$，显然高于余额宝回报率。因此从借呗借出钱，存在余额宝不能获得收益。

如果刷卡1万元，每月还本金应该是833.33元（10000÷12=833.33元），如果每月多还60元的手续费或者利息，一年一共720元，年利率是7.2%（720÷10000=7.2%）。实际上，欠银行的本金并非1万元不变，而是随着每期还款按照833.33元逐期减少，按照实际利率测算发现：分期年利率 = 单期手续费率 × 分期数 ×24÷（分期数 +1）=0.6%×12×24÷13=13.29%。

【技能训练】
（一）知识测试（单选题）
1. 普通年金是指支付按通常做法发生在每期（　　　）。
A. 期初　　　　　　　　B. 期中
C. 期末　　　　　　　　D. 年初

2．下列各项年金中，只有现值没有终值的年金是（　　）。

A．普通年金　　　　　　B．即付年金

C．永续年金　　　　　　D．先付年金

3．复利频率越快，同一期间的未来值（　　）。

A．越小　　　　　　　　B．越大

C．不变　　　　　　　　D．没有意义

（二）能力训练

货币时间价值计算与财务计算器使用

要求：熟练用多种方式（公式法、查表法、财务计算器法等）来进行计算。

（1）假如你现在 21 岁，每年能获得 10% 的收益，要想在 65 岁时成为百万富翁，现在你要一次性拿出多少钱来投资？

（2）假设你的子女在 18 年后将接受大学教育，预计届时需要的学费总额为 20 万元，你现在有 15 000 元可以用于投资，需要怎样的回报率才能实现该理财目标？

（3）某基金会设立了永久性奖学金，每年计划颁发 50 000 元奖金。若年复利率为 8%，该奖学金的本金应至少为多少元？

（4）某大学生在大学四年学习期间，每年年初从银行借款 4 000 元用以支付学费，若按年利率 6% 计复利，第四年年末一次归还全部本息和需要多少钱？

（5）小陈向某网络平台借款 10 000 元，年利率 10%，期限 10 年，每半年计息一次，第 5 年末的本息和为多少？

（6）张先生要购买 100 平方米的房子，目前市面上一般价格是 6 000 元/ 平方米。假设按 7 成按揭，贷款期限 20 年。贷款利率 6%，等额本息还款。请计算每月需要摊还的贷款本息费用。

（7）赵先生由于资金宽裕，可向朋友借出 200 万元，甲、乙、丙 3 个朋友提供 3 种计息方式，如果要实现收益最大化，赵先生应该怎么选择呢？说明原因。

甲：年利率 15%，每年计息一次。

乙：年利息 14.7%，每季度计息一次。

丙：年利率 14.3%，每月计息一次。

（8）小明现要出国 10 年。在国外期间，每年年末需支付 1 万元的房屋物业管理费用，已知银行利率为 2%，求现在需要向银行存入多少钱？

任务四　熟悉理财相关法律法规

【任务情境】

金融机构违反提示说明义务　老年人理财需谨慎

老年人在理财时，应注意金融机构提示说明情况。2019 年，62 岁的王某在北京某银行处申购 HT 集合资产管理计划产品（金额 100 万元）和 HA 基金产品（金额 70 万元），其签订的申请书载明："……不是我行发行的理财产品……可能产生风险，无法实现预期投资收益……投资风险由您自行承担……。"该行测评王某风险承受能力为平衡型，HT 为低风险，HA 为高风险，HA 风险级别高于客户的风险承受能力。王某签署电子风险揭示书，后收取分红收益 5 万元。2021 年其申请赎回时份额约 100 万份，金额约 80 万元。

王某诉北京某银行财产损害赔偿纠纷案，请求判令该行赔偿本金约 23 万元、利息 16 万元并三倍赔偿 68 万元。

老年人理财因为缺乏金融素养，在金融消费权益上容易遭到损害。例如财产权益纠纷、人身权益的保护、家庭内部赡养等问题，"老有所住"的老年人的基本生存需求如保障老年人居住权，以及"以房养老"、社会养老等养老形式创新中涉及的纠纷。那么作为消费者和未来从业者，如何避免违规行为、避免权益损害、有效定纷止争，做好自我保护和投资者保护呢？

【任务精讲】

理财规划是一门具有综合知识和能力的技能，因此也需要掌握必要的、与个人理财相关的法律知识，才能将受托于人的财富在法律边界内打理得滴水不漏。这里的法律知识涉及民事法律基础知识、与理财相关的《中华人民共和国公司法》《中华人民共和国证券法》《中华人民共和国保险法》等内容。

> **今日财经**
>
> **《民法典》守护美好生活**
>
> 2020 年 5 月 28 日，十三届全国人大三次会议表决通过了《中华人民共和国民法典》（简称《民法典》）。《民法典》是中华人民共和国第一部以法典命名的法律，开创了我国法典编纂立法的先河，具有里程碑意义。这部法律通过对我国现行的民事法律制度规范进行系统整合、编订纂修，形成了一部适应新时

代中国特色社会主义发展要求，符合我国国情和实际，体例科学、结构严谨、规范合理、内容完整并协调一致的法典。

《民法典》自 2021 年 1 月 1 日起实施，《中华人民共和国婚姻法》《中华人民共和国继承法》《中华人民共和国民法通则》《中华人民共和国收养法》《中华人民共和国担保法》《中华人民共和国合同法》《中华人民共和国物权法》《中华人民共和国侵权责任法》《中华人民共和国民法总则》同时废止。《民法典》共 7 编 1260 条，是民商事领域最重要的一部法律，被誉为社会生活百科全书，给人们的社会生活带来重大影响。

《民法典》实施后对家族财富管理与传承会产生重大影响，也带来一定的机遇和挑战。当然，作为家庭成员的自然人，《民法典》关于人格权、个人信息、隐私权、婚姻继承等规定的修订；作为家庭和家族，居住权、物业纠纷、有可能形成的非营利法人及《民法典》确定的树立优良家风，弘扬家庭美德，重视家庭文明建设原则的增补以及作为家族企业，合同、融资担保、侵权责任等的修改，都对其产生重要影响。

一、民事法律基础知识

个人理财的所有活动都必须遵守国家法律法规特别是《民法典》的规定。《民法典》是中国特色社会主义制度法律体系的重要组成部分，是民事领域的基础性、综合性法律，它规范各类民事主题的各种人身关系和财产关系，涉及社会和经济生活的方方面面。理财规划师及其所在的金融机构在为客户提供理财服务的过程中，从法律角度来看，本质上就是处理基于两个平等的民事主体所产生的各种活动及各类关系。

（一）民事法律关系

理财活动必须依循民事法律中的自愿、公平、诚信等基本原则。其中诚信原则是最核心的内容，要秉持诚实，恪守承诺。民事法律关系主要由三要素构成，即主体、客体和内容，下面将结合个人理财所涉及的内容分别进行解读。

1. 理财主体与客体

民事法律关系主体是指参与民事法律关系、享有民事权利并承担民事义务的"人"，从宽泛角度理解，包括公民（自然人）、法人以及非法人组织。而在理财规划服务中，法律关系的主体分别是理财规划师所在机构与客户。

在理财主体中，公民（自然人）包括个人、个人合伙、个体工商户、农村承包经营户等；法人则包括企业法人、机关法人、事业单位法人和社会团体法人；非法人组织则包括中外合作经营企业、外资企业、企业法人的分支机构（例如银行设立的分支机构）等。可以看出参与在理财活动中的主体是非常多样化的。

民事法律关系客体是指民事权利和民事义务所共同指向的对象，民事法律关系所保护的权益是人身权利、财产权利以及其他合法权益，主要有四类：物、行为、智力成果、人身利益，分别对应物权关系、债权关系、知识产权关系和人身权关系的客体。每一项具体的民事法律关系，又有其具体的客体，例如理财规划服务合同的客体就是理财规划师为客户量身定制规划方案的行为，客体的确立是理财主体之间确立法律关系的重要内容和依据。

2. 理财主体之间的法律关系

作为两大主体的理财规划师及其所在的机构和服务对象客户之间在从事各项理财中，从法律的角度来看，构成了合同、委托与代理、信托、行纪、居间等关系。

（1）合同。

民事法律关系中的合同关系是指平等主体的双方或多方当事人（自然人或法人）关于建立、变更、终止民事法律关系的协议。民事合同是产生债的一种最为普遍和重要的根据，故又称债权合同。《民法典》合同编对这一最常见的债的产生方式进行了规范。个人理财中，客户将资金存入银行储蓄账户，就与银行构成合同关系。

（2）委托与代理。

《民法典》中规定，民事主体可以通过代理人实施民事法律行为。代理人在代理权限内，以被代理人的名义实施民事法律行为，对被代理人发生效力。代理包括委托代理和法定代理。委托代理人按照被代理人的委托行使代理权。法定代理人依照法律的规定行使代理权。代理人不履行或者不完全履行职责，造成被代理人损害的，应当承担民事责任。代理人和相对人恶意串通，损害被代理人合法权益的，代理人和相对人应当承担连带责任。民事代理制度是最重要的民事法律制度之一，个人理财中客户委托商业银行理财，实质就是商业银行代理客户理财，客户和商业银行就是委托和代理的关系。

在理财活动中的代理行为中要注意可能会出现滥用代理权、无权代理权、表见代理等问题。滥用代理权是指代理人（例如银行）同时代理当事人双方进行同一项法律行为，或者以被代理人（客户）的名义，与自己进行交易，损害被代理人的利益，或者代理人与第三人恶意串通，此时代理人应当承担民事责任。无权代理权是指代理人没有合法的授权行为、超越代理权限或代理权已终止还与行为人实施民事行为给他人造成损害的，代理人应当承担民事责任。还有一种需要代理人承担责任的情形叫作表见代理，是指当无权代理人（例如银行）与被代理人（客户）有一定关系，从而使得善意的第三人相信其有代理权，而与其进行了民事行为，则被代理人承担代理的法律后果。

（3）信托。

《中华人民共和国信托法》里提到：信托是指委托人基于对受托人的信任，将其财产权委托给受托人，由受托人按委托人的意愿以自己的名义，为受益人的利益或者特定目的，进行管理或者处分的行为。从形式上看，信托与委托代理一样，都是将自己财产交给他人管理的一种法律制度，其实，信托与委托代理还是有很大区别的，因为信托有着四个独特的法律原理：所有权与利益分离、信托财产的独立性、有限责任、信托管理的连续性。而现今备受关注的信托理财、信托产品就是以信托关系为理论基础。信托类理财产品是指由银行发行的人民币理财产品所募集的全部资金，投资于指定信托公司作为受托人的专项信托计划。目前，各家银行推出的信托类理财产品主要是银行与信托公司合作，将募集资金投资于信托公司推出的信托理财计划，收益较高、稳定性好是信托理财产品的最大卖点。

（4）行纪。

行纪是指经纪机构受委托人的委托，以自己的名义与第三方进行交易，并承担规定的法律责任的商业行为。行纪与代理是不同的，例如行纪人是以自己的名义为民事行为；代理人是以被代理人的名义为民事行为。还有行纪的后果直接归属于行纪人，然后由行纪人转移于委托人；代理的后果直接归属于被代理人。同事代理是独立的民事法律制度；行纪是一种具体的合同关系，属于债的组成部分。通常来说，经纪人与委托人之间通常有长期固定的合作关系，经纪人拥有的权利和承担的责任较重。

（5）居间。

居间就其实质而言，是一种商业形式，是牵线搭桥、举荐媒引，促使交易双方成交的一种经纪活动。居间双方一般为平等主体，专项从事这种经纪活动而从中获取报酬的人，就是居间人。居间合同中的居间人不是委托人的代理人，而是居于交易双方当事人之间起介绍、协助作用的中间人。居间行为的目的就是促成他人之间的交易，并获取报酬，居间合同的一个典型特征就是有偿性。

3. 民事权利、义务与民事法律责任

民事权利、义务与民事法律责任即是民事法律关系的内容。民事权利，是指受法律保障的、民事主体实现其民事利益的行为范围。民事义务，是民事法律规划规定或当事人依法约定，义务人为一定行为或不为一定行为，以满足权利人利益的法律手段。民事法律责任，是民事主体违反民事义务而依法应该承担的民事法律后果，法律责任的归责是基于一定的归责事由而确定违约责任成立的法律归责，主要有过错责任原则和严格责任原则。

4. 民事纠纷的处理

民事纠纷是指平等主体之间发生的，以民事权利义务为内容的社会纠纷

（可处分性的），是处理平等主体间人身关系和财产关系的法律规范的总和，所以所有违反这一概念的行为就会引起民事纠纷。民事纠纷分为两大内容：一类是财产关系方面的民事纠纷，另一类是人身关系的民事纠纷。其解决机制有自力救济、社会救济、公力救济。

自力救济，是指纠纷主体依靠自身力量解决纠纷，以达到维护自己的权益包括自决与和解两个途径。自决是指纠纷主体一方凭借自己的力量使对方服从。和解是指双方互相妥协和让步。两者共同点是，都是依靠自我的力量来解决争议，无须第三方的参与，也不受任何规范的制约。

社会救济，是依靠社会力量处理民事纠纷的一种机制，包括调解（诉讼外调解）和仲裁。调解是由第三者（调解机构或调解人）出面对纠纷的双方当事人进行调停说和，用一定的法律规范和道德规范劝导冲突双方，促使他们在互谅互让的基础上达成解决纠纷的协议。调解协议不具有法律上的强制力，但具有合同意义上的效力。仲裁是由双方当事人选定的仲裁机构对纠纷进行审理并做出裁决。仲裁不同于调解，仲裁裁决对双方当事人有法律上的拘束力。但是，仲裁与调解一样，也是以双方当事人的自愿为前提条件的，只有纠纷的双方达成仲裁协议，一致同意将纠纷交付裁决，仲裁才能够开始。

公力救济是指法院在当事人和其他诉讼参与人的参加下，以审理、判决、执行等方式解决民事纠纷的活动。民事诉讼动态地表现为法院、当事人及其他诉讼参与人进行的各种诉讼活动，静态地则表现为在诉讼活动中产生的诉讼关系。

二、其他与理财相关的法律

除了前述所提及的法律规范外，理财活动中还可能受到《中华人民共和国证券法》（简称《证券法》）、《中华人民共和国保险法》（简称《保险法》）等单行法律法规的约束。

《证券法》是调整我国证券的募集、发行、交易及相关的行为的基本法律，也是规范证券交易所、证券公司、证券登记结算机构、证券交易服务机构、证券业协会和证券监督管理机构等主体的法律地位及行为能力的基本法律。《证券法》的宗旨是规范证券发行和交易行为，保护投资者的合法权益，维护社会经济秩序和社会公共利益，促进社会主义市场经济的发展。

《保险法》是调整保险活动中保险人与投保人、被保险人以及受益人之间法律关系的一切法律规定的总称。保险是指投保人根据合同规定，向保险人支付保险费，保险人对于合同约定的可能发生的事故因其发生所造成的财产损失承担赔偿保险金责任，或者当被保险人死亡、伤残、疾病或者达到合同约定的年龄、期限等条件时承担给付保险金责任的商业保险行为。后面的保险规划中会再详细解释。

还有一些《中华人民共和国个人所得税法》的相关规定，在税务规划章节中还会具体涉及。

胡某诉甲银行、乙基金公司财产损害赔偿纠纷案

——金融机构和投资者应根据各自过错对理财产品投资损失承担相应责任

基本案情

2011 年 3 月，胡某在甲银行处认购乙基金公司为管理人的 100 万元开放式基金，约定投资范围为 A 股、股指期货、基金、债券、权证等，胡某在交易凭条上签字确认，签名下方记载："本人充分知晓投资开放式基金的风险，自愿办理甲银行代理的基金业务，自担投资风险"；胡某在交易凭条背面的《风险提示函》下方签字。胡某风险承受能力评级及适合购买的产品为稳健型。同日，胡某提交的《个人产品理财业务交易信息确认表》记载："根据贵行为本人进行的风险评估结果显示，本人不适宜购买本产品。但本人认为，本人已经充分了解并清楚知晓本产品的风险，愿意承担相关风险，并有足够的风险承受能力和投资分辨能力购买该产品。现特别声明此次投资的决定和实施是本人自愿选择，其投资结果引致风险由本人自行承担。"涉案合同文本后附《股指期货交易风险提示函》中资产委托人落款处为空白。另查明，胡某曾于 2010 年购买 100 万元与本案理财产品结构类似的基金并盈利，且担任某公司股东。再查明，2015 年起，胡某开始从事股权投资，投资金额较高。之后，因涉案理财产品发生亏损，胡某以甲银行主动推介高于其风险承受能力的理财产品为由，起诉要求甲银行赔偿投资损失 180 642.62 元及利息。

裁判结果

上海市高级人民法院于 2019 年 10 月 8 日作出（2016）沪民再 31 号民事判决：甲银行赔偿胡某损失 72 142.95 元，驳回胡某的其余诉讼请求。

裁判理由

法院认为，涉案理财产品的损失分担应结合双方的过错责任的大小予以综合考量。首先，根据风险评估结果，胡某系稳健型投资者，其风险承受能力高于"保护本金不受损失和保持资产的流动性为首要目标"的保守型投资者。胡某作为具备通常认知能力的自然人，在甲银行履行风险提示义务的情况下，对其从事的交易行为的风险与上述书面承诺可能的法律后果应属明知。从胡某的投资经验来看，在购买本案系争理财产品之前，其曾经购买与本案系争理财产品风险等级相当的理财产品，并获得盈利，结合胡某曾担任某公司股东及之后从事股权投资等风险较高投资行为等情形综合考量，胡某应系具备一定经验的金融投资者，因此对系争理财产品发生亏损的风险应有所预期。在胡某书面承诺愿意自担风险，在无证据证明甲银行存在主动推介行为的情况下，按照"卖者尽责、买者自负"原则，胡某应自担涉案理财产品本金损失的主要责任。其次，甲银行在销售系争理财产品过程中风险提示手续不完备，未充分、完整地履行理财产品的风险提示义务，存在过错，应对本金损失承担相应赔偿责任，鉴于胡某本人对本金损失承担主要责任，甲银行承担的赔偿责任可以适当减轻，应承担40%的赔偿责任。

裁判意义

近年来，金融消费者权益保护的理念不断深化，金融消费者保护机制日趋健全，金融机构的投资者适当性管理义务受到社会的广泛关注。金融机构对于金融产品的交易模式以及金融市场风险的认知能力显著高于普通金融投资者。在理财产品销售活动中，金融机构应按照监管规定的要求，做好投资者风险等级评估，在充分了解投资者的认知水平与风险承受能力的基础上，合理引导投资者从事与其认知水平与风险承受能力相适应的金融交易。法院在审理涉及金融机构投资者适当性管理义务的民事赔偿纠纷案件中，应遵循"卖者尽责、买者自负"的裁判理念与价值取向，合理界定投资者与金融机构的权利义务边界。本案中，法院在综合考量双方过错的基础上，确立了投资者与金融机构之间应按照各自的过错程度分担损失的裁判规则，体现了司法裁判在确立金融交易规则与倡导正确投资理念上的价值引领功能。

金融机构向客户销售金融产品时应当遵守投资者适当性原则，如果其未全面履行风险评级、风险提示以及推介符合客户风险承受能力的金融产品等义务，造成投资者损失的，应当承担相应责任。具有一定投资经验的投资者在明知投资风险并承诺自担投资风险的情况下，自主选择超过其风险承受能力的理财产品发生亏损的，亦应自担相应投资风险。

【任务实施】

北京市第二中级人民法院裁定结果认为，银行对王某作出的风险承受能力评估为平衡型，但案涉金融产品合同中显示的风险等级并非均为低风险，该行违反提示说明义务，未证实购买该产品与王某情况及自身意愿达到充分适当匹配的程度；未能证明其已经对金融消费者的风险认知、风险偏好和风险承受能力进行了当面测试并向其如实告知、详尽说明金融产品内容和主要风险因素等，应当承担举证不能的法律后果。同时，王某有投资理财经验，应当知晓签字确认行为效力；本案投资亏损的直接原因是金融市场的正常波动，并非该行的代理行为导致，王某亦应对投资损失承担一定的责任。故判决银行赔偿王某7万元。

【技能训练】

（一）知识测试

1.（单选题）（ ）不是夫妻共同债务。

A．夫妻双方共同签名的债务

B．男方签名，但女方事后追认为共同债务的债务

C．夫妻一方在婚姻关系存续期间以个人名义为家庭日常生活需要所负的债务

D．夫妻一方在婚姻关系存续期间因个人赌博欠下的巨额赌债

2.（单选题）《中华人民共和国民法典》是中华人民共和国成立以来（ ）以"法典"命名的法律。

A．第一部　　　　B．第二部　　　　C．第三部　　　　D．第四部

3.（多选题）《民法典》在买卖合同、赠与合同、借款合同、租赁合同等15种典型合同的基础上，增加了新的典型合同如（ ）。

A．保证合同　　　　　　　　　　B．保理合同

C．物业服务合同　　　　　　　　D．规定合伙合同

4.（单选题）《民法典》是一部体现对生命健康、财产安全、交易便利、（ ）、人格尊严等各方面权利平等保护的法典，是一部具有鲜明中国特色、实践特色、时代特色的法典。

A．家庭和谐　　　　　　　　　　B．生活幸福

（二）能力训练

2020年9月，某团伙通过多个500人微信群招揽大批投资者在某财经直播间开展"直播荐股"活动，宣称某股票至少还有3个涨停板，鼓动大批投资者以涨停价格买入该股票。百余位投资者听信"直播大V"带有蛊惑性的言论以涨停价买入该股票后，该股票连续3天跌停，以致投资者损失惨重。2020年以来，类似"直播荐股"活动多次发生。请根据案例进行风险分析。

任务五　了解岗位及职业发展

【任务情境】

一名优秀的金融理财师是如何炼成的呢？要经历准备、起步、进修、专业4个阶段。我们来看看这几个阶段都有哪些具体要求。

1. 准备阶段

职位区分：从事非理财基础岗位。

要点描述：这个准备阶段，从事非理财基础岗位的人想成为金融理财师，不仅需要知识技能的培养，更换职位到理财基础类岗位更为重要。比如，银行柜员可能也会涉及部分销售理财产品的任务，但作为内勤员工，和专职的理财经理或个人客户经理相比尚有较大的差距。

2. 起步阶段

职位区分：从事理财基础岗位。

要点描述：这个阶段开始全职从事基础理财工作，例如银行的个金部客户经理和大堂经理，其实就是类似的岗位。当然，此时的工作重点就是帮助客户选择和购买各类理财产品。在此阶段里，自身学习非常重要，无论是专业知识还是理财经验的积累，包括客户积累都是每天的工作重点。一般这个岗位要求持有金融理财师（AFP）及相应的从业资格证书，例如证券、保险、基金等。建议在此阶段多学习一些课程，作为对个人专业能力的肯定，有利于后面的发展。

3. 进修阶段

职位区分：从事高级理财岗位。

要点描述：很多机构都设有高级理财岗位给一些经验丰富的理财师，例如银行的贵宾理财。在该阶段注重的是客户资源和理财经验的积累，专业知识方面对于通过国际金融理财师（CFP）考试的理财师来说基本上已经不成问题了。一般来说，作为高级理财岗位，理财师可以集中精力处理资产较多的客户，对于其资源积累和经验积累大有好处。

4. 专业阶段

职业区分：选择适合自己的专业化理财岗位，例如理财管理岗，私人银行家，证券公司、基金公司、信托公司、保险公司等更专业化的岗位。

要点描述：很多资深理财师在此阶段都会进一步的考虑自己的职业发展，甚至会考虑换一个具体的行业，例如从银行业换到信托业，证券业换到银行业等。很大程度上是由于目前各个金融机构提供给理财师的平台不一样，作为资深理财师来说往往已经形成了自己的风格，需要更适合自己的平台。例如私人银行家是银行提供的高端理财岗位平台，涉及为上亿级资产价值客户提供理财规划；证券公司和基金公司的平台可以让喜欢证券类投资的理财师一展拳脚；信托公司可能更多会涉及企业融资的业务。这个时候不仅需要专业知识的强化，也需要丰富的理财经验才能胜任。

理财从来不是一件简单的事情，需要我们不断学习保持进步。而一位好的理财师，能够帮助客户去实现各种理财目标，是其理财的好伙伴。请思考，成为一名专业理财师有哪些必要能力、技能及素质要求？

【任务精讲】

社会财富结构的多元化发展，宏观经济形势对理财的时代要求，让中国理财规划师的需求日益增加：一方面我国人均收入水平增长，可供理财的资产增多；另一方面身处负利率时代，居民储蓄存款规模庞大，如何抵御通货膨胀成了理财的当下之需。而现代金融离不开理财，在蓬勃发展的金融行业中，也把理财作为新业务的增长点，例如银行综合柜台人才，证券公司、保险公司等一线客户服务人才都要求有理财技能。

理财规划师应该是客户的"私人理财顾问"，以客户的利益为出发点，帮助投资者进行产品选择、产品组合和资产配置。理财规划师要根据市场和政策的变化，不断调整客户的投资组合，以实现长期理财的目标。

理财规划师也需要具备一定的职业素养及综合能力，具体包括：① 通晓收入与消费分析、财务保障分析、个人税务策划、风险与组合分析、家庭风险保障、子女教育、综合退休养老计划、遗产与信托管理等一系列人生规划的专业知识。② 必须具备金融、经济、法律、投资知识。内容涉及股票、基金、信托、债券、外汇、税收、保险、宏观经济分析等。③ 丰富的实践经验。理财规划师是个实践型的职业，必须具备实际操作能力，必须在为客户理财的过程中为客户创造价值，也就是必须具备帮助客户赚钱的能力。④ 良好的沟通和营销能力，转变从以产品为核心的营销模式到以客户服务为核心的新型服务模式。

理财规划师是运用理财规划的原理、技术和方法，针对个人、家庭以及中小企业、机构的理财目标，提供综合性理财咨询服务的专业人员。因此，从业人员通常需要取得相关的职业证书，并且保持后续的培训教育，以为客户提供理财规划服务。理财规划师既可以服务于金融机构，如商业银行、保险公司等，也可以独立执业，以第三方的身份为客户提供理财服务。

一、理财职业概述

随着"你不理财，财不理你"的意识逐步深入人心，找到一个好的理财规划师帮自己的财富保值增值已经成了不少人的当务之急。帮人们打理财富的理财规划师在全球范围内都是朝阳职业。

美国金融业率先打破了银行、保险、证券、税务、法律等各个独立体系的理财人员的知识局限，要求理财规划师能够综合地吸纳金融业几乎所有领域的知识和技能的精华，为客户提供全面充分的理财服务。现今理财规划业务在发达国家已经相当成熟，是受人尊敬的一个职业。但目前在中国，专业理财人员存在严重缺口。市场的迫切需求和巨大的人才缺口使专业理财规划师成为国内最具吸引力的职业之一，也让理财规划师的年薪水涨船高。

理财规划师既是一种具有潜力的新兴职业，又可以使自身掌握理财规划的生活技能。因此该职业可以看作是对自己的未来投资。

二、理财职业方向

理财规划师既可以服务于金融机构，如商业银行、保险公司等，也可以独立执业，以第三方的身份为客户提供各种各样的理财服务，形成一系列的职业岗位群。具体来说涉及如下方面：

（一）银行理财经理

银行理财经理的综合性最强，包括投资规划、流动性管理、负债管理、税收筹划及人生事件规划。

（二）投资分析与客户服务

此类职业岗位群主要任职于证券机构、期货机构、投资公司，提供专业化程度较高的金融证券服务。

（三）银行一线服务

随着银行个人理财概念的泛化，除了理财专员，普通的银行一线人员也要在熟悉综合柜台业务的基础上具备一定的基金、银行理财产品等金融产品综合营销能力。

（四）自主理财与投资

学习个人理财知识，还能够帮助个人投资者进行家庭资产配置，进行投资、保障等理财规划。

（五）互联网金融产品营销运营服务

除了传统金融机构，还能够在互联网银行、第三方支付公司等新型互联网金融企业，从事互联网金融产品营销、系统运营、支付结算、征信风控等基层或中层业务。

三、理财知识和能力

理财规划师是一种专业性极强的职业，从业者除应具有渊博的专业知识、娴熟的投资理财技能、丰富的理财经验外，还要熟悉股票、基金、债券、外汇等金融业务领域，并保持高水准的职业道德，这样才能真正做好理财规划。

一名合格的理财规划师必须具备基础知识和专业知识与能力体系。基础知识包括经济学基础知识、金融学知识（宏观金融、经济判断与敏感性建立）、金融市场知识；专业知识与能力体系则包括客户分析（财务分析、风险分析、理财需求分析）、人生规划（教育规划、养老规划）、现金与消费规划、住房规划、保障规划、投资规划、税收筹划、综合理财等专业知识。

四、理财职业资格

中国理财市场蓬勃发展，日新月异。据国家统计局网站消息，中国正处于金融混业发展的大资管时代，理财职业现在以及未来将服务于互联网与金融业态互相渗透融合形成的金融、证券、保险混业的"一站式"金融，满足客户消费、投资、理财、融资、收款等应用需求。

理财岗位的核心是为个人及家庭理财服务，为其进行财富管理和资产配置。围绕这个核心，理财职业也具有自身的职业发展序列。以银行机构为例，从最初的助理到高级理财经理、资深理财经理等。初级的理财经理接待大众客户，而高级的理财经理接待高净值客户。其中的佼佼者，经过训练会成为私人银行级别的理财经理。除此之外，经过几年磨炼的理财经理，还有其他的业务条线多元发展机遇。也可以从拥有完整配置工具的传统金融机构转向体制和机制更灵活的财富管理机构工作，还可以进一步成为财富管理机构业务线的合伙人、拥有自己的理财工作室和团队或成立自己的财富管理公司。

目前市场上与理财师相关的认证项目，包括银行业专业人员职业资格证（QCBP）、理财规划师（CHFP）执业能力认证体系、注册财务策划师（RFP）。

五、理财顾问

（一）概念

理财顾问服务是指商业银行向客户提供的财务分析与规划、投资建议、个人投资产品推介等专业化服务。商业银行为销售储蓄存款产品、信贷产品等进行的产品介绍、宣传属于一般性咨询业务，不属于理财顾问服务。客户根据商业银行提供的理财顾问服务管理和运用资金，并且客户自行承担由此产生的收益和风险。

（二）流程

商业银行在理财顾问服务中向客户提供的财务分析、财务规划、投资建议、个人投资产品推介四种专业化服务，是一个循序渐进的有机整体，体现在理财顾问服务过程的相关环节。由于我国商业银行个人理财业务刚刚起步，很多方面都未规范和完善。图1-7是通过参考国际通行理财顾问服务流程并结合国内商业银行理财顾问服务的实际情况，设计出的适合我国目前发展状况的理财顾问服务流程图。

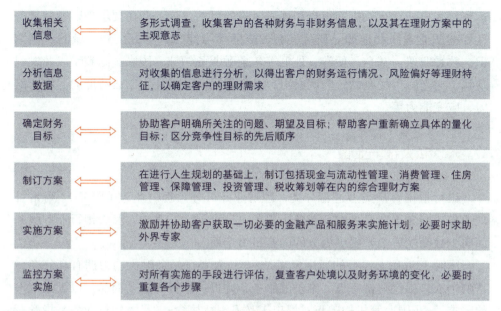

图1-7　国内商业银行理财顾问服务工作内容及流程

（三）特点

1. 顾问性

在理财顾问服务时，商业银行不涉及客户财务资源的具体操作，只提供建议，最终决策权在课后。如果客户接受建议并实施，产生的风险由客户承担。但如果涉及代客操作，一定要合乎有关规定，按照规定的流程并要签署必要的客户委托授权书和其他代客理财文件。

2. 专业性

提供该项服务，要求理财顾问具备综合素质，在理财顾问素质要求章节里面可以看到具体的职业岗位要求。

3. 综合性

理财顾问服务涉及的内容非常广泛，要求能够兼顾客户财务的各个方面。

4. 制度性

商业银行提供理财顾问服务应具有标准的服务流程、健全的管理体系、明确的管理部门、相应的管理规章制度以及明确的相关部门和人员的责任。

5. 长期性

商业银行提供理财顾问服务寻求的就是和客户建立一个长期的关系，不能只追求短期的收益。

（四）素质要求

个人理财顾问是为客户进行理财规划的专业人员，是客户的"私人理财顾问"，以客户的利益为出发点，帮助客户进行产品选择、产品组合和资产配置，达到帮客户建立有效投资组合和规避风险的目的。这一职业要求理财顾问具备良好的职业素质和道德品质；具有较强的学习能力，掌握金融领域的各项知识，熟悉股票、基金、债券、外汇等各金融业务领域、国家金融政策以及发展现状，对金融市场有敏锐的洞察力；具备较强的分析能力、表达能力、沟通能力、应变能力等。

六、私人银行业务

（一）概念

银行根据客户类型进行分类，理财业务可分为理财业务（服务）、财富管理业务（服务）和私人银行业务（服务）三个层次。其中，私人银行业务服务面向少数高端客户，提供服务的内容最为全面。

国际上对私人银行的通用定义是："私人银行是金融机构为拥有高额净财富的个人，提供财富管理、维护的服务，并提供投资服务与商品，以满足个人的需求。"我国监管机构曾正式提出了私人银行概念："私人银行业务是指商业银行与特定客户在充分沟通的基础上，签订有关投资和资产管理合同，客户全权委托商业银行按照合同约定的投资机会、投资范围和投资方式，代理客户进行有关投资和资产管理操作的综合委托投资服务。"

私人银行业务并不限于为客户提供投资理财产品，还包括替客户进行个人理财，利用信托、保险、基金等一切金融工具维护客户资产在获益、风险和流动性之间的精准平衡，同时也包括与个人理财相关的一系列法律、财务、税务、财产继承、子女教育等专业顾问服务。它是商业银行业务金字塔的塔尖，其目的是通过全球性的财务咨询及投资顾问，达到保存财富、创造财富的目标。私人银行业务的核心是个人理财，已经超越了简单的银行资产、负债业务，实际属于混业业务，涵盖的领域不仅包括传统零售银行的个人信用、按揭等业务，更提供包括衍生理财产品、离岸基金、保险规划、税务筹划、财产信托，甚至包括客户的医疗以及子女教育等诸多产品和服务。如果说一般理财业务中产品和服务的比例为 7 : 3 的话，那么私人银行业务中产品和服务的比例就为 3 : 7。

（二）特征

私人银行业务具有以下几个特征：

1. 准入门槛高，特定的客户对象

一般委托管理资产（asset under management）高于 50 万美元才能成为私人银行的客户，委托管理资产介于 100 万 ~5 000 万美元的高净值（high net worth）客户则是市场的主体，占私人银行业委托管理资产总量的 62%，且多以资产的长期保值为主要目标。表 1–11 罗列了部分中外资银行私人银行在中国开展私人银行服务的准入门槛。

表 1-11　部分中外资银行私人银行在中国开展私人银行服务的准入门槛

银行名称	客户标准
工商银行、农业银行、交通银行、平安银行、中信银行、浙商银行	金融资产 600 万元（含）以上
浦发银行、民生银行与上海银行	金融资产 800 万元（含）以上
建设银行、招商银行、光大银行	金融资产 1 000 万元（含）以上
瑞士银行	金融资产 1 000 万元（含）以上或 250 万美元以上等值外币
花旗银行	金融资产 500 万美元至 1 000 万美元

2. 品牌的认知度竞争

私人银行业务开展的关键是要让客户在体验中，不断深化对品牌的感受，这是财富管理业务长期持续发展的重要因素。各家私人银行在全球成熟市场分布已基本形成定局，呈现完全竞争的态势，但各家私人银行客户基础均较为稳定。客户对银行的信任基于长期的合作，有些庞大的资产委托甚至已历经几代，从某种意义而言，这种品牌认知是私人银行最大的核心竞争力。

3. 重视客户关系，满足个性化需求

私人银行所提供服务的深入度及延伸度远非一般商业银行所能比拟。其业务流程开展大体可分四个阶段：首先了解客户需求，着重对客户身份、风险偏好等的识别（KYC）。其次为客户制定财富管理计划，在充分揭示风险的基础上合理安排投资组合；执行计划，并根据市场波动情况及时与客户沟通，调整投资计划。最后在信息系统平台上实施客户行为追踪，完善客户信息。每一步骤均强调客户的个性化需求。

【任务实施】

要想成为一名优秀的金融理财师需要具备以下几点：在整个职业生涯持续做理财师，完成从初级理财师、中级理财师、高级理财师的演变；在合适的阶段，从理财师转变为公司管理层，从而走向职业经理人道路；创立属于自己的家族 / 财富办公室或成为独立理财师，开始全新的事业。

（1）道德品质。无论是销售理财产品还是协助客户进行理财方案的规划，对于理财师的道德品质都有着至高的要求。每年因为误导销售而遭到客户投诉自毁前途的理财师比比皆是，一个靠欺骗误导客户来达成业务目标的不诚信的理财师，职业之路是很难展开的。

（2）专业知识。理财师需要非常专业的理财知识，并且需不断进修和深化，从业后可以考国家认证的理财师。当然，除了基本证书外，理财师还需要掌握基金、证券、保险、期货、税务等多个领域的基础知识，获取这些领域基本的从业资格证书。对投资特别感兴趣的理财师，还可以考虑去考投资类专业证书，以及继续进修。

（3）理财经验。考证容易，工作经验积累难。理财经验不仅包括对各种投资工具的投资研究经验，还包括对客户实际财务情况的判断、规划、分析、指导经验，甚至还包括对宏观经济运行的判断。一名优秀的金融理财师，一定是多领域均有涉及，并且经验丰富的专家，而经验只能随着其职场发展逐步积累。

（4）客户资源。理财师的工作就是一个不断和客户打交道的过程，包括新客户的开拓和老客户的维护。客户资源的优劣，更影响到所在金融机构对理财师的评价和职业上升的空间。

【技能训练】

（一）知识测试（单选题）

1. 广义的理财可以理解为"人生一个大的财务计划"，它是在人生不同的生命周期阶段，从（　　　　）的角度审视和安排我们的生活方式。

A. 投资　　　　　　　　　B. 收益

C. 风险　　　　　　　　　D. 财务

2.（　　　　）是一种向高净值客户提供的综合理财业务。

A. 理财顾问服务　　　　　　B. 综合理财服务

C. 私人银行业务　　　　　　D. 理财计划

3. 私人银行业务的核心是（　　　　）。

A. 理财顾问服务　　　　　　B. 理财规划服务

C. 综合理财服务　　　　　　D. 理财计划服务

（二）能力训练

客户提出一个问题："我手里有30万元的定期存款到期了，我不想再存了，因为银行利息实在太低了，请问这30万元该如何规划理财比较好？"作为理财规划师，你该如何回答？

Chapter

02

项目二
客户分析

- ᵓ)任务一　分析客户财务状况
- ᵓ)任务二　分析客户风险特征
- ᵓ)任务三　分析客户理财需求

学习目标

知识目标
- 掌握家庭资产负债表编制流程
- 掌握家庭收入支出表编制流程
- 掌握家庭财务比率计算与分析
- 能对客户的风险特征进行描述
- 归类客户的理财需求内容特征

能力目标
- 加深对客户特征理解，能评价客户财务特点
- 能综合运用表格软件，能清洗整理客户信息
- 能分类客户理财目标，提升对客户服务意识

素养目标
- 培养客户导向服务思维
- 提升良好沟通协调技巧
- 能进行客户开发和维护

思维导图

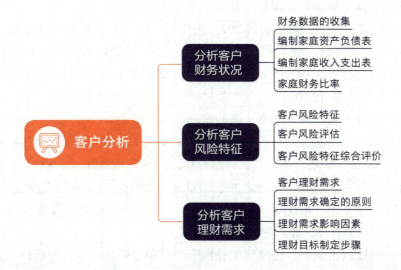

任务一　分析客户财务状况

【任务情境】

年轻家庭客户案例分析

（1）根据下列信息，编制小陈的家庭资产负债表。

案例材料：小陈家截止到2021年12月31日，有现金12 850元，各类银行存款12 350元，股票投资192 000元，现市值260 000元，自住房价值510 000元，其他实物资产65 000元，住房贷款300 000元，信用卡本月账单700元，教育贷款15 000元。

（2）根据下列信息，编制小陈的家庭收入支出表。

案例材料：小陈家2021年的各项年收入与支出有：工资收入94 000元，奖金和津贴21 500元，银行存款利息600元，另有稿费收入2 000元，获赠收入500元，投资收入68 000元；住房贷款还款22 000元，保险费用支出5 000元，医疗费用支出7 400元，衣物购置支出5 400元，旅游支出10 400元，日常开支每月3 750元，赡养父母每月500元。

（3）根据以上资料，完成该家庭比率测算和财务状况综合分析。

（4）综合以上客户资料及其相关的分析，请尝试列出该家庭的短期理财需求、中期理财需求和长期理财需求。

根据上述案例，可以通过哪些方法分析小陈家庭的资产、负债、收入、支出，以及分析该家庭的理财需求？

财富万象
（二）

【任务精讲】

虽然家庭理财与公司理财有很大差别，两者的服务对象、理财原则和依据的法律等均不相同，但可以参照公司理财的财务数据处理方式来分析家庭财务状况是否健康、合理，在以此为依据，对家庭的财务状况做出诊断后，按照理财需求有针对性地提出相应的理财建议并做出规划。因此财务状况分析是理财规划的开始，是制定客户理财策略的最主要的依据。

客户分析

一、财务数据的收集

要对家庭的财务状况做出分析，首先就要对家庭的各项状况做全面了解。为此，我们可以设计一些表格，请客户进行填写，以收集详尽的家庭资料和财务数据。

（一）个人信息

对客户进行理财规划前，首先要了解客户的个人信息。通常来说，客户的个人信息越完善越好。至少要包括如表 2-1 所示的几项内容。

表 2-1 客户的个人信息

信 息 栏 目	本人资料	配 偶 资 料
客户姓名		
联系电话		
E-mail		
联系地址		
职业		
出生日期		
健康状况		
工作年限		
拟退休年龄		
家族病史		

1. 职业

职业作为客户的理财资料背景之一，能了解到客户的大致收入状况、行业的发展前景、将来转行的概率、风险承受能力、保障程度、退休规划等。对客户职业的了解是进行理财规划的前提之一。

2. 年龄

对客户年龄的了解是判断客户所处生命周期的需要，不同的生命周期有着不同的风险承受能力，所给的理财建议也不尽相同。值得注意的是，之所以统计表格中所列的调查项目是"出生日期"，是考虑到不同的文化背景下，年龄的统计存在着差异，有周岁、虚岁、实岁等不同的口径，但理财，尤其是保险，对于年龄的统计是非常严谨的。

3. 健康状况

客户的健康状况，对于家庭理财也存在着重要的影响。健康状况不同，保障程度尤其是医疗保障程度也不同。

4. 工作年限

工作年限的统计，是为了了解客户工作的稳定性和职业生涯的发展。这对于理财规划中的投资规划、退休规划等都有影响。

5. 拟退休年龄

拟退休年龄，一般而言能从长期的角度对整个家庭理财规划作出调整，主要用于退休规划部分。

6. 家族病史

掌握客户家族的遗传性疾病情况，有利于针对性地为客户进行人生规划与保障规划。

（二）家庭成员

通常在做理财规划的时候，除了客户本身外，客户家庭背景也非常重要，因此还需要了解其家庭成员的一些基本资料（见表2-2）。

表2-2　客户家庭成员的基本资料

关系	年龄	职业	年收入（子女是否需要抚养）	有否家庭病史

（三）金融资产

客户的资产可以分成很多种类，如金融资产、实物资产等，这些资产本身又有很多的明细，需要进行分类统计。金融资产包括了现金、银行存款、股票、基金、银行理财产品等（见表2-3）。通常金融资产根据市场情况确定其价值，其历史成本除了作为计税依据外，并不重要。

表2-3　客户的资产类型

资 产 类 型			金　　额
现金			
银行储蓄	活期	人民币	
		外汇	
	定期	人民币	
		外汇	
股票			
基金	货币市场基金		
	非货币型开放式基金		
	封闭式基金		
	开放式基金		
	基金定投		
	其他基金投资		

续表

资 产 类 型	金 额
债券	
银行理财产品	
其他金融资产	

金融资产可分成流动性资产（现金及现金等价物）和投资性资产（生息资产）。流动性资产包括现金、活期和定期存款、货币市场基金等，其特征是安全性和流动性高，收益性低。投资性资产是指除了流动性资产之外，所有可以产生利息收入或资本利得的资产总和。投资性资产涉及债券、股票、基金（不包括货币市场基金）、投资性保单和储蓄险等金融资产，也包括用以收取租金或者赚取差价的投资性住房，黄金和古董字画等实物投资。

（四）实物资产

实物资产的价值确定取决于客观条件，如资产本身的型号、使用年限等。除了购买财产险时作为计算保额的依据外，很多个人使用的实物资产的原始价值以及现有价值与个人理财规划无关。因为在一般的理财规划中，未来的消费、保障等取决于通过劳动和投资所获得的未来收入，而非靠变卖个人实物资产。

从类别来讲，实物资产包括了汽车、房产、其他资产（如收藏品、珠宝首饰等）几个种类（见表2-4）。

表 2-4　客户的实物资产

	品牌型号	购买时间	购买价格	是否按揭	购买的车险产品		
汽车							
	区位	建筑面积	购买价格	市价	是否自住	贷款额度	月还款额	按揭剩余年限
房产								

续表

	资产类型	资产名称	购买价格	现值
其他资产	收藏品			
	珠宝首饰			
	奢侈资产			
	其他			

（五）保险

对客户原有投保状况（见表2-5）的了解非常必要，它能客观评价客户的保障程度，并在此基础上对客户未来的保障程度进行适当的调整，以使客户的保障实现最优化。

在前面的金融资产中也提到了投资性保险和储蓄险，但是其保单价值在资产负债表编制中都很容易被忽视掉。此两类保险注意不要和以消费性为主的定期寿险、意外险、产险、医疗保险发生混淆，因为后几类保险保单的价值较低，对是否列入资产影响不大。而如果投保了分红险、万能险、连投险等投资保险或者是子女教育年金、养老险等储蓄险，只要投保两年以上，其保单就有现金价值，就应编入资产负债表。因为时间越长，其现金价值越大，如果漏列，每年缴纳的相应保费就会被当作费用，从而低估资产总额。

表 2-5　客户的投保状况

被保人	保险品种	保险公司	投保日期	基本保额	保期	年缴保费

（六）信用卡

信用卡是目前消费者普遍使用的一种短期信贷工具。了解客户信用卡的使用状况（见表2-6）能对其现金周转能力做出准确的评价。不同的信用卡，其用途各不相同；不同的发卡银行，其还款规定等各有差异；不同的信用额度，会影响客户的现金周转能力。

表 2-6 客户信用卡的使用状况

持卡人	卡名	发卡银行	信用额度
本人			
配偶			

（七）负债

负债项目应该按照所欠金额的当前价值来计价，而非市场价值，因为如果利息发生调整，一笔相同金额的贷款所欠余额可能相应变化。负债项目的具体填写包括了信用卡欠款、车贷、房贷等主要项目（见表 2-7）。

表 2-7 客户的负债状况

项目	负债总额	偿债期限
信用卡欠款		
车贷		
房贷		
其他		

（八）年收入情况

一般而言，客户的工资薪酬会按月发放，但是因为年终奖、股息、红利等收入往往按年发放，因此在进行客户资料统计时，通常要求填写年收入情况（见表 2-8）。

表 2-8 客户的年收入情况

项目		本人	配偶
工资、薪金所得	工资、薪金		
	奖金、年终奖金、劳动分红		
	津贴、补贴		
	退休金		

续表

项目		本人	配偶
利息、股息、红利所得	保险分红		
	利息收入		
	股息、红利收入		
劳务报酬所得			
稿酬所得			
财产转让所得	土地、房产转让所得		
	有价证券转让所得		
财产租赁所得	不动产租赁收入		
	动产租赁收入		
经营所得	生产经营所得		
	承包、承租经营所得		
偶然所得			
收入总计			

（九）年支出情况

客户的年支出会影响到其年结余，即年收入减去年支出后的剩余，而年结余又会影响到客户下一个年度可投资的限额以及由此带来的投资收益。客户的年支出可以从衣、食、住、行等各方面来统计（见表2-9）。

表2-9　客户的年支出情况

项目		本人	配偶	其他家庭成员
日常生活消费支出	食 日常饮食支出			
	饮料与烟酒开支			
	在外用餐餐费			
	衣 服装与衣饰购置费			
	洗衣费			
	理发、美容、化妆品等			
	住 房租			
	物业费			
	水、电、煤气等费用			

项目			本人	配偶	其他家庭成员
日常生活消费支出	行	车辆保养费			
		公共交通费			
		油费			
		停车费			
	教育	学费			
		课外培训费			
		其他教育费用			
	文化娱乐	旅游消费			
		娱乐消费			
		文化消费			
	医疗保健	住院费			
		药品费			
		体检费			
		保健品消费			
		健身费			
	社交	年节送礼开销			
		丧葬、婚庆礼金			
		转移性支出			
贷款支出	房贷每年支出				
	车贷每年支出				
	其他个人消费信贷本息				
	投资贷款本息支出				
	向他人举债本息支出				
保险支出					
定期金融投资支出	股票投资				
	债券投资				
	基金投资支出				
	外汇投资支出				
	其他投资支出				
税务支出					

续表

项目	本人	配偶	其他家庭成员
捐赠支出			
偶然性的临时支出			
支出总计			

（十）退休养老

退休养老问题是每一个人都必须面对的问题，但其方式可以多种多样。因此，客户的退休计划和退休基金的积累需要及早规划。

1．退休计划

客户的退休计划可通过表 2-10 了解。

表 2-10　客户的退休计划

项目	选 择 范 围	我的选择 / 计划
家庭生活	与配偶共同或各自活动	
	是否与子女同住并照看他们的小孩	
	鳏寡者是否再婚，和新的伴侣共度余生	
社交生活	是否希望参加退休人士的团体活动	
	是否更愿意积极地与亲朋好友联络	
居住环境	是否打算移民到国外安享天年	
	是否愿意在退休后搬离城市回归自然	
	是否愿意住养老院或换购小一些适合老人居住的住宅	
运动保健	愿意从事什么健身休闲活动	
	是否每年做定期的全面体检	
业余爱好	是否计划大力发展原来一直热衷却一直缺少时间而搁置的兴趣爱好	
	是否有意愿发掘新的兴趣爱好	
旅游活动	计划每年到国内外旅游的次数	
	所要求的旅游品质水平	
进修学习	是否想上老年大学或进修一些感兴趣的科目	

2．退休基金

为了解决退休后的养老问题，要提前规划好客户现阶段的主要理财措施。

（十一）子女教育

子女的教育费用会成为客户家庭理财的重要组成部分。不同年龄阶段的教育费用各不相同，因此需要详尽地了解，尽早筹划子女的教育基金（见表2-11）。

表 2-11　客户的子女教育

1.子女能够接受大学教育对您而言是否重要？有多重要？
2.您希望子女上什么类型的大学？
3.该大学目前的学费、生活费和住宿费是多少？
4.您是否希望子女继续深造？目前费用是多少？
5.目前您的资产中有多少是子女教育准备金？

（十二）客户投资需求与目标

除了解以上信息外，对客户自身的投资倾向和预期投资效果也要做了解（见表2-12）。

表 2-12　客户的投资需求与目标

项目	期望达到、保持或需要的数量和比率	重要性（特别重要、重要还是一般）
现金准备	人民币_____万元	
综合投资需求	年收益率_____%	
债券投资需求	年收益率_____%	
股票投资需求	年收益率_____%	
基金投资需求	年收益率_____%	

续表

项目	期望达到、保持或需要的数量和比率	重要性（特别重要、重要还是一般）
保险投资需求	年收益率_____%	
支出目标	人民币_____万元	

二、编制家庭资产负债表

（一）家庭资产负债表的科目

客户若是初次编制家庭资产负债表，需要对相关的资产、负债主要内容进行梳理，之后修改、更新报表的重点在于调整资产与负债的变动额。

家庭资产与负债表的主要内容反映在以下科目中（见表 2-13）。

表 2-13　家庭资产负债主要科目列表

主要科目	明细科目 / 金额
现金及现金等价物	
现金	人民币 / 外币
活期存款	存款银行 / 存折账号（信用卡账号）
定期存款	存款银行 / 存续期间 / 利率 / 币种
货币市场基金	名称 / 买入日期 / 数量 / 成本 / 市价
现金及现金等价物合计	金额
金融资产 / 生息资产	
债券	国债、公司债 / 买入日期 / 金额 / 利率 / 到期日
股票	名称 / 买入日期 / 股数 / 成本 / 市价
非货币市场基金	名称 / 买入日期 / 数量 / 成本 / 市价
期货	名称 / 买入日期 / 股数 / 成本 / 市价
保值性商品	黄金、白银 / 细目 / 数量 / 成本 / 市价
寿险保单现值	保单种类 / 受益人 / 保障年限 / 保费 / 解约现值
应收账款 / 应收款项	债务人姓名 / 借期 / 还款方式 / 利率 / 目前余额
不动产投资	坐落地点 / 面积 / 成本 / 市价 / 目前房租
其他金融资产	视投资品性质而定
金融资产 / 生息资产合计	金额
实物资产	
期房预付款	坐落地点 / 面积 / 总价 / 首付款 / 已缴工程款 / 未缴余额

续表

主 要 科 目	明细科目 / 金额
自用住宅	坐落地点 / 面积 / 买入日期 / 成本 / 市价 / 首付款和目前房贷
汽车	车型号 / 买入日期 / 成本 / 市价 / 折旧率 / 车贷余额
其他自用资产	家电家具细目 / 买入日期 / 成本 / 市价 / 折旧率
珠宝首饰	珠宝种类 / 细目 / 数量 / 成本 / 市价
收藏品	收藏品种类 / 细目 / 数量 / 成本 / 市价
其他奢侈资产	种类 / 细目 / 数量 / 成本 / 市价
实务资产合计	金额
资产总额	金额
负债	
短期负债	—
信用卡贷款余额	发卡银行 / 当期应缴款 / 期限 / 循环信用余额
中期负债	—
教育贷款余额	贷款期限 / 贷款额 / 利率 / 每期应缴额 / 贷款余额
消费贷款余额	贷款期限 / 贷款额 / 利率 / 每期应缴额 / 贷款余额
长期负债	—
汽车贷款余额	贷款期限 / 贷款额 / 利率 / 每期应缴额 / 贷款余额
房屋贷款余额	贷款期限 / 贷款额 / 利率 / 每期应缴额 / 贷款余额
股票质押贷款	股票名称 / 股数 / 贷款时价格 / 贷款额 / 质借余额
股票融资融券	股票名称 / 股数 / 融资时价格 / 融资额 / 融资余额
其他负债	—
负债总额	金额

（二）家庭资产负债表的重点

1. 注重现值

家庭资产负债表的编制不同于企业资产负债表的编制。企业较注重成本的核算，但家庭则注重现值，因为历史成本对于家庭而言没有任何意义，家庭理财的关键在于资产的保值和增值。因此，在编制家庭资产负债表的同时，需要对相关科目的金额进行调整。

财 商学堂

资产与负债价值确认

投资性资产通常以市场价值作为公允价值（市场价值）进行资产计量。这种方法相对简单，也更能直观地反映出家庭资产的变动情况。例如，2009年，陈先生以每股100元的价格，购入1 000股贵州茅台的股票（600519），价值100 000元，到2021年，该股票价格上涨到2 162元/股，总共价值2 162 000元，可以作为股票资产的账面记录予以确认。

2．存量概念

家庭资产与负债是典型的存量概念，显示某个结算时点资产与负债的状况。通常以月底、季底或年底作为资产负债的结算日。在确定家庭所拥有的所有流动性资产并清点价值后，即可直接计量。需要注意的是，流动性资产也会产生收益，而这些收益计入当年的家庭收入，而不是资产。

3．计算公式

$$净资产 = 资产总额 - 负债总额$$

这里的净资产相当于企业报表中的"所有者权益"，代表着这个家庭实际拥有的资产净额。

4．折价考虑

在计量时，自住房屋需要参照房产市场价值，但其中作为自用资产的汽车则比较特殊，因为汽车为消耗品，其价值将随着使用年限不断降低。一般而言，自用汽车10年后的残值几乎所剩无几，所以在对自用汽车进行估值时，要参考同品牌的二手车行情。而一般的家具、电器等消耗耐用品，也只能以旧货商品收购行情计价，由于价值偏低因此不计入资产。

（三）家庭资产负债表的编制

在编制家庭资产负债表时，我们通常根据表2-13中的科目分别进行核算和填写。常见的家庭资产负债表往往出现如表2-14所示科目。

表2-14　××客户家庭资产负债表（样表）

××××年××月××日　　　　　　　　　　　　　　　单位：元

资产		负债	
项目	金额	项目	金额
现金及活期存款		信用卡贷款余额	

续表

资产		负债	
项目	金额	项目	金额
定期存款		消费贷款余额	
股票		汽车贷款余额	
基金		房屋贷款余额	
债券		其他负债	
自住房产			
投资不动产			
汽车			
珠宝首饰			
收藏品			
其他资产			
资产总计		负债总计	
净资产			

三、编制家庭收入支出表

（一）家庭收入支出表的主要科目

家庭收入支出表的主要科目详见表 2-15。

表 2-15 家庭收入支出主要科目列表

主 要 科 目	明细科目 / 金额
收入	
工资	本人 / 其他家庭成员
租金收入	房屋 / 商铺的租金
利息收入	存款 / 债券 / 票据 / 股息
资本利得	出售股票 / 赎回基金已实现的结算损益
劳务收入	稿费 / 演讲费等
其他收入	赡养费 / 赠与 / 中奖 / 遗产等
收入总额	金额
支出	
基本消费支出	衣 / 食 / 住 / 行
房屋按揭支出	购买不动产负债的还款额
教育支出	学费 / 住宿费 / 兴趣班费 / 教材费

续表

主 要 科 目	明细科目／金额
支出	
娱乐支出	旅游／书报杂志等
医药费	住院费／门诊费／药品费／检查费／医疗器械费
投资支出	增加的投资额（股票／债券／基金／其他）
保障性支出	社保／商业保险费用
赡养费	给家庭需赡养人员的生活费等
其他支出	利息支出／交际费
支出总额	金额
年结余＝收入总额－支出总额	金额

（二）家庭资产收支表的重点

1．记录市值

与家庭资产负债表相似，客户投资的股票、基金等其价格都会随着市场的波动而波动，我们注重的并非其初始投资时的价格，而是其目前的市值。因此，这部分金额也需要及时进行调整。

2．流量概念

不同于家庭资产负债表的存量概念，家庭收入支出表是流量概念，显示一段时间现金收支的变化。通常以收入的循环周期作为流量经过的时间。

3．计算公式

$$年结余 = 收入总额 - 支出总额$$

年结余体现的是一个家庭所有收入减去所有支出之后的剩余，是一个家庭进行再投资的主要来源。

（三）家庭年度收入支出表的编制

客户家庭年收入支出表的科目详见表2–16。

表2–16　××客户家庭收入支出表（样表）

（××××年×月×日—××××年×月×日）　　　　单位：元

收入		支出	
项目	金额	项目	金额
工资收入		基本消费支出	
年终奖		房屋按揭支出	
利息收入		教育支出	

续表

收入		支出	
项目	金额	项目	金额
股票红利		娱乐支出	
证券买卖差价		医药费	
租金收入		投资支出	
劳务收入		赡养费	
其他收入		其他支出	
收入合计		支出合计	
年结余			

四、家庭财务比率

（一）流动性比率

1. 指标解读

一个家庭在日常生活中，手里留多少钱用来应急比较合适呢？可以通过流动性比率来回答这个问题。这里的钱代指现金、存款、货币基金等可以迅速变现而不会带来损失的流动性资产。通常来说，流动性和收益性成正比。如果流动性比率过低，则意味着该家庭在面临突发情况时，有资金出现"断流"，爆发财务危机的可能。如果该家庭的流动性比率过大，则表明这个家庭中的闲置资金过多，不利于资金的保值和增值，也表明该家庭打理闲置资金的能力不足。中国家庭普遍存在后一个问题。

2. 参考数值

通常来说，理想的流动性比率应维持在3~6之间。也就是说，持有3~6个月的日常支出等额现金即可。对于有些工作收入和生活支出较为稳定的人群，也可以适当调低流动性比率。

3. 计算公式

流动性比率 = 流动性资产（现金或现金等价物）/ 每月支出

例如，某家庭月支出为8 000元，那么该家庭每月合理的流动性资产，也就是闲钱就应在24 000~48 000元之间。本书把定期存款记为流动性资产，考虑其具有较好的变现能力。

（二）结余比率

1. 计算公式

结余比率 = 年结余 / 税后收入

例如，王先生的家庭（夫妻双方）一年的税后收入为20万元，年结余为

10 万元，结余比率为 10 万元 /20 万元 =0.5，说明一年下来可以留存 50% 的税后收入，该家庭的控制支出和储蓄积累的能力比较强。为了更准确地体现客户的财务状况，这里一般采用的是客户的税后收入。

2. 指标解读

结余比率，又称为储蓄比率，它反映了客户控制其开支和能够增加其净资产的能力。结余比率越高，则说明投资潜力越大，要进一步合理利用结余进行投资；如果结余比率过低，则要增加结余，保证家庭财务状况的稳健。

3. 参考数值

一般来说，结余比率在 10%~40% 都是合理的。结余比率如果小于 10%，需要适当控制支出；结余比率高于 40% 甚至更高时，则可以考虑增加消费或投资。

（三）家庭投资比率

1. 计算公式

$$家庭投资比率 = 投资资产 / 净资产总额$$

例如，王女士投资性资产有基金 7 万元、股票 10 万元。净资产总额为总资产减去负债计 405 万元，那么投资与净资产比率为 17/405 ≈ 4.2%。

2. 指标解读

投资性资产在上一章节里面已经解释过了，而"净资产"就是指整个家庭总资产中去掉负债后的部分，包括实物与非实物。投资收益是提高净资产水平的一条重要途径，因此这个指标的高低体现的是家庭是否具有相应的投资意识，也反映了客户通过投资增加财富以实现其财务目标的能力。

3. 参考数值

家庭投资比率控制在 50% 左右较为理想，但也要注意根据客户风险承受能力的不同适度调整。在对该比率进行分析时，还需考虑一个人的年龄。如果客户处于青年期，由于财富积累年限尚浅，投资在资产中的比率不高，他们的投资比率也会较低，在 0.2 左右也属于正常现象。但是对那些即将退休的人来说，过低的比值就是令人担忧的，因为这涉及失去工资收入后的收入稳定性问题。

例子里客户的投资性资产和净资产差距很大，4.2% 的投资比率很低，这就说明王女士很少涉及投资领域，可以建议她在保持一定储蓄的前提下，进行适度的投资，提高收益。从另一角度讲，如果该比率过高，也要考虑投资风险的过度放大，应该适当地增加投资性资产的比重和投资品种的配置，分散风险。

（四）即付比率

1. 计算公式

$$即付比率 = 流动资产 / 负债总额$$

例如，沈先生家庭的银行存款有 9 万元钱，家庭负债总共 25 万元，那么沈先生的即付比率就是 36%。

2．指标解读

即付比率主要反映客户可随时变现的资产用于偿还债务的能力，是对短期偿债能力的评估。

3．参考数值

该数值保持在 70% 左右比较合理。在计算即付比率时，除了现金、银行存款，也可以把短期能够变现的有价证券记为立即可动用资金进行分析。

例子中的沈先生即付比率只有 36%，因此该家庭随时变现资产偿还债务的能力较弱，也意味着在经济形势不利时，他将无法迅速减轻负债规避风险。但是此一比率如果偏高则是过于注重流动资产，说明客户的综合收益率低，财务结构不合理。

（五）负债收入比率

1．计算公式

$$负债收入比率 = 当年负债 / 当年税后收入$$

例如，沈先生当年的负债总额是 21 360，当年的税后收入是 180 000，那么该家庭的负债收入比率 =21 360/180 000 ≈ 11.87%。

2．指标解读

该指标反映的是负债和收入的占比情况，当年的收入是否能够负担当年的债务本息额度，它是衡量客户财务状况是否良好的重要指标。

3．参考数值

该数值应低于 40%。

例子里沈先生的负债收入比率低于 40%，说明以客户的经济收入完全可以承担当期债务，而如果超过 40% 的临界点，则容易发生家庭财政危机。该指标是反映在一定时期（一年）内财务状况良好程度的指标，主要衡量客户短期内偿还债务的能力。

（六）清偿比率

1．计算公式

$$清偿比率 = 净资产 / 总资产$$

2．指标解读

该指标反映的是客户的综合偿债能力。净资产占比较小，比率偏低说明债务过多，一旦出现债务到期收入下降，就会资不抵债；如果偏高，说明没有合理应用偿债能力提高个人资产规模，需要进一步优化。

3．参考数值

该数值保持在 50% 以上较为理想。

（七）负债比率

1. 计算公式

$$负债比率 = 负债总额 / 总资产$$

2. 指标解读

该指标反映的是客户的综合偿债能力，负债比率和清偿比率相加的和为1，因此呈现相反的关系。负债占比较大，比率偏高，说明债务过多，一旦出现债务到期收入下降，就会资不抵债；如果偏低，说明没有合理应用偿债能力提高个人资产规模，需要进一步优化。

3. 参考数值

该数值控制在 50% 以内较为理想。

（八）财务自由度

1. 计算公式

$$财务自由度 = 投资性收入（非工资收入）/ 日常消费支出$$

2. 指标解读

该指标简单来说，就是失业后，生活所受到的影响程度。如果单纯依靠工资收入，不管你之前年薪多少，生活品质肯定会受影响，财务自由度就很低。而这个时候，如果理财收入（投资性收入）较高，那么光靠理财便可以维生，则说明财务自由度高。此时是钱为你工作而不是你为钱工作。

3. 参考数值

该数值大于或等于 1 较为理想。

为了方便编制理财规划方案，实际操作的时候，我们把几个指标编制成表（见表 2-17），针对具体案例计算出实际值，然后进行诊断，这样客户的财务特征及存在问题就一目了然了。

表 2-17　××客户家庭财务比率分析表

项目	计算公式	参考数值	主要功能	实际值	诊断
流动性比率	流动性资产 / 每月支出	3~6	应急储备状况		
结余比率	年结余 / 税后收入	10%~40%	储蓄意识和投资能力		
家庭投资比率	投资资产 / 净资产总额	50%	投资意识		
即付比率	流动资产 / 负债总额	70%	短期偿债能力		
负债收入比率	当年负债 / 当年税后收入	< 40%	短期偿债能力		

续表

项目	计算公式	参考数值	主 要 功 能	实际值	诊断
清偿比率	净资产 / 总资产	> 50%	综合偿债能力		
负债比率	负债总额 / 总资产	< 50%	综合偿债能力		
财务自由度	投资性收入 / 日常消费支出	≥ 1	财务自由程度		

【课堂活动】

想一想，这些不合理的指标反映了中国家庭财务的哪些问题？

【任务实施】

（1）小陈的家庭资产负债表（见表 2–18）。

表 2–18　小陈家庭资产负债表

2021 年 12 月 31 日　　　　　　　　　　　　　　　　　　单位：元

资产		负债	
项目	金额	项目	金额
现金	12 580	信用卡负债	700
银行存款	12 350	住房贷款	300 000
股票	260 000	教育贷款	15 000
自住房屋	510 000		
其他实物资产	65 000		
资产总计	860 200	负债总计	315 700
净资产	544 500		

（2）小陈的家庭收入支出表（见表 2–19）。

表 2–19　小陈家庭收入支出表

2021 年 1 月—2021 年 12 月　　　　　　　　　　　　　单位：元

收入		支出	
项目	金额	项目	金额
薪金收入（工资、奖金津贴等）	115 500	生活开支（衣食住行等）	50 400
投资收入（利息、股息红利等）	68 600	房贷支出	22 000

续表

收入		支出	
项目	金额	项目	金额
其他收入	2 500	医疗支出	7 400
		保险支出	5 000
		旅游支出	10 400
		赡养支出	6 000
收入合计	186 600	支出合计	101 200
年结余	85 400		

（3）小陈家庭财务比例分析（见表2-20）。

表 2-20　小陈家庭财务比例分析

项目	计算公式	参考值	主要功能	实际值
结余比率	年结余/年税后收入	10%~40%	储蓄意识和投资理财能力	45.77%
家庭投资比率	投资资产/净资产总额	50%	投资意识	47.75%
清偿比率	净资产/总资产	>50%	综合偿债能力	63.30%
负债比率	负债/总资产	<50%	综合偿债能力	36.70%
即付比率	流动资产/负债总额	70%	短期偿债能力	7.90%
负债收入比率	当年负债/当年税后收入	<40%	短期偿债能力	1.69
流动性比率	流动性资产/每月支出	3~6	应急储备状况	3

（4）小陈家庭的理财需求包括：① 建立备用金、控制日常开支；② 偿还教育贷款；③ 优化投资组合，提供投资收益；④ 筹备结婚基金；⑤ 完善保险配置。

【技能训练】

（一）知识测试（单选题）

1. 下列关于流量与存量的说法中，正确的是（　　）。

A. 收入与支出为流量的概念，显示一个结算时点的价值

B. 资产与负债为存量的概念，显示一段时间内的变化

C. 期初存量 + 本期流出 − 本期流入 = 期末存量

D. 期初存量 + 本期流入 − 本期流出 = 期末存量

2. 下列关于资产分类的描述，正确的是（　　　）。

A. 活期存款是流动性资产

B. 养老金、住房公积金账户余额是自用性资产

C. 终身寿险现金价值是投资性资产

D. 收藏品是自用性资产

3. 下列交易中会导致家庭资产负债表中资产和负债等额增加的是（　　　）。

A. 将定期存款提前支取购买股票

B. 向银行贷款购买债券型基金

C. 出售赚钱的股票所得清偿银行贷款

D. 以年终奖金购买股票

（二）能力训练

25岁的单身女性小王，有婚嫁打算。每月工资收入6 000元，有一年期的定期存款5万元，拥有房屋一套，市值50万元，总负债18万元，每月房贷支出需1 200元，用于吃饭、服饰、化妆品和娱乐项目等日常开销大约在3 000~4 000元，基本属于月光族，无其他金融投资项目。另外除了单位购买的社保外，暂无其他商业保险。请分析该客户财务特征并提出一些理财目标。

任务二　分析客户风险特征

【任务情境】

南京"新城市人"家庭形成期理财规划方案

王先生26岁，保险公司经理，工作4年，每月平均税后工资1.5万元，公司代他缴纳五险一金，公积金账户余额8万元，每月有2 400元入账（单位和个人共计）。王太太25岁，麻醉科护士，税后月薪1万元，年终奖2.5万元，工作3年，医院代缴五险一金，公积金账户3万元，每月有1 600元入账（单位和个人共计）。二人为新婚夫妻，结婚1年，在老家淮安父母给购置有一套婚房，婚房价值约50万元，暂未出租。夫妻二人家有现金8 000元，活期存款5万元，定期存款20万元，每年利息4 000元左右。此外王先生拥有一张交通银行信用卡，额度两万元，很少使用。

夫妻二人在南京工作。每年房租48 000元，生活费60 000元。夫妻二人喜欢短途旅行，每年的旅行经费12 000元，人情支出6 000元。另外夫妻两人都购买了返本型人身意外险，两人一年共交11 000元，已交一年。对于投资，

两人尝试不多，关注产品收益性，不太喜欢风险较高的股票类型投资，可以接受产品 10% 左右的收益波动。

王先生父亲是国企员工，52 岁，年收入 12 万元，五险一金齐全。王先生母亲是家庭主妇，50 岁。父母在淮安有一处房产，王先生是家中独子，父母可以为他提供购房资金 10 万元，因父亲暂未退休，且国企待遇较好，所以夫妻二人暂时没有养老压力。

夫妻二人希望年内购买一辆 15 万元左右的汽车，方便王先生在外跑业务，也方便春节回老家。同时计划三年内在南京江北购置一套房产，购房后计划生育孩子。

请对王先生家庭财务、家庭风险特征以及理财需求进行分析。

【任务精讲】

一、客户风险特征

客户风险特征是进行理财服务要考虑的重要因素之一。风险是对预期的不确定性，是可以被度量的，可以由以下三个方面构成。

（一）客户风险偏好

客户的风险偏好反映的是客户主观上对风险的态度，也是一种不确定性在客户心理上产生的影响。根据客户风险偏好的不同，我们一般可以将客户分为风险厌恶型和风险偏好型两大类。两类客户在理财中对于风险以及由此带来的理财工具的偏向也不相同。通常风险厌恶型客户具有对投资比较悲观、不喜欢变化和不确定性、倾向于高估风险等特征，而风险偏好者则愿意承担风险、对投资较为乐观以及喜欢变化。

（二）客户风险认知度

风险认知度反映的是客户主观上对风险的基本度量，这也是影响人们对风险态度的心理因素。

（三）客户风险承受能力

风险承受能力反映的是风险客观上对客户的影响程度，同样的风险对不同的人影响是不一样的。

结合风险特征的三个方面，我们可以分别用风险承受能力和风险承受态度两个指标分析客户的体现特征。

二、客户风险评估

（一）风险承受能力评估

客户风险承受能力反映的是风险客观上对客户的影响程度，同样的风险对不同就业状况、家庭负担、置业情况、投资经验投资知识、年龄的客户的影响是不一样的。根据这些影响因素可以判断和分析客户的风险承受能力状况。

如表 2-21 所示，不同就业状况的客户其风险承受能力不同。例如：一般公职人员客户由于就业单位的稳定性较高，其工作的稳定性也较高，但如果客户失业了则其风险承受能力明显就较低。家庭负担方面，如果客户单身一人，处于"一人吃饱，全家不饿"的情况，其风险承受能力就强，但若是"上有老、下有小"的状况，则在投资的时候需要考虑到父母和子女的生活问题。在置业情况上，如果客户不仅有自住的住房，并且能投资不动产，相对而言能承受风险的能力就较强，因为即便损失其他资产，最后还可以通过变卖不动产来变现。在投资经验和知识上，客户投资的经历越长，具备的专业投资知识越多，就越能抵御风险。在年龄上，年纪越轻，能承受的风险就越大。

通过客户风险承受能力评估表得到的客户的分值越大，表示客户承受风险的能力越强。

表 2-21 客户风险承受能力评估表

分数	10 分	8 分	6 分	4 分	2 分
就业状况	公职人员	公司职员	佣金收入	自由职业	失业
家庭负担	未婚	双薪无子女	双薪有子女	单薪无子女	单薪有子女
置业情况	投资不动产	自宅无房贷	房贷 ≤ 50%	房贷 >50%	无自宅
投资经验	10 年以上	6~10 年	2~5 年	1 年以内	无
投资知识	有专业证照	财经相关专业	自修有心得	略懂一些	一无所知
年龄	总分 50 分，25 岁以下者 50 分，每多一岁少 1 分，75 岁以上者 0 分				
风险承受能力	高承受能力	中高承受能力	中等承受能力	中低承受能力	低承受能力
分值	80~100 分	60~79 分	40~59 分	20~39 分	0~19 分

（二）风险偏好评估

客户产生不同的风险偏好的原因比较复杂，与所处的文化氛围、成长环境有很深的关系，其影响因素也较多，详见表 2-22。

表 2-22 客户风险偏好评估表

分数	10 分	8 分	6 分	4 分	2 分
首要考虑	赚短线差价	长期利得	年现金收益	抗通胀保值	保本保息
认赔动作	预设止损点	事后止损	部分认赔	持有待回升	加码摊平

续表

分数	10分	8分	6分	4分	2分
赔钱心理	学习经验	照常过日子	影响情绪小	影响情绪大	难以忍受
最重要特性	获利性	收益兼成长	收益性	流动性	安全性
避免工具	无	期货	股票	房地产	债券
本金损失容忍度	总分50分，不能容忍任何损失为0分，每增加一个承受损失百分比，加2分，可容忍25%以上损失者为满分50分				
风险偏好类型	积极进取型（高偏好）	温和进取型（中高偏好）	平衡型（中等偏好）	温和保守型（中低偏好）	非常保守型（低偏好）
分值	80~100分	60~79分	40~59分	20~39分	0~19分

三、客户风险特征综合评价

风险特征与投资规划密切相关，不同类型的投资者建议持有的产品类型各不相同。一般来说，保守型客户建议选择货币市场基金、养老保险、储蓄、债券等安全性高的投资工具，稳健型客户建议在储蓄、保险、债券等基础上，可适量增加基金、房地产、股票及其他风险投资工具的比例，激进型客户建议可配置较高比例的股票、期货、外汇、互联网金融产品等高风险投资工具。

那么如何确定具体产品配置呢？通过前述的表2-21和表2-22获得的数据，利用表2-23投资配置风险矩阵表可以进一步明确投资配置比例。例如，客户风险评测结果是中等承受能力（53分）和中等偏好（42分），通过矩阵表，可以参考投资组合"货币类产品配置10%、债券类产品配置40%、股票类产品配置50%"方向进行配置。

表2-23 投资配置风险矩阵表

风险偏好	可投资工具	低承受能力（0~19分）	中低承受能力（20~39分）	中等承受能力（40~59分）	中高承受能力（60~79分）	高承受能力（80~100分）
低偏好（0~19分）	货币	70%	50%	40%	20%	10%
	债券	30%	40%	40%	50%	50%
	股票	0%	10%	20%	30%	40%
中低偏好（20~39分）	货币	40%	30%	20%	10%	10%
	债券	50%	50%	50%	50%	40%
	股票	10%	20%	30%	40%	50%

续表

风险偏好	可投资工具	低承受能力（0~19分）	中低承受能力（20~39分）	中等承受能力（40~59分）	中高承受能力（60~79分）	高承受能力（80~100分）
中等偏好（40~59分）	货币	40%	30%	10%	0%	0%
	债券	30%	30%	40%	40%	30%
	股票	30%	40%	50%	60%	70%
中高偏好（60~79分）	货币	20%	0%	0%	0%	0%
	债券	40%	50%	40%	30%	20%
	股票	40%	50%	60%	70%	80%
高偏好（80~100分）	货币	0%	0%	0%	0%	0%
	债券	50%	40%	30%	20%	10%
	股票	50%	60%	70%	80%	90%

【任务实施】

第一步，通过表格编制梳理家庭财务信息并进行分析（见表2-24至表2-26）

表2-24 王先生家庭资产负债表

截至 2021 年 12 月 31 日　　　　　　　　　　　　单位：万元

资产		负债	
现金	0.8	购房贷款	0
活期存款	5	购车贷款	0
定期存款	20	其他负债	0
银行理财产品	0		
投资性房产	0		
自住房产	50		
其他（公积金余额）	11		
资产总计	86.8	负债总计	0
净资产	86.8		

表 2-25　王先生家庭收支表

（2021 年 1 月 1 日 — 2021 年 12 月 31 日）　　单位：万元

收入		支出	
项目	金额	项目	金额
王先生工资奖金收入	18	生活费	6
王太太工资奖金收入	14.5	房租	4.8
利息收入	0.4	保险费	1.1
租金收入	0	娱乐支出	1.2
其他（银行理财产品收入）	0	其他支出	0.6
公积金	4.8	利息支出	
收入合计	37.7（32.9+4.8*）	支出合计	13.7
年结余	24（19.2+4.8）		

* 每年缴纳的 4.8 万元公积金，属于专项在购房时使用的收入，不能用作其他，特作区分。

表 2-26　王先生家庭财务比率分析表

项目	计 算 公 式	参考值	实际值	主 要 功 能	诊断
流动性比率	流动性资产 / 年月支出	3~6	23	应急储备状况	高
结余比率	年结余 / 税后收入	10%~40%	63.66%	储蓄意识和投资理财能力	偏高
家庭投资比率	投资资产 / 净资产总额	50%	0%	投资意识	过低
负债收入比率	当年负债 / 当年税后收入	<40%	0%	短期偿债能力	强
负债比率	负债总额 / 总资产	<50%	0%	综合偿债能力	强
财务自由度	（目前净资产 × 投资回报率）/ 目前的年支出	≥1	0	投资意识	没有

财务情况分析：从资产负债情况我们可以看出王先生的储蓄意识较强，房产和存款是王先生家庭资产的主体，没有投资性资产，也不存在任何负债。从王先生的家庭收支表发现家庭收入主要是夫妻二人的工资收入，家庭保险意识比较强，但利息收入仅占 1.22%，收入结构过于单一，可进行适当的投资增加

收入。通过财务比率分析表可以发现整体而言王先生家庭的资产状况良好，没有财务风险，现金资产略多，投资意识薄弱。

第二步，对王先生家庭风险特征进行评估（见表2-27、表2-28）

表2-27　王先生风险承受能力评估表

分数	10分	8分	6分	4分	2分	计分
就业状况	公职人员	公司职员	佣金收入	自由职业	失业	8
家庭负担	未婚	双薪无子女	双薪有子女	单薪无子女	单薪有子女	8
置业情况	投资不动产	自宅无房贷	房贷<50%	房贷>50%	无自宅	8
投资经验	10年以上	6~10年	2~5年	1年以内	无	2
投资知识	有专业证照	财经相关专业	自修有心得	略懂一些	一无所知	2
年龄	总分50分，25岁以下者50分，每多一岁少1分，75岁以上者0分					49
总分	77					

表2-28　王先生风险偏好评估表

分数	10分	8分	6分	4分	2分	计分
首要考虑	赚短线差价	长期利得	年现金收益	抗通胀保值	保本保息	4
认赔动作	预设止损点	事后上损	部分认赔	持有待回升	加码摊平	4
赔钱心理	学习经验	照常过日子	影响情绪小	影响情绪大	难以忍受	6
最重要特性	获利性	收益兼成长	收益性	流动性	安全性	6
减免工具	无	期货	股票	房地产	债券	6
本金损失容忍度	总分50分，不能容忍任何损失为0分，每增加一个承受损失百分比，加2分，可容忍25%以上损失者为满分50分					20
风险偏好类型	积极进取型	温和进取型	平衡型	温和保守型	非常保守型	46
分值	80~100分	60~79分	40~59分	20~39分	0~19分	

风险特征分析：王先生风险承受能力测试分数是77分，有一定的风险承受能力，但风险偏好评测得分为46分，属平衡型风险偏好，客观承受和主观偏好略有偏差，考虑到王先生投资方面的经验较少，应建议王先生采用稳健的

投资工具。

第三步，根据可操作性和重要性对理财需求进行梳理和排序

王先生家庭处于家庭形成期，这个阶段有着买房、买车，建立投资组合等共同需求，以及接下来的生育孩子及子女教育需求，同时也要考虑该家庭的财务特征和资金使用率较低、投资比率较低的问题，对理财目标进行梳理和排序：

（1）降低目前现金及现金等价物的持有，提高资金使用效率，降低流动性比率。

（2）购买一辆价值 15 万元左右的汽车。

（3）完善家庭保障体系，可以为父母购买一些健康及意外保险。

（4）增加投资途径，提高投资收益。

（5）考虑置换一套南京住房。

（6）自身的继续教育计划。

（7）准备一笔育儿基金。

案例：客户
分析 2 则

【课堂讨论】

全班同学分成若干小组，进行案例讨论，完成客户信息分析。

【技能训练】

（一）知识测试（单选题）

1.（   ）不属于风险特征。

A. 普遍性　　　　B. 可测性　　　　C. 确定性　　　　D. 客观性

2. 下列选项中，风险承受态度或者风险偏好最高的是（   ）。

A. 可忍受 20% 的本金损失，不管投资赚赔照常过日子

B. 每天关心行情想赚短线差价，但若看错行情时宁愿长期套牢也不止损

C. 依赖专家看法操作，跟着杀进杀出，赚钱开心赔钱无法安眠

D. 认为投资的目的是对抗通货膨胀，报酬率要求不高但也无法容忍本金损失

3. 下列关于客户除风险外其他理财特征的说法，错误的是（   ）。

A. 客户个人不同的生活、工作习惯对理财方式的选择很重要

B. 对于知识结构不同的客户，银行从业人员应当一视同仁，给予相同的理财产品

C. 客户由于个人具有的知识、经验、工作或社会关系等原因而对某类投资渠道有特别的喜好或厌恶

D. 客户个人的性格是个人主观意愿的习惯性表现，会对理财的方式和方法产生影响

（二）能力训练

钱先生刚步入不惑之年，在一家国有企业担任中级主管，妻子在民营企业任职，有一个儿子。已于 5 年前购房自住，当前房贷余额只有房屋总价的 40%。3 年前开始投资股市，依靠从报纸杂志获得一些信息来做判断，赚少赔多，当前持股套牢。可忍受资产的最大损失率为 10%，投资的首要考虑因素为长期资本利得，但赔钱的事实仍然会影响工作和生活情绪。当前资产的 70% 在股票，30% 在存款，以后仍会继续投资股票寻求翻本，但没有投资期货的打算。依据以上对钱先生的描述，计算其风险承受能力和风险承受态度的分数。

任务三　分析客户理财需求

【任务情境】

邵先生，45 岁，萧山某跨国公司的员工，年收入 10 万元，年终奖金 1 万元，有五险一金，每月公积金有 2 000 元（单位和个人缴存共计）。邵太太 41 岁，萧山某知名酒店的员工，年收入 5 万元，年终奖 5 000 元，有五险一金，每月公积金有 1 000 元（单位和个人缴存共计）。夫妻二人公积金账户共有 25 万元。女儿今年 15 岁，在萧山某公立初中读初二，每年兴趣班和学校各类杂费大概 2 万元。无信用卡。邵先生家准备在近几年购买一套 100 平方米左右的房子。邵先生和邵太太各自希望 65 岁和 60 岁能够退休，并且二人希望在退休之后能够有一个美好的晚年。邵先生家现有资产现金 1 万元、活期存款 5 万元、定期存款 30 万元、20 万元的股票（今年收益 5 万元）。他们现有住房一套，价值 80 万元。夫妻双方名下有一辆汽车，价值 15 万元。在日常开销方面，邵先生家每月消费 5 000 元（包括伙食、水电费、购物等），旅游支出每年 1.5 万元。因为家里老人退休金比较高，所以不需要承担父母的赡养费用。家庭没有负债。

该家庭处于哪个阶段呢？在短、中、长期上有哪些具体的理财需求呢？

【任务精讲】

一、客户理财需求

客户的理财需求因客户的具体情况、所处生命周期等不同而多种多样。在任务一中的"客户投资需求与目标"统计中，我们能大致了解到客户自己的投资

客户理财
需求分析

倾向和预期投资效果。但对于一般缺乏投资经验和专业知识的客户，他们所做出的理财需求和目标未必是符合其自身状况的。因此，理财规划师需要将客户的投资需求与目标和客户实际情况相结合，从专业的角度来确定客户的理财需求。

客户理财需求多种多样，按照不同的分类标准又可分为多个类别，详见图2-1。

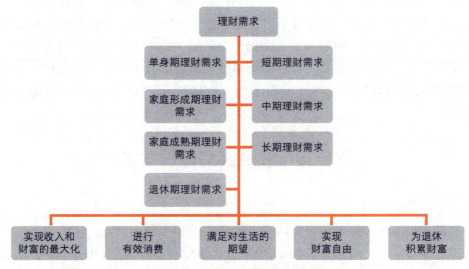

图 2-1　不同分类标准下的理财需求类别

首先，按照时期的长短，理财需求可以分为短期理财需求、中期理财需求和长期理财需求。这与投资中的时间标准有所不同。一般而言，这里的短期通常是指5年以内，中期是指5年以上10年以内，长期则是指10年以上。时期的长短不同，每个家庭的理财需求各不相同。详见表2-29。

表 2-29　按时期划分的不同理财需求

时期	具体的理财需求
短期	筹集紧急备用金
	控制开支
	建立投资组合
	建立保障体系
	学业深造计划
中期	为购房、购车积累资金
	提高保险保障
	增加非工资性收入
	开始退休规划
	子女的抚养费用

续表

时期	具体的理财需求
长期	建立退休基金
	子女教育基金
	资产的保值增值
	遗产规划

其次，按照客户所处生命周期，可以划分为单身期理财需求、家庭形成期理财需求、家庭成熟期理财需求和退休期理财需求。每一个生命周期，客户的理财需求各不相同，详见表2-30。

表 2-30　不同生命周期的理财需求

生命周期	理财需求
单身期	房屋租赁
	申请信用卡
	偿还教育贷款
	控制日常开支
	筹集结婚费用
	建立紧急备用金
	初步开始投资规划
	继续教育计划
家庭形成期	筹集购车资金
	筹集购房资金
	子女抚养费用
	组建投资组合
	建立保障体系
	家庭旅游
	开始退休基金的建立
	理财需求
家庭成熟期	子女教育基金
	控制收支平衡
	增加投资组合的收益性
	提升家庭的保障程度
	退休规划
	重新装修住房

续表

生命周期	理财需求
退休期	更换合适的房屋
	降低投资组合风险
	退休后的旅游计划
	遗产规划

最后，从具体内容而言，客户的理财需求又可分成以下几种：

（一）实现收入和财富的最大化

客户进行理财的最终目的是实现家庭收入和财富的最大化，这是理财需求的根本。通常，客户收入和财富的最大化最终通过收入的增加和支出的控制来实现。收入的增加又可以通过工资的提升、投资收益的增加等具体途径来实现。在工资收入稳定的情况下，最重要的增加收入的途径就是通过建立投资组合实现投资收益的提升。对于支出的控制，是指在保证基本生活质量不受影响的情况下，对家庭支出做适当的调整。

（二）进行有效消费

消费在客户的收入中占了很大的比重。一般而言，收入－支出＝储蓄，而这个支出中很重要的部分就是消费，另外部分支出可能是投资、偿还负债等。因此，在客户收入既定的情况下，消费的改善能实现储蓄的增加，从而实现可投资额的增加。有效消费并不一定是较少消费，而是指要合理消费，改变消费观念，让客户对自己的消费进行管理，理性地进行消费。

（三）满足对生活的期望

从人的生命周期来看，不同的阶段有不同的生活期望，但生活期望并不一定能完全实现。理财需求中的一个重要部分就是要通过理财尽量使客户对生活的期望得以实现。

（四）实现财富自由

财富自由，是指在基本的生活需求得到持续保障的前提下，有足够的资本可以"自由"地投入到"该"做的事情中。

（五）为退休积累财富

对于很多客户而言，理财是为了最终实现退休后的财富积累，从而保障退休后生活质量不会因为工资收入的减少而受影响。为了不降低退休后的生活水平，客户需要在退休前就开始进行规划。

二、理财需求确定的原则

（一）客户的理财需求须具有现实性

如前所述，客户自身对理财存在着需求和期望，会设定理财需求，但客户一般有投资经验不足和投资专业知识缺乏等问题，因此理财规划师需要在客户自定的理财需求基础上进行修正，使客户理财规划最终确定的理财需求具有可实现性，而非遥不可及。例如，对于一个中等收入的家庭，期望一夜暴富，或是能更换普通住宅为别墅等，这些都是不具有现实性的理财需求。

（二）客户的理财需求越明确越好

在与客户的沟通中，对客户的理财需求要越明确越好。为此，对理财需求实现的时间、具体数字化的投资收益等均需要提前规划。客户的理财需求越明确，越具有操作性，对正确制定全面的家庭理财规划就越有帮助。

（三）理财需求须保证一定的资产流动性

在进行理财的过程中，有些客户为了实现更多的资产投资，宁可省吃俭用，暂时牺牲生活质量。这并不健康。一来会影响到客户的生活水平，不是理财的最终目的；二来会影响到客户的资产流动性，若客户没有一定的现金准备，发生意外支出时就会出现周转不灵等问题。因此，客户需要保证资产一定程度的流动性。但具体到每个客户需要保证何种程度的流动性，则需要视具体客户的现金需求而定。

（四）理财需求须充分考虑客户的生命周期

客户处于不同的生命周期，其理财需求也各不相同。如单身期与家庭形成期、家庭成熟期以及退休期的理财需求存在着巨大的差别，且不同时期风险承受能力、风险偏好等均不相同，因此需要视客户具体所处生命周期来确定其具体的理财需求，以及在此背景下理财建议的优先顺序。

三、理财需求影响因素

除了其风险特征外，还有许多其他的理财特征会对客户理财方式和产品选择产生很大的影响。

（一）投资渠道偏好

投资渠道偏好指客户由于个人具有的知识、经验、工作或社会关系等原因而对某类投资渠道有特别的喜好或厌恶。理财顾问在给客户提供财务建议的时候要客观分析并向客户准确解释，要充分尊重客户的偏好，绝不能用自己的偏好影响客户的财务安排。

（二）知识结构

一个人的知识水平和信息获取的通道对其适合的投资渠道、产品和投资方式也会产生很大的影响。比如，外汇交易投资可能就不适合一个偏远地区的只有初中文化水平的农场主，尽管其可能非常富有。

（三）个人性格

客户个人的性格是个人主观意愿的习惯性表现。喜欢事事亲力亲为的客户，与希望利用他人来做事的客户，其理财的方式和选择的产品当然也是不一样的。这跟客户对他人的信任度有关。

四、理财目标制定步骤

前面对理财目标的各种类型和确定原则做了说明，在具体操作的时候，理财规划师应通过三部曲完成理财目标的制定。

第一，界定客户目前的生活水平及未来想要达到的期望目标。

客户目前的生活水平大体可以划分为 4 个层次：基本生活水平、平均生活水平、满意生活水平和富足生活水平。如果客户目前处于基本生活水平层次，那么，理财规划的重点是实现资产增值的投资规划，保险可带来的生活保障功能也应摆在优先位置。如果处于平均生活水平层次，而未来希望达到满意程度，则重点是实现资产稳定增长的投资规划。如果是满意生活水平层次，税务规划和财产保护规划（信托及分散风险）要同时进行。如果达到富足生活水平，则主要考虑以税务规划为主的财产转移计划。

第二，初步拟订理财目标，再次询问客户的意见并取得客户的确认。

通过客户理财目标分析初步确定客户目标，并且以书面形式呈交给客户。如果客户明确表示反对，理财规划师应要求客户以书面方式提出自己的理财目标。

第三，对理财目标的修改和完善。

如果在制定过程中，理财规划师拟对已确定的理财目标进行改动，必须对客户说明，并征得客户同意，以避免双方在以后的合作中出现纠纷。

财 商学堂

制定和修改理财目标的ＳＭＡＲＴ原则和 TOPS 原则

协助客户设定个人或家庭的理财目标与期望，我们可以用到 SMART 原则。

- 明确的（specific）
- 可衡量的（measurable）
- 可达到的（attainable）
- 符合实际的（realistic）
- 具体的（tangible）

引导客户需求分析应掌握的 TOPS 原则。

- 取得客户信任（trust）
- 掌握机会（opportunity）
- 避免痛苦（pain）
- 提供解决方案（solution）

【任务实施】

邵先生家现在处于家庭与事业的成熟期，邵先生与太太承担着共同建设家庭、抚养孩子和赡养老人的责任。他们事业稳定，也有一定的积蓄，希望能够通过理财规划实现资产增值并实现资产优化配置，得到最大的利用。

理财需求包括如下内容：预留一笔流动资金，增加信用卡；购买一套 100 平方米左右的房子；为家庭的经济支柱成员购买保险，如人身意外伤害保险、重大疾病险等；为女儿的教育支出提前做好缓冲准备；为自己和妻子可以拥有一个安逸富足的晚年提供一份保障；合理分配各项资金，以达到保值增值的目的。

【技能训练】

（一）知识测试（单选题）

1. 对于客户的中期投资目标，应（　　　）。

A. 采用现金投资和固定利息投资，收益不高，但收益率较稳定，很少出现亏损

B. 主要考虑投资的成长性，可考虑采用具有税收效应的投资产品

C. 要更多地考虑投资的成长性和收益率，但投资风险会上升，出现亏损的概率也会更大

D. 视具体目标而确定投资策略

2. 下列理财目标属于短期目标的是（　　　）。

A. 养老生活　　　　　　　　B. 教育规划

C. 贷款买房　　　　　　　　D. 筹集应急准备金

3. 在分析各项理财目标实现的可能性时，不需要事先确定的重要事项是（　　　）。

A. 要根据客户期望的理财目标确定各项理财目标之间的优先顺序

B. 要确定现有资源运用的优先顺序

C. 当各项理财目标无法同时实现时确定调整方案

D. 以月份模拟短期的现金流量

（二）能力训练

今年40岁的肖先生在上海工作将近20年，已经结婚买房，儿子今年10岁。肖先生和妻子都属于职场精英人士，是很多人眼中标准的中产家庭。肖先生和妻子都毕业于重点大学，作为家庭的收入支柱，肖先生也是一位不折不扣的工作狂，而太太则更注重家庭，是一位育儿狂。

根据表2-31~表2-33，分析肖先生的家庭理财目标有哪些。

表2-31　月收支状况

单位：元

收入（税后）		支出	
肖先生月薪	36 000	基本生活支出	10 000
肖太太月薪	18 000	保姆支出	5 000
		养车费用	3 000
		兴趣班花费	6 000
		房贷月供	20 000
合计	54 000	合计	44 000
每月结余		10 000	

表2-32　年收支状况

单位：万元

收入（税后）		支出	
肖先生年终奖	10	儿子学杂费	2
肖太太年终奖	3	其他支出	3
合计	13	合计	5
年度结余		8	

表2-33　家庭资产负债状况

单位：万元

家庭资产		家庭负债	
活期及现金	10	房贷	400
银行定期存款	100		
自住房产（市值）	1 500		
汽车（市值）	40		
合计	1 650	合计	400
家庭资产净值		1 250	

Chapter

03

项目三
投资规划

)) 任务一　测算投资规划需求
)) 任务二　认知投资规划工具
)) 任务三　开展投资规划

学习目标

知识目标
- 掌握各类投资工具的特点
- 明确客户投资理财的目标
- 掌握投资规划开展的流程
- 准确理解投资工具的风险

能力目标
- 加深对多层次资本市场的认识，能够匹配不同投资者
- 能根据客户财务及投资经验，为客户提供投资组合
- 密切跟随金融市场动态变化，对投资组合进行调整

素养目标
- 巩固投资者理性投资的基本理念
- 认识投资具备服务实体经济作用
- 培养服务人民美好生活的服务意识
- 培养精益投资精准组合配置的意识

思维导图

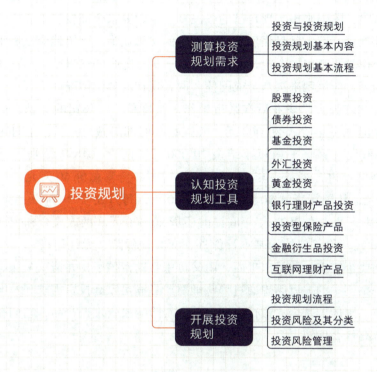

投资规划

- 测算投资规划需求
  - 投资与投资规划
  - 投资规划基本内容
  - 投资规划基本流程
- 认知投资规划工具
  - 股票投资
  - 债券投资
  - 基金投资
  - 外汇投资
  - 黄金投资
  - 银行理财产品投资
  - 投资型保险产品
  - 金融衍生品投资
  - 互联网理财产品
- 开展投资规划
  - 投资规划流程
  - 投资风险及其分类
  - 投资风险管理

任务一　测算投资规划需求

【任务情境】

张玲和丈夫陈强，均为 28 岁，2021 年年末从单位领取年终奖金共计 50 000 元，夫妻二人为奖金投资争执不下。张玲主张将 50 000 元奖金全部投资购买寿险，陈强则想实现自己的股民梦，极力要求全部投资于股市。两人对于奖金的处置，双方父母强烈反对。张玲的父母认为，这笔钱应该放银行存定期存款，作为买新房的资金，要么就继续还贷；陈强的父母则认为存银行和还贷都不划算，应该用来买基金或国债。两人现在的具体情况如下。

张玲和陈强大学毕业后在某市工作，张玲是一家公司的文职人员，工作稳定，平时工资年收入 80 000 元。陈强在政府部门做公务员，平时工资年收入 100 000 元，家庭平均每年结余 20 000 元。两人 2018 年结婚，婚前由双方父母资助首付，买了一套 70 平方米的房子，房屋总价 50 万元，装修花费了 10 万元，从银行贷款 30 万元，期限 20 年，每月还贷 2 300 元左右。通过 3 年的努力，两人在 2021 年年底提前还贷 20 000 元。两人现金和定期存款共有 20 000 元，除了单位的基本社保外，无其他保险，无任何投资。小夫妻打算在近期要个宝宝，孩子出生后，由父母来帮助带孩子，并请一个保姆。

这一案例中的夫妻俩想通过哪些理财产品满足家庭投资需求呢？案例中涉及的股票、国债、基金、银行定期存款、寿险等投资理财产品，它们在风险收益方面各有什么优缺点？

【任务精讲】

财富万象（三）

虽然理财并不等同于投资，但家庭理财往往也离不开投资，投资是其中非常重要、必不可少的部分。一般而言，投资规划包括了股票、债券、基金、外汇、银行理财产品等。这些产品具有较大的差异性，同时在具体的投资操作过程中还会受金融市场多种因素的影响。因此，作为获得金融资讯较为有限的个人或家庭，在实际投资中必然存在着风险，在进行个人投资规划之前需要对各投资产品有一定的了解。

一、投资与投资规划

投资规划 1

从个人理财的角度来看，投资是指投资者运用自己持有的资本，用以购买实际资产或金融资产，或是取得关于资产的某种权利，以期在一定时期内获得固定的或是非固定的收益。而投资规划，准确地说，不仅仅是投资本身。投资是以收益为目标而放弃可消费资产的流动性，以获得未来更大价值的经济活动。而投资规划则是结合所处的经济形势、金融状况、投资产品收益与风险等，对各类投资项目进行组合，以实现投资主体（如家庭、个人、机构）的整体目标。当然，两者并不能完全切分开来，因为投资规划涉及大量的投资工具。

若对某一个具体投资而言，在进行投资规划时，首先需要对整个投资项目全面了解，掌握这一投资的成本、收益、风险等因素；其次需要运用一定的投资分析方法，对投资决策时的经济形势和可能发生的经济政策变动，以及投资者个人可预期的状况做出分析；再次在结合以上两者的基础上进行综合分析该项投资的可行性、收益性、风险性、流动性等；最后做出是否投资、投资多少的投资决定。这一过程才是一个较为完整的投资规划。

二、投资规划基本内容

（一）个人的投资理念

对于目前国内众多居民而言，工资是家庭或个人收入的主要来源。但随着物价的上涨及部分进行投资的家庭或个人财富的增长，以及社会老龄化高峰的到来，要实现资产的保值与增值，要实现家庭或个人在整个社会富裕水平中不至于下滑，要实现老有所养，投资规划已经必不可少。在此基础上，如何实现正确认识收益与风险的平衡问题、成本与收益的计算问题以及短期与长期兼顾的问题显得格外重要。

（二）收益与风险的平衡问题

收益与风险是进行投资规划时需要同时面对的问题。追求高收益是人之常情，但若只单纯追求高收益而忽略了风险因素，则往往会导致较为严重的亏损后果。相反，若一味畏惧风险，不敢做任何投资，则会导致通货膨胀情况下资产的贬值。因此，在进行投资规划时，收益与风险的平衡问题尤为重要。作为投资者，既需要对收益有一定的认识，又要考虑到高收益高风险的客观现实，以对风险进行一定的管理。作为理财规划师更需要对客户的风险偏好、风险承受能力做出评估。

（三）成本与收益的计算问题

投资规划不仅仅是追求收益的过程，而且要考虑到该项投资的成本。作为理财客户，最为关心的并不是收益的绝对值，而是收益率的高低，同时还要考虑在众多投资中该项投资涉及的机会成本。例如，部分信托产品的收益率较高，有的甚至达到了 10% 以上，但其投资资金通常要求在 100 万元以上，这样高额的投资金额不是一般家庭或个人所能达到的。另外，在众多投资项目中，投资某项理财产品的机会成本也不能忽视。假如某客户考虑购买"中国银行博弈睿选 AMZYBYRX202018"这一理财产品（详见表 3-1），该理财产品对于一般家庭在可承受范围之内，其年化收益率在 4.2% 左右。显然，若某家庭投资 5 万元购买该产品，这一期将获得的收益约为 201 元。但若将此 5 万元用作购买基金，而该基金在这 35 天中的收益率为 5%，则该客户投资中国银行理财产品的机会成本就是投资基金产生的 2 500 元；若将此 5 万元用作购买股票，而该股票在这 35 天中的收益率为 10%，则该客户投资中国银行理财产品的机会成本就是投资股票产生的 5 000 元。依次类推，在投资规划中，客户需要了解成本与收益的计算问题，以做出较为合理的选择。

表 3-1 中国银行博弈睿选 AMZYBYRX202018

■ 购买信息					
发行银行	中国银行	发行对象	个人	货币币种	人民币
投资类型	组合投资类	发行起始日期	2020-04-18	发行终止日期	2020-04-24
委托管理期限	35 天	委托币种起始金额	100 000	起购金额递增单位	1 000
可否质押贷款	否	银行是否可提前终止	是	客户是否可赎回	否
销售地区	全国				
■ 收益指标					
收益类型	非保本浮动收益	预期最高收益率	4.2%	到期最高收益率	—
与同期储蓄比	2.84	收益起始日期	2020-04-25	收益终止日期	2020-05-30

财 商学堂

短期与长期兼顾的问题

理财客户考虑投资规划时还需注意投资的短期与长期问题。一般而言，在投资中存在着投资时期越长收益越高的规律，这是对牺牲短期流动性做出的价值补偿。例如，中国银行保本理财产品的投资期限为 35 天，其年化收益率为 4.2%，则其在这一时期中的实际收益率约为 0.4%。而同样由工商银行推出的"中国工商银行高净值客户专属资产组合投资型人民币理财产品（211 天）"，其年化收益率为 5.1%（5 万 ~20 万元），折合后该产品 211 天的收益率约为 2.9%。两者收益率之差是对较长时期的投资所牺牲的流动性的补偿。作为客户，在进行投资规划中需要考虑短期与长期兼顾的原则，以免顾此失彼。

三、投资规划基本流程

（一）客户财务与风险分析

如项目二所述，在对客户进行投资规划之前需要对客户的财务信息做出各种分析，包括编制家庭资产负债表、收入支出表，并运用一定的财务比率加以分析，以判断整体家庭的财务状况是否健康，或者存在哪些可以改进的空间。这是进行财务规划的必要准备工作。

在对财务信息进行分析的基础上，风险分析也是不可或缺的。这部分主要包括客户的风险承受能力分析和风险偏好分析，这是选择适合客户的投资产品的重要前提。

（二）客户投资需求分析

根据客户的生命周期、财务特征、风险属性，可以运用理财目标配置法，再结合客户自身的投资要求来确定客户最终的投资需求。理财规划师往往是从专业的角度进行投资规划与建议，但对于客户自身而言，他们有着自己的投资偏好，同时也需要考虑客户自身的知识层次、可利用的投资时间、家庭成员状况等情况。

（三）投资组合建议

在确定客户的投资需求后，可以结合当前金融市场的实际变化趋势，选择具体的投资工具类型以及数量。即便是同一个客户，在不同的时期，其投资组合也需实时变化。例如，在宏观经济发展状况良好时，相对而言，同一投资工具发生收益损失的概率相对就小，但若发生金融危机时，即便是债券、基金等投资工具也可能发生亏损。

（四）投资组合的管理

为了更加明确投资组合对家庭理财带来的变化，在投资组合建议完成后，需要对投资组合结构进行一定的分析：高风险、中等风险以及低风险的投资工具的比例，投资组合在未来一定时期内预期可达到的收益水平，投资组合在未来一定时期内预期风险状况以及相应的调整策略。

【任务实施】

任务精讲中提到了保险、股票、基金、定期存款、国债等理财产品。人寿保险可以转移家庭风险，有保障作用，但是流动性差，适当配置可以应对家庭收入中断风险；股票收益较高，适度对抗通货膨胀，但风险较高，不建议没有经验的人群投资；基金适合长期投资，风险适中，专家管理，但是品种繁多，难选择，夫妻工作繁忙可以通过筛选进行定投，满足长期理财需求；银行定期存款安全，收益差，可用于日常现金管理；国债安全，收益高于存款，但是流动性差，收益不高，适合中低风险人群配置。

【技能训练】

（一）知识测试（单选题）

1. 某投资项目预计未来收益前景为"很好""一般"和"较差"的概率分别为 30%、50% 和 20%，相应的投资收益率分别为 30%、12% 和 6%，则该项投资的预期收益率为（　　）。

　　A. 12%　　　　　　　　　B. 16%

　　C. 16.2%　　　　　　　　D. 30%

2. 下列关于理财投资目标说法不正确的是（　　）。

　　A. 在成熟期，子女独立生活，为自身积累退休基金成为主要的投资目标

　　B. 在衰老期，没有工作收入，生活完全依赖理财收益，可以去投资股票、期货这类高风险的产品以获得丰厚的回报

　　C. 在成长期，子女教育成为家庭的主要目标，视子女教育金需求建立的投资组合成为家庭投资的主要目标

　　D. 在生命周期形成期初期，由于没有足够的资产积累，收入来源单一，投资目标定位于稳健增值策略

（二）能力训练

1. 如何理解"理财 ≠ 投资"？请举例说明。

2. 胡女士有一笔 10 万元的资金，两三年内不会使用，她想购买银行理财产品进行资金配置。其风险评测显示为平衡型，可以接受适度的风险以获得高于固定收益的回报。胡女士平时经常使用工商银行的手机银行，看到很多类型的银行理财产品。作为理财师，请给胡女士一些建议，可登录网站或手机银行，分别选取 1~2 个传统预期收益类理财产品和净值型理财产品，从发售时间、产品特点、风险情况、收益计算、投资期限、收益率等方面进行比较，给出建议并说明理由。

任务二　认知投资规划工具

【任务情境】

基于任务一的任务情境，张玲两夫妻还想进一步配置市场上的理财产品，请结合《证券期货投资者适当性管理办法》，通过进一步了解投资者的风险特征，向张女士提供匹配的产品或者服务，并且进行持续跟踪和管理。请根据产品特征、分类及风险收益，为该家庭提供可选的投资理财产品。

【任务精讲】

一、股票投资

（一）股票的概念和种类

股票是股份有限公司在筹集资本时向出资人发行的股份凭证。股票代表着其持有者（即股东）对股份公司的所有权。这种所有权是一种综合权利，如参加股东大会、投票表决、参与公司的重大决策、收取股息或分享红利等。同一类别的每一份股票所代表的公司所有权是相等的。每个股东所拥有的公司所有权份额的大小，取决于其持有的股票数量占公司总股本的比重。

按照不同的分类方法，股票有很多种类。

1. 按股东权利分类

按股东权利分类，股票可分为优先股和普通股。

（1）优先股是股份公司发行的在分配红利和剩余财产时比普通股具有优先权的股份。优先股也是一种没有期限的有权凭证，优先股股东一般不能在中途向公司要求退股（少数可赎回的优先股例外）。

优先股的主要特征有三：一是优先股通常预先订明股息收益率。由于优先股股息率事先固定，所以优先股的股息一般不会根据公司经营情况而增减，而且一般也不能参与公司的分红，但优先股可以先于普通股获得股息。对公司来说，由于股息固定，它不影响公司的利润分配。二是优先股的权利范围小。优先股股东一般没有选举权和被选举权，对股份公司的重大经营无投票权，但在某些情况下可以享有投票权。三是如果公司股东大会需要讨论与优先股有关的索偿权，即优先股的索偿权先于普通股，而次于债权人。

（2）普通股是优先股的对称，是随企业利润变动而变动的一种股份，是公司资本构成中最普通、最基本的股份，是股份企业资金的基础部分。普通股的基本特点是其投资利益（股息和分红）不是在购买时约定，而是事后根据股票发行公司的经营实绩来确定。公司的经营实绩好，普通股的收益就高；而经营实绩差，普通股的收益就低。普通股是股份公司资本构成中最重要、最基本的股份，也是风险最大的一种股份，但又是股票中最基本、最常见的一种。

2. 按上市地点分类

按上市地点分类，股票可分为A股、B股、H股、N股、S股。这一区分主要是依据股票的上市地点和所面对的投资者而定。

（1）A股的正式名称是人民币普通股票。它是由我国境内的公司发行，供境内机构、组织或个人（不含港、澳、台投资者）以人民币认购和交易的普通股股票。

（2）B 股的正式名称是人民币特种股票。它是以人民币标明面值，以外币认购和买卖，在境内（上海、深圳）证券交易所上市交易的股票。它的投资人限于：外国的自然人、法人和其他组织，中国香港、澳门、台湾地区的自然人、法人和其他组织，定居在国外的中国公民，中国证监会规定的其他投资人。现阶段 B 股的投资人，主要是上述几类中的机构投资者。B 股公司的注册地和上市地都在境内，只不过投资者在境外或在中国香港、澳门及台湾。

（3）H 股、N 股和 S 股。H 股，即注册地在内地、上市地在中国香港的外资股。香港的英文是 Hong Kong，取其首字母，在港上市外资股就叫作 H 股。依次类推，纽约的第一个英文字母是 N，新加坡的第一个英文字母是 S，纽约和新加坡上市的股票就分别叫作 N 股和 S 股。

3. 按公司业绩分类

按公司业绩分类，股票分为绩优股与垃圾股。

（1）绩优股具有较高的投资回报和投资价值。其公司拥有资金、市场、信誉等方面的优势，对各种市场变化具有较强的适应能力。绩优股的股价一般相对稳定且呈长期上升趋势。因此，绩优股总是受到投资者，尤其是从事长期投资的稳健型投资者的青睐。

（2）垃圾股与绩优股相对应，指的是业绩较差的公司的股票。这类上市公司或者由于行业前景不好，或者由于经营不善等，有的甚至进入亏损行列。其股票在市场上的表现萎靡不振，股价走低，交投不活跃，年终分红也差。投资者在考虑选择这些股票时，要有比较高的风险意识，切忌盲目跟风投机。一般我们使用每股收益这一指标来衡量绩优股或垃圾股。

4. 其他分类

除以上分类之外，较为常用的股票分类是将股票的具体走势与股本的大小相结合。

（1）大盘蓝筹股。那些在其所属行业内占有重要支配性地位、业绩优良、成交活跃、红利优厚的大公司股票称为蓝筹股。蓝筹股的特点是业绩优良，股票价格相对稳定，投资风险相对较小。

（2）成长股。成长股是指这样一些公司所发行的股票，它们的销售额和利润额持续增长，而且其速度快于整个国家和本行业的增长。这些公司通常有宏图伟略，注重科研，留有大量利润作为再投资以促进其扩张。成长股票的特点是利润快速增长，股票价格涨幅较快，属于高收益品种，但如果高成长性得不到实现，则股票价格面临大幅下跌的风险。

（3）阶段性机会股票。就短期股票市场而言，不断地有不同热点、不同概念的股票表现出远高于市场平均水平的收益率，对于有较好市场把握能力的投资者，可以适度参与这些投资机会。

（二）股票投资特点

1. 专业性

股票投资要求对股票市场有一定的专业知识，如何选好股票，把握买卖时机都有较高的专业技巧，所以投资股票不光要了解公司的基本情况，还要掌握股票的一些专业知识。

2. 高收益与高风险

收益波动大，风险高。股票市场不保底，收益波动比债券要高得多，有可能获得高收益，也有可能遭受较大的亏损，所以不适合保守的投资者参与。

3. 参与性

买了股票就是该公司的股东，可以分享公司的经营成果，同时可以间接参与经营，只要公司不退市，这种投资就没有期限，而债券投资都是有期限的。

（三）股票的收益与风险

股票价格总是波动的，在波动中提供了获利的机会，也带来了损失的风险，即使是股票指数，其波动性也很大，但长期来看，股票仍然是回报率较高的品种。

（四）股票投资适合对象

由于股票投资的高收益高风险性，股票投资一般适合风险偏好激进、风险承受能力强、具有一定的股票市场专业知识和较好的心理素质的投资者。因此，在投资规划中，一般不建议给已经退休或即将退休以及低风险承受能力的客户进行股票投资。

网上开户

（五）股票投资规划案例

老王喜欢投资大型的国有蓝筹股票，认为这些公司是中国经济的脊梁，投资肯定没有问题。于是他就买了工商银行的股票。事实证明，投资于工商银行的收益较稳定。2011 年 9 月 30 日他以每股 4.07 元的价格买入，至 2018 年年初股票价格涨为 7.5 元，且每年都有现金分红（见图 3-1）。

图 3-1　工商银行 2009—2021 年股票价格走势图

二、债券投资

（一）债券的概念

债券是政府、金融机构、工商企业等直接向社会借债筹措资金时，向投资者发行，承诺按一定利率支付利息并按约定条件偿还本金的债权债务凭证。债券的本质是债的证明书。债券购买者与发行者之间是一种债权债务关系，债券发行人即债务人，投资者（债券持有人）即债权人。

（二）债券投资特点

1. 安全性高

由于债券发行时就约定了到期后可以支付本金和利息，故其收益稳定、安全性高。特别是对于国债来说，其本金及利息的给付是由政府做担保的，几乎没有什么风险，是具有较高安全性的一种投资方式。

2. 收益一般高于银行同期存款

在我国，债券的利率高于同期银行存款的利率。投资于债券，投资者一方面可以获得稳定的、高于银行存款的利息收入，另一方面可以利用债券价格的变动，买卖债券，赚取价差。

3. 流动性强

上市债券具有较好的流动性。当债券持有人急需资金时，可以在交易市场随时卖出，而且随着金融市场的进一步开放，债券的流动性将会不断加强。

（三）债券的收益与风险

债券投资

国债一般视为无信用风险债券，但也会因为通货膨胀导致本金贬值，所以国债投资有通货膨胀风险。对于上市型债券的投资者，也会因为债券价格波动遭受本金亏损的风险，尤其是投资可转债有较高的风险。

（四）债券投资品种

1. 国债

投资者可以通过银行购买凭证式国债或者通过证券交易所购买记账式国债。相对其他债券，国债安全性最高，但收益较低。

2. 企业债券

个人投资者可到发行公告中公布的营业网点认购或者通过交易所购买企业债券。企业债券由于存在违约风险，收益要比国债高，但由于目前我国发行的企业债券一般信用较高，违约的风险也比较小。

3. 可转换债券

该债券如是上网定价发行，则投资者可通过证券交易所的证券交易系统上网申购，上市后的可转换债券可以通过证券交易账户买卖。由于上市后的可转换债券价格波动大，所以交易可转换债券的风险很大。但发行时就买入，由于存在转换机会，可能会给投资者带来较高的回报。

（五）债券投资适合对象

由于债券投资的安全性高，利率又高于银行存款，受到广大投资者的喜爱。尤其适合风险偏好保守、风险承受能力弱的投资者投资。因此，在一般的投资规划中，债券投资较适合于一般风险承受能力中等偏低的客户。

（六）债券投资案例

王阿姨退休以前积累了一点资金，退休后觉得投资股票风险大，于是她就选择了购买国债。2021 年，她认购 10 万元 3 年期的电子式储蓄国债，避免了 2021 年震荡行情，预期持有到期收益为 11 400 元，储蓄国债不仅安全、起卖点低，而且收益也较高，可以满足稳健型投资者的需求，是一种兼具经济安全性和收益性的投资理财产品。

2017 年"打新债"非常火爆，打新债获取收益有两种方式：一种是正常持有债券到期，获取债券本身的利息；第二种是在债券正式上市时择机卖出，赚一波"打新收益"，一般以后者为主。有着一定投资经验的小马也加入其中，中签"嘉澳转债"，上市第一天收益率超过 20%，但第二天又瞬间跌回原点，后因该上市公司股东的"清仓行为"，导致债券价格跌破面值，给小马带来了不小的损失。该债券发行以来的价格走势见图 3-2。

图 3-2　嘉澳转债自 2017 年 11 月 27 日发行以来的价格走势

三、基金投资

（一）基金的概念

我们这里讲的基金是指证券投资基金，证券投资基金是一种利益共存、风险共担的集合证券投资方式，即通过发行基金份额，集中投资者的资金，由基金托管人托管，由基金管理人管理和运用资金，从事股票、债券等金融工具投资，并将投资收益按基金投资者的投资比例进行分配的一种间接投资方式。

（二）基金的分类

1. 按设立方式分类

基金按设立方式不同，可分为契约型基金与公司型基金。

基金的分
类1

（1）契约型基金。契约型基金又称为单位信托基金，是指把投资者、管理人、托管人三者作为基金的当事人，通过签订基金契约的形式，发行受益凭证而设立的一种基金。基金管理人负责基金的管理操作。基金托管人作为基金资产的名义持有人，负责基金资产的保管和处置，对基金管理人的运作实行监督。目前我国的证券投资基金都是契约型基金。

（2）公司型基金。公司型基金是按照公司法以公司形态组成的，该基金公司以发行股份的方式募集资金，一般投资者则为认购基金而购买该公司的股份，也就成为该公司的股东，凭其持有的股份依法享有投资收益。这种基金要设立董事会，重大事项由董事会讨论决定。

2. 按能否赎回分类

基金按能否赎回，可分为封闭式基金与开放式基金。

（1）封闭式基金。封闭式基金是指基金的发起人在设立基金时，限定了基金单位的发行总额，筹集到这个总额后，基金即宣告成立，并进行封闭，在一定时期内不再接受新的投资，故又称为固定型投资基金。基金单位的流通采取在证券交易所上市的办法，投资者日后买卖基金单位都必须通过证券经纪商在二级市场上进行竞价交易。

（2）开放式基金。开放式基金是指基金管理公司在设立基金时，发行基金单位的总份额不固定，可视投资者的需求追加发行。投资者也可根据市场状况和各自的投资决策，或者要求发行机构按现期净资产值扣除手续费后赎回股份或受益凭证，或者再买入股份或受益凭证，增持基金单位份额。

3. 按投资目标分类

基金按投资目标不同，可分为成长型基金、收入型基金、平衡型基金。

基金的分
类2

（1）成长型基金。成长型基金是基金中最常见的一种。它追求的是基金资产的长期增值。为了达到这一目的，基金管理人通常将基金资产投资于信誉度较高、有长期成长前景或长期盈余的成长型公司的股票。成长型基金又可分为稳健成长型基金和积极成长型基金。

（2）收入型基金。收入型基金主要投资于可带来现金收入的有价证券，以获取当期的最大收入为目的。收入型基金一般可分为固定收入型基金和股票收入型基金。固定收入型基金的主要投资对象是债券和优先股，因而尽管收益率较高，但长期成长的潜力很小，而且当市场利率波动时，基金净值容易受到影响。股票收入型基金的成长潜力比较大，但易受股市波动的影响。

（3）平衡型基金。平衡型基金将资产分别投资于两种不同特性的证券上，并在以取得收入为目的的债券及优先股和以资本增值为目的的普通股之间进行平衡。这种基金一般将25%～50%的资产投资于债券及优先股，其余的投资于普通股。平衡型基金的主要目的是从其投资组合的债券中得到适当的利息收益，与此同时又可以获得普通股的升值收益。平衡型基金的特点是风险比较低，缺点是成长的潜力不大。

4．按投资标的分类

基金按投资标的不同，可分为债券型基金、股票型基金、货币市场型基金以及指数型基金等基本类型。

（1）债券型基金。债券型基金是一种以债券为主要投资对象的证券投资基金。由于债券的年利率固定，因而这类基金的风险较低，适合于稳健型投资者。通常债券型基金收益会受货币市场利率的影响，当市场利率下调时，其收益就会上升；反之，若市场利率上调，则基金收益率下降。除此之外，汇率也会影响基金的收益，管理人在购买非本国货币的债券时，往往还在外汇市场上做套期保值。

（2）股票型基金。股票型基金是指以股票为主要投资对象的证券投资基金。股票型基金的投资目标侧重于追求资本利得和长期资本增值。基金管理人拟订投资组合，将资金投放到一个或几个国家，甚至是全球的股票市场，以达到分散投资、降低风险的目的。投资者之所以钟爱股票型基金，原因在于有不同的风险类型可供选择，而且可以克服股票市场普遍存在的区域性投资限制的弱点。此外，还具有变现性强、流动性强等优点。由于聚集了巨额资金，几只甚至一只基金就可以引发股市动荡，所以各国政府对股票基金的监管都十分严格，都不同程度地规定了基金购买某一家上市公司的股票总额不得超过基金资产净值的一定比例，以防止基金过度投机和操纵股市。

（3）货币市场型基金。货币市场型基金是以货币市场为投资对象的一种基金，其投资工具期限在一年内，包括银行短期存款、国库券、公司债券、银行承兑票据及商业票据等。通常，货币市场型基金的收益会随着市场利率的下跌而降低，与债券型基金正好相反。货币市场型基金通常被认为是无风险或低风险的投资。

（4）指数型基金。指数型基金是为了使投资者能获取与市场平均收益接近的投资回报产生的一种功能上近似或等于所编制的某种证券市场价格指数的基金。其特点是：其投资组合等同于市场价格指数的权数比例，收益随着当期的价格指数上下波动。当价格指数上升时基金收益增加，反之收益减少。基金因始终保持当期的市场平均收益水平，因而收益不会太高，也不会太低。

（三）基金投资特点

（1）由专家运作、管理并专门投资于证券市场的基金。基金资产由专业的基金管理公司负责管理，有丰富的专业能力和投资经验。

（2）一种间接的证券投资方式。投资者是通过购买基金而间接投资于证券市场的。投资者与上市公司没有任何直接关系，不参与公司决策和管理，只享有公司利润的分配权。

（3）具有投资小、可分散投资的优点。在我国，每份基金单位面值为人民币1元。证券投资基金最低投资额一般较低，投资者可以根据自己的财力，多买或少买基金单位，从而解决了中小投资者"钱不多、入市难"的问题。投资基金可以采取定期定额投资的方式分散投资，有利于资金的长期积累，是子女教育规划、养老规划等长期资金规划很好的投资工具。

（4）具有组合投资、分散风险的好处。证券投资基金通过汇集众多中小投资者的小额资金，形成雄厚的资金实力，可以同时把投资者的资金分散投资于各种股票，使某些股票跌价造成的损失可以用其他股票涨价的盈利来弥补，分散了投资风险。

（5）流动性强。封闭式基金的买卖程序非常简便。开放式基金的投资者既可以向基金管理公司直接购买或赎回基金，也可以通过证券公司等代理销售机构购买或赎回。

（四）基金的收益与风险

相比较直接投资股票，基金投资的风险较小，也不需要自己去研究股票市场，具体的收益与风险因基金品种而异。股票型基金的收益与风险较高，债券型基金则属于低风险投资，混合型基金属于中等收益风险水平。

（五）基金投资适合对象

由于基金投资完全将资金交给专家管理，不用自己去买卖股票，选好基金后就不用再花较多时间去管理，所以对于对股票市场不熟悉、平时没有时间和精力去投资的投资者而言，基金是很好的选择。

财商学堂

如何选择基金

目前，基金品种越来越多，如何在几百个基金中选择合适的基金品种，也是比较犯难的事情。一般来讲，我们可以按以下几个步骤来选择基金。

1. 选择准备购买的基金类型

要根据自己的风险承受能力和资金属性来选择基金类型。追求高收益的投资者应该选择股票型基金；保守型投资者则应以债券型基金或偏债券型基金为主，适当配置平衡型基金；中等风险属性的投资者可以选择平衡型基金。长期资金以收益高的股票型基金为主，短期资金则要注重风险而以债券型或货币型基金为主。

2. 选择基金公司

以购买大基金公司的产品为宜，有大型金融集团背景的基金公司更佳。一方面大基金公司产品齐全，有利于在不同时期的基金转换；另一方面大基金公司有更强大的研发力量以及抗风险能力、生存能力也更强。

3. 选择基金产品

当然，业绩还是投资者最关心的问题，所选的基金产品业绩不能太差，但也没必要一定是最好的，好的基金产品可能根本就买不到。所以所选的基金只要其业绩在同类产品中能排名前五分之一或十分之一就可以，但其业绩尽量要稳定。

诸如基金业绩排名和基金之间的比较，可以参考中国基金网和基金坐标网站——晨星网的一些功能。

（六）基金定投

基金定投是定期定额投资基金的简称，是指在固定的时间（如每月8日）以固定的金额（如500元）投资到指定的开放式基金中，类似于银行的零存整取方式。这样投资可以平均成本、分散风险，比较适合进行长期投资。一般我们可以通过银行办理基金定投。办理定投后，资金会每月自动从你的银行账户里扣除。基金定投是工薪阶层积累资金非常好的方式，也可用于教育、养老等长期理财规划。

基金定投

（七）基金投资案例

25岁的市民小蔡大学毕业后从事较为稳定的工作，月收入6 000元，与父母同住，月支出3 500元，有存款3万元，准备在30岁前结婚。小蔡说，他

ETF 指数
基金

准备在 29 岁左右贷款购买一套 50~60 平方米的住房，总价约 50 万元，首付 30%，以后每月由他与未来的妻子一起还贷。假设未来五年内当地房价上涨不明显。

理财建议：虽然小蔡每月工资不多，但收入还算稳定，目前没有负债，因此财务情况尚好。但要在 29 岁实现购房梦想，小蔡需要通过理财来积攒 15 万元首付，现在存款 3 万元，缺口为 12 万元。建议进行基金定投，选择合适的基金每个月投资 2 000 元。若基金的平均年收益率为 12%，则 4 年后基金价值约为 12 万元，刚好达到理财目标。（提示：用年金终值来测算。）

四、外汇投资

（一）外汇的概念和投资特点

1. 外汇的概念与范畴

认识外汇

外汇是外国货币或以外国货币表示的能用于国际结算的支付手段。《中华人民共和国外汇管理条例》规定，外汇包括了外国货币（纸币、铸币）；外币支付凭证，或支付工具，包括票据、银行付款凭证、银行卡等；外币有价证券（债券、股票等）；特别提款权；其他外汇资产。

全球主要外汇市场

我国现有 10 余种外币可以在外汇市场上挂牌买卖，它们是：美元（USD）、欧元（EUR）、日元（JPY）、英镑（GBP）、瑞士法郎（CHF）、加拿大元（CAD）、澳大利亚元（AUD）、新西兰元（NZD）、新加坡元（SIN）等（各家银行提供的交易品种会略有不同）。

2. 外汇投资特点

（1）24 小时全天候交易。从每周一早上 8 点（北京时间）开始，一直到周六早上 4 点才结束，随时可以买卖。

（2）投资少，起点低。最低投资 250 美元（折合人民币约 1 600 元）就可以开户炒汇。

（3）市场客观公正，不容易受人为操纵。外汇市场每天成交量非常大，难以出现交易垄断者；有先进科学的网上交易平台，行情和数据都是公开的，是最透明的市场。

（4）外汇交易以保证金形式，产生杠杆效应，能以小博大。

（5）低廉的交易费用。

（6）汇率变动相对剧烈，盈亏空间大。投资投机两相宜，如想稳健投资缩小资金杠杆即可。

（二）外汇投资的收益与风险

存款类外汇理财产品风险小，收益类似存款利率。无杠杆的外汇交易风险和收益适中，一般介于股票和债券之间。外汇保证金交易因为有杠杆，风险和收益成倍放大，投资者应谨慎参与。

（三）外汇投资适合对象

有外币交易需求者，以及有较多时间，对外汇市场有一定理解的专业投资者。

（四）外汇投资品种

1．外汇交易

外汇交易可以利用国际外汇市场上外汇汇率的频繁波动性，在不同的存款货币间转换并赚取一定的汇差，以达到保值、盈利的目的。

外汇牌价

外汇投资产品之中国银行外汇宝

产品名称：中国银行外汇宝（个人实盘外汇买卖）

1．产品说明

外汇宝是中国银行个人实盘外汇买卖业务的简称，是指在中国银行开立本外币活期一本通存折或持有外币现钞的客户，可以按照中行报出的买入／卖出价格，将某种外币（汇）的存款换成另一种外币（汇）的存款。支持即时买卖和挂单委托。

客户可以利用国际外汇市场上外汇汇率的频繁波动性，在不同的存款货币间转换并赚取一定的汇差，以达到保值、盈利的目的。

交易币种：美元、欧元、英镑、澳元、港币、瑞士法郎、日元、加拿大元、新加坡元，可做直接盘交易与交叉盘交易。

交易方式：柜台、电话、自助终端和网上银行等多种交易方式。

2．产品优势

提高收益：使投资者有机会在获取存款利息的同时，通过外汇交易进行保值甚至赚得额外的汇差收益。

交易方法多样：目前可以通过柜面服务人员、电话交易设备等方式进行。交易方式灵活，既可进行市价交易，又可进行委托交易。一日可进行多次交易，提供更多投资机遇。

3．适用对象

凡持有个人有效身份证件，拥有完全民事行为能力的境内、外个人，并持有中国银行外汇宝支持交易的货币，均可进行个人实盘外汇交易。

2．银行外汇理财产品

银行外汇理财产品是将国际金融市场上丰富的金融工具进行组合和包装，客户通过承担其中包含的相关风险以期获取较高投资收益的综合理财产品。

3．外汇衍生工具

外汇衍生工具交易的特点是只需要缴纳一定的保证金就可以进行交易，具有杠杆性，收益、风险会放大。

外汇投资产品之中国银行期权宝（个人外汇期权业务——买入期权）

产品名称：期权宝

产品介绍：期权宝是中国银行个人外汇（或贵金属）期权产品之一。是指客户根据自己对外汇汇率未来变动方向的判断，向银行支付一定金额的期权费后买入相应面值、期限和执行价格的期权（看涨期权或看跌期权），期权到期时如果汇率变动对客户有利，则客户通过执行期权可获得收益；如果汇率变动对客户不利，则客户可选择不执行期权。

交易时间：为每个营业日北京时间 10:00 至 16:30，国际金融市场休市期间停办。（以银行最新公告为准）。

交易币种：美元、欧元、日元、英镑、澳大利亚元、瑞士法郎和加拿大元的直盘及主要交叉盘，现钞或现汇均可。期权面值根据情况设置一定的起点金额。

期权交易的标的汇价为欧元兑美元、美元兑日元、澳元兑美元、英镑兑美元、美元兑瑞士法郎、美元兑加元。

大额客户还可以选择非美货币之间的交叉汇价作为标的汇价。

交易期限：最长期限为六个月，最短为一天，具体期限由中国银行当日公布的期权报价中的到期日决定。

产品优势：起点金额低；各期限结构丰富；三档执行价可选；支持委托挂单及提前平盘；提供主要交叉盘报价。

适用对象：凡在中国银行开立外币账户、具有完全民事行为能力的自然人均可申请与中国银行叙做个人外汇期权业务。

（五）外汇投资案例

小张是某大学投资理财专业大四学生，他准备在 2021 年下半年去澳大利亚留学。此前家里准备了 20 万美元作为小张的留学费用。2020 年 9 月以来，澳元有所下跌，相对美元贬值，小张认为机会来了，建议家里将 20 万美元提前换成澳元。于是，在 2020 年 10 月，小张家将 20 万美元按照 0.7 的汇率换成了 28.57 万澳元。如小张所料，澳元兑美元在 11 月开始回升，2021 年澳元汇率更是回到了 0.8 以上，此项交易给小张至少节省了 3 万澳元的留学费用。

五、黄金投资

（一）黄金投资的概念和特点

认识黄金

黄金不仅是用于储备和投资的特殊通货，同时又是首饰业、电子业、现代通信业、航天航空业等部门的重要材料。在 20 世纪 70 年代前还是世界货币，目前依然在各国的国际储备中占有一席之地，是一种同时具有货币属性、商品属性和金融属性的特殊商品。黄金主要用于国家货币的储备金，个人资产投资和保值的工具，美化生活的特殊材料，工业、医疗领域的原材料。

与其他投资产品相比，黄金投资的特点或优势体现在下列几个方面：

（1）税收优势。黄金投资可以说是世界上所占税项负担最轻的投资项目。在我国，购买投资性金条、金币比购买黄金消费品，在税收方面要少增值税、消费税等税项负担。

（2）产权转移便利。黄金不像房地产那样需要烦琐的产权过户手续，缴纳大笔过户税，或交纳大笔遗产税及律师费，而可以像礼物一样进行自由地转让，没有任何类似于登记制度的阻碍。

（3）世界上最好的抵押品种。黄金是绝对财富，无论是向银行申请贷款还是典当，都是最好的抵押品。

（4）黄金能保持久远的价值。普通商品在长时间内一般都会出现物理性老化和破损的现象，其价值会逐渐降低直至消失。而黄金作为一种贵金属材料，其质地不会发生根本性变化，其基本价值依然存在。同时，黄金是对抗通货膨胀及政治经济动荡的最理想武器。

（5）黄金市场很难出现庄家。金市是全球性的投资市场，现实中还没有哪一个财团具有可以操纵金市的实力。

（6）交易灵活，可随时交易。伦敦、纽约、中国香港等全球黄金市场交易时间连成一体，构成了一个 24 小时无间断的投资交易系统。

（二）黄金投资的收益与风险

从长期来看，黄金作为一种保值增值工具，投资现货黄金风险较小，又能从金价的上涨中获得可观的收益。但作为短期投资工具，黄金同样也会出现价格波动，可以说黄金交易有一定的风险性。

（三）黄金投资品种

1. 实物黄金

实物黄金投资包括金条、金币和金饰等交易，以持有实物黄金作为投资。可以肯定其投资额较高，实质回报率虽与其他方法相同，但涉及的金额会较高（因为投资的资金不会发挥杠杆效应），而且只可以在金价上升之时才可以获利。

2. 纸黄金

纸黄金又称为记账黄金，是一种账面虚拟的黄金，一般由资金实力雄厚、资信程度良好的商业银行、黄金公司或大型黄金零售商发行，投资者只在账务上从事黄金买卖，不做黄金实物的提取交割或存放。纸黄金可以节省实金交易必不可少的保管费、储存费、保险费、鉴定费及运输费等费用的支出，降低了黄金价格中的额外费用，加快了黄金的流通，提高了黄金市场交易的速度。但是，由于纸黄金不能提取实物黄金，没有保值功能，因此并不能抵御通胀风险。

2003 年 11 月中国银行上海市分行率先推出人民币对本币金的个人实盘黄金买卖业务，也称黄金宝，开了国内个人投资者参与纸黄金交易的先河，其后工行、农行、建行也陆续开办了纸黄金业务。居民个人只要带着身份证与不低于购买 10 克黄金的现金，就可以到上述银行开设纸黄金买卖专用账户，买到纸黄金。

3. 黄金 T+D

黄金 T+D，或写成 Au（T+D），简单地说，是一种比股票、期货、基金、债券等具有更多优势的新的投资品种。

（1）Au 是黄金的分子式，T 是 Trade（交易）的首字母，D 是 Delay（延期）的首字母。类似于股票的 T+1 交易模式，而黄金 T+D 的 D 没有限制。也就是说黄金 T+D 可以随时开仓、平仓，当天开仓可以当天平仓，也可以第二天、第三天甚至更长时间再平仓。

（2）黄金 T+D，是指由上海黄金交易所统一制定的、规定在将来某一特定的时间和地点交割一定数量标的物的标准化合约。

国内黄金延期交易结合了其他黄金交易的优势：

（1）杠杆化门槛低。上海金交所的 Au（T+D）品种采取杠杆交易模式，个人投资者只要交纳 15% 的保证金即可做全额交易。

（2）交易时间长。每天上午 9:00—11:30，下午 13:30—15:30，以及每周一至周四的 21:00 至次日凌晨 2:30 开通夜市交易，不但能有效回避夜间国际金价急剧变化造成对国内不利影响的风险，也为投资者提供了更多的投资机会。

（3）引入了做空机制和 T+0 交易机制。

（4）交割时间没有限制，合约流动性高。每个交易日均可申请交割，也可以无限制地持仓，不必担心因交割的时间限制而被迫平仓。

4．黄金期货

期货是一种将来必须履行的买卖交易合约，黄金期货就是以黄金为买卖对象推出的一种统一的标准化合约。目前投资者可以投资上海期货交易所的黄金期货合约。和其他期货品种一样，黄金期货交易虽然可能有高收益，但风险很大，不适合普通投资者参与。

（四）黄金投资适合对象

希望自己的资产得到保值，能够获得稳定的收益的投资者。通常在社会出现较高的通货膨胀时，黄金就成为众多居民保值与增值的重要投资工具。

六、银行理财产品投资

（一）银行理财产品的概念和种类

银行理财产品是商业银行在对潜在目标客户群分析研究的基础上，针对特定目标客户群开发设计并销售的资金投资和管理计划。在理财产品这种投资方式中，银行只是接受客户的授权管理资金，投资收益与风险由客户或客户与银行按照约定方式承担。

根据不同的分类标准，银行理财产品可以分为不同的种类。

1．根据币种分类

根据币种不同，理财产品一般包括人民币理财产品和外币理财产品两大类。

2．根据客户获取收益方式分类

根据客户获取收益方式的不同，理财产品还可以分为保证收益理财产品和非保证收益理财产品。

（1）保证收益理财产品，是指商业银行按照约定条件向客户承诺支付固定收益，银行承担由此产生的投资风险，或银行按照约定条件向客户承诺支付最低收益并承担相关风险，其他投资收益由银行和客户按照合同约定分配，并共同承担相关投资风险的理财产品。

（2）非保证收益理财产品又可以分为保本浮动收益理财产品和非保本浮动收益理财产品。保本浮动收益理财产品是指商业银行按照约定条件向客户保证本金安全，本金以外的投资风险由客户承担，并依据实际投资收益情况确定客户实际收益的理财产品。非保本浮动收益理财产品是指商业银行根据约定条件和实际投资收益情况向客户支付收益，并不保证客户本金安全的理财产品。

3．根据投资领域分类

根据不同的投资领域，理财产品大致可分为债券型、信托型、挂钩型、资本市场型及 QDII 型产品。

（1）债券型理财产品，是指银行将资金主要投资于货币市场，一般投资于央行票据和企业短期融资券。因为央行票据与企业短期融资券个人无法直接投资，这类人民币理财产品实际上为客户提供了分享货币市场投资收益的机会。

（2）信托型理财产品主要投资于由商业银行或其他信用等级较高的金融机构担保或回购的信托产品，也有投资于商业银行优良信贷资产受益权信托的产品。如一家银行曾经推出过一只银行、信托、担保公司三方合作的理财产品。产品所募集资金投资于一家国际信托投资有限公司系列证券投资信托计划的优先受益档，该信托计划的主要投资标的为以成分股为主的股票池、开放式基金和封闭式基金等。与目前市场上各类理财产品最大的不同点在于，该产品在提供 100% 本金保障的基础上，可使投资者获得 4.5% 的预期年收益率。此外，根据信托计划的实际运作情况，投资人还可获得额外的浮动收益。

（3）挂钩型理财产品，也称为结构性产品，其本金用于传统债券投资，而产品最终收益率与相关市场或产品的表现挂钩。有的产品与利率区间挂钩，有的与美元或者其他可自由兑换的货币汇率挂钩，有的与商品价格主要是以国际商品价格挂钩，还有的与股票指数挂钩。为了满足投资者的需要，这类产品大多同时通过一定的掉期期权，设计成保本产品，特别适合风险承受能力强、对金融市场判断力比较强的消费者。尤其是股票挂钩产品，已经从挂钩汇率产品逐渐过渡到挂钩恒生、国企指数，继而成为各种概念下的挂钩产品，种类十分丰富。

（4）资本市场型理财产品其实就是基金的基金。理财产品投资于股市，通过信托投资公司的专业理财，银行客户既可以分享股市的高成长，又因担保公司的担保可以有效地规避风险。

（5）QDII 型本币理财产品，简单说即是客户将手中的人民币资金委托给被监管部门认证的商业银行，由银行将人民币资金兑换成美元，直接在境外投资，到期后将美元收益及本金结汇成人民币后分配给客户的理财产品。

虽然银行理财都会预期最高收益率，但不可否认收益率的实现存在着不确定性。同时，不同产品有不同的投资方向，不同的金融市场也决定了产品本身风险的大小。所以，投资者在选择一款银行理财产品时，一定要对其进行全面了解，然后再作出自己的判断。

（二）银行理财产品投资特点

（1）收益率通常高于银行存款利息率。

（2）安全性较高。很多理财产品是保本型的，基本没有本金风险。

（3）流动性差。大部分银行理财产品都不能提前支取，虽然有部分产品设计了提前终止日，但提前终止通常在收益上要遭受损失。

（4）面临利率风险和汇率风险。人民币理财产品收益率相对固定，通常并不随利率的上升而上升。外币理财产品的本金为外币，对于持有期的汇率风险需由客户自己承担，这也是投资者在投资外币理财产品时需要关注的。

（5）从预期收益型向着净值型理财产品转型。2018 年 4 月 27 日《关于规范金融机构资产管理业务的指导意见》出台，提出了打破刚性兑付、严禁保本保收益，向着净值化转型等新监管要求，近两年银行发行的净值型非保本银行理财产品的数量和规模都增长非常快。

财商学堂

净值型银行理财产品如何计算收益

净值型银行理财产品的运作模式与开放式基金类似，在开放期内，投资者可以随时申购、赎回，产品的收益也与产品净值直接相关，同时此类产品在发行时未明确收益率，根据产品运作情况享受到期或赎回收益（或亏损）。

董先生在 2021 年 3 月 9 日购买了某银行惠盈利理财计划，次日起息，申购金额为 20 万元，对应单位净值为 1.020。若他在 2021 年 4 月 17 日提出赎回交易，当日单位净值为 1.026，则从产品起息日起，获得本金和收益总和为：200 000.00 ÷ 1.020 × 1.026 = 201 176.47（元）。

折合的投资年化收益率为：（201 176.47 — 200 000）÷ 200 000 ÷ 39 × 365 = 5.51%。

（三）银行理财产品的收益与风险

总体来讲，银行理财产品收益稳定，风险较小。具体到品种，收益保本型风险小，收益稳定；浮动收益型产品收益高，风险较大；债券型产品风险小于资本市场型产品。

（四）银行理财产品投资适合对象

该产品适合追求稳定收益，风险承受能力较弱的投资者。通常在房地产投资、股票投资出现较大的波动时，银行理财产品则会成为众多居民的重要投资工具。

（五）银行理财产品投资案例

2021 年 5 月，王女士手里有一笔闲置资金共 30 万元，考虑选择风险适中的银行理财产品进行投资。她选择了工商银行一款人民币理财产品（见表 3-2），预期最高年化收益率为 4.65%，收益高于存款和货币类工具，风险与收益较为平衡，于是就在工行网上银行进行了购买。

按照产品说明，如果产品运作较为理想，达到预期年化收益率，扣除销售手续费、托管费，产品到期后，若所投资的资产按时收回全额本金和收益，可获得的收益为：

$$300\,000 \times 4.65\% \div 365 \times 260 = 9\,936.99 \text{（元）}$$

表 3-2 2021 年第 × 期工银理财 260 天（高净值客户专属）产品说明书

产品类型	非保本浮动收益型
产品代码	×××××××
产品评级	PR3 PR3 级是工商银行内部评级，风险适中，产品不保障本金，风险因素可能对本金和预期收益产生一定影响。经工商银行客户风险承受能力评估为平衡型、成长型、进取型的有投资经验的客户
目标客户	经工商银行客户风险承受能力评估为平衡型、成长型、进取型的有投资经验的客户
产品期限	260 天
投资与收益币种	人民币
募集期	2021 年 5 月 19 日—5 月 27 日
起始日	2021 年 5 月 28 日
到期日	2022 年 2 月 12 日
资金到账日	到期日后第 1 个工作日或提前终止日或提前赎回日后第 2 个工作日
销售范围	全国
理财产品托管人	工商银行上海分行
预期收益率测算	本产品拟投资 0~80% 的高流动性资产，20%~100% 的债权类资产，0~80% 的权益类资产，0~80% 的其他资产或资产组合，按目前市场收益率水平测算，资产组合预期年化收益率约为 5.07%，扣除销售手续费、托管费，产品到期后，若所投资的资产按时收回全额本金和收益，则客户可获得的预期最高年化收益率约为 4.65%。若产品到期后未达到客户预期最高年化收益率，工商银行不收取投资管理费；在达到客户预期最高年化收益率的情况下工商银行按照本说明书约定的预期最高年化收益率支付客户收益后，将超过部分作为银行投资管理费收取
起购起点金额	10 万元，认购金额以 1 000 元的整数倍递增

续表

产品类型	非保本浮动收益型
提前终止或提前赎回	为保护客户利益，工商银行可根据市场变化情况提前终止本产品。**除本说明书约定的可提前赎回的情形外，客户不得提前终止本产品**
收益计算方法	预期收益＝投资本金 × 预期年化收益率 ÷365× 实际存续天数

七、投资型保险产品

（一）投资型保险概念

投资型保险是人寿保险下面的一个分支，这类保险属于创新型寿险，最初是西方国家为防止经济波动或通货膨胀对长期寿险造成损失而设计的，之后演变为客户和保险公司风险共担、收益共享的一种金融投资工具。

（二）投资型保险产品的分类

投资型保险产品大致可分为分红险、万能寿险、投资连结保险等。

1. 分红险

分红险指保险公司在每个会计年度结束后，将上一会计年度该类分红保险的可分配盈余，按一定的比例、以现金红利或增值红利的方式分配给客户的一种人寿保险。在中国银保监会目前的统计口径中，分红寿险、分红养老险、分红两全险及其他有分红功能的险种都被列入分红险范围。

2. 万能寿险

万能寿险是指包含保险保障功能并至少在一个投资账户拥有一定资产价值的人身保险产品。万能寿险除了同传统寿险一样给予保户生命保障外，还可以让客户直接参与由保险公司为投保人建立的投资账户内资金的投资活动，将保单的价值与保险公司独立运作的投保人投资账户资金的业绩联系起来。

3. 投资连结保险

投资连结保险是一种投资型的保险险种，相对于传统寿险产品而言，除了给予生命保障外，还具有较强的投资功能。其主要特点是：保费分成投资和保障两部分，受益主要来源于投资账户的收益，风险由客户自己承担。投资连结保险一般会把投保人所缴付的保费按照不同的比例分为两个账户：一般是较少部分保费进入保障账户，用于体现产品的保障功能；其余较多的部分进入投资账户。

（三）投资类保险的收益与风险

在三类投资型保险中，分红险投资策略较保守，收益相对其他投资险为最低，但风险也最低；万能寿险设置保底收益，保险公司投资策略为中长期增长，主要投资工具为国债、企业债券、大额银行协议存款、证券投资基金，存取灵活，收益可观；投资连结险主要投资工具和万能险相同，不过投资策略相对进取，无保底收益，所以存在较大风险，但潜在增值性也最大。

投资类保险的投资策略

在购买时应根据自己的实际需求（如人身保障、养老保障、子女教育、健康保障、防范意外等）和风险承受能力（可通过测试得出）去选择。

分红保险是在投保人付费后得到保障的情况下，享受保险公司一部分的经营成果的保险。根据监管部门的规定，分红一般不得少于可分配利润的70%。若保险公司经营不善时，分红可能非常有限，或者可能没红可分。但是，分红保险设有最低保证利率，客户的基本保障是有保证的，因此适合于风险承受能力低、对投资需求不高、希望以保障为主的投保人。

万能寿险具有分红险的某些特点，设有最低收益保障，经营成果由保险公司和客户共同分享，而交费等方面比较灵活，适合于需求弹性较大、风险承受能力较低、对保险希望有更多选择权的投保人。

投资连结保险顾名思义就是与投资挂钩的保险，但更注重保障功能，设有保证收益账户、发展账户和基金账户等多个账户。每个账户的投资组合不同，收益率就不同，投资风险也不同。由于投资账户不承诺投资回报，保险公司在收取资产管理费后，将所有的投资收益和投资损失由客户承担。该保险充分利用专家理财的优势，客户在获得高收益的同时也承担投资损失的风险。因此投资连结保险适合于具有理性的投资理念、追求资产高收益同时又具有较高风险承受能力的投保人。

八、金融衍生品投资

（一）金融衍生品的概念和种类

金融衍生品是指其价值依赖于基础资产价值变动的合约。这种合约可以是标准化的，也可以是非标准化的。标准化合约是指其标的物（基础资产）的交易价格、交易时间、资产特征、交易方式等都是事先标准化的，因此此类合约大多在交易所上市交易，如期货。非标准化合约是指以上各项由交易的双方自行约定，因此具有很强的灵活性，比如远期协议。

根据产品形态，金融衍生品可以分为远期、期货、掉期和期权四大类。

（1）远期合约和期货合约都是交易双方约定在未来某一特定时间、以某一特定价格、买卖某一特定数量和质量资产的交易形式。期货合约是期货交易所制定的标准化合约，对合约到期日及其买卖的资产的种类、数量、质量做出了统一规定。远期合约是根据买卖双方的特殊需求由买卖双方自行签订的合约。因此，期货交易流动性较高，远期交易流动性较低。

（2）掉期合约是一种由交易双方签订的在未来某一时期相互交换某种资产的合约。更为准确地说，掉期合约是当事人之间签订的在未来某一期间内相互交换他们认为具有相等经济价值的现金流的合约。较为常见的是利率掉期合约和货币掉期合约。掉期合约中规定的交换货币是同种货币，则为利率掉期；是异种货币，则为货币掉期。

（3）期权交易是买卖权利的交易。期权合约规定了在某一特定时间、以某一特定价格买卖某一特定种类、数量、质量原生资产的权利。期权合同有在交易所上市的标准化合同，也有在柜台交易的非标准化合同。

（二）金融衍生品投资特点

金融衍生品的共同特征是保证金交易，即只要支付一定比例的保证金就可进行全额交易，不需实际上的本金转移，合约的了结一般也采用现金差价结算的方式进行，只有在满期日以实物交割方式履约的合约才需要买方交足贷款。因此，金融衍生产品交易具有杠杆效应。保证金越低，杠杆效应越大，风险也就越大。它具有以下几个特点：

1. 零和博弈

即合约交易的双方（在标准化合约中由于交易是不确定的）盈亏完全负相关，并且净损益为零，因此称为"零和"。

2. 跨期性

金融衍生工具是交易双方通过对利率、汇率、股价等因素变动的趋势的预测，约定在未来某一时间按一定的条件进行交易或选择是否交易的合约。无论是哪一种金融衍生工具，都会影响交易者在未来一段时间内或未来某时间上的现金流，跨期交易的特点十分突出。这就要求交易的双方对利率、汇率、股价等价格因素的未来变动趋势作出判断，而判断的准确与否直接决定了交易者的交易盈亏。

3. 联动性

这里指金融衍生工具的价值与基础产品或基础变量紧密联系，规则变动。通常，金融衍生工具与基础变量相联系的支付特征由衍生工具合约所规定，其联动关系既可以是简单的线性关系，也可以表达为非线性函数或者分段函数。

4. 高风险性

金融衍生工具的交易后果取决于交易者对基础工具未来价格的预测和判断的准确程度。基础工具价格的变幻莫测决定了金融衍生工具交易盈亏的不稳定性，这是金融衍生工具具有高风险的重要诱因。

5．高杠杆性

金融衍生产品的交易采用保证金制度，即交易所需最低资金只需满足基础资产价值的某个百分比。保证金可以分为初始保证金、维持保证金，并且在交易所交易时采取盯市制度，如果交易过程中的保证金比例低于维持保证金比例，那么将收到追加保证金通知；如果投资者没有及时追加保证金，其将被强行平仓。可见，金融衍生品交易具有高风险、高收益的特点。

（三）金融衍生品的收益与风险

由于金融衍生品一般都采取杠杆交易，所以金融衍生品的投机交易一般要比基础金融资产交易（比如股票交易）的风险要高，而且金融衍生品有时间风险，一般的衍生品都有期限。但如果衍生品应用得当，则是很好的金融工具，比如期货期权的套期保值功能就有很好的保值作用。

（四）金融衍生品投资适合对象

由于金融衍生品交易复杂，投机风险很高，所以对于一般的个人投资者建议不参与。

（五）我国金融衍生品投资品种

1．商品期货

目前，我国的商品期货在上海、大连和郑州三个期货交易所上市交易。上海交易所主要品种为金属、燃油、橡胶和黄金。大连交易所主要品种是北方粮食作物，如玉米、大豆及相关制成品，同时包括化工类商品，如 PVC 等。郑州交易所同样是农产品，不过其主要产区在南方，如小麦、棉花、白糖、早籼稻、菜籽油等。我国期货市场经过试点和清理整顿，已经进入了规范发展期，是世界上最主要的商品期货市场。

2．股指期货

股指期货的全称是股票价格指数期货，也可称为股价指数期货、期指，是指以股价指数为标的物的标准化期货合约，双方约定在未来的某个特定日期，可以按照事先确定的股价指数的大小进行标的指数的买卖。作为期货交易的一种类型，股指期货交易与普通商品期货交易具有基本相同的特征和流程。

九、互联网理财产品

（一）互联网理财产品概念和分类

互联网理财产品是可以通过互联网平台购买的理财产品，也包括依托于互联网技术开发的金融产品。因此互联网理财产品可分为两大类，一类是通过互联网平台销售的传统金融理财产品，如基金、保险、证券等；一类是创新的互联网理财产品，如互联网消费金融、互联网信托等。

1. 通过互联网平台销售的理财产品

此类互联网理财产品本质上与传统产品差别不大，变化销售渠道后，提升了产品细节优势（例如收益率和流动性）。借助第三方支付平台、互联网金融门户网站、传统金融机构提供的互联网平台和直销平台，金融产品选择更加多元化，借助大数据可以进行更好的客户匹配，使客户可以足不出户地享受专业快捷的金融服务。例如第三方支付平台的支付宝、京东金融，互联网金融门户中的天天基金网、慧择保险网，银行系中的平安盈（平安银行）、智能金（广发银行）等直销平台。

2. 创新的互联网理财产品

（1）互联网消费金融。互联网消费金融是指以互联网技术为手段，向各阶层消费者提供消费贷款的金融服务，借助互联网进行线上申请、审核、放款及还款全流程的消费金融业务。例如蚂蚁花呗、京东白条，也有纯借现金的类型，如支付宝的借呗、腾讯的微粒贷等。

（2）互联网信托。互联网信托是将信托活动进行互联网化，即在网上运作信托业务，比如通过网络签订合同、查询信托信息、转让信托产品等。包括互联网信托直销、互联网消费信托、基于互联网理财平台的信托受益权质押融资和信托拆分。

（二）互联网理财产品特点

互联网理财产品依托于互联网诞生，受到大量年轻理财人士的青睐，因为它伴有互联网快捷、成本低等优势，降低了理财品管理及运营成本，互联网理财产品拥有门槛低、收益高、流动性好等特点，能够满足众多投资人不同的需求。互联网理财产品购买渠道多依托于用户规模大、使用频率高、发展成熟的第三方支付平台，为产品的购买提供极大便捷。但同时也存在着信息和资金安全重视程度不够，产品信息披露不足，产品趋向同质化等问题。

（三）互联网理财产品收益与风险

互联网理财产品收益与风险依据不同产品类型各有不同，总体来说略高于同类传统产品。余额理财类产品风险较低，流动性强，收益高于同期存款，是较好的现金管理工具。而其他投资类的互联网理财产品，投资者在投资前需要详细了解理财平台的背景、股东、管理团队、透明度、注册资金等信息，要有风险防范意识。

（四）互联网理财产品投资适合的对象

互联网金融理财门槛普遍较低，资金流动性强，适合多数人群进行投资理财，但是在充满活力的互联网产品中，需要保持谨慎理性的投资态度。调查显示，互联网理财市场的用户年龄分布中，35岁以下用户群体占了总体用户的78%。25~30岁的用户占比最大，约占总体的44.3%，这类用户是互联网理财市场的主力客户群体，同样也是当前互联网用户的主力群体。

（五）互联网理财产品投资案例

刚毕业的大学生小吴，有较强的理财意识，大学期间也储蓄了 5 万元，尝试了不少投资品种，目前日常备用金（月支出的 3~6 倍）就放在工资卡中信银行的"薪金宝"中，同时购买了众安在线旗下的"尊享 e 生 2021 百万医疗险"和泰康重疾险"乐安康"。他还关注财经新闻，偶尔也会拿少量资金尝试下新推出的一些理财产品，把互联网渠道和传统渠道相结合，融入自己的日常理财生活中。

【任务实施】

整理当前市面上的理财产品，首先要考虑到产品的风险属性。以商业银行为例，通常会将所售的理财产品划分为 R1（谨慎型）、R2（稳健型）、R3（平衡型）、R4（进取型）、R5（激进型）。另外我们要对客户的风险特征进行测评，为其推荐风险承受能力相匹配的产品。

假设经过风险测评，张先生为保守型的客户，那对其销售完全投资于股票、外汇、商品等各类高波动性金融资产的理财产品就违反了投资者适当性管理办法。此外我们还需要兼顾理财产品的流动性、投资门槛等限制条件。因此，学习每一款理财产品的特点是选择理财产品的前提。

【技能训练】

（一）知识测试（单选题）

1. 股票是投资规划的重要工具，下列关于股票的说法不正确的是（　　）。

A. 股票是一种有价证券　　　B. 股票是一种法律凭证

C. 股票是所有权证书　　　　D. 股票是一种真实资本

2. 下列行为与良好的投资习惯所不容的是（　　）。

A. 降低交易成本　　　　　　B. 避免高频率地买卖

C. 追涨杀跌　　　　　　　　D. 避免情绪化的交易

3. 以下属于实物资产投资项目的是（　　）。

A. 股票　　　B. 债券　　　C. 基金　　　　D. 黄金

4. 下列不属于货币市场特点的是（　　）。

A. 流动性强　　　　　　　　B. 风险小

C. 偿还期短　　　　　　　　D. 筹集的资金大多用于股权类资产投资

5. 一般而言，各类基金的收益特征由高到低的排序依次是（　　）。

A. 混合型基金、股票型基金、债券型基金、货币市场型基金

B. 债券型基金、股票型基金、货币市场型基金、混合型基金

C. 股票型基金、混合型基金、债券型基金、货币市场型基金

D. 货币市场型基金、股票型基金、混合型基金、债券型基金

6. 下列关于金融衍生品投资特点错误的是（　　　　）。

A. 跨期性　　　　　　　　B. 联动性

C. 低风险性　　　　　　　D. 零和博弈

（二）能力训练

周先生 29 岁，某国有企业员工，享有公积金及社保，年收入 18 万元左右；周太太 26 岁，无业，孩子刚出生。家庭现有一套价值 70 万元的房产，房贷 32.5 万元，月供 2 200 元，已还贷一年半。另外向他人借款 10 万元；目前固定存款 5 万元，活期存款 3 万元，家庭每月支出 4 200 元左右；每月定投基金 600 元。

周先生目前处于家庭形成期。月总支出近 5 000 元，年度支出 6 万元，年度结余 12 万元左右。家庭总资产为 78 万元，负债余额约为 38.5 万元。周先生储蓄意识还不错，但资产结构中债务占比很大，家庭财务面临较大风险。另外周先生家庭成员缺乏风险保障，整体资产缺乏增值潜力。未来随着孩子成长，家庭支出会继续上涨，而收入方面短期内不会有较大增长。周先生的理财目标是 3 年内还清个人借贷，买一辆 10 万元左右的汽车；购买商业保险，增加保障；为孩子今后学习及生活费用做一些储备；为夫妻的养老做规划。

请给该家庭选择一些合适的投资产品并且给予一定的投资建议。

任务三　开展投资规划

【任务情境】

林女士任企业管理人，年龄 38 岁，家里有一个小学一年级的男孩，爱人在事业单位工作。该家庭有房有车，每年可以获得可支配收入 40 万元，目前可运用投资的资金有 80 万元。目前该家庭投资主要以货币基金为主，急需开展合理的资产配置投资，想获得 6% 左右的年收益。假设市场较为稳定，没有重大系统性风险，货币的预期报酬率为 3%，债券预期报酬率为 4.99%，股票预期报酬率为 10%。

该家庭的风险承受能力分析如下：就业状况、家庭负担、资产状况、投资经验、投资知识等因素对客户风险承受能力的影响是比较客观的。比如，年龄越轻，风险承受能力得分越高，表明风险承受能力越强。根据客户风险承受能力评估表（见表 3-3），可以发现林女士年龄得分为 37，就业状况属于双薪公职家庭，得分为 10；家庭负担较轻得分为 6；置业情况得分为 10，投资经验

得分为 4，投资知识得分为 2，总计得分 69 分。因此，林女士家庭具有中高级别的风险承受能力。

风险承受态度分析如下：根据各类因素结合客户风险偏好评估表（见表 3-4）分析发现，林女士家庭能忍受的亏损比例在 8%，得分 16 分，对未来盈利预期在 10%~15%；投资目标为每年现金收益，得分为 6 分；认赔行为中会在投资亏损后持有待回升，得分为 4 分；赔钱心理影响情绪大，得分为 4 分；最重要特性中看重安全性，得分为 2 分；避免的工具为不动产，得分为 4 分。因此，林女士的风险偏好得分为 36 分，属于温和保守型，风险承受意愿弱。请对林女士完成风险评测并且开展投资规划。

表 3-3　客户风险承受能力评估表

分数	10 分	8 分	6 分	4 分	2 分
就业状况	公职人员	公司职员	佣金收入	自由职业	失业
家庭负担	未婚	双薪无子女	双薪有子女	单薪无子女	单薪有子女
置业情况	投资不动产	自宅无房贷	房贷 ≤ 50%	房贷 >50%	无自宅
投资经验	10 年以上	6~10 年	2~5 年	1 年以内	无
投资知识	有专业证照	财经相关专业	自修有心得	略懂一些	一无所知
年龄	总分 50 分，25 岁以下者 50 分，每多一岁少 1 分，75 岁以上者 0 分				
风险承受能力	高承受能力	中高承受能力	中等承受能力	中低承受能力	低承受能力
分值	80~100 分	60~79 分	40~59 分	20~39 分	0~19 分

表 3-4　客户风险偏好评估表

分数	10 分	8 分	6 分	4 分	2 分
首要考虑	赚短线差价	长期利得	年现金收益	抗通胀保值	保本保息
认赔动作	预设止损点	事后止损	部分认赔	持有待回升	加码摊平
赔钱心理	学习经验	照常过日子	影响情绪小	影响情绪大	难以忍受
最重要特性	获利性	收益兼成长	收益性	流动性	安全性
避免工具	无	期货	股票	房地产	债券
本金损失容忍度	总分 50 分，不能容忍任何损失为 0 分，每增加一个承受损失百分比，加 2 分，可容忍 25% 以上损失者为满分 50 分				
风险偏好类型	积极进取型（高偏好）	温和进取型（中高偏好）	平衡型（中等偏好）	温和保守型（中低偏好）	非常保守型（低偏好）
分值	80~100 分	60~79 分	40~59 分	20~39 分	0~19 分

【任务精讲】

一、投资规划流程

投资规划是指专业人员（金融理财师或理财顾问）为客户制订方案，或代替客户对其一生或某一特定阶段或某一特定事项的现金流在不同时间、不同投资对象上进行配置，以获取与风险相对应的最优收益的过程。投资规划是个人理财规划的一个重要组成部分，如何满足客户、做好风险匹配需要是制订投资规划的关键。具体的投资规划流程图如图3-3所示。

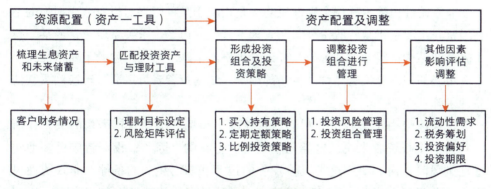

图 3-3　投资规划流程图

二、投资风险及其分类

风险就是投资者的收益和本金遭受损失的可能性。这种损失可能是投资者的收益和本金方面的，也可能是投资者的收益和本金的购买力方面的。这些损失是如何产生的？这要从风险的分类来看。从风险构成上看，投资风险可分为系统性风险和非系统性风险两大类。

（一）系统性风险

系统性风险是指因各种因素影响使整个市场发行波动而造成的风险，政治的、经济的以及社会环境的变化是系统性风险的来源，市场风险、购买力风险和利率风险就属于系统风险。这类风险与所有的证券存在着系统性联系，所以投资者一般无法通过证券组合来消除或降低该类风险。

1. 市场风险

市场风险是因证券市场波动造成的投资风险。证券市场瞬息万变，政治局势、经济周期、投资中的投机行为等都会使证券市场引起波动。由于市场的这种波动很难被投资者预测，因此，证券市场风险最容易给投资者造成损失。

2. 购买力风险

购买力风险是指因物价普遍上涨、货币贬值使投资者承担的风险。当出现通货膨胀时，投资者的实际收益会大打折扣，甚至损失老本。例如，假定投资者买入一张面值 100 元的债券，年息是 10%，其年收益是 10 元。但当产生通货膨胀时，其实际收益将少于 10 元。若通货膨胀率是 5%，则实际收益仅为 5 元。因此，当产生通货膨胀时，尽管投资者获取的利息和原有本金的名义价值未变，但由于货币贬值，实际上投资者仍蒙受了损失。

3．利率风险

利率风险是指市场利率变动造成投资产品的市场价格或实际收益率发生变化，影响投资工具的供给和需求关系，从而造成投资收益降低或亏损的可能。

（二）非系统性风险

非系统性风险也称作个别性风险，是指由于某种因素对投资造成损失的不利因素。主要是指某些股份公司因管理不善，或市场供求关系变化，或某一行业因产业结构调整导致某种或几种证券价格的下跌。这类风险的主要特征：一是对市场的一部分投资品种产生局部影响；二是投资者可以通过转换购买其他品种来弥补损失。

这类风险由于与股份公司的经营状况、市场情况等有较密切的关系，所以对每一个投资者来说，这类风险是时时存在的。因此，投资者应更多地注意这类风险，潜心研究这类风险发生的根源和与之相关的条件。非系统性风险主要包括经营风险、财务风险等。因整体性风险影响股票市场全局，投资者无法通过投资其他股票来分散，而个别性风险只对少数、局部的股票产生不利影响，投资者可以通过投资多元化来分散风险，通过主观努力来降低风险的程度。

三、投资风险管理

对于个人或者家庭理财中可能遇到的风险因素，主要包括利率风险、汇率风险、通货膨胀风险、市场风险等，我们应该清楚这些因素变化可能对我们的资产产生什么样的影响，从而采取一定的措施进行预防或者化解。

（一）管理风险类型

1．利率风险管理

家庭理财中的利率风险指市场利率变化可能对家庭资产的变动影响。比如人民银行提高存贷款利率，使得家庭存款资产的收益提高了，但也使得有些家庭的房贷支出增加了，还有可能间接影响到股票之类的投资类资产的价格。当利率发生变化时，我们可以朝自己有利的方向做一些调整，比如说提高利率时，我们可以尽量减少负债，有条件的可以提前偿还部分房贷，提高固定收益类资产比重等。

2．汇率风险管理

汇率风险主要是指汇率变化对家庭资产的变动影响，该风险主要针对有外汇资产或有外币需求的家庭。比如说某家庭有美元资产，如果美元贬值，则该家庭资产将直接缩水；对于有美元需求的家庭，美元贬值，则购买美元的消费减少，属利好。汇率风险管理对于家庭来说还是有一定难度的，首先要了解目标外币的将来可能走势，而后进行一些调整，而汇率走势预测本身有一定的风险。对于有明显趋势的货币，则管理要简单得多，我们所要做的就是暂时做空弱势货币，持有强势货币。

3. 通货膨胀风险管理

通货膨胀风险是指因物价普遍上涨、货币贬值使家庭资产导致缩水的风险。当出现较高的通货膨胀时，由于货币的实际购买力下降，如果家庭资产的收益水平不能相应得到提高，则家庭资产实际价值面临缩水风险。应对通货膨胀，应该对家庭资产进行适当的安排，提高资产的收益率水平，提高抗通胀资产的比重，以此来应对通胀压力。从长期来看，黄金、房地产、股票都是抗通胀较好的工具。

QDII 基金

4. 市场风险管理

市场风险主要是指资产价值受资本市场波动而发生变动的影响，如股票、基金、债券等都受市场波动的影响。比如说股票，家庭资产中可能只持有几只股票，但股票市场的走势对这几只股票产生正相关影响，股票市场整体上涨，股票资产也将升值；反之，即使是很好的股票，也会面临价格下跌的风险。管理市场风险，我们可以通过组合管理来达到目的。

投资配置过程

（二）证券投资组合管理

对于个人投资者来说，单个证券的投资风险很难进行准确预测，也就无法很好控制。作为个人投资规划，控制投资风险的主要任务不是去预测某个投资品种的风险，而是建立一个适合自身风险承受能力和风险偏好的投资组合，使得整个组合的风险在自身的承受范围之内，又能够追求较高的收益。所以，投资规划的风险管理好坏主要由投资组合的好坏来决定，个人投资风险管理的主要任务就是建立合理的投资组合。这个过程主要包括以下步骤：

1. 评估自身的风险情况

理财对象的风险特征包括风险承受能力和风险偏好两个方面。风险承受能力是理财对象客观上对风险的抵抗力，而风险偏好是理财对象主观上对风险的喜好程度，投资组合不能只凭理财对象的风险偏好，要结合客观的风险承受力来考虑。风险特征的具体评价参考相关章节。

2. 确定投资组合结构

根据风险测定情况，结合理财目标、利率趋势、市场状况等因素就可以大致确定一个投资组合结构，主要确定低、中、高风险资产在整个投资组合中的比例。可以参考的一种方法是风险矩阵，表3-5中的货币代表流动性强的低风险资产，债券代表流动性较弱的中等风险资产，股票代表流动性弱的高风险资产，具体品种可以变化，比例也可以适当调整，以此来确定一个投资组合结构。

表 3-5　不同风险偏好下建议选择的资产组合

风险偏好类型	资产类型	投资比例
非常保守型	货币	70%
	债券	30%
	股票	0
温和保守型	货币	40%
	债券	50%
	股票	10%
中庸型	货币	40%
	债券	30%
	股票	30%
温和进取型	货币	20%
	债券	40%
	股票	40%
积极进取型	货币	10%
	债券	30%
	股票	60%

各种投资工具的收益与风险情况，参见图 3-4。

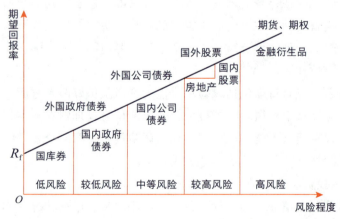

图 3-4　各种投资工具的收益与风险情况

（注：公司债券的信用等级不同，风险也不同；国外股票通常比国内股票具有更高的风险。）

　　我们还可以采取风险属性法来进行配置，利用在第二章客户分析中学习的风险矩阵进行组合。

　　风险矩阵中，首先要测算出货币、债券、股票的预期报酬率和标准差。货币包括现金、活期存款、定期存款、货币市场基金；债券还包括债券基金、混合基金投资组合中的债券部分；股票还包括股票基金、混合基金投资组合中的股票部分。这些数据需要基于市场实际数据进行测算（采用长期和短期数据会有不同结果）。货币的预期报酬率可以用 1 年期的定期存款利率（1.5% ~ 2%）或者货币市场基金 1 年期的年化收益率（2.5% ~ 3%）代表。债券预期报酬率可以用债券指数的长期年化平均收益率代表，如中证综合债券指数、中证全债指数等。股票预期报酬率可以用股票指数的长期年化平均收益率来代表，如上证综指、深圳成指、沪深 300 指数、中证 500 指数。

　　不同投资工具的预期报酬率和标准差是随市场和用来测算的数据发生变动的，对资产配置会产生影响。有了不同投资工具的预期报酬率和标准差数据，就可以计算投资组合的预期报酬率和标准差。标准差的计算公式是：

$$\bar{R} = E(R) = \sum_{i=1}^{n} P_i R_i \times 100\%$$

$$\sigma = \sqrt{\sum_{i=1}^{n} P_i \left(R_i - \bar{R}\right)^2}$$

　　其中，$\bar{R}$ 表示投资组合预期报酬率；P_i 表示各资产占比；R_i 表示各资产预期报酬率；σ 表示投资组合标准差。风险矩阵一旦建立，就可以依据风险矩阵进行资产配置，在表 3-6 中，风险承受能力和风险承受态度得分依据表 2-21 和表 2-22 评估得出，一旦风险属性确定，就可以依据风险矩阵选择相应的投资组合。

　　假设投资者的风险承受能力较低，货币、债券、股票配置在 70%、20%、10%。依据前面介绍，如果货币、债券、股票的预期报酬率和标准差可以测算，投资组合的预期报酬率和标准差就可以测算出来。最后，表 3-6 中的最高（最低）报酬率用以下公式计算：

　　预期最高（最低）报酬率 = 预期报酬率 $\pm n \times$ 标准差

　　假设报酬率分布符合正态分布，n 可取 1，2，3。1 倍标准差的概率 =68.3%，2 倍准差的概率 =95.5%，3 倍标准差的概率 =99.7%，取 2 或 3 倍标准差，即可大概率保证 i 预期报酬率落在上述区间。

表 3-6　依据风险属性进行资产配置

项目	分数	投资工具	资产配置	预期报酬率	标准差
风险承受能力		货币			
风险承受态度		债券			
最高报酬率		股票			
最低报酬率		投资组合			

3. 确定投资品种

确定了各种风险资产在组合中的比例后，就可以进一步确定具体的投资品种了。理财规划师可以根据投资者对投资品种的了解程度，投资市场的投资成本，投资品的相对收益率等方面来确定投资什么品种。比如，低风险资产包括银行存款、货币基金、国债等；中等风险资产包括企业债券、银行理财产品、偏债型基金、现货黄金、外汇等；高风险资产则有股票、股票型基金、金融衍生品等。那么在选择高风险资产的时候，有的理财对象喜好自己投资股票，也有一定的时间与经验，那他就可以不选股票型基金，但有的理财对象对股票不熟悉也没有时间去管理，那么他就可以选择股票型基金，这就要结合理财对象自身的情况了。

4. 风险监视和组合调整

一个投资组合构建完成后，有条件、有技术的话最好根据历史数据对该组合进行风险和收益的一个测算和预测，看是否符合理财对象的要求，如果存在风险过高或过低的情况就可以适当进行调整，没有条件和技术的投资者也应该在组合实行一段时间后看看是否符合自身的需求，以进行适当的调整。

【任务实施】

根据评测结果，林女士家庭具有 69 分中高级别的风险承受能力、36 分的中低水平风险承受态度，根据表 3-7 可确定该家庭投资规划的风险矩阵（中低 20~39 分，中高 60 ～ 79 分）：资产配置工具分别为货币 0，债券 50%，股票 50%。我们首先计算股票和债券长期的预期报酬率和标准差，然后根据前文所列公式计算投资组合的预期报酬率、标准差分别为 7.5% 和 2.51%。再由最高（最低）报酬率的公式，取 $n=3$ 可得，该投资组合最高报酬率为 15.03%，最低报酬率为 –0.03%。最终，资产配置和收益率如表 3-8 所示：

表 3-7　投资配置风险矩阵表

风险偏好	可投资工具	低承受能力（0~19分）	中低承受能力（20~39分）	中等承受能力（40~59分）	中高承受能力（60~79分）	高承受能力（80~100分）
低偏好（0~19分）	货币	70%	50%	40%	20%	10%
	债券	30%	40%	40%	50%	50%
	股票	0%	10%	20%	30%	40%
中低偏好（20~39分）	货币	40%	30%	20%	10%	10%
	债券	50%	50%	50%	50%	40%
	股票	10%	20%	30%	40%	50%
中等偏好（40~59分）	货币	40%	30%	10%	0%	0%
	债券	30%	30%	40%	40%	30%
	股票	30%	40%	50%	60%	70%
中高偏好（60~79分）	货币	20%	0%	0%	0%	0%
	债券	40%	50%	40%	30%	20%
	股票	40%	50%	60%	70%	80%
高偏好（80~100分）	货币	0%	0%	0%	0%	0%
	债券	50%	40%	30%	20%	10%
	股票	50%	60%	70%	80%	90%

表 3-8　资产配置和收益率表

项目	分数	投资工具	资产配置	预期报酬率	标准差
风险承受能力	69	货币	0	0	0
风险承受态度	38	债券	50%	4.99%	3.55%
最高报酬率	15.03%	股票	50%	10%	30%
最低报酬率	-0.03%	投资组合	100%	7.50%	2.51%

【技能训练】

（一）知识测试

1.（多选题）核心资产配置是投资规划中最为关键的一环，以下属于个人核心资产配置方法的是（　　）。

 A．内部报酬率法   B．理财目标时间配置法

 C．目标并进法   D．风险属性评分法

 2．（单选题）下列投资者的投资不适宜的是（　　）。

 A．肖平从 45 岁开始购买人寿保单、长期国债来筹备养老金

 B．侯燕将下个月要购买新房的首付款投资在股票上，预期获得较好收益

 C．26 岁的外企员工小顾每月拿出工资的 1/5 购买股票基金

 D．工人卫忠国退休后将大部分资金投资在货币基金和金融债券上

 3．（单选题）某投资者计划投资 10 万元，投资期限 3 个月，下列各种工具中最适合其投资特征的是（　　）。

 A．以股票为主要投资对象的开放式基金

 B．资产配置均衡的开放式基金

 C．以货币市场工具为投资对象的货币市场基金

 D．资产配置型的封闭式基金

（二）能力训练

 1．简述影响资产配置的因素。

 2．简述投资规划的流程。

04

项目四
现金规划

») 任务一　测算流动性需求
») 任务二　认知现金规划工具
») 任务三　开展现金规划

学习目标

知识目标　● 熟悉现金规划工具

　　　　　● 了解新型现金产品

　　　　　● 掌握现金规划流程

能力目标　● 能进行家庭预算编制，确定家庭现金储备金额

　　　　　● 能根据客户财务情况，编制实施现金规划方案

素养目标　● 树立健康良好的储蓄意识

　　　　　● 培养家庭理财的忧患意识

思维导图

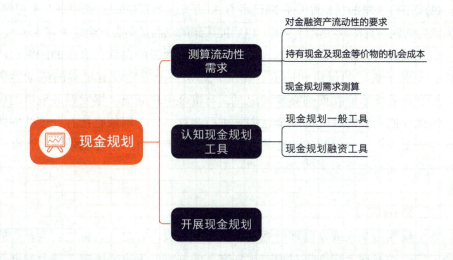

任务一　测算流动性需求

【任务情境】

李先生和张女士夫妻俩都是国企员工，税后年收入共 20 万元，每月家庭开支 1 万元。因为缺乏投资经验和理财知识，他们将剩下的钱都放在工资卡的活期账户里。目前银行卡里的活期账户余额已经有 30 万元。最近物价上涨，张女士想到，如果他们的钱一直都放在银行卡里，以后能买到的东西是不是就会越来越少了？

我国居民有很强的储蓄观念，很多家庭都有大量的存款，家庭的闲置资产过多，不利于资产的保值和增值。相反，如果一个家庭没有足够的流动性资产，则意味着该家庭在面临突发情况时，有资金出现断流，爆发财务危机的可能。因此我们需要对家庭的现金性需求进行测算，以确保家庭持有合理范围的流动性资金，在充分保障流动性的基础上，提高家庭资产的使用效率。张女士的家庭是否需要改变原来的存钱习惯呢？

【任务精讲】

**财富万象
（四）**

现金规划是个人或家庭理财规划中的重要组成内容之一，也是较为核心的部分，能否做好现金规划将对理财规划方案的制定产生重要影响。现金规划是指为满足个人或家庭短期需求而进行的管理日常现金及现金等价物和短期融资的活动。现金规划中所指的现金等价物是指流动性比较强的活期储蓄、各类银行存款和货币市场基金等金融资产。

在个人或家庭的理财规划中，现金规划既要使所拥有的资产具有一定的流动性，以满足个人或家庭支付日常家庭费用的需要，又要使流动性较强的资产保持一定的收益。一般来说，现金规划应该遵循一个原则：即短期需求可以用手头的现金来满足，而预期的或者将来的需求则可以通过各种类型的储蓄或者短期投、融资工具来满足。

现金规划

现金规划的重要内容就是确定现金及现金等价物的额度，而合理确定现金及现金等价物额度，实际上就是在流动性和持有现金及现金等价物的机会成本之间进行权衡。此外，在确定现金及现金等价物的额度时还可以参考客户资金的流动性比率。

一、对金融资产流动性的要求

一般来说，个人或家庭之所以进行现金规划是出于以下几个动机：

（一）交易动机

个人或家庭通过现金及现金等价物进行正常的交易活动。由于收入和支出在时间上常常无法同步，因而个人或家庭必须有足够的现金及现金等价物来维持日常的生活开支需要。个人或家庭出于交易动机所拥有的货币量取决于收入水平、生活习惯等因素。一般来说，个人或家庭的收入水平越高，交易数量越大，其为保证日常开支所需要的货币量就越大。

（二）谨慎动机或预防动机

谨慎动机或预防动机是指为了预防意外支出而持有一部分现金及现金等价物的动机，如个人为应对可能发生的事故、失业、疾病等意外事件而需要提前预留一定数量的现金及现金等价物。如果说现金及现金等价物的交易需求产生是由于收入与支出间缺乏同步性，那么现金及现金等价物的谨慎动机或预防动机则归因于未来收入和支出的不确定性。一般来说，个人或家庭对现金及现金等价物的预防需求量主要取决于个人或家庭对意外事件的看法，而且，预防需求量和收入也有很大的关系。

二、持有现金及现金等价物的机会成本

通常来说，金融资产的流动性与收益率呈反方向变化，高流动性意味着收益率较低。现金及现金等价物的流动性较强，其收益率也相对较低。持有收益率较低的现金及现金等价物也就意味着丧失了持有收益率较高的投资品种的机会，因此，持有现金及现金等价物存在机会成本。

三、现金规划需求测算

一般选择现金及现金等价物的额度满足现金规划需求，以每月支出的3~6倍作为需求测算，如果是单身群体，可以取下限，如果家庭成员较多，负担较重，建议在5~6倍。

【任务实施】

结合任务精讲，首先我们要确认该家庭的月支出为1万元。通常来说，理想的流动性比率应维持在每月支出的3~6倍之间。流动性比率＝流动性资产（现金或现金等价物）/每月支出。换句话说，持有3~6个月的日常支出等额现金即可。在张女士家庭案例中，应该持有3万~6万元的现金类资产。当然我们可以根据不同客户家庭的收入、支出的稳定情况进行具体的调整。张女士家庭夫妻俩均为国企员工，收入稳定。一般留4万元左右的现金类资产是比较合理的情况。

【技能训练】

（一）知识测试（单选题）

1. 现金管理是对现金和流动资产的日常管理，下列关于现金管理的目的，

说法错误的是（　　）。

A．满足应急资金的需求　　　B．满足未来消费的需求

C．保障家庭生活的安全、稳定　　D．满足财富积累的需求

2．下列不属于对金融资产流动性要求的是（　　）。

A．交易动机　　　　　　　　B．谨慎动机

C．预防动机　　　　　　　　D．个人偏好

3．下列不属于现金规划需要考虑因素的是（　　）。

A．对金融资产流动性的要求　　B．个人风险偏好程度

C．持有现金的机会成本　　　　D．持有现金等价物的机会成本

4．理财规划师建议进行家庭资产现金规划时，流动性比率应保持在（　　）左右

A．1~2　　　　　B．3~6　　　　C．5~10　　　　D．10 以上

（二）能力训练

小明是一位典型的"月光族"，大学毕业后顺利进入当地外贸公司工作，过上了稳定的生活。小明月薪税后约 6 000 元，公司为其缴纳社保、公积金等，保障较为全面，收入也比较稳定。小明目前单身，无家庭负担，每月固定开支如下：租房 1 300 元、通信及交通 600 元、餐费 800 元、日用品 300 元，合计 3 000 元。除必要开支，小明每月应有 3 000 元左右的余额，但实际上他几乎月月都所剩无几。经观察，他这些钱几乎都花在服装和朋友聚会上，缺乏理财计划和思路，让他成了名副其实的"月光族"。对照同学们自身的消费体验，分析"月光族"成因，如何可以改变"月光"的困境？

任务二　认知现金规划工具

【任务情境】

根据之前的测算，张女士和李先生已经充分了解了自己家庭的流动性需求，并且了解到除了可以把钱存在活期账户里，还有很多其他的现金理财选择。面对琳琅满目的理财产品，张女士和李先生该如何选择呢？

【任务精讲】

一、现金规划一般工具

由于在个人或家庭的理财规划中，现金规划既要使所拥有的资产保持一定的流动性，满足个人或家庭支付日常家庭费用的需要，又要使流动性较强的资产保持一定的收益。因此，理财规划师在考虑现金规划的工具时，应以流动性

为主要考察因素，在此基础上再保证一定的收益性。下面所列的现金规划工具就是根据这一原则从各种金融资产中挑选出来的。

（一）现金

现金是现金规划的重要工具。与其他的现金规划工具相比而言，现金有两个突出的特点：一是现金在所有金融工具中流动性最强。在国际货币基金组织对货币层次的划分中，现金位于第一层次（M_0）。二是持有现金的收益率低。在通常情况下，由于通货膨胀现象的存在，持有现金不仅没有收益率，反而会贬值。而人们之所以会持有现金，是为了追求现金的流动性，但在客观上却损失了一定的收益。

（二）相关储蓄品种

1．一般储蓄业务

目前国内储蓄机构提供的储蓄业务通常包括活期储蓄、定活两便储蓄、整存整取、零存整取、整存零取、存本取息、个人通知存款及个人支票储蓄存款。

再见，月光族！

一般储蓄业务介绍

（1）活期储蓄。活期储蓄是指无固定存期、可随时存取、存取金额不限的一种比较灵活的储蓄方式。活期储蓄适用于所有客户，其资金运用灵活性较高，人民币1元起存，港币、美元、日元和欧元等起存金额为不低于1美元的等值外币。

（2）定活两便储蓄。这种储蓄是一种事先不约定存期，一次性存入、一次性支取的储蓄存款。它的起存金额低，人民币50元即可起存。既有活期之便，又有定期之利，利息按实际存期长短计算，存期越长则利率越高。这种储蓄存款方式比较适合那些有较大额度结余，但在不久的将来需随时全额支取使用的客户。

（3）整存整取。整存整取是一种由客户选择存款期限，整笔存入，到期提取本息的一种定期储蓄。它的起存金额低，多存不限，一般来说，人民币50元起存，港币50元起存，日元1 000元起存，其他币种为原币种10元起存。整存整取的利率较高，因此具有较高的稳定收入，利率大小与期限长短成正比。

（4）零存整取。零存整取是一种事先约定金额，逐月按约定金额存入，到期支取本息的定期储蓄。它的适应面较广，手续简便，往往可以积零成整，获得较高收益。零存整取起存金额较低，人民币5元即可起存。存期可以选择1年、3年或5年。这种储蓄方式比较适合刚参加工作，需逐步积累每月结余的客户。

（5）整存零取。整存零取是一种事先约定存期，整数金额一次存入，分期平均支取本金，到期支取利息的定期储蓄。这种储蓄方式一次存入本金，人民币1 000元即可起存。存期分为1年、3年、5年，取款间隔可选择1个月、3个月、半年。这种储蓄方式比较适合那些有整笔较大款项收入且需要在一定时期内分期陆续支取使用的客户。

（6）存本取息。存本取息是一种一次存入本金，分次支取利息，到期支取本金的定期储蓄。它的起存金额较高，一般为人民币5 000元，存款余额稳定。存期分为1年、3年、5年。这种储蓄方式比较适合于有款项在一定时期内不需动用，只需定期支取利息以作生活零用的客户。

（7）个人通知存款。这是一种不约定存期，支取时需提前通知银行，约定支取日期和金额方能支取的存款。个人通知存款不论实际存期多长，按存款人提前通知的期限长短划分为1天通知存款和7天通知存款两个品种。个人通知存款利率收益较活期存款高，是大额资金管理的好方式。

（8）个人支票储蓄存款。这种存款是以活期储蓄存款作保证，以支票作支付凭证，办理支现和转账结算，集储蓄与消费于一体的存款。客户凭有效身份证件开户；与银行签订"个人使用支票协议书"后购买支票；凭支票取现或转账。存款期限同活期储蓄，账户余额不得低于所签发支票总额。此种存款方便，支付安全快捷，尤其适合个体工商户。

2. 特色储蓄业务

目前国内储蓄机构提供的特色储蓄业务通常包括定额定期双定存单、定活通、绿色存款、礼仪存单、喜庆存单、四方钱。

特色储蓄业务介绍

（1）定额定期双定存单。这是部分地区邮政储蓄推出的存款金额固定、存期固定的可以当礼品赠送的存单，它有新婚致喜、生日快乐、万事如意、茁壮成长四种画面。这种储蓄事先在存单上印有存款金额，其面额分为50元、100元、200元、500元四种，期限一年，存单上不记名，不预留印鉴，也不受理挂失。该储蓄由于事先印好面额，因此存取手续较为简便，有利于提高工作效率，方便储户。

（2）定活通。一些银行（如中国工商银行、中国光大银行等）自动每月将储户活期账户的闲置资金转为定期存款，当活期账户因刷卡消费或转账取现资金不足时，定期存款将自动转为活期存款。该项服务为储户省却了经常管理账户的麻烦，而且实现了现金的高效管理，满足定期存款收益与活期存款便利的双重需要。但各行对定活通的约定有所区别。

（3）礼仪存单。中国银行、中国光大银行等银行推出了礼仪存单产品。其特点为票面印制精美，可挂失、提前支取、自动转存、通存通兑等。

（4）喜庆存单。交通银行专门对原有的定活两便存单进行了新的版面设计，采用中国传统的年画图案，突出喜庆祥和氛围的一种定活两便储蓄存款，采用实名制。特别之处可以像活期存款一样随时支取，如果存期高于3个月，储户还可以获得高于活期存款利率的收益，用它送礼还附带利息。

（5）四方钱。这是中国光大银行为满足客户资金存储需求和存款隐私需求借助智能卡和网上银行技术，推出的创新性产品。所有柜面操作严格要求本人凭证件办理，保障客户隐私。同时提供多币种、多储种，满足客户全方位的储蓄需求。定期收益，活期便利。

（三）货币市场基金

根据中国证券监督管理委员会、中国人民银行公布的《货币市场基金监督管理办法》，货币市场基金是指仅投资于货币市场工具的基金。

货币市场基金应当投资于以下金融工具：

（1）现金；

（2）期限在1年以内（含1年）的银行存款、债券回购、中央银行票据、同业存单；

（3）剩余期限在397天以内（含397天）的债券、非金融企业债务融资工具、资产支持证券；

（4）中国证监会、中国人民银行认可的其他具有良好流动性的货币市场工具。

货币市场基金不得投资于以下金融工具：

（1）股票；

（2）可转换债券、可交换债券；

（3）以定期存款利率为基准利率的浮动利率债券，已进入最后一个利率调整期的除外；

（4）信用等级在AA+以下的债券与非金融企业债务融资工具；

（5）中国证监会、中国人民银行禁止投资的其他金融工具。

货币市场基金选择技巧

财 商学堂

"宝宝类"理财产品

"宝宝类"理财产品包括支付宝的余额宝、腾讯的理财宝，或者是现金宝、收益宝之类，产品名称中带"宝"字的理财产品，该类产品本质上是货币市场基金，是目前使用广泛的现金管理工具，也被称为余额理财。相比传统货币市场基金，"宝宝类"理财产品具有更低的投资门槛（最低至 1 分钱）、更强的流动性（即时赎回）、高于同期存款的收益，因此深受投资者青睐。目前在传统银行、有支付牌照的互联网金融机构及基金销售三个渠道都可以选购该类产品。

二、现金规划融资工具

在某些时候，客户会有临时的未预料到的支出，而客户的现金及现金等的额度又不足以应付这些支出，临时变现其他流动性不强的金融资产会损失一部分资产。这时，利用一些短期的融资工具融得一些资金就不失为一个处理突发紧急问题的好方法。事实上，在个人或家庭的现金规划过程中，客户往往更重视已有现金及现金等价物的管理和使用，而忽略了个人融资。随着银行业、保险业的发展以及个人融资需求日益增强，个人融资开始在融资市场上占据一席之地，融资方式也日趋多样。目前，适宜于现金规划的融资方式主要包括信用卡融资、银行贷款、保单质押融资、典当融资等，本书重点介绍信用卡融资方式。

（一）信用卡简介

信用卡概念因经济与地域不同而有所不同。在美国，信用卡是支付工具兼消费信贷工具，申领信用卡无须先存入款项，而是由银行确定一个信贷额度供持卡人支用。信用卡从产生至今，经历了一个不断发展的历史进程，这个进程大致有以下四个阶段：以商业信用形式存在的阶段，以银行信用形式存在的普通卡阶段，磁性卡阶段，智能卡（IC 卡）阶段。

（二）信用卡的功能

信用卡的各项用途和功能是由发卡银行根据社会需要和内部经营能力所赋予的，尽管各家银行所发行的信用卡的功能并不完全一致，然而所有信用卡都具备转账结算、储蓄、代收代付、消费支付等基本功能。

（三）信用卡理财

1. 生活理财

随着使用日益便捷、功能日渐增多、覆盖面越来越广，信用卡在人们的日常生活和工作中扮演着越来越重要的角色。

信用卡使用指南

（1）理性消费。信用卡能帮助人们在日常消费中找到花钱乐趣与适度控制的均衡点。

（2）折扣消费。许多发卡机构针对女性群体的购物偏好，推出了价格折扣、刷卡积分及商品换购、特色增值服务等。

（3）个性化消费。随着经济社会的发展与居民财富的积累，追求有品质、个性化的生活已日渐成为大众生活的主流理念。一些发卡机构针对普通人生活的方方面面，适时推出了具有各种不同功能的信用卡，使生活更加便利惬意。

2. 投资理财

信用卡所具有的基本功能若能熟练掌握运用，则可使持卡人实现个人的投资理财目标。

（1）免息优惠使用资金。信用卡可以"先消费、后还款"，可以透支一定的消费金额，享受一定的免息还款期。各种信用卡的免息优惠功能如果运用恰当，则不失为一种精细化理财手段。各家银行对免息期的规定不尽相同，最长有 56 天的透支免息期。只要在免息时间内把透支消费的钱补上，银行都不会收取费用，相当于无息贷款。持卡人可以在免息期内将原本准备用于这笔消费的钱做一些其他的短线投资。

财 商学堂

免息还款期

对非现金交易，从银行记账日起至到期还款日之间的日期为免息还款期。免息还款期最短 20 天，最长 56 天。在此期间，客户只要全额还清当期对账单上的本期应还金额，便不用支付任何非现金交易由银行代垫给商店资金的利息（预借现金则不享受免息优惠）。

假设客户的账单日为某月 17 日，到期还款日（以每月 30 天为例）为下月 7 日（若该月为 31 天，则为下月 6 日，大小月按此推算）。

分析：若客户 4 月 15 日消费 10 000 元，且该笔消费款于当日记入客户的账户，则银行记账日为 4 月 15 日，因客户的账单日为 4 月 17 日，到期还款日为账单日后 20 天为 5 月 7 日，该笔消费最长可享受免息期为 23 天。

若客户 4 月 18 日消费 10 000 元，且该笔消费款于当日记入客户的账户，则银行记账日为 4 月 18 日，由于该笔消费款应于 5 月 17 日账单日出账，因此距到期还款日 6 月 6 日有 50 天，则该笔消费最长可享受免息期为 50 天。

【提示】消费时一定要注意两点，一是持卡人的消费日期（关系到记账日）；二是银行对账单日与还款日之间的天数。

信用卡提现是要支付利息的，并不享受免息还款期待遇，利用信用卡预借现金的利息和手续费也非常高，且计息是从提现透支日起开始计算的。这些规定一般在各银行的信用卡使用注意事项中都会写明，如"贷记卡取现或转账透支不享受免息还款待遇，从透支记账日起按日息 5‰ 计息"等。

【提示】持卡人切记不要将信用卡当存折用，将大额现金存入信用卡内，除非一些特殊卡。

在申办信用卡时，银行通常会给出两种选择：最低还款方式还是全额还款方式。最低还款方式一般只需偿还透支金额的 10% 左右，能大大减轻还款压力。但持卡人只有选择全额还款方式，且做到每月按时还款，才能享受免息待遇。而选择最低还款方式的持卡人，必须为今后所有的透支消费支付相应的年息。

（2）小额贷款与信用积累。信用卡可以被持卡人用于小额融资，实际上是一种消费信贷。信用卡所提供的循环信贷是发卡机构向持卡人提供的一种小额消费贷款，持卡消费者得到了方便的贷款，从而使得自己的收入和支出同步。如果借款人的账户一直处于循环信贷状态，那么周转中的贷款余额几乎可以看作是无期贷款。蚂蚁花呗，本质上也是一种信用卡，日利率 0.05%，月内单利，月间复利，年化利率约为 16%。

财 商学堂

循 环 信 用

循环信用是一种按日计息的小额、无担保贷款。客户可以按照自己的财务状况，每月在信用卡当期账单的到期还款日前，自行决定还款金额的多少。当客户偿还的金额等于或高于当期账单的最低还款额，但低于本期应还金额时，剩余的延后还款的金额就是循环信用余额。

循环信用是一种十分便捷的贷款工具，不仅让客户享有刷卡的便捷，更是客户轻松理财的好选择。客户如果选择使用了循环信用，那么在当期就不能享受免息还款期的优惠。

循环信用利率由中国人民银行统一规定，日利率 0.05%，按月计收复利。循环信用的利息计算如下：上期对账单的每笔消费金额为计息本金，自该笔账款记账日起至该笔账款还清日止为计息天数，日息 0.05% 为计息利率。循环信用的利息将在下期的账单中列示。

例如，张先生的账单日为每月 5 日，到期还款日为每月 23 日。

4 月 5 日银行为张先生打印的本期账单包括了他从 3 月 5 日至 4 月 5 日之间的所有交易账务。本月账单周期张先生仅有一笔消费——3 月 30 日，消费金额为人民币 1 000 元。张先生的本期账单列印"本期应还金额"为人民币 1 000 元，"最低还款额"为 100 元。

不同的还款情况下，张先生的循环利息分别为：① 若张先生于 4 月 23 日前，全额还款 1 000 元，则在 5 月 5 日的对账单中循环利息 0 元。② 若张先生于 4 月 23 日前，只偿还最低还款额 100 元，则 5 月 5 日的对账单的循环利息 17.4 元。具体计算如下：

循环利息 1 000 元 ×0.05%×24 天（3 月 30 日—4 月 23 日）＋（1 000 元 −100 元）×0.05%×12 天（4 月 23 日—5 月 5 日）＝17.4 元

循环信用实际上是一种短期借贷，相对于长期、高额的贷款而言，其所收取的利息也比较高，然而由于无须担保品，且可随借随还，运用上反而更为灵活。持卡人如果碰到商品打折或是极佳的投资机会，在手头可运用的现金有限的情况下，可以考虑运用循环信用支付消费款项，而将现金用于投资。当然，投资前必须审慎地评估确定投资报酬率是否高于循环信用利率。

（3）汇兑理财与综合理财。国内银行发行的国际卡在不少国家和地区都可以直接刷卡消费，但持卡人面临着承担汇兑差额的风险。选择一张适合自己的国际卡，就可以免去不必要的兑换之苦。例如，有子女在国外念书的家庭办一张国际卡，父母持有主卡，子女持有附卡。主卡在国内存款无须手续费，子女用附卡在国外消费也无须支付手续费，免除了汇款环节，几年下来可以节省出一笔可观的费用。

【任务实施】

结合任务精讲，我们所学的现金规划工具包括现金、储蓄、货币市场基金，以及信用卡。此家庭可以申请一张信用卡，以备不时之需，但要合理使用信用卡，避免过度透支或者忘记还款造成经济、信用方面的损失。此外，根据前面任务的测算，该家庭需要保留 4 万元左右的现金类资产，可以保留少部分的现金或者银行存款，建议可以将其中的一部分以货币基金的形式进行投资，

现金需求及
流程

可以略增加投资收益，还能保证和现金类似的流动性。

【技能训练】

（一）知识测试（单选题）

1．下列不属于现金等价物的是（　　）。

A．活期储蓄　　　　　B．货币市场基金

C．各类银行存款　　　D．股票

2．货币市场基金是重要的现金规划工具之一，根据相关规定，货币市场基金不得投资于（　　）。

A．1 年以内的银行定期存款、大额存单

B．期限在 1 年以内的中央银行票据

C．可转换债券

D．剩余期限在 397 天以内的债券

（二）能力训练

信用卡的使用

假设客户的账单日为每月 7 日，到期还款日为每月 27 日。若 3 月 20 日客户消费 10 000 元，且该笔消费款于 3 月 23 日记入信用卡账户（即记账日），则 4 月 7 日客户的对账单上将会列有：本期全部应还款额 10 000 元，最低还款比例为 5%。若从 4 月 8 日至 5 月 7 日期间未有其他交易入账。

请回答以下问题：

（1）试计算在 4 月 27 日还款时，该客户的最低付款额。

（2）试计算该客户的免息还款期。

（3）若客户于 4 月 23 日，还清全部应还款额 10 000 元，则在 5 月 7 日的对账单上，试计算该客户的循环利息，并说明原因。

（4）若客户出现财务危机，在 4 月 27 日还款金额为 400 元，且该银行规定，缴纳滞纳金最低为 40 元，则请计算该客户应缴纳的滞纳金金额。

任务三　开展现金规划

【任务情境】

根据任务一中张女士和李先生的案例，为其家庭做一份现金专项规划。任务一案例回顾：张女士和李先生夫妻俩都是国企员工，税后年收入共 20 万元，每月家庭开支 1 万元。因为缺乏投资经验和理财知识，剩下的钱，他们都放在工资卡的活期账户里。目前银行卡里的活期账户余额已经有 30 万元。

【任务精讲】

在分析客户现金需求的基础上，理财规划师接下来的工作就要着手进行现金规划了。在规划的过程中，既要使资产的配置保持一定的流动性，又要实现一定的收益。

第一步：将客户每月支出 3 ～ 6 倍的额度在现金规划的一般工具中进行配置。

在为具体客户确定其个人（家庭）现金及现金等价物的额度时，应根据不同客户家庭的收入、支出的稳定情况不同，将其现金或现金等价物的额度确定为个人（家庭）每月支出的 3 ～ 6 倍。现金及现金等价物的额度确定后，还需要对个人（家庭）的金融资产进行配置。具体来说，就是让金融资产在现金、各类银行存款、货币市场基金等金融产品间进行配置。比如，可以将现金及现金等价物额度的 1/3 以现金的形式保存，而另外 2/3 的部分则以活期储蓄和货币市场基金的形式存在。由于这部分资金额度较少，具体的配置结构比例可以根据个人或家庭的偏好来进行（如图 4-1 所示）。

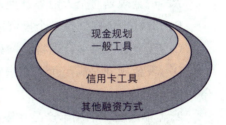

图 4-1　现金规划工作程序

第二步：向客户介绍现金规划的融资方式，解决超额的现金需求。

理财规划师将客户的流动资产在现金规划的一般工具中配置之后，应将各种融资方式向客户做一下介绍。在介绍的过程中，应注意比较各种融资方式之间的区别，这些区别体现在融资期限、额度、费用、便捷程度等方面。

在制定客户现金规划方案的过程中，理财规划师需要熟知现金规划的工具。特别是在目前状况下，各种新的规划工具层出不穷，理财规划师更应及时详尽掌握新的现金规划工具的运用及其优缺点。

第三步：形成现金规划报告，交付客户。

经过以上工作程序，在充分了解、分析了客户需求且选择了适当工具满足这一需求后，现金规划方案便可以制定完成了。接下来，理财规划师应根据客户要求完成相应的结尾工作。如果客户仅进行现金专项规划，则形成现金规划报告，交付客户。如果客户需要综合理财规划服务，则将现金规划部分作为分项规划之一纳入综合理财规划建议书中，待各分项规划全部完成后再交付客户。

【任务实施】

结合任务精讲，第一步，计算客户的每月支出为 1 万元，将客户每月支出 3~6 倍的额度在现金规划的一般工具中进行配置。考虑到张女士、李先生为国企员工，收入稳定。建议配置 4 万元左右的现金类资产。其中 1/3 以现金的形式保存，而另外 2/3 建议购买货币型基金，略提高现金收益并兼顾流动性需求。第二步，可以建议张女士、李先生家庭办理一张银行信用卡，解决超额的现金需求。一方面信用卡可以有折扣消费、积累信用等优势，另一方面如果有突发的意外开支也可以缓解资金需求。第三步，形成现金规划报告，交付客户。

【技能训练】

（一）知识测试

1.（多选题）以下有关现金规划的描述正确的是（　　　）。

A. 现金规划对个人财务管理来说是非常必要的

B. 做好现金规划是整个投资理财规划的基础

C. 现金是否科学合理将影响其他规划能否实现

D. 现金规划是满足个人或家庭短期需求而进行的管理日常的现金及现金等价物和短期融资的活动

2.（单选题）信用卡产品在银行业务中属于（　　　）。

A. 个人信贷业务　　　　　B. 借记卡业务

C. 对公贷款业务　　　　　D. 负债类业务

3.（单选题）交易日是指（　　　）。

A. 实际交易发生的日期

B. 交易金额及费用计入信用卡账户的日期

C. 为持卡人生成账单的日期

D. 账单所规定的该期账单应还款项的最后还款日期

4.（单选题）对于信用额度的说法，（　　　）是不正确的。

A. 信用额度是发卡行根据持卡人的资信等级确定的

B. 信用额度随持卡人的资信变化而变化

C. 信用额度是永久的，不得对其进行调整

D. 信誉及资信良好的持卡人信用额度较高，反之则低

（二）能力训练

现金规划实训

客户资料：金小姐，26 岁，为某知名企业研发部技术人员，未婚；月薪 10 000 元，年终奖金额为 2 个月工资，没有其他收入；刚买了房子和车子，每月房贷按揭支出为 4 200 元，养车费用 1 000 元，日常支出每月 3 500 元。金小姐平时喜欢购物与旅游，基本没有现金结余，是典型的城市"月光族"，也

考虑申请一张信用卡以备不时之需。

（1）请登录中国工商银行、杭州银行、广发银行、中信银行、招商银行等银行官方网站，选择1张有代表性的信用卡，列出信用卡的名称、特色服务、年费收取等情况，然后进行小组讨论，为金小姐优选一张合适的信用卡，并说明理由。

（2）金小姐目前无任何备用金，作为理财师，给出现金规划的建议，包括现金规划金额、如何储备、储备方式、储备工具等。

Chapter

05

项目五
消费规划

-))) 任务一　测算家庭消费需求
-))) 任务二　认知消费规划工具
-))) 任务三　开展消费规划

学习目标

知识目标
- 熟悉信贷融资工具
- 了解信用消费工具
- 掌握消费规划流程

能力目标
- 能进行家庭预算编制，确定家庭消费计划目标
- 能根据客户购房需求，编制住房消费规划方案
- 能根据客户购车需求，编制购车消费规划方案

素养目标
- 能熟练运用目标基准点法解决合理的投资
- 引导树立适度消费，培养理性消费的观念
- 坚持房住不炒理念，避免过度使用杠杆

思维导图

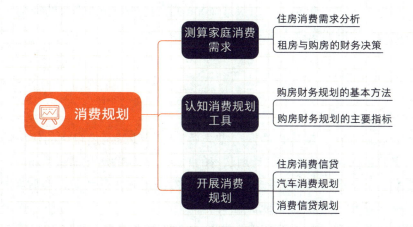

消费规划

- 测算家庭消费需求
  - 住房消费需求分析
  - 租房与购房的财务决策
- 认知消费规划工具
  - 购房财务规划的基本方法
  - 购房财务规划的主要指标
- 开展消费规划
  - 住房消费信贷
  - 汽车消费规划
  - 消费信贷规划

任务一　测算家庭消费需求

财富万象
（五）

【任务情境】

高先生家今年刚添了小宝宝，急需购买住房。高先生看上了一套 80 平方米的房产，总价 800 000 元，首付 300 000 元，贷款 500 000 元，贷款利率 4.9%。高先生还可以租房，房租每月 3 000 元，另外要交 3 个月的押金。

假设高先生的投资报酬率为 6%，高先生应该买房还是租房？

【任务精讲】

购房规划

一、住房消费需求分析

理财规划师在了解客户的购房需求后，应帮助其制定量化的住房消费目标。购房的目标包括客户家庭计划购房的时间、希望的居住面积、届时房价这三大要素。由于房价起伏变化较大，因此，在考虑未来房价时，理财规划师可以通过参考房地产专业报告或其他资料并结合房价的历史走势估算得出。最终，得到诸如"我希望在两年以后购买 100 平方米左右，价格为 1 万元 / 米^{2}的房屋"这样的购房目标的描述。

（一）购房面积需求

目前市面上不同建筑面积的商品房种类繁多，如何帮助客户选择适宜居住且经济上能够承担的住房，是理财规划师必备的技能之一。对于单身客户、夫妇二人、三口之家和三代同堂这四种最普遍的人口情况，选择怎样的房屋面积更为经济合理，我们做如下分析：

（1）单身客户。对于工作趋于稳定的单身一族，选择 60 平方米以下的小户型或者 30 平方米以内的超小户型较为合适。这种户型对单身客户来说，起居比较宽敞实用，即使未来结婚后，将此房作为居住场所也未尝不可。等到客户经济条件允许，打算换房的时候，可将这套小户型房屋售出，作为换购新房的首付款，可谓"进可攻退可守"。

（2）夫妇二人。夫妇两人同样也适用于上述小户型，但是选择建筑面积略大一些的小户型房屋往往更为方便。

对于尚没有小孩的年轻夫妻来说，购买市区小户型的住宅以作为过渡性住所，待日后经济实力增强了再考虑以小换大，以旧换新是一项明智的选择。

（3）三口之家。一对夫妇带一个孩子组成的三口之家，适宜购买中户型房屋，即面积在 80 ~ 120 平方米之间的套型。这样的家庭，往往夫妻双方已至中年，有一定的经济实力，且一般因为生活水平的大幅提高，对生活质量的要求也随之提高，因此希望换成面积更大的住房。对这种三口之家，理财规划师应向其推荐中户型楼盘。

（4）三代同堂。这里的三代同堂是指一对夫妇加一个孩子再加上夫妇一方的父母，总共五口人左右，年轻人可以照顾老年人，老年人可以照看孙辈，互补性强，可以选择中户型，如果经济条件允许则可选择大户型。如选择三室二厅二卫，可安排夫妇俩、老人、小孩各居一个房间，面积在 110 ～ 140 平方米；如希望宽敞一点，则可选择四室二厅二卫，夫妇俩、老人、小孩各居一个房间，还有一个房间可作书房兼客房。由于中到大户型的楼盘往往配套设施较好，因此受到高收入者的青睐。另外 160 平方米左右的小高层也可作为此类家庭的备选计划之一。

（二）购房环境需求

房价取决于两个因素：一是区位，二是面积。房子的大小主要取决于居住人数。但区位的单价相差很大，同样一笔钱，买较好地段的房子房价较高，面积也相应较小；而买地段差的房子房价较低，面积会相应较大。地段差的房子，往往离客户的工作地点较远，生活较为不便利，虽然住房面积增大，但是交通成本却大大增加，消耗在路上的时间成本也增加，不能达到最优的理财效果。因此，理财规划师必须综合考虑客户的负担能力，以及环境需求问题，包括所居住社区的生活质量、上班的距离、子女上学、配套设施等，这些都是购房时必须考虑的问题。理财规划师在为客户提供购房建议时，一定要仔细分析客户需求与目标住房的适应性。

租房和购房
比较

二、租房与购房的财务决策

租房与购房比较如表 5–1 所示。

表 5–1　租房与购房比较表

	租房	购房
优点	负担较轻、灵活方便、可节约交通费、不必担心住房价格下跌，不必承担房屋方面的各种赋税，不必支付房屋维修费、有更多剩余资金用于投资	有增值潜力、居住归属、安全感，可利用住房进行抵押融资，能提高居住质量
缺点	不稳定、无保障、房租上涨、存在非自愿搬离风险、不能根据自身意愿进行装修	负担重、房贷压力大、房屋的流动性低、变现能力差、不利于变换工作地点
所得	购房自备款产生的收入	增值潜力、税收优惠
付出	每月的房租	购房自备款产生的收入、购房税款

对于有住房需求的客户，到底选择购房还是租房，首先要从需求上进行比较，表5-1中可以看到购房、租房各有优劣，关键看客户所处的生命周期及经济能力。从经济角度，可以用年成本法和净现值法进行具体决策。如果用年成本法，需要先分别计算租房与购房的年成本，然后进行比较，选择年成本较低者。

购房年成本 = 首付款 × 存款利率 + 贷款余额 × 贷款利率 + 年维修及税费

租房年成本 = 年租金 + 房屋押金 × 存款利率

【任务实施】

结合任务精讲，购房的年成本为：500 000 × 4.9%+300 000 × 6%=42 500（元）

租房的年成本为 3 000 × 12+3 000 × 3 × 6%=36 540（元）

租房的年成本 < 买房的年成本，应该选择租房。

单纯从计算结果来看，买房的年成本大于租房的年成本，应该选择租房。但是，究竟是购房还是租房，除了比较购房与租房的年成本以外，还应综合分析判断房租是否会调整、房价上涨压力、未来利率走势等因素。

【技能训练】

（一）知识测试

1.（单选题）下列选项中，不属于家庭消费支出规划的是（　　　）。

A. 住房消费计划　　　　　　　　B. 汽车消费计划

C. 信用卡消费规划　　　　　　　D. 教育投资规划

2.（单选题）家庭消费开支规划的核心内容是（　　　）。

A. 教育投资支出　　　　　　　　B. 债务管理

C. 家庭收支平衡　　　　　　　　D. 人身保险支出

3.（单选题）理财规划师会使用一些支付比例指标来估算最佳的住房贷款额度，一般来说，所有贷款月供款与税前月总收入的比率应控制在（　　　）。

A. 25%~30%　　　B. 30%~33%　　　C. 33%~38%　　　D. 38%~40%

4.（多选题）（　　　）属于适宜租房的人群。

A. 工作地点与生活范围固定者

B. 刚刚踏入社会的年轻人

C. 不急需买房且辨不清房价走势者

D. 储蓄不多的家庭

（二）能力训练

1. 请从面积、户型、功能、配套等方面分析单身年轻人、年轻夫妻、中年人、老年人的住房选择。

2. 孙小姐和男朋友同时供职于一家装潢公司，两个人每月的收入加起来约 2 万元。他们打算在今年年底结婚，和父母商量后男朋友决定先买房再领结婚证。她与男友每个月都正常缴纳公积金，趁着端午节放假，两个人准备先看房，顺便咨询一下如何贷款。请描述下该家庭的理财需求。

任务二　认知消费规划工具

【任务情境】

张先生欲购买 100 平方米的房子，假设市面上一般价格是 3 000~6 000 元 / 米^2，则购买 100 平方米的房子所需要的费用为 30 万~60 万元。假设按 7 成按揭，贷款期限 20 年。

分别计算不同总价下张先生家每个月贷款。

【任务精讲】

购房规划流程见图 5-1 所示。

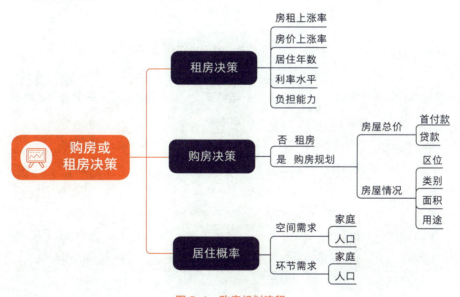

图 5-1　购房规划流程

理财规划师在确定客户的住房目标后，应对客户的财务状况进行分析，在保障客户一定财务弹性下，以储蓄及缴息能力估算负担得起的房屋总价，以及每月能承担的费用。由于购房开支除房款本身之外，还需要缴纳契税、印花税、房屋买卖手续费、公证费、律师费等各种费用。加总上述费用，就可以得到客户家庭在预期的购房时间上总的资金需求，也就是购房规划要实现的财务目标。帮助客户进行贷款规划，如选择何种贷款方式、还款方式及还款期限等，并运用相关税收及法律知识，为客户提供必要的支持。

一、购房财务规划的基本方法

（一）以储蓄及交费能力估算负担得起的房屋总价

（1）可负担首付款＝目前净资产在未来购房时的终值＋以目前到未来购房这段时间内年收入在未来购房时的终值 × 年收入中可负担首付比例的上限

（2）可负担房贷＝以未来购房时年收入为年金的年金现值 × 年收入中可负担贷款的比率上限

（3）可负担房屋总价＝可负担首付款＋可负担房贷

（4）可负担房屋单价＝可负担房屋总价 ÷ 需求平方米数

【实训活动 5-1】王先生预计今年年底年收入为 10 万元，以后每年有望增加 3%，每年的储蓄比率为 40%。目前有存款 2 万元，打算 5 年后买房。假设王先生的投资报酬率为 10%，王先生买房时准备贷款 20 年，计划采用等额本息还款方式，假设房贷利率为 6%。

求解王先生可负担首付款为多少？可负担房贷为多少？可负担房屋总价为多少？通过财务计算器或查表计算。

（1）可负担的首付款部分如表 5-2 所示。

表 5-2　可负担的首付款明细表

单位：元

期数	年收入	年储蓄	储蓄部分在购房时的终值
0		20 000	32 210
1	100 000	40 000	58 564
2	103 000	41 200	54 837
3	106 090	42 436	51 348
4	109 273	43 709	48 080
5	112 551	45 020	45 020
终值合计			290 059

因此，可负担的首付款约为 29 万元。

（2）可负担的贷款部分。

未来购房时（第六年）年收入中可负担贷款的部分为：112 551 ×（1+10%）× 40%=49 522（元），贷款利率为 6%（$N=20$，$I/Y=6$，$PMT=49 522$，$PV=568 013$），因此，可负担的贷款部分为 56.8 万元。

（3）可负担的房屋总价＝可负担的首付款＋可负担的房贷 =29+56.8=85.8（万元）。

（4）房屋贷款额占房屋总价的比率 =56.8 ÷ 85.8 × 100% =66.2%。

一般来说，房屋贷款占房价比例应小于 70％，因此上述贷款计划较为合理。

（二）按想购买的房屋价格来计算每月需要负担的费用。

欲购买的房屋总价 = 房屋单价 × 需求面积

需要支付的首期部分 = 欲购买房屋总价 ×（1– 按揭贷款成数比例）

需要支付的贷款部分 = 欲购买房屋总价 × 按揭贷款成数比例

每月摊还的贷款本息费用 = 需要支付的贷款部分的以月为单位的准年金值

二、购房财务规划的主要指标

理财规划师应使用一些支付比率指标来估算最佳的住房贷款额度，其中最重要的三个指标是：

（1）房屋月供款与税前月总收入的比率，一般不应超过 25%~30%。

（2）所有贷款月供款与税前月总收入的比率，一般应控制在 33%~38%。

（3）贷款购房房价最好控制在年收入 6 倍以下，按揭贷款期限可选择 30 年，但若月供款压力不大，应缩短贷款期限。

【任务实施】

（1）30 万元的房屋首付及贷款情况如下：

需要支付的首期款 =30 ×（1–70%）=9（万元）

需要支付的贷款数额 =30 × 70%=21（万元）

每月需要摊还的贷款本息费用 =1 505（元）

（2）60 万元的房屋首付及贷款情况如下：

需要支付首期款 =60 ×（1–70%）=18（万元）

需要支付的贷款数额 =60 × 70%=42（万元）

每月需要摊还的贷款本息费用 =3 009（元）

所以，如果每月除了应付日常生活外还能节余 3 009 元时可以买 6 000 元 / 米² 的房子；而当每月除了应付日常生活外节余 1 505 元时只能买 3 000 元 / 米² 的房子。

【技能训练】

（一）知识测试（单选题）

1. 以下不属于目前我国商业银行开办的个人住房消费信贷形式的是（   ）。

A．国家贷款　　　　　　　　B．组合还款法

C．商业贷款　　　　　　　　D．公积金贷款

2. 下列各项中,( )是一种政策性个人住房贷款。

A. 自营性个人住房贷款   B. 公积金个人住房贷款

C. 个人住房组合贷款   D. 个人住房转让贷款

3. 下列对个人住房贷款特点的说法中,错误的是( )。

A. 贷款金额大、期限长   B. 其实质是一种融资关系

C. 风险相对分散   D. 风险具有系统性特点

(二)能力训练

蓝女士是一名公务员,今年想买一辆 30 万元左右的新车。蓝女士觉得一次性付款有一定的压力,想要选择一种利率较低的汽车贷款来实现买新车的愿望。作为理财师,你有什么好的建议?

任务三 开展消费规划

【任务情境】

范先生和太太都是"新杭州人",在 2010 年年初,夫妻俩借款购下了一套临近市区的住房。两人对房屋的面积没有太大的追求,只是对地理位置要求较高。他和太太希望可以在市中心买一套住房,他们认为,这样的房屋生活便利性强,增值也更快。而且,毕业十年来一直"长途"上班,他们已经厌倦了。

于是,在 2010 年年初,两人购下了一套每平方米 3.1 万元,共 82 平方米的房屋。为了凑足首付和装修费用,他们向亲戚、朋友借了 20 多万元,同时也申请了银行商业贷款近 178 万元,选择等额本金贷款共 12 年。按照当时利率和优惠折扣(7 折)计算,首月需还款 18 500 多元,之后逐渐降低。

范先生说,两人当时的月收入均超过 11 000 元,而且还有几万元的年终奖金,每月还款 18 000 元压力不大,于是咬牙购买了房屋。不过后来才发现,虽然出现月度赤字的情况很少,但两人的现金流却因为买房出现了问题。2011年 2 月,在上浮的 6.6% 的基准利率上打 7 折后,他们的月还款金额为 18 600多元,反而高于申请贷款后的首次月还款额。这样一来,选择等额本金还款的优势就难以体现了。

虽然购房让范先生和太太有了足够的成就感,但还贷的压力却使平日生活的幸福感下降不少。范先生说,现在他们只要有了闲钱,都会存起来还款,一点不敢多花钱。现在账户中的活期存款仅有 15 000 元。他和太太都希望可以早点结束还贷的日子,好好享受生活,而不是被生活牵着鼻子走。眼下,他们该如何减轻还款压力,摆脱"房奴"困境呢?请你分析一下哪里出了问题,是否有改善之处?

【任务精讲】

一、住房消费信贷

（一）住房消费信贷的种类

1. 个人住房公积金贷款

根据《住房公积金管理条例》，住房公积金是指国家机关、国有企业、城镇集体企业、外商投资企业、城镇私营企业及其他城镇企业、事业单位、民办非企业单位、社会团体及其在职职工缴存的长期住房储金。它是住房分配货币化、社会化和法制化的主要形式。住房公积金制度是国家法律规定的重要的住房社会保障制度，具有强制性、互助性、保障性。单位和职工个人必须依法履行缴存住房公积金的义务。职工个人缴存的住房公积金以及单位为其缴存的住房公积金，实行专户存储，归职工个人所有。

个人住房公积金贷款是以住房公积金为资金来源，向缴存住房公积金的职工发放的定向用于购买、建造、翻建、大修自有住房的专项住房消费贷款。职工购买的自有住房包括商品住房、经济适用房、私产住房、集资建造住房、危改还迁住房和公有现住房。

财商学堂

住房公积金贷款特点

（1）各地区住房公积金管理中心制定的贷款期限不同，一般最长不超过30年。

（2）住房公积金贷款利率比商业银行住房贷款利率低。

（3）个人住房公积金贷款的借款人须提供一种担保方式作为贷款的担保。

（4）贷款对象要求是当地购买自住住房，同时在管理中心交存住房公积金的交存人和汇缴单位的离退休职工。

（5）贷款额度由于各地住房公积金管理中心规定的贷款最高限额不同而有差异。

（6）还款灵活度高。

（1）公积金住房按揭贷款的申请流程。公积金住房按揭贷款办理流程在各地具体实施时略有不同，有些地区是先去公积金管理中心提出申请（如图5-2（a）所示）；有些地区是先通过委贷银行提出贷款申请，并提交贷款申请资料（如图5-2（b）所示）。在办理过程中，会产生公证费、印花税、担保费等。

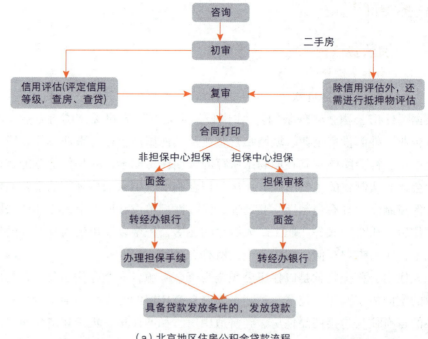

（a）北京地区住房公积金贷款流程

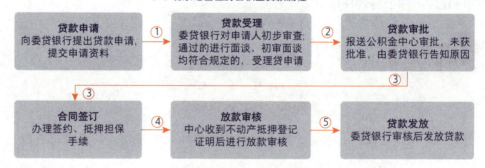

（b）浙江地区住房公积金贷款流程

图 5-2 不同地区住房公积金个人贷款流程图

（2）住房公积金贷款的材料。购买一般的商品房需要提供如表 5-3~ 表 5-5 所示的材料及注意事项（在不同的地区有不同的具体规定）。

表 5-3 购买商品房期房、经济适用房期房使用住房公积金贷款所需提供材料

序号	材料名称
1	身份证及身份证复印件
2	户口本首页、本人页及变更页
3	暂住证或有效居住证明
4	有效婚姻关系证明
5	离退休证明（如有需求提供）

续表

序号	材料名称
6	收入证明
7	购房首付款发票（收据）
8	购房合同（正本）
9	学历、学位证明、自有产权住房证明、租赁公有住房证明
10	贷款还清证明
11	公积金管理中心要求的其他材料

表 5-4　申请公积金贷款需向开发商提供的材料

序号	材料名称
1	借款人与配偶的户口簿、身份证原件及复印件一式 4 份，如不属于同一户口簿的，还需要提供关系证明及复印件
2	购房人配偶同意抵押的书面承诺书
3	提供经当地住房公积金管理中心盖章的缴交公积金证明
4	户籍登记表

表 5-5　住房公积金还款及其他注意事项

注意事项	注意事项内容
变更注意	若借款人需要到贷款经办部门办理调整月还款额、提前全部还清贷款等贷后还款业务，需还款账号所有者本人到场
还款注意	借款人应当在约定还（扣）款日之前（由于扣款日当日存款有可能错过银行扣划时间），将足额的还款资金存入还款账户，以备银行扣划
还款账户	借款人应当注意（或向银行咨询）还款账户状态是否正常，还款账户是否存在应缴未缴的账户年费、管理费等与住房公积金贷款还款无关的其他支出，以及银行是否对账户有最低余额的要求，以确保还款资金的正常扣划
还款方式	住房公积金贷款的还款方式包括等额本息还款和等额本金还款两种
提前还款	提前还款包括提前部分还款与提前结清还款，办理一般需要预约受理
还款逾期	如果逾期未缴应还款额，罚息、逾期次数及金额会影响个人征信
贷款结清	借款人还清全部贷款本息后，需到委贷银行办理贷款结清手续

2. 个人住房商业性贷款

个人住房商业性贷款是银行以信贷资金向购房者发放的贷款，也叫个人住

165

房商业性贷款或住房按揭贷款，俗称"按揭"，包括一手房和二手房按揭。

（1）商业住房（一手房）按揭贷款的申请（在不同的地区有不同的具体规定）。

按揭购买住房（一手房）流程如图5-3所示。

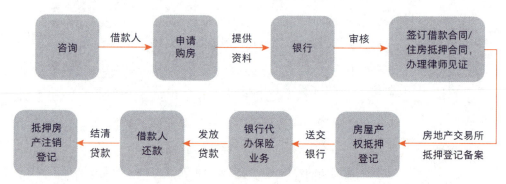

图5-3　按揭购买住房一般流程

在申请贷款时，申请人应向贷款银行提供的相关材料及具体份数要求如表5-6和表5-7所示。

表5-6　申请商业住房（一手房）按揭贷款的相关资料及价数

序号	贷款资料名称
1	申请人和配偶有效身份证件复印件（并随身携带原件）
2	具有法律效力的房屋买卖契约正本原件和复印件
3	房价20%或以上房款付款收据复印件（并随身携带原件）
4	申请人和配偶的资信证明（学历、职务、月收入）原件
5	申请人婚姻证明（户口簿或结婚证）复印件（并随身携带原件）
6	单身证明或配偶方声明书
7	如借款人是外地户口需提供本市暂住证复印件
8	申请人和配偶的资信证明（学历、职务、月收入）原件

表5-7　办理购房抵押登记需提供证件

序号	贷款资料名称
1	房地产管理部门见证的商品房买卖契约正本
2	身份证明复印件
3	依此生效的楼宇按揭贷款合同
4	抵押申请表及抵押合同原件
5	委托他人代为登记的，需提交有效的授权委托书原件

总结起来，通过商业住房按揭贷款购买新房的流程如图 5-4 所示。

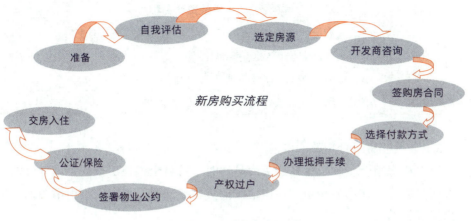

图 5-4　购新房流程

（2）商业住房（二手房）按揭贷款的申请。

按揭购买住房（二手房）流程如图 5-5 所示。

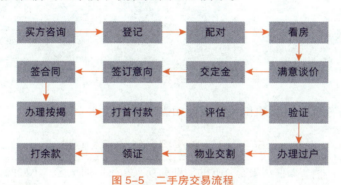

图 5-5　二手房交易流程

在申请贷款时，申请人应向贷款银行提供的相关材料要求如表 5-8 所示。

表 5-8　申请商业住房（二手房）按揭贷款的材料

序号	贷款资料名称
1	出售方房屋所有权证复印件
2	出售方土地使用权证原件及复印件
3	交易过户凭证原件
4	房地产买卖契约原件和复印件
5	指定担保方出具的首付款收据复印件
6	申请人和配偶有效身份证件复印件（携原件）
7	申请人婚姻状况证明（户口簿或结婚证）复印件（携原件）
8	申请人单身证明或配偶方声明书原件

序号	贷款资料名称
9	申请人和配偶的资信证明（学历、职务、月收入）原件
10	申请人和配偶公积金缴存证明原件
11	第二住所承诺书、承诺人身份证复印件
	第二住所产权证或租赁证复印件（携原件）

3. 个人住房组合贷款的申请

个人住房组合贷款是指在购买商品房时，符合个人住房按揭贷款条件的借款人同时缴存了住房公积金，在申请按揭贷款的同时，也向银行申请个人住房公积金贷款。

个人住房组合贷款申请流程如图 5-6 所示。

图 5-6　个人住房组合贷款申请流程

个人住房组合贷款的相关知识，如表 5-9 所示。

表 5-9　个人住房组合贷款相关知识

额度和期限规定	个人住房组合贷款的额度和期限在不同的地区、不同的银行有不同的规定，实践中，要参照贷款银行的这类贷款申请指南，一般来说： ① 此类贷款的最高额度为所购房产销售价格或评估价格（以二者较低额为准）的 80%，其中公积金个人住房贷款最高额度须按照当地住房公积金管理部门的有关规定执行； ② 在中国人民银行规定的最长贷款期限内（目前为 30 年），由公积金管理部门和贷款银行根据借款人的实际情况，分别确定贷款期限
条件	申请个人住房组合贷款必须同时符合有关公积金贷款的规定和贷款银行有关住房按揭贷款的规定。具体包括： ① 有本市城镇常住户口； ② 有足额缴存住房公积金； ③ 有稳定的职业和经济收入，信用良好，有偿还贷款本息的能力； ④ 有合法有效的购买自住住房合同、协议或其他证明文件； ⑤ 有用于支付所购房产总价款 20% 以上首付款的自筹资金（首付款从贷款银行规定）； ⑥ 自愿以所购房产作抵押；

续表

条件	⑦ 符合当地公积金管理部门规定的借款条件； ⑧ 贷款银行规定的其他条件
材料	① 公积金个人借款申请书、贷款银行个人住房贷款申请书； ② 身份证件（居民身份证、户口本或其他身份证件）； ③ 公积金管理部门和贷款银行认可的有关部门出具的借款人稳定经济收入证明或其他偿债能力证明； ④ 合法有效的购房合同、协议及其他批准文件； ⑤ 自愿以所购房产抵押的书面承诺； ⑥ 公积金管理部门和贷款银行认可的房地产评估机构出具的抵押房产的评估报告； ⑦ 借款人用于支付购房首付款的自筹资金证明； ⑧ 公积金部门和贷款银行要求提供的其他文件和资料

（二）还款方式和还款金额

由于住房贷款利率很高，如果期限太长，客户将支付较多的贷款利息；期限太短，可能导致客户陷入财务危机当中。所以理财规划师应帮助客户正确地制定适合自己的还款方式。下面对不同还款方式下的还款金额及其特点进行分析，并给出提前还贷和延期还贷的方法比较。

1. 首付款

申请住房消费信贷时银行不会给予全额贷款，一般会要求借款人支付房屋总价款的 20% ~ 40%，这笔资金称为首付款。

目前各类住房消费贷款的最高贷款额度一般为 80%，也就是说借款人在申请贷款前首先必须有 20% 的房款储蓄。对于我国多数居民来说，20% 的首付款是一笔不小的开支，为此需要储蓄多年。在首付款不足时客户购房的首要目标就是积累一笔庞大的首付款，理财规划师可以帮助客户制定年储蓄计划，每年从客户收入中提取一部分资金，投入银行储蓄账户或其他投资项目。

贷款额度决策的关键在于资金的机会成本，如果资金投入其他项目可以带来的回报高于增加贷款带来的成本，就应该尽量申请最大额度的贷款。反之，贷款额度则不宜过高，虽然银行的最高贷款额度为 80%，但是申请贷款时不一定要用满这个额度，首付越多，今后偿还的本金越少，偿还期限可以缩短，利息支付也可以减少。

2. 期款

借款人在获得住房贷款后，须定期向银行归还本息，贷款期限在 1 年以内（含 1 年）的，实行到期本息一次性清偿的还款方式。贷款期限在 1 年以上的，可采用等额本息还款法、等额本金还款法、等额递增还款法和等额递减还款法等方式每月偿还。各种还款方式比较如表 5-10 所示。本书重点介绍等额本息和等额本金两种常用还款方式。

表 5-10　期款的不同还款方式比较

还款方式	概念	适合人群
等额本息	是指在贷款期限内每月以相等的金额平均偿还贷款本金和利息的还款方法	适用于收入处于稳定状态的家庭，如公务员、教师等，这也是目前绝大多数客户采用的还款方式
等额本金	等额本金还款法是指在贷款期限内按月偿还贷款利息和本金，其中每月所还本金相等	适用于目前收入较高但预计将来收入会减少的人群，如面临退休的人，或还款初期还款能力较强，并希望在还款初期归还较多款项来减少利息支出的借款人
等额递增	把还款期限划分为若干时间段，每个时间段内月还款额相同，下一个时间段的还款额按一个固定金额递增	适用于目前收入一般、还款能力较弱，但未来收入预期会逐渐增加的人群。如毕业不久的学生。目前收入不高的年轻人可优先考虑此种还款方式
等额递减	把还款期限划分为若干时间段，在每个时间段内月还款额相同，下一个时间段的还款额按一个固定金额递减	适用于目前还款能力较强，但预期收入将减少，或者目前经济很宽裕的人，如中年人或未婚的白领人士
等比递增	指在贷款期的后一时间段内每期还款额相对前一时间段内每期还款额成一固定比例递增，同一时间段内，每期还款额相等的还款方法	适用于前期还款压力较小，工作年限较短，收入呈上升趋势的年轻人
等比递减	指在贷款期的后一时间段内每期还款额相对前一时间段内每期还款额成一固定比例递减，同一时间段内，每期还款额相等的还款方法	适合收入较高、还款初期希望归还较多款项来减少利息支出的借款人

（1）等额本息还款法 [①]

等额本息还款可以直接通过财务计算器进行计算，也可通过下列公式来进行计算，其计算公式如下：

$$每月还款额 = \frac{贷款本金 \times 月利率 \times (1+月利率)^{还款期数}}{(1+月利率)^{还款期数} - 1}$$

---

① 等额本息和等额本金计算为理财规划师、金融理财师的考证内容，可作为了解内容。

这种方式的优点在于，借款人还款操作相对简单，等额支付月供也方便贷款人合理安排每月收支。

【实训活动5-2】李先生向银行申请了20年期30万元贷款，利率为6.273%，采用等额本息还款。

根据公式可得：

$$每月还款额 = \frac{300\,000 \times \frac{6.273\%}{12} \times \left(1 + \frac{6.273\%}{12}\right)^{240}}{\left(1 + \frac{6.273\%}{12}\right)^{240} - 1} = 2\,196.81（元）$$

因此，在整个还款期内，李先生的月供约为2 196.81元（假定利率不变）。

（2）等额本金还款法[①]。

等额本金还款法计算公式如下：

$$每月还款额 = \frac{贷款本金}{还款期数} + （贷款本金 - 累计已还本金）\times 月利率$$

等额本金还款法的特点是本金在整个还款期内平均分摊，利息则按贷款本金余额逐日计算，每月还款额在逐渐减少，但偿还本金的速度是保持不变的。使用本方法，开始时每月还款额比等额本息还款要高，在贷款总额较大的情况下，相差甚至可达千元，但随着时间推移，还款负担会逐渐减轻。

【实训活动5-3】李先生向银行申请20年期30万元的贷款，利率为6.273%，采用等额本金还款，请计算每月还款额。

根据公式可得：

$$第一个月还款额 = \frac{300\,000}{240} + （300\,000 - 0）\times \frac{6.273\%}{12} = 2\,818（元）$$

$$第二个月还款额 = \frac{300\,000}{240} + （300\,000 - 1\,250）\times \frac{6.273\%}{12} = 2\,812（元）$$

......

$$最后一个月还款额 = \frac{300\,000}{240} + （300\,000 - 298\,750）\times \frac{6.273\%}{12} = 1\,257（元）$$

由上述等式可推出，前两个月的还款额分别约为：2 818元、2 812元，最后一个月还款额为1 257元。在此，就不一一计算每个月的还款额。

（三）提前还贷

提前还款是指借款人具有一定偿还能力时，主动向贷款银行提出部分或全部提前偿还贷款的行为，可以看成是借款人贷款后的隐含期权。目前，个人住房公积金贷款以及部分银行的个人住房商业性贷款已增加了允许借款人改变还

---

① 等额本息和等额本金计算为理财规划师、金融理财师的考证内容，可作为了解内容。

款计划，提前偿还部分或全部贷款的业务，但是提前还款应视同借款人违约（即未按合同规定办理），必要时银行可收取违约金。

提前还款的相关知识，如表 5-11 所示。

表 5-11　提前还款相关知识

提前还贷发生情况	① 借款人在贷款时对自身的偿还能力估计不足。 ② 借款人在贷款时根据成本效益原则使用较大的住房贷款额度，而将自有资金投入其他高利润的项目，贷款后投资项目收益情况发生改变，借款人因调整投资组合而提前偿还贷款。 ③ 借款人在贷款一段时间后收入增加，财务状况改善，有能力提前还款
提前还贷的方法	① 全部提前还款，即客户将剩余的全部贷款一次性还清（不用还利息，但已付的利息不退）。 ② 部分提前还款，剩余的贷款保持每月还款额不变，将还款期限缩短（节省利息较多）。 ③ 部分提前还款，剩余的贷款将每月还款额减少，保持还款期限不变（减少月供负担，但利息节省程度低于第二种）。 ④ 部分提前还款，剩余的贷款将每月还款额减少，同时将还款期限缩短（节省利息较多）
提前还贷的注意事项	① 个人住房按揭贷款的提前还款，原则上必须是签订借款合同 1 年（含 1 年）以后，不过交通银行、招商银行相对宽松，允许市民按照合同约定，在贷款发放后随时提前还款。 ② 各银行对起点金额有相关规定。 ③ 提前还款的前提是借款人以前不拖欠贷款且以前欠息、当期利息及违约金已还清。 ④ 借款人一般须提前 15 天持原借款合同等资料向贷款机构提出书面申请提前还贷，其中公积金贷款向住房资金管理部门提出申请，银行商业性住房贷款向贷款银行提出申请，经其审核同意方可提前还款。 ⑤ 贷款期限在 1 年以内（含 1 年）的，实行到期本息一次性清偿的还款方法。 ⑥ 提前还贷违约金各不相同。 ⑦ 在办理提前还款的同时，对于已经投保了房贷险的借款人可申请退还保险金。 ⑧ 组合贷款不必先还公积金贷款。 ⑨ 办理抵押注销

（四）延长贷款

借款人出现财务紧张或其他原因不能按时如数还贷，可以向银行提出延长贷款申请。

延长贷款相关知识，如表 5-12 所示。

表 5-12　延长贷款相关知识

申请	借款人应提前 20 个工作日向贷款行提交个人住房借款延长期限申请书和相关证明
条件	① 贷款期限尚未到期 ② 延长期限前借款人必须先清偿其应付的贷款利息、本金及违约金
次数	借款人申请延期只限一次
期限	原借款期限与延长期限之和最长不超过 30 年

（五）购房规划工作程序

理财规划师在给客户制定住房消费支出规划时，可以遵从以下步骤：

第一步：跟客户进行充分交流，确定客户有购房意愿，并了解客户购房目标。

第二步：收集客户的财务及非财务信息，包括家庭成员构成、家庭收入、支出情况以及家庭现有的资产等。

第三步：分析客户的信息，对其现状进行分析，列出家庭资产负债表和收入支出表。

第四步：帮助客户制定购房目标。具体化客户住房需求，明确购房目的。

第五步：帮助客户进行贷款规划，如选择何种贷款方式、还款方式及还款期限等，并运用相关税收及法律知识，为客户提供必要的支持。

理财规划师在确定客户的住房目标后，应对客户的财务状况进行分析，在保障客户一定财务弹性下，以储蓄及缴息能力估算负担得起的房屋总价，以及每月能承担的费用。由于购房开支除房款本身之外，还需要缴纳契税、印花税、房屋买卖手续费、公证费、律师费等各种费用。加总上述费用，就可以得到客户家庭在预期的购房时间上总的资金需求，也就是购房规划要实现的财务目标。

二、汽车消费规划

（一）购车决策

银行一般规定，贷款买车人必须购买指定经销商的汽车并提供银行认可的财产抵押、质押或第三方保证。个人汽车消费贷款的年限是 3 ~ 5 年，汽车消费贷款的首期付款不得低于所购车辆价格的 20%。且首付金额高、贷款期限短、每月需偿还本息太高，也使许多人觉得贷款买车心里不踏实，他们普遍认为贷款价格不能比一次性付款贵太多。而打算贷款买车的人也普遍感到手续比较烦琐，既要提供身份证、户籍证明、职业和收入等证明，又要接受资信评估调查、提供担保所需的证明，不仅浪费时间，还要出一笔额外的费用。

虽然贷款有不少冗繁的程序，但它的好处也确实很吸引人。汽车不同于房产，它没有增值功能，如果客户对投资较为擅长，也可以考虑通过贷款的方式省下资金另作投资而实现增值。例如，某客户准备购买一辆 15 万元左右的家用轿车，钱已备足，但通过贷款方式购车可以向银行贷款 12 万元（即银行提供 8 成按揭），期限 5 年，采用等额本息还款方式。按照年利率 7.38% 计算，那么每月需向银行支付贷款本息 2 362 元，5 年共需向银行支付利息 21 720 元。假设投资年收益率为 6% 的平衡型基金，那么 5 年以后，12 万元将产生 22 522 元的收益。所以，采取银行贷款的方式不但有利于增加现金流动，而且支付的利息比全款购车付出的机会成本更小。

总之，理财规划师需要根据客户的自身情况，帮助其决定是否进行贷款。

（二）个人汽车消费信贷

个人汽车消费贷款是银行向申请购买汽车的借款人发放的人民币担保贷款。个人汽车消费贷款实行"部分自筹、有效担保、专款专用、按期偿还"的原则。该贷款目前只能用于购买由贷款人确认的经销商销售的指定品牌国产汽车。贷款人、借款人、汽车经销商、保险人和担保人应在同一城市，贷款不得异地发放。

1．贷款对象和条件

申请贷款的个人必须具有有效身份证明且具有完全民事行为能力；具有正当的职业和稳定合法的收入来源或足够偿还贷款本息的个人合法资产；个人信用良好；在贷款行开立个人账户，能够支付规定的首期付款；能提供贷款行认可的有效担保。

2．贷款期限、利率和金额

（1）贷款期限。一般为 3 年，最长不超过 5 年（含 5 年）。有的银行还规定，二手车贷款的贷款期限不得超过 3 年。

（2）贷款利率。汽车消费贷款利率按照中国人民银行规定的同期贷款利率执行。在贷款期间如遇利率调整时，贷款期限在 1 年（含）以下的，按合同利率计算；贷款期间在 1 年以上的，实行分段计算，于下一年年初开始，按相应利率档次执行新的利率。

（3）贷款金额。各家银行对于贷款金额要求略有差异，但贷款最高额度大都控制在购车款的 60% ~ 80%。

3．贷款担保

个人汽车消费信贷可以采用财产抵押、权利质押及第三方保证方式进行，具体视各个银行规定。

比较融资租赁买车与银行贷款买车

近几年，随着人们消费观念的提升，以融资租赁的方式买车逐渐成为人们买车的一种方式。但是，很多人并不了解"融资租赁"和"银行分期贷款"到底有什么不同，在买车时很容易出现一些纠纷。因此在购车前，要区分汽车融资租赁和银行贷款。

首先，汽车融资租赁和银行贷款最大的不同在于汽车所有权与使用权分离。汽车融资租赁在租期未满之前车辆的所有权属于汽车融资租赁公司，而银行贷款车辆的所有权属于消费者本人。如果不能接受汽车所有权、使用权分离，还是建议使用传统的购车方式。

其次，首付比例和分期方式的差别。汽车融资租赁一般是 1 成首付，还款方式灵活，租期满一年后通过审核还可选择 36 期分期，费用包含汽车购置税和第一年的保险。而银行贷款一般要求首付款为车价的 30%，贷款年限一般为 3 年，还需消费者自行交纳相关手续费、税费及车辆保险。

再次，购车流程不同，找银行贷款买车，消费者需要先到 4S 店选择心仪车辆，并与经销商签订购车合同，之后向银行提出贷款需求、提交贷款等需要的各种材料经过银行审批与银行签订存款合同、银行放款，购车者支出首付款、提车并办理验车上牌等手续、遵循合同商定按时足额还款。而融资租赁买车则需要以下流程：选车、手机端提交签订协议、平台审核、审核通过后提车、平台上按时自动还款，整个流程只有提车是到线下交易，其他选车及审批手续均在手机端完成。

4.贷款保险

各银行规定略有不同，这里以中国银行为例。在办理汽车消费贷款时，中国银行还要求客户办理抵押物保险，保险期不得短于借款期限，投保金额不得低于贷款本金利息之和，保险单应注明中国银行为第一受益人，保险单不得有任何有损贷款人权益的限制条件。在贷款未清偿期间，保险单正本交中国银行执管。以所购车辆作为抵押物的，借款人应按照中国银行的要求投保机动车辆险、第三者责任险和附加盗抢险。

在保险有限期内，客户不应以任何理由中断或撤销保险；如保险中断，中国银行有权代为投保。如发生保险责任范围以外的损毁，客户应及时通知中国银行并落实其他担保。

5．还款方式

个人汽车消费贷款的还款方式同个人住房贷款的大致相同。贷款期限在 1 年以内（含 1 年）的，可采用按月（季）偿还贷款本息或到期一次性偿还贷款本息。贷款期限在 1 年以上的应按月（季）偿还贷款本息，具体方式可采取等额本息还款法（按月）和等额本金还款法（按季）。

财 商学堂

202× 年 5 月，李先生购买一辆售价 10 万元的国产汽车，排量为 2.0L，采取贷款方式购买，首付款 30%，还款期限 2 年，202× 年 1 年期的银行贷款基准利率为 6.56%，2~3 年期 6.65%。采取 2 年贷款将收取 2% 的担保费率（一年为 1%，2 年为 2%，3 年为 3% 等），车辆购置税税率 10%，车船税每年 360 元，车损险率 1.2%，盗抢险率 1.1%，不计免赔率 20%，请分析李先生贷款购车相关费用（如表 5-13 所示，注：各省和保险公司提供的车险产品有差异，此案例仅以浙江地区为例）。

表 5-13 贷款购车费用表

费用	计算公式	备注	金额 / 元
现款购车价格		经销商的开票价，计算购置税	100 000
首付款	首付款＝现款购车价格 ×30%		30 000
贷款额	贷款额＝现款购车价格－首付款		70 000
月付款	PV=70 000，n=24（2×12）；r=0.554 2%（6.65%/12）；等额本息计算 PMT=3 122.99		3 122.99
车辆保险费	240＋新车购置价（保额）×1.2% 保险公司不同，报价及计算有差异，国产车较进口车便宜	车损险	1 440
	限额 5 万元交纳 1 040 元；限额 10 万元交纳 1 300 元	第三者责任险：现额 10 万元	1 300
	新车购置价 ×1.1%	全车盗抢险	1 100
	家用 6 座以下为 950 元 / 年；家用 6 座以上为 1 100 元 / 年	交通事故责任强制保险	950
	（第三者责任险＋车辆损失险）×20%	不计免赔特约险	548

续表

费用	计算公式	备注	金额／元
担保费	担保费=欠车款×担保费率（一年为1%，2年为2%，3年为3%等） 担保费=70 000×2%=1 400	2年	1 400
车辆购置税	购置税=购车款/（1+13%）×购置税率（10%）		8849.5
公证费		100～300元	100
车船税	各省不统一，以浙江为例，2.0 L排量的每年660元		660
上牌费	各省不统一，以浙江为例，130元		130
验车费	新车不需要验车费		0
费用总计	贷款车款=首付款+月付款×贷款期限=30 000+3 122.99×24	贷款购车款	104 951.76
	首期付款总额=首付款+保险费用+购置附加费+公证费+车船税+牌证+担保费等	首期付款总额	45 875
	购车费用合计=首期付款总额+月付款总额	购车费用总计	120 826.76

6. 汽车贷款渠道与比较

常用的汽车贷款渠道有银行、汽车金融公司、信用卡分期三种。虽然这三种渠道都可以满足购车贷款的需要，但客户最关心的"车贷"成本和审批速度却有很大的区别，现对三种渠道优缺点加以对比，从而为制定汽车消费信贷规划提供依据（见表5-14）。

表5-14　三种汽车贷款渠道比较表

贷款渠道	银行	汽车金融公司	信用卡分期
优点	利率低	手续简单、费用低	手续简单、促销活动多
不足	需抵押物、手续繁	利率高、提前还款需支付违约金	部分银行信用卡分期限车型
适合人群	公务员等收入稳定人群	已选定固定品牌车型的消费者	年轻白领
贷款期限	最长5年	最长5年	最长3年
首付	20%~30%	20%~30%	20%~40%
贷款利率	基准利率上下浮动	8%~11%	0

续表

贷款渠道	银行	汽车金融公司	信用卡分期
审批时间	一周左右	1~3 个工作日	1~3 个工作日
贷款费用	担保费、抵押工本费	提前还款违约金 3%	手续费 0~8% 不等
贷款提示	首付、期限、贷款利率因人而异	注重个人信用无须抵押、无户籍限制	少数银行信用卡支持分期，额度受平时刷卡还款情况影响

通过以上对比可知，各渠道规定贷款首付均为最低首付比例，根据客户所贷车型及个人资质情况进行适当调整；不同渠道对申请者门槛要求不同，建议客户选择合适的渠道，保证汽车贷款申请快速通过；汽车金融公司贷款方案较多，可以满足不同客户的需要。

（三）个人汽车消费规划工作程序

理财规划师在给客户制定汽车消费支出规划时可以遵从以下步骤：

第一步：跟客户进行交流，确定客户的购车需求。

第二步：收集客户信息，包括家庭组成、家庭收入、家庭支出以及固有资产等。

第三步：分析客户的信息，对其现状进行分析，列出家庭资产负债表和收入支出表。

家庭结构不同，这两个表的结构也会有所不同，理财规划师只需掌握这两个表的内涵与基本框架，具体表格可参考住房消费支出规划中的资产负债表和收入支出部分。理财规划师应根据客户的自身情况，帮助其决定是否进行贷款。

第四步：确定贷款方式、还款方式及还款期限。

汽车贷款方式主要有两种选择：银行贷款和汽车金融公司贷款。汽车消费抵押贷款的还款方式与住房贷款非常相似，可参照执行，这里就不再赘述。

第五步：购车计划的实施。

汽车消费信贷计划的实施可以遵从如图 5-7 所示的程序。

图 5-7　购车规划流程

1. 申请贷款

借款人向银行提出申请，书面填写申请表，同时提交相关资料。借款人应提供以下资料：

（1）借款人本人有效身份证件及复印件、婚姻状况证明。

（2）配偶的有效身份证件原件及复印件以及同意抵押的书面证明。

（3）与贷款人指定的经销商签订的购车协议或合同。

（4）居住地址证明（户口簿或近3个月房租、水费、电费、煤气费等收据）。

（5）职业和收入证明（工作证件原件及复印件，银行代发工资存折等）。

（6）有效联系方式及联系电话。

（7）提供不低于银行规定比例的首付款凭证。

（8）贷款担保所需的证明资料或文件。以财产抵押或质押的，应提供抵押物或质押物清单、权属证明及有权处分人（包括财产共有人）同意抵押或质押的证明，有权部门出具的抵押物所有权或使用权证明、书面估价证明、同意保险的文件；质押物须提供权利证明文件；由第三方提供保证的，应出具保证人同意履行连带责任保证的文件、有关资信证明材料及一定比例的保证金。

（9）在银行开立的个人结算账户凭证。

（10）银行规定的其他资料。

2．资信调查

贷款行自收到借款人申请及符合要求的资料后，按规定对借款人和保证人的资信情况、偿还能力、材料的真实性进行审查，并在审查后做出答复。

3．签订合同

贷款行审查同意贷款后，借款人办理如下手续：

（1）借款人办理汽车消费贷款保证保险。

（2）银行与借款人签订借款合同和担保合同，办理相关公证、抵押登记和保险等有关手续。

4．银行放款

经银行审批同意发放的贷款，办妥所有手续后，银行按合同约定放款。放款方式视各个银行规定，如中国工商银行规定，以转账方式直接划入汽车经销商的账户；招商银行规定，贷款发放至借款人个人账户并根据借款人的委托将贷款划付相关的收款方账户。

5．还款

借款人按借款合同约定的还款计划、还款方式偿还贷款本息。客户可根据需要选择还款方式，但一笔借款只能选择一种还款方式，合同签订后，未经银行同意不得更改。

客户如果因正当理由不能按原计划偿还贷款本息，可与银行协商进行债务重整，即调整贷款期限和还款方式等。贷款重整原则上不超过一次。贷款期限在一年以内并采用一次性归还贷款本息方式的，如果客户不能按照合同规定的期限偿还贷款本息，应提前 30 个工作日向贷款人申请展期。展期申请经银行审查批准后，借贷双方应签订展期协议。展期协议须经抵（质）押人、保证人书面认可，并办理延长抵（质）押登记、保险手续；对以分期付款方式偿还贷款的，不得办理展期，但借贷双方可协商进行贷款重整。

贷款结清包括正常结清和提前结清两种。① 正常结清：在贷款到期日（一次性还本付息类）或贷款最后一期（分期偿还类）结清贷款。② 提前结清：在贷款到期日前，借款人如提前部分或全部结清贷款，须按借款合同约定，提前向银行提出申请，由银行审批后到指定会计柜台进行还款。

贷款结清后，借款人应持本人有效身份证件和银行出具的贷款结清凭证领回由银行收押的法律凭证和有关证明文件，并持贷款结清凭证到原抵押登记部门办理抵押登记注销手续。

第六步：根据客户情况的改变及时调整方案。

由于未来家庭情况的变动，需要调整贷款方案进行提前还贷或者延期还贷的，可以遵照住房消费支出规划的相应内容进行。

三、消费信贷规划

（一）个人综合消费贷款

个人综合消费贷款是银行向借款人发放的用于指定消费用途的人民币担保贷款。用途主要有个人住房、汽车、一般助学贷款等消费性个人贷款。具有消费用途广泛、贷款额度较高、贷款期限较长等特点。目前，中国工商银行、中国农业银行、招商银行开办了此项贷款业务。

贷款额度由银行根据借款人资信状况及所提供的担保情况确定具体贷款额度。以个人住房抵押的，贷款金额最高不超过抵押物价值的 70%；以个人商用房抵押的，贷款金额最高不超过抵押物价值的 60%。贷款期限最长不超过 5 年，对贷款用途为医疗和留学的，期限最长可为 8 年（含），不展期。贷款利率按照中国人民银行规定的同期同档次期限利率执行。贷款期限在 1 年（含）以内的，可采用按月还息，按月、按季、按半年或一次还本的还款方式；期限超过 1 年的，采用按月还本付息方式。银行以转账方式向借款人指定个人结算账户发放贷款。其他操作同个人汽车消费贷款。

（二）个人耐用消费品贷款

个人耐用消费品贷款是银行对个人客户发放的用于购买大件耐用消费品的人民币贷款。耐用消费品指单件价值在 2 000 元以上，正常使用寿命在两年以上的家庭耐用商品，如家用电器、计算机、家具、健身器材、乐器等物品（不包括汽车、住房）。

个人耐用消费品贷款的相关知识，如表 5-15 所示。

表 5-15 个人耐用品贷款相关知识

贷款对象	1. 年满十八周岁至六十周岁的具有完全民事行为能力的中国公民 2. 有固定的住所 3. 有正当职业和稳定的收入来源 4. 具有偿还贷款本息的能力 5. 银行规定的其他条件
贷款额度	贷款起点不低于人民币 3 000 元（含 3 000 元），最高贷款额度不超过人民币 5 万元（含 5 万元）。 其中：采取抵押方式担保的，贷款额度不得超过抵押物评估价值的 70%；采取质押方式担保的，贷款额度不得超过质押权利票面价值的 90%；采取信用或第三方保证方式的，根据借款人或保证人的信用等级确定
贷款期限及利率	最短期限为半年，最长期限不超过 3 年（含 3 年） 贷款利率按中国人民银行规定的同期贷款利率执行，并可在人民银行规定的范围内上下浮动
担保方式及要求	提供的担保方式有保证、抵押和质押三种
偿还方式	贷款偿还的规定：贷款期限在 1 年以内（含 1 年）的，实行到期一次还本付息，利随本清；贷款期限在 1 年以上的，借款人从贷款支用的次月开始按月等额偿还贷款本息。个人耐用消费品贷款偿还贷款本息的方式有两种，借款人只可选用其中一种方式还款

（三）消费信贷工作程序

理财规划师应根据客户的消费支出规模，帮助客户运用合适的信贷方式。

第一步：跟客户交流，了解初步的信息，确定客户有消费信贷或者信用卡消费的需求。

第二步：收集客户信息，包括家庭组成、家庭收入、家庭支出以及固有的资产等。

第三步：分析客户信息，对其现状进行分析，列出家庭资产负债表和收入支出。家庭结构不同，这两个表的结构也会有所不同，理财规划师只需掌握这两个表的内涵与基本框架，具体可参考住房消费支出规划内容中资产负债表和收入支出部分。

第四步：帮助客户进行贷款规划，如选择何种贷款方式、还款方式及还款期限等，并运用相关税收及法律知识，为客户提供必要的支持。

第五步：计划的实施。

第六步：根据客户未来情况的变动，对计划做出及时调整。

乐活族如何
"乐活"

【任务实施】

结合任务精讲,在案例中范先生夫妻为了尽早还清贷款,所以采取了等额本金、时间较短,且未使用公积金贷款,所以房贷压力大,每月还贷金额超过了30%,所以生活压力很大。因此在购房过程中,需要考虑房屋总价、贷款方式及比例、还款方式,以及合理评估财务承受能力。

【技能训练】

(一)知识测试(单选题)

1. 贷款购房价最好控制在年收入的( )倍以下。

A. 5　　　　　B. 6　　　　　C. 10　　　　　D. 15

2. 李先生面临两个选择:一是在市区贷款购买一套价值较高的房屋;二是在郊区贷款购买一套面积相同的价值较低的房屋,同时购买一辆家用汽车,汽车无贷款。若比较二者的年成本,应考虑的因素是( )。

①房屋的维护成本　　　　　②购房首付款的机会成本用

③贷款的利息费用　　　　　④购车款的机会成本

A. ①③　　　　B. ②③④　　　　C. ①②④　　　　D. ①②③④

3. 在比较租房和购房时,有可能提高购房吸引力的因素包括( )。

①计划居住时间延长

②在金融市场投资收益率迅速上升

③通货膨胀率上升

④规定的贷款成数提高

A. ①④　　　　B. ①③④　　　　C. ①②④　　　　D. ②③

(二)能力训练

简述住房规划的流程。

住 房 消 费

一位参加S市住房公积金制度的客户,打算购买一套评估价为50万元的自住普通住房。贷款总额以房价的70%为限,则该客户可申请的贷款最高额度为多少?假定该客户可申请的个人住房公积金贷款最高额度为10万元,不足以支付剩余的房款,那么该客户怎么办?假设公积金贷款期限为15年,贷款利率为4.95%,商业住房贷款期限为15年,贷款利率为6.273%,请计算该客户一个月需还的月供,以等额本息还款为准。

项目六

人生规划

ᵒ)任务一　测算人生阶段需求

ᵒ)任务二　开展教育规划

ᵒ)任务三　开展养老规划

ᵒ)任务四　开展财富传承规划

学习目标

知识目标
- 能判断客户所处的生命周期阶段
- 能准确描述客户的教育规划需求
- 能准确描述客户的养老规划需求
- 能罗列家庭财产管理及分配需求

能力目标
- 加深对客户生命周期理解，能够匹配不同的工具
- 熟悉教育规划的流程设计，为客户提供理财建议
- 熟悉养老规划的流程设计，为客户提供理财建议
- 了解财富传承的流程设计，为客户提供理财建议

素养目标
- 提升服务人民美好生活的服务意识
- 深刻理解国家人口老龄化国家战略
- 梳理差异化服务能力团队合作意识

思维导图

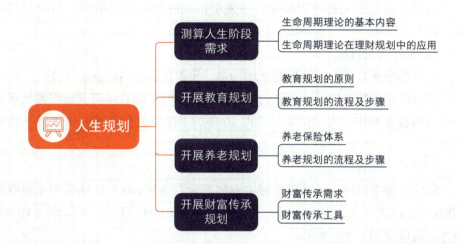

人生规划
- 测算人生阶段需求
  - 生命周期理论的基本内容
  - 生命周期理论在理财规划中的应用
- 开展教育规划
  - 教育规划的原则
  - 教育规划的流程及步骤
- 开展养老规划
  - 养老保险体系
  - 养老规划的流程及步骤
- 开展财富传承规划
  - 财富传承需求
  - 财富传承工具

任务一　测算人生阶段需求

【任务情境】

李先生目前 40 岁，李太太 38 岁，家庭月收入为 20 000 元，有一个 12 岁的儿子，打算让他在国内读完大学本科后送去澳大利亚读两年研究生。李先生目前已经有 5 万元教育启动金，李先生预期的教育投资组合产品的收益率为 7%。

1. 子女教育目标

由于初中和高中时期的教育费用不多，足以用届时的家庭收入支付，因此给该家庭设定的教育规划目标是：在孩子上大学时（即 6 年后）能积累足够的大学本科教育费用，大学毕业时（即 10 年后）能够累积足够的出国留学教育费用。

2. 教育费用估算

估计：每年国内本科大学普通专业的学杂费为 6 000 元，住宿和生活费为 8 000 元。澳大利亚留学每年研究生的学杂费为 30 000 澳元，生活费为 10 000 澳元，其他费用 4 000 澳元。

假设：通货膨胀率 = 生活支出增长率 =3%，大学学费增长率 =5%，澳元 / 人民币汇率 =5。

李先生家庭的教育安排主要是针对其儿子在国外读研究生期间的费用，请测算李先生家庭教育费用需要多少费用才能实现。

【任务精讲】

人的生命从出生到死亡将经历婴儿、童年、少年、青年、中年一直到老年多个时期。婴儿期、童年期、少年期几乎没有财务来源，青年期、中年期（合称壮年期）是收入的主要来源期，老年期的财务来源也十分有限。因此生命周期理论认为理财规划的核心是通过合理安排负债和盈余资金以调整整个生命周期中各个时期收入和支出的差额，以期达到个人终生消费的最大效用。典型的个人收入曲线，在其生命周期内呈现峰形。一般来说在 60 岁左右达到峰顶，然后下降。生命周期收入与支出曲线图见图 6-1。

财富万象
（六）

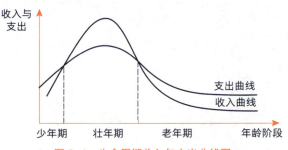

图 6-1　生命周期收入与支出曲线图

一、生命周期理论的基本内容

（一）基本理论

生命周期理论是由美国经济学家莫迪利安尼（Modigliani）提出的，他认为"消费者将选择一个合理的、稳定的消费率，接近于他预期一生的平均消费"。也就是说，个人在各年龄阶段的消费支出多少，将取决于其终生收入，即整个生命周期的全部收入，因此，消费者现期消费不仅与现期收入有关，而且与消费者以后各期收入的期望值、开始时的资产和个人的年龄大小有关。

生命周期
理论

（二）影响个人生命周期不同阶段储蓄行为的因素

1. 个人收入的生命周期及家庭规模

虽然退休后收入为零只是一个假定，事实上退休后并不等于收入为零，但退休后收入无疑会大幅度下降。与此同步，个人的消费也随着年龄阶段的变化而变化，这在很大程度上，与家庭规模的变化有关。家庭规模，是指家庭人口数量及结构。家庭规模的生命周期也具有峰形状态，只是达到峰顶的时间早于收入而已。而对于终生收入来说，储蓄是子女数量的减函数。即随着家庭子女数量的增加，储蓄趋于下降，当子女数量不再增加时储蓄上升。结果，人们通常可以发现，中年人具有相当稳定的储蓄率，而年轻人和老年人的储蓄率相对较低，甚至没有储蓄。

2. 工作期和退休期的长短

一般来说，工作期越长，相对地退休期就越短。在这种情况下，个人不必采用较高的储蓄率，就能在较长的工作期中达到一定的积蓄，并足以维持退休后的消费水平不致下降。反之，就需要有一笔数量可观的储蓄，才能保证退休后的消费水平不变。为此，个人必须在工作期提高储蓄率，否则，在较短的工作期中将难以达到理想的累积量。所以，储蓄率主要取决于工作期和退休期的长短。

3. 流动性抑制

借贷市场不完善和个人未来收入不确定，会使人们的消费计划受到流动性抑制，表现为限制家庭借钱超前消费，其结果是推迟消费并增加了储蓄。例如，家庭没有渠道或者无法取得消费信贷去购买房屋、汽车等耐用消费品，那么，就只能靠自己的储蓄积累到一定数量后，才能实现消费。因此，在金融市场落后、流动性较差或个人收入不稳定的国家，储蓄率反而较高。

4. 对将来的考虑

莫迪利安尼认为，由于消费者具有相当程度的自制力和行为的合理性，因而他们会在工作期间考虑将来的需要，为保持退休后的消费水平而进行储蓄。也有人缺乏远见，在工作期不节制地消费，以致没有形成足够的储蓄去维持将来退休后的生活水平，但这种人毕竟是少数。大量的统计资料表明，大多数家庭为退休后的消费所提供的储蓄是相当充足的，完全能够保证退休后的消费水平不低于工作期间，即终生维持同一消费率。

二、生命周期理论在理财规划中的应用

根据生命周期理论，人们总是偏好在整个生命周期内实现消费的最佳配置，因此在人生的各个阶段进行理财规划时，其侧重点和理财目标是有所区别的。婴儿期、童年期和少年期属于未成年时期，这几个阶段个人在经济上是完全依赖家庭的，是个人人力资本的形成阶段。由于人力资本是决定个人将来成长独立后获取收入高低的关键因素，因此，在这个时期，必须由父母对其进行至关重要的教育投资，以期在将来独立后获得更高的收入。长大独立进入社会工作后是人生精力最充沛的阶段，也是进行理财规划最重要的阶段，必须设法获得足够的收入来维持基本的日常开支并逐步累积财富，同时为退休后的生活储备资金。这段时期可以具体细分为单身期、家庭与事业形成期、家庭与事业成长期、退休前期和退休期五个阶段。其中每个阶段的理财规划侧重点是有所区别的。

（一）单身期

单身期即参加工作至结婚这段时期，一般为2~8年。在这个时期，个人刚步入社会开始工作，财务状况是资产较少，可能还有负债（如贷款、父母借款），甚至净资产为负，总体上属于经济收入比较低而且花销比较大的人生阶段。这个时期是未来家庭资金的积累期，因此，该时期的主要目标是在提高自身素质的同时为未来累积财富。为此，个人要努力寻找高薪工作，积极努力地工作并通过投资等手段广开财源，尽可能多地获得财富、累积资金，为未来的结婚和进一步投资做好准备。

单身期理财规划重点及一般优先顺序为：①满足日常消费支出；②偿还教育贷款；③租赁房屋；④小额投资尝试；⑤储蓄。

（二）家庭与事业形成期

家庭与事业形成期即结婚到新生儿诞生的这段时期，一般为1~3年。在这个时期，家庭成员增加，家庭负担加重，为了提高生活质量需要较大的家庭建设支出和日常开支。在事业上，经济收入增加而且生活开始走向稳定，但是财力还不够雄厚。这个时期可以进行适当的投资，倾向于选择安全稳健的理财工具如债券、低风险基金等。

家庭与事业形成期理财规划重点及一般优先顺序为：①建立应急备用金；②初步建立保险保障体系；③购买房屋、汽车；④子女养育及智力开发费用；⑤减少债务；⑥建立退休基金；⑦稳健型投资。

（三）家庭与事业成长期

家庭与事业成长期即从子女出生到子女完成教育这段时期，一般为18~22年。在此时期内，家庭成员不再增加，整个家庭成员的年龄在不断增长，经济收入增加，花费也不断增加，生活趋于稳定。这个时期是家庭主要的消费期，家庭最大的开支是家庭建设支出、保健医疗费用、子女教育培养和生活费，所以理财的重点在于合理安排这些费用。

家庭与事业成长期理财规划重点及一般优先顺序为：①购买房屋、汽车；②完善保险保障体系；③子女教育规划；④完善养老规划；⑤资产保值增值。

（四）退休前期

退休前期即子女参加工作直至家长退休为止的这段时期，一般为10~15年。在这个时期家庭已经达到稳定状态，子女已经完全独立，资产逐渐增加，负债逐渐减轻，个人的事业、经济状况都达到了顶峰状态。这个时期是以巩固、壮大个人和家庭资产为中心的阶段，是财富积累的高峰时期，是辛勤耕耘的收获阶段。在这个时期最适合积累财富，这时除了关心享受生活、重视消遣外，在财务规划上的主要需求是最大限度地为未来岁月添砖加瓦，应该更加突出财务规划活动的合理性。因此，在这个阶段的理财重点有两个方面：一是扩大投资，但不宜过多选择高风险的投资方式，避免因为风险投资失败而葬送一生积累的财富。二是进行养老规划，由于距离退休为期不远，这个时期最迫切需要考虑的是为日后长期的退休生活做好安排，所以，养老规划应作为该阶段个人理财规划的一个最重要目标。

退休前期理财规划重点及一般优先顺序为：①提高投资收益的稳定性；②进一步完善养老规划；③资产传承安排。

（五）退休期

年老退休后是人的身体状况最差而收入可能不再增长的时期，如果个人在工作时期为养老准备了足够的资金或购买了适当的保险，该阶段的生活将是充实而幸福的，理财的原则也应该是身体、精神第一，财富第二。这一时期的理财规划需要注意平衡两大目标：一是财产安全；二是遗产传承。

退休期理财规划重点及一般优先顺序为：①保障财产安全；②建立信托；③准备善后费用；④遗产安排。

从以上各个阶段的理财重点可以看出，教育、养老和财产分配与传承是人生规划的三大主题，将在后面三个任务分别介绍这三方面的内容。

【任务实施】

教育费用估算5万元的教育启动资金增值率为7%时，6年后将增值为

75 037 元，已经足以保证大学本科期间的教育费用。

因此该家庭的教育规划安排主要是针对国外研究生期间的教育费用。

教育费用估算请详见表 6-1 和表 6-2。

表 6-1　大学本科期间教育费用估算表

	学杂费	住宿和生活费	合计
当前费用	24 000	32 000	56 000
增长率	5%	3%	/
6 年后的预期费用	32 162	38 210	70 372

表 6-2　国外研究生教育费用估算表

	学杂费	生活费	其他费用	合计
费用（澳元）	60 000	20 000	8 000	58 000
费用（人民币元）	300 000	100 000	40 000	440 000
增长率	5%	3%	3%	/
10 年终值	488 668	134 392	53 757	676 817

教育规划安排

10 年后需要补充准备的教育资金

$$=676\,817-（75\,037-70\,372）（1+7\%）^4$$
$$=676\,817-6\,115=670\,702（元）$$

由于教育费用弹性小，所需费用又高，因此李先生家庭需要从目前开始准备这部分资金，每年需储备的金额为 48 544 元。

计算方法是：$FV=670\,702$，$N=10$，$I/Y=7$，$PV=0$，计算得出 $PMT=48\,544$（元）

在进行投资组合时，需要构建较为稳健的达到收益率为 7% 的组合方案，可以采用基金定期定投的方式，按照 7∶3 的比例投资债券型开放式基金和股票型开放式基金。

也可以用查表法，系数为 13.816。670 702÷13.816=48 566（元）。

【技能训练】

（一）知识测试（单选题）

1. 下列选项中与客户客观风险承受能力呈正向关系的是（　　）。

（1）客户的年龄

（2）客户资金可用时间

（3）客户理财目标的弹性

（4）客户家庭的财富

（5）客户家庭的负担

A．（1）（2）（3）　　　　　　B．（2）（3）（4）

C．（1）（4）（5）　　　　　　D．（2）（3）（5）

2．吕建国先生今年 55 岁，在一家跨国公司担任高管，妻子王淑珍 52 岁，已经退休，一双儿女均已定居德国，吕先生目前年收入 120 万元，家庭年支出 80 万元，吕先生夫妇二人奋斗多年积累下 400 万元的资产，下列说法中有误的是（　　）。

A．吕先生处于家庭成熟期，收入达到较高水平，支出逐渐降低

B．吕先生处于个人生涯的稳定期，应量入为出积累养老金，为退休做准备

C．在保险安排上，应以养老保险或长期看护保险为主，来储蓄退休金

D．虽然吕先生的收入很高，但由于年纪原因，仍应降低和控制其投资组合的风险

3．周先生今年 35 岁，去年结婚，打算两年后要孩子，家庭年收入 15 万元，支出 7 万元，有存款 25 万元，汽车一辆，现在有购房的打算。从家庭生命周期和他的生涯规划来看，针对周先生的家庭状况，金融理财师王先生给出的建议不合理的是（　　）。

A．周先生家庭现在处于家庭形成期，目前有购房打算，所以应该安排购房信托

B．周先生的生涯阶段属于建立期，投资方面可以尽量选择基金定投、活期存款的形式

C．周先生面临买房和孩子出生，其家庭负担会越来越重，所以应提高寿险保额

D．周先生两年后要孩子，现在就应该安排子女高等教育金信托

4．小王年初有资产 30 万元，剩余房贷 10 万元，年收入 10 万元，每月生活支出 1 500 元，定期寿险年交保费 600 元，基金每月定投 500 元，房贷按年等额本金方式还款，利率为 7%，剩余期限 5 年，则年末总资产为（　　）。

A．35.44 万元　　　　　　　B．36.15 万元

C．36.12 万元　　　　　　　D．36.01 万元

（二）能力训练

请思考你所在家庭目前处于哪个生命周期？有哪些理财需求？

任务二　开展教育规划

【任务情境】

李先生，37岁，目前自己创业做生意，收入波动较大，近两年来每年平均净收入在35万元左右，据李先生自己评估，公司的业务正步入正轨，对未来的收入比较乐观。妻子在私营企业做会计，月收入7 000元。有一个女儿，今年小学毕业。目前家庭资产：银行存款55万元，股票市值15万元；另有一房产出租，每月有2 500元的租金收入；目前住房刚付清住房贷款。李先生除了基本社保外，还有医疗健康的商业险，妻子是单位基本社保和公积金。家庭收支情况为：工资收入每年46.4万元，每月日常家庭消费7 500元，双方父母的生活补助每年4万元，其他支出每年3万元，另外保费每年5 000元，年结余30万元。

李先生一家的中长期理财目标较多。现在夫妻双方的父母生活条件尚好，出于亲情，每年向双方父母补贴各2万元。由于女儿还小，目前只有上大学的打算，远期没有出国留学深造的打算。李先生曾做过一些股票和基金的投资，但到目前为止赔多赚少，除一些股票外，原有的开放式基金均已赎回清仓。

李先生正值壮年，家庭现在的收支情况很好，净结余资金比例近65%，资产流动性好且无负债，如果能长期保持稳定，抗风险能力强，会有良好的理财规划基础，夫妻俩对女儿教育非常重视，希望能够规划子女教育，并且有良好的生活保障。

国内外学者的人力资本研究结果表明，教育程度与收入水平呈正相关，即教育程度越高，收入水平越高，且收入增长也较快。越来越多的人希望通过接受更高水平的教育来改善自己或子女的生活状态，且教育费用也在持续上升，使得教育开支占家庭总支出的比重越来越大。《2020中国家庭教育行业研究报告》显示，我国新中产人群在支出结构上，教育支出（52%）已经超过其他生活费用，成为仅次于日常开销（71.2%）和房租房贷（53.9%）的第三大日常支出。较高的教育收益预期和日渐增加的教育支出使得教育规划成为个人理财规划的重要内容。

【任务精讲】

一、教育规划的原则

教育规划就是通过合理安排自身和家庭成员的教育费用，从而完成家庭人力资源投资的过程，主要包括自身教育规划和子女教育规划。其中，子女教育支出巨大，是家庭教育规划的重点和主要内容，因此本节所说的教育规划即子

教育规划的
重要性

女教育规划。

相对于其他理财规划项目而言，教育资金的支出在时间和费用上是刚性最强的，难以缩减且无法推迟支出，因此需要预先进行合理规划，防止因为资金问题而放弃子女所需接受的教育。在教育规划过程中需要遵循以下原则。

（一）目标合理原则

父母的期望与子女的兴趣能力可能会有差距，而且子女在人生的不同阶段，其兴趣爱好也在发生变化。因此在设定子女教育目标时，应该充分考虑子女自身的特点，并结合家庭实际经济情况和风险承受能力。比如，是上普通大学还是艺术院校，是在国内上学还是出国留学，出国留学是去公立大学还是私立大学等。

（二）提早规划原则

子女教育资金涉及教育费、生活费等多项开支，是家庭仅次于购房的一项重要开支，需要认识到其对家庭财务状况的影响力，尽早开始规划。对教育投资准备的时间越长，给家庭带来的财务压力就越小。如甲家庭在孩子刚出生时即开始投资，每月投入 500 元，到孩子上大学时共持续 18 年。乙家庭在孩子13 岁上中学时才开始投资，每月投入 1 500 元，是甲家庭的 3 倍，到孩子上大学时共持续 6 年，甲、乙两个家庭的最终投资总额均为 10.8 万元，假设每年的家庭投资收益率均为 8%，到孩子上大学时，甲家庭的教育金总额会达到 24 万元，而乙家庭的教育金总额则只有 13.5 万元。

（三）资金充裕原则

子女受教育程度取决于父母期望、子女资质、学习能力、兴趣爱好，所以教育费用往往难以准确估算，且难以缩减，因而教育费用准备应宁多毋少，多余的子女教育资金可以转用于养老。此外，由于子女教育金的准备时间和费用弹性很小，加之每个子女的资质不同，兴趣爱好可能发生转变，因此，在制定子女教育规划方案时应考虑采用相对灵活的教育金积累方式，以适应子女在未来的不同选择。

（四）稳健投资原则

高风险投资工具容易导致投资损失，影响子女教育规划的实施，因此距离教育资金使用时间越近，要求投资工具的安全性越高。特别是对距子女进行高等教育时间较近的家庭而言进行稳健投资尤为重要。如果子女教育规划的时间较长，应进行中长线投资，如选择债券型证券投资基金等安全性较高的投资理财产品，追求资金长期稳定增值。

二、教育规划的流程及步骤

进行子女教育规划可以分为四步来进行，参考图 6-2 教育规划流程。

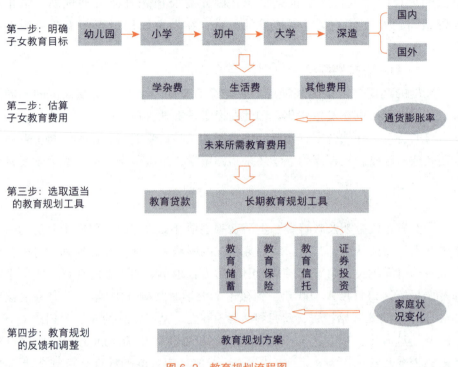

图 6-2　教育规划流程图

（一）第一步：明确子女教育目标

教育目标
设定

在进行教育规划时，可以通过以下问题来向目标客户了解其子女教育的具体需求，从而确定子女的教育目标。

- 子女目前的年龄多大？
- 子女的兴趣爱好和学习能力如何？
- 希望子女完成哪个级别的教育？
- 希望子女在何地完成教育？
- 希望子女在何种类型的学校完成教育？
- 这些教育目标对子女有多重要？

（二）第二步：估算子女教育费用

教育费用
估算

在已有的教育目标前提下，测算完成教育目标当前所需的费用，并根据通货膨胀情况设定合理的教育费用增长率，从而估算未来所需的教育费用。此外，根据资金充裕原则，当教育费用增长不确定性较大时，应适当调高教育费用增长率。

财商学堂

教育负担比

在进行教育规划时，通常可以用教育负担比来衡量家庭的教育负担，其计算公式为：

$$教育负担比 = \frac{未来子女教育费用}{家庭未来税后收入}$$

公式中的"未来子女教育费用"和"家庭未来税后收入"均为考虑了教育费用增长和收入增长后的未来估测值。通常若测算的教育负担比高于30%，则表示教育费用将会成为该家庭的比较重要的财务负担，应提前做好充分准备。

教育规划
工具

（三）第三步：选取适当的教育规划工具

在估算出未来教育费用后，可以根据各个时期所需的资金量选择相应的教育规划工具为客户进行合理的教育规划设计。常用的教育规划工具主要包括短期教育规划工具和长期教育规划工具两大类。

1. 短期教育规划工具

短期教育规划工具主要指各类教育贷款，包括学校贷款、政府贷款、资助性机构贷款、银行贷款等，目前应用最广泛的是银行贷款中的国家助学贷款和留学贷款。

（1）国家助学贷款。国家助学贷款是由政府主导、财政贴息，银行、教育行政部门与高校共同操作的专门帮助高校贫困家庭学生的银行贷款。我国的国家助学贷款从1999年开始执行，贷款对象为普通高等学校中经济困难的全日制本专科生（含高职生）、研究生和第二学士学位学生，原则上全日制本专科生每人每学年最高不超过12 000元，全日制研究生每人每学年最高不超过16 000元，还本宽限期3年，宽限期内只需还利息，不需还本金，最长贷款时间为20年。

申请国家助学贷款的学生不需要办理贷款担保或抵押，但需要承诺按期还款，并承担相关法律责任。申请条件包括：具有完全的民事行为能力（未成年人必须由其法定监护人书面同意）；诚实守信，遵纪守法，无违法违纪行为；学习刻苦，能够正常完成学业；因家庭困难，在校期间所能获得的收入不足以支付其完成学业所需基本费用（包括学费、住宿费、基本生活费）；由所在学校审查同意；符合中国人民银行公布的《贷款通则》中规定的其他条件。

国家助学贷款申请流程为：学生提出申请 → 学校进行初审 → 银行开展审批 → 双方签订合同 → 银行发放贷款 → 毕业后开始偿还贷款。

（2）留学贷款（借款人应具备的条件）。留学贷款是指银行向出国留学人员或其直系亲属或其配偶发放的，用于支付其在境外读书所需学杂费和生活费的外汇消费贷款。

2. 长期教育规划工具

（1）教育储蓄。教育储蓄是为鼓励城乡居民以储蓄方式为其子女接受非义务教育积蓄资金而开办的，为一年、三年、六年，50元起存，每户本金最高限额为2万元，非义务教育才能支取。

长期教育规划工具比较

教育储蓄的最大优势在于利息收入可凭有关证明享受免税待遇，但2008年10月国务院决定对储蓄存款利息所得暂停征收个人所得税后，其优势在于采用零存整取方式能够获取整存整取的存款利息收益。但是由于教育储蓄参储对象范围窄，最高存款限额低（2万元），存款方式烦琐以及收益优势不明显，因此实际操作中作用有限。

（2）教育保险。教育保险又称教育金保险，是以为子女准备教育基金为目的的保险，其主要理财功能在于强制储蓄作用以及在特定情况下可以豁免保费，相对于其他保险产品保障功能稍弱。

教育保险的强制储蓄作用在于父母可以根据自己的预期和子女未来受教育水平的高低来为子女选择险种和金额，一旦为子女建立了教育保险计划，就必须每年存入约定的金额，从而保证这个储蓄计划一定能够完成。

教育保险的"保费豁免"，是指一旦投保的家长遭受不幸，身故或者全残，保险公司将豁免所有未交保费，保单原应享有的权益不变，子女还可以继续得到保障和资助。这一条款是教育保险与银行储蓄类产品的最大区别。

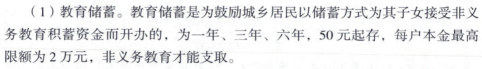

市场上的教育保险

目前市场上教育保险主要分为三类：一是纯粹的教育金保险，提供初中、高中和大学期间的教育费用，通常以附加险的形式出现；二是可固定返还的保险，其返还的保险金不仅可以作为子女上学期间的教育费用，在以后还可以持续提供生存金；三是理财型保险，如万能保险、投资连接保险等，具有一定的投资理财功能，也可作为教育基金的储备，在子女初中、高中或者大学中的某个阶段领取作为其教育金。

值得注意的是，教育保险资金流动性较差，早期退保本金可能受到损失，且资金增值能力较弱，因此投保时要根据家庭的财务状况以及子女的预期教育目标等因素来综合考虑，不宜购买太多。

（3）教育信托。教育信托，是指委托人（即子女的父母）将信托财产或资金交付给信托机构（即受托人），签订信托合同，由信托机构进行专业管理并按照约定将财产或资金交付给子女的信托产品。

教育信托最大的优势在于其具有风险隔离功能，可以避免因为父母发生意外或是生意遭到挫折而给子女的教育资金造成影响。此外，教育信托不会让子女过早拿到大笔财产，失去人生奋斗目标或者肆意挥霍，且可享受由信托公司代为专业管理和投资时所产生的收益。在新加坡、美国等国家，父母为子女设立专门的教育信托是一种非常普遍的现象，目前在我国国内也日益普遍。

（4）证券投资。债券、股票、证券投资基金等证券投资产品也可以作为长期教育规划工具。尤其是证券投资基金，由于具有不同的风险类型，可以形成稳健的投资组合，发挥专家理财的优势，较好地为教育规划服务；定期定投产品，具有类似于银行零存整取的理财功能，也可以比较便利地为子女累积教育资金。

（四）第四步：教育规划的反馈和调整

教育规划方案要定期（一般为1年）进行反馈，根据客户家庭或资产的变化及时做出调整。

教育规划三步走

【任务实施】

结合任务精讲，由于李先生家庭储蓄能力强，考虑到女儿距上大学只有6年时间，这部分主要以银行储蓄为主的教育费用，可以采取以长期定存、国债为主，结合一定比例的商业分红型教育保障险，构成将来的教育准备金。并可以结合到期情况和海外留学市场的变化，提前预备继续深造或出国留学的资金，给子女未来的发展提供完善的条件。

【技能训练】

（一）知识测试（单选题）

1. 秦女士向她的理财师小王询问子女教育金规划的特性和规划原则，小王的介绍如下：

（1）子女教育金可以通过国家强制的教育金账户来储蓄，个人储蓄只是补充性的

（2）教育金支出的成长率一般高于通货膨胀率，因此子女教育金投资不能太过保守，至少要使投资收益率高于通货膨胀率

（3）子女教育金没有费用弹性，但是时间弹性比较高，规划时要多考虑时间因素

（4）子女的资质无法事先控制，教育金支出的成长率又比较高，因此需要从宽规划

（5）子女教育金规划要配合保险规划

小王的说法中，正确的是（　　　）。

A．（1）（2）（4）　　　　　　　　B．（2）（3）（5）

C．（1）（3）（4）　　　　　　　　D．（2）（4）（5）

2．关于教育保险，下列说法不正确的是（　　　）。

A．相对而言变现能力较低

B．每户本金最高限额为 2 万元

C．教育保险具有强制储蓄功能

D．投保人出意外，保费可豁免

3．秦女士的儿子 6 年后上大学，学制 4 年，目前每年学费为 2 万元人民币。大学毕业后，准备送儿子出国读硕士，学制 2 年，目前每年学费为 15 万元人民币。假设学费年增长率为 5%，年投资报酬率为 8%，秦女士目前一次性投入 10 万元在教育金规划上。如果秦女士准备在儿子上大学前的 6 年内备齐所有的教育金，每年还需要准备（　　　）（答案取最接近值）。

A．5.196 4 万元　　　　　　　　B．6.509 6 万元

C．4.065 0 万元　　　　　　　　D．4.150 8 万元

4．假设大学 4 年每年学费为 20 000 元，大学生毕业后工作平均月薪为 3 000 元，高中生毕业后工作的平均月薪为 1 500 元。如果薪资差异固定，考虑学费成本与机会成本，按大学毕业后可工作 35 年来计算，读大学的年投资报酬率为（　　　）（读大学期间不考虑货币时间价值）。

A．9.32%　　　　　　　　　　　B．11.59%

C．14.87%　　　　　　　　　　　D．17.65%

5．理财师赵某的客户张先生 29 岁，在一家国际公司做研究助理，年薪 10 万元，最近他越来越感觉到自己的学历跟其他同事有差距，影响了自己的进一步发展，因此准备出国深造，希望用 5 年的时间拿到博士学位，然后回国工作，直至 60 岁退休。留学的准备费用为 3 万元，国外求学的费用每年大概 20 万元人民币，他想咨询一下赵某，按照他的计划，回国后年薪要达到（　　　）才可以实现这项教育投资 10% 的年报酬率（求学期间不考虑货币时间价值）。

A．13.3 万元　　　　　　　　　　B．23.3 万元

C．16.7 万元　　　　　　　　　　D．26.7 万元

（二）能力训练

客户王先生的儿子今年6岁。王先生估计儿子上大学之前的教育费用不多。他的子女教育投资规划目标是：在儿子18岁上大学时能积攒足够的大学本科教育费用，并希望有能力继续让儿子深造。王先生目前已经有3万元教育准备金，王先生投资的平均回报率大约4%。其余不足部分打算以定期定额投资基金的方式来解决，预计投资回报率在7%左右。

假设大学本科4年需要花费48 000~72 000元，在这里取中间值60 000元。而硕士研究生需要花费30 000~40 000元，取中间值约35 000元。结合通货膨胀率和大学学费增长率、经济增长率等诸多因素，预计教育费用的年平均增长率是3%~7%，取中间值5%。请为该客户设计教育规划方案。

640000 ÷ 20
32000×5　160000

利：480000

任务三　开展养老规划

【任务情境】

张先生，30岁，目前财务状况不错，现金流充沛，想40岁退休，环游世界。按照目前中国人的平均寿命预计，假设张先生可活到80岁，那至少需要准备40（80-40=40）年的退休金，留给张先生的准备时间是10（40-30=10）年。目前每年生活费5万元左右。通货膨胀率考虑CPI（消费物价指数），按4%计算。退休前投资回报率大概在5%，退休后投资回报率在4%左右。

张先生想40岁退休，但是40岁退休暂时无法领取退休金，而他目前也未进行储备，如果想实现提早退休，环游世界，张先生该如何准备呢？

【任务精讲】

根据第七次全国人口普查结果，全国60岁及以上人口为264 018 766人，占18.70%，其中65岁及以上人口为190 635 280人，占13.50%。与2010年第六次全国人口普查相比，60岁及以上人口的比重上升5.44个百分点，65岁及以上人口的比重上升4.63个百分点。

一、养老保险体系

我国养老保险制度是一个"三支柱"的体系，致力于全面建成多层次社会保障体系。在养老保险三个支柱中，第一支柱是基本养老保险，第二支柱是企业年金和职业年金，第三支柱是个人储蓄型养老保险和商业养老保险。其中，基本养老保险是由国家强制制定并执行，企业年金和职业年金是企业化行为，个人储蓄型养老保险和商业养老保险是个人行为。

养老规划 1

（一）基本养老保险

1. 社会养老保险的特点与原则

真正现代意义上的社会养老保险制度产生于德国。1889 年俾斯麦在德国颁布《老年和残障社会保险法》，标志着作为社会保障制度基本项目的养老保险制度正式建立。其后欧美国家也纷纷仿效，开始建立各自的养老保险制度。1947 年，联合国发表《老年问题专家小组会议报告》，要求各国把"提高老年人生活质量视为老年政策的目标，制定改进老年生活的短期计划"，全世界各国都在不同范围内实行了各种类型的养老保险制度。现行的社会养老保险制度主要具有以下三个特点：

（1）一般由国家立法强制实行，单位和个人必须参加。

（2）养老保险费用一般由国家、单位和个人三方或单位和个人双方共同负担，具有社会互济性。

（3）养老保险具有社会性，影响面广，费用支出庞大，一般实行现代化、专业化、社会化的统一规划和管理。

在保障方面，各国现行养老保险所遵循的原则也大体一致，主要有：保障基本生活、公平与效率相结合、权利与义务相对应、管理服务社会化和分享社会经济发展成果等。

2. 我国的社会保障体系与社会养老保险制度

我国目前的社会保障体系主要包括养老保险、工伤保险、失业保险、生育保险、医疗保险五大险种，其中，社会养老保险是国家和社会为确保劳动者在达到国家规定的解除劳动义务的劳动年龄界限，或因年老丧失劳动能力退出劳动岗位后的基本生活而建立的一种社会保险制度。

我国的社会养老保险制度是根据国务院 1997 年颁布的《关于建立统一的企业职工基本养老保险制度的决定》（国发〔1997〕26 号）（以下简称《决定》）建立起来的，目前主要包括四个方面：城镇职工养老保险、城镇居民养老保险、新型农村社会养老保险和失地农民养老保险。

（1）城镇职工养老保险。城镇职工养老保险有新人、老人、中人的区别。《决定》实施后参加工作的人员属于"新人"，缴费年限（含视同缴费年限，下同）累计满 15 年，退休后将按月发给基本养老金，基本养老金待遇水平与缴费年限的长短、缴费基数的高低、退休时间的早晚直接挂钩。

$$基本养老金 = 基础养老金 + 个人账户养老金$$

退休时的基础养老金月标准以当地上年度在岗职工月平均工资和本人指数化月平均缴费工资的平均值为基数，缴费每满 1 年发给 1%。个人账户养老金月标准为个人账户储存额除以计发月数，计发月数根据职工退休时城镇人口平均预期寿命、本人退休年龄、利息等因素确定。

《决定》实施前参加工作、《决定》实施后退休的参保人员属于"中人"。由于他们以前个人账户的积累很少，缴费年限累计满15年的，退休后在发给基础养老金和个人账户养老金的基础上，再发给过渡性养老金。

《决定》实施前已经离退休的参保人员属于"老人"，他们仍然按照国家原来的规定发给基本养老金，同时随基本养老金调整而增加养老保险待遇。

（2）城镇居民养老保险。国务院常务会议决定，自2011年7月1日起，启动我国城镇居民社会养老保险试点工作，2011年试点范围覆盖全国60%的地区，2012年基本实现全覆盖。年满16周岁（不含在校学生）、不符合职工基本养老保险参保条件的城镇非从业居民，均可在户籍地自愿参加城镇居民养老保险；参保居民要按规定缴纳养老保险费，政府对参保居民缴费给予补贴，补贴标准不低于每人每年30元；参保居民年满60周岁，可按月领取包括基础养老金和个人账户养老金在内的养老金。基础养老金由政府全额支付，每人每月不低于55元，国家根据经济发展和物价变动等情况适时调整；已年满60周岁、符合规定条件的城镇居民，不用缴费，可按月领取基础养老金。

（3）新型农村社会养老保险。新型农村社会养老保险，简称为"新农保"，采取社会统筹与个人账户相结合的基本模式和个人缴费、集体补助、政府补贴相结合的筹资方式。年满16周岁、不是在校学生、未参加城镇职工基本养老保险的农村居民均可参加新型农村社会养老保险。年满60周岁、符合相关条件的参保农民可领取基本养老金。

（4）失地农民养老保险。失地农民养老保险，是指农民失去土地后，多会出现收入来源不稳定的情况，而现行的城镇职工社会养老保险无力考虑和承担失土农民的养老保障问题，为了保障失地农民的权益，我国各地相继出台了失地农民养老保险制度保障失地农民的权益。失地农民的产生是城市化进程中的正常现象，在工业化过程中，农民的农业土地转化为非农业用地是不可避免的，为了保障失地农民的权益国家出台了失地农民养老保险政策以保障农民的权益。

我国的社会保障体系见图6-3。

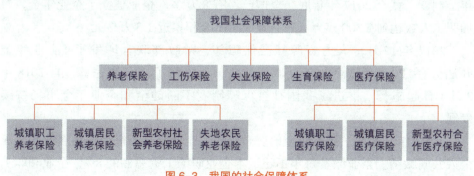

图6-3 我国的社会保障体系

财 商学堂

个人税收递延型商业养老保险

个人税收递延型商业养老保险，是由保险公司承保的一种商业养老年金保险，主要面向缴纳个人所得税的社会公众。公众投保该商业养老年金保险，缴纳的保险费允许税前列支，养老金积累阶段免税，领取养老金时再相应缴纳，这也是目前国际上采用较多的税收优惠模式。

财政部等五部门联合印发《关于开展个人税收递延型商业养老保险试点的通知》称，自 2018 年 5 月 1 日起，在上海市、福建省（含厦门市）和苏州工业园区实施个人税收递延型商业养老保险试点，推进个人税延型养老商业养老保险是养老保障体系第三支柱建设的重要一环。

2020 年，银保监会相关负责人表示，个人税收递延型商业养老保险试点进展平稳，截至 2020 年 4 月底，共有 23 家保险公司参与试点，19 家公司出单，累计实现保费收入 3.0 亿元，参保人数 4.76 万人。虽发展平稳，但也不难看出，由于试点面窄、操作不便捷等原因，税延养老保险受惠人群较少，政策效应未完全显现，业务的总体规模不大，虽有政策优惠，但对消费者的吸引力看来也并不高。为了进一步完善我国养老第三支柱，还需要在试点基础上总结开展个人税收递延型商业养老保险试点的经验和教训，制定必要的税收等优惠政策，引导和鼓励人们积极建立个人养老金账户，为提高未来养老保障水平进行个人金融储备。

（二）企业年金和职业年金

企业年金是企业及其职工在依法参加基本养老保险的基础上，自主建立的补充养老保险制度，是我国多层次养老保险制度体系中第二支柱的重要组成部分。只要参加了企业职工基本养老保险的用人单位及其职工，都可以建立企业年金制度。截至 2017 年年底，全国已经有 8 万多户企业建立了企业年金，参加职工人数达到 2 300 多万人，企业年金基金积累近 1.3 万亿元。

2017 年 12 月，人力资源社会保障部、财政部联合印发了《企业年金办法》，在 2004 年《企业年金试行办法》上进行了修订和完善，自 2018 年 2 月 1 日起施行，推进了我国社会保障制度不断健全和企业年金市场持续发展。

《企业年金办法》提及年金的资金来源：企业年金所需费用由企业和职工个人共同缴纳。企业缴费每年不超过本企业职工工资总额的 8%，企业和职工个人缴费合计不超过本企业职工工资总额的 12%。具体所需费用，由企业和职工一方协商确定。每个参保职工都将拥有一个"个人账户"，企业和个人缴费都将存入这个账户中，实行完全积累。

《企业年金办法》提及年金分配：企业缴费应当按照企业年金方案确定的比例和办法计入职工企业年金个人账户，职工个人缴费计入本人企业年金个人账户。企业可以根据职工岗位、责任和贡献等不同，在分配企业缴费时存在一定的区别，体现企业年金的激励作用；同时也应兼顾公平、控制差距，企业当期缴费计入职工企业年金个人账户的最高额不得超过平均额的 5 倍。

（三）个人储蓄性养老保险和商业养老保险

个人储蓄性养老保险是个人自愿地为实现老年收入保障提前进行的养老基金积累行为。通常有两种积累方式，即银行储蓄和购买商业养老保险，后一种方式更为普遍。

在选择商业养老保险产品时，需要关注以下因素：

1. 产品保障时期的选择

商业养老保险产品的保障时期有差异，有些可以终身领取，而有的仅可领取到年金领取年龄后的一个约定年限（如 20 年）或者约定年龄（如 85 岁）。在选择产品时需要根据自己的需要购买，终身型的商业养老保险产品活得越久领得越多，养老保障能力比较强，但相对缴纳的费用也比较高。

2. 缴费方式的选择

商业养老保险属于储蓄性质的保险，因此保费较高，选择不当容易成为经济负担，需要量入为出，根据收入水平和具体的养老需求来确定购买的数量。对大多数资金还没有积累到一定程度的工薪族而言，可以选择 10 年、15 年或 20 年分期来缴纳保费，每年（每月）拿出一定量的资金购买养老保险，既能满足储蓄养老的需求，又不会造成太大的经济负担。而对于资金实力比较强的人群来说，选择一次性趸缴还是分期缴纳以及分期时间长短，需要根据个人的投资收益能力区别对待。对资金投资增值能力强的个人，选择缴费时期越长越有利，而没有很好投资增值渠道的个人选择一次性缴纳更为理性。

3. 保险公司的选择

在选择购买养老保险时，选择一家优良的保险公司是非常重要的。应尽可能地选择实力较为雄厚、机构网络较多、服务较为周到、在寿险方面具有经营特长的保险公司投保。

养老目标基金运作

二、养老规划的流程及步骤

养老规划的设计主要可以分为五步来进行，可参考图 6-4 所示的养老规划设计流程。

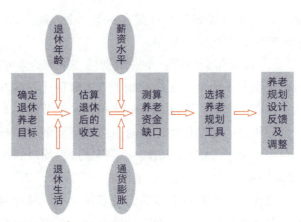

图6-4　养老规划设计流程图

养老规划2

（一）确定退休养老目标

1. 退休年龄的确定

退休年龄越推后，所能积累的养老金越多，退休后所需的养老金越少。随着经济结构的转变和人均寿命的延长，普遍存在推迟退休年龄的社会趋势。

2. 退休生活设计

正所谓"由奢入俭难"，人们一般都希望退休后当前的生活水平不降低，且还要综合考虑是否要通过参加老年大学、定期旅游、发展业余爱好、增加医疗护理等方式确保退休养老的生活质量，因此养老规划是在退休生活设计的基础上进行的。

（二）估算退休后的收支

1. 退休后支出的估算

退休后的支出可以分为经常性开支和非经常性开支两大类。经常性开支包括基本生活服务费开支、医疗费用开支等；非经常性开支包括子女婚娶、旅游支出等。不同的个体，退休支出项目会有较大的差异，需要根据第一步设计的退休生活情况来具体确定。

在具体估算退休养老支出时可以在维持当前生活水平所需支出基础上进行定量计算：

退休支出 = 维持当前生活水平所需支出 + 老年阶段增加的开销（由退休生活设计确定）– 老年阶段减少的开销（如子女教育费用、房屋按揭费用、保险支出、交通费等）

也可以用维持当前生活水平所需支出的某一比例进行简化估算，如维持当前生活水平所需支出的 60%~70%。

2. 退休后收入的估算

个人退休后的收入来源主要包括社会养老保险、企业年金、商业养老保险、资产投资收益、资产变现收益、子女赡养费、遗产继承、兼职工作收入等，但是由于养老规划周期很长，悲观或乐观情绪容易使养老规划产生较大偏差，因此估算时可以尽量保守一些。

【实训活动】张先生现年 35 岁，预计 60 岁退休，退休后再生活 20 年。假设张先生从今以后的税后投资报酬率是 10%，在退休时年支出为 16.4 万元。

如果不考虑退休后的通货膨胀，请计算张先生退休时需要储备多少养老金才能满足养老需要？如果考虑到退休后依旧受到通货膨胀率影响，平均通货膨胀率是 5%，张先生退休时需要储备多少养老金才能满足支出养老需要？

【提示】在计算退休后的养老支出时，通货膨胀率不可忽视，它和投资回报率反向作用，投资让我们准备更少的资金，通货膨胀则需要我们准备更多的钱。在通货膨胀率比较低的时候（不大于 5%）情况下，可以用近似算法，互相抵消，从而降低投资回报率折现。如果需要精确算法，需要算出在通货膨胀之下的实际投资回报率，计算公式为（1+r）/（1+g）−1。

（1）不考虑通货膨胀时，退休时需要的储备金 PV。

属于先付年金，使用财务计算器（模式设置成 BGN，操作方法 2ND PMT 2ND ENTER）赋值 $PMT=-16.4W$，$R=10\%$，$N=20$。

计算结果：$PV=153.58W$

（2）考虑通货膨胀时，不能简单用 10% 折现。

使用的折现率 =（1+10%）÷（1+5%）− 1 = 4.76%

也可以简单地用 10%−5%=5% 近似值，同样调成 BGN 现付年金，赋值 $PMT=-16.4W$，$R=4.76\%$，$N=20$。

计算结果：$PV1=218.53W$

赋值 $PMT=-16.4W$，$R=5\%$，$N=20$。

计算结果：$PV2=214.60W$。

（三）测算养老资金缺口

根据第二步估算的退休养老收入和支出情况，以及已经准备的养老储备金，综合考虑通货膨胀和投资收益的影响，进一步测算需要补充的养老金缺口。

养老金缺口 = 预计的养老金支出在退休时的现值 − 预计的养老金收入在退休时的现值 − 退休时的养老储备金

（四）选择养老规划工具

常用的养老规划工具有：社会养老保险、企业年金、商业养老保险以及包括储蓄、债券、银行理财产品、基金、股票、黄金等在内的各种投资理财产品。此外，也可以通过降低退休后开支、延长工作年限、以房养老等方式弥补养老金缺口。

选择养老规划工具时，应注重产品的安全性、收益性、多样性和流动性，可以按照"用社会养老保险和商业养老保险满足退休后的基本支出；以报酬率较高的证券投资满足退休后的生活品质支出"原则进行。

（五）养老规划设计反馈及调整

如果市场环境、客户养老目标没有发生重大变化，需要定期（每年）检查退休规划的执行情况。

【任务实施】

结合任务精讲，张先生养老规划如表6-3所示。

表6-3　张先生养老规划测算表

养老测算参数	计算结果	说明
退休前工作年数/年	10	
退休前通货膨胀率/%	4	
退休前投资收益率/%	5	
退休后余寿年数/年	40	
退休后假设通货膨胀率/%	4	
退休后投资收益率/%	4	
预期退休后每年生活费的现值/元	35 000	50 000×0.7=35 000
预期退休后每年生活费的终值/元	51 809	35 000×（1+4%）^{10}=51 809
预期退休后养老费用的折现值/元	2 072 360	投资回报率和通货膨胀率相抵 51 809×40=2 072 360
退休后预计领取的每月退休金/元	0	
预计能领的社保总退休金的折现值/元	0	
养老金缺口/元	2 072 360	预期退休后养老费用的折现值—预计能领的社保总退休金的折现值
如现在一次性投入需要/元	1 272 249	现值=2 072 360÷（1+5%）^{10}=1 272 249（可查表）
如从现在每年投入需要/元	164 761	年金=2 072 360÷12.578=164 761（可查表）
如从现在每月投入需要/元	13 730	估算法：164 761÷12=13 730 精算法：用财务计算器算出13 345

【技能训练】

（一）知识测试（单选题）

1. 人口老龄化问题会带来一系列的经济问题，养老金账户在目前情况下已经出现"空账"运行状态，随着老年社会的到来和社保基金支出的增加，问题将会更加严重，这反映了退休养老规划的（　　）影响因素。

A. 退休时间　　　　　　　B. 性别差异

C. 人口结构　　　　　　　D. 经济运行周期

2. 假设张三的年投资报酬率是 10%，张三在 25—30 岁每年投资 2 000 元，到 60 岁时所得本利和要比张三在 30—35 岁每年投资 2 000 元到 60 岁的本利和要多，这反映了退休养老规划的（　　）.

A. 及早规划原则

B. 弹性化原则

C. 退休基金使用的收益化原则

D. 谨慎性原则

3. 退休养老规划中首先要考虑的问题是（　　）。

A. 家庭结构　　　　　　　B. 退休年龄

C. 退休时间　　　　　　　D. 预期寿命

4. 张小姐今年 30 岁，在政府当公务员，每月缴纳五险一金，张小姐的丈夫李先生是一位个体工商户业主，30 岁，没有缴纳社会养老保险。张小姐准备 50 岁提前退休，李先生准备同年退休，预计两人寿命为 80 岁。两人每年消费支出 20 万元，预计退休后生活水平是退休前的 70%。因为两人对投资都不是很擅长，现在每年的投资收益率是 6%，退休后为每年 3%。假设张小姐退休时他们生活的城市上年度职工年平均工资为 7.2 万元。不考虑社保退休金，两人在退休时至少准备退休资金（　　）万元。

A. 282.64　　　B. 290.01　　　C. 293.56　　　D. 302.33

5. 孙先生今年 35 岁，国企中层管理人员，每月交纳五险一金，并且准备在国家规定的法定退休年龄退休，孙先生预计可以活到 85 岁。孙先生目前每月消费支出在 10 万元左右，预计退休后的生活水平为退休前生活水平的 80%。孙先生准备用 5 万元作为退休启动资金，假设孙先生退休前投资收益率为每年 10%，退休后投资风格变为保守，投资收益率为 3%。那么，孙先生在退休时的退休资金缺口为（　　）万元。

A. 125.18　　　B. 61.98　　　C. 89.31　　　D. 117.03

（二）能力训练

1. 客户王女士，44 岁，事业单位员工，她的先生，45 岁，事业单位员工。儿子今年上高一。家庭年收入25万元。金融资产基本存在银行，总资产88万元，其中基金2万元，添利宝81万元，稳健理财5万元。

根据王女士家庭、工作、生活和持有产品四个维度分析，王女士家庭资产诊断如下：一是负债为零，抗风险能力较强。二是资产结构单一，主要为现金类资产，保值增值能力低。三是家庭未配置任何保险产品，保障功能弱。

王女士家庭属于中年稳健型家庭，那么，应如何为中年稳健型家庭做好养老规划？有哪些工具适合于养老规划？

2. 李先生夫妇家住A市，分别是企业的销售员和财会人员，目前都是30岁，60岁退休，假设余寿25年。夫妇两人的年收入为12万元，每月的各类支出在6 000元左右，退休后每年估计有5万元的退休金收入。

为积累退休养老基金满足退休后的生活所需，李先生夫妇准备采取"定期定投"的方式进一步建立退休养老基金，请为李先生夫妇进行养老规划设计。假设通货膨胀率为3%，退休前打算采用相对积极的投资策略，预计年收益率为8%，退休后采用相对保守的投资策略，预计年收益率为6%。

任务四　开展财富传承规划

【任务情境】

陆先生是一家上市公司的大股东。与众多民营企业一样，这家公司起步于家族模式。公司最大的5位股东均来自同一家族，分别担任董事长、财务总监、总经理、市场总监、人力资源总监这几个最重要的职位。5位"创一代"彼此信任，艰苦奋斗，共同创造了这家现今市值百亿元的上市公司。出于对企业发展的长远考虑，也为了避免下一代经营不善，搞垮企业，他们决定不以父辈股份占比传承经营权，而是引入职业团队管理，希望单一的家族企业发展壮大为群体式的企业家族。同时，他们设立了专项基金，下一代将根据父辈占股比例，享受基金收益。虽然公司经营权的问题暂时解决，但除股权外，陆先生还有众多其他资产需要传承。对此，陆先生尚有顾虑。陆先生和陆太太两人白手起家挣得一份家业，感情很好。他们有两个儿子，大儿子今年32岁，已婚，育有一子一女，全家移民美国。二儿子今年30岁，离异，带着一个儿子，现在和父母生活在一起。和他们的堂兄弟姐妹一样，陆先生的两个儿子并不在企业内就职，而是选择自己创业，只是根据父母的占股比例每年从专项基金里领取分红。现在他们都处于事业发展期，未来走向尚不明确。因此，陆先生夫妇目前并未对家庭资产进行提前分配。不过，对资产迟迟不做传承安排也存在很多潜在问题，一旦夫妻俩突然离世，遗留的资产可能会使他们兄弟产生矛盾。

陆先生目前的资产结构及资产状态见表6-4。

表6-4　陆先生的资产结构及传承方式

资产	目前的状态
股权	专项基金，只享受分红
房产	赠送给两个儿子各一套价值1 000万元的房产，自留房产价值约3 000万元
现金	尚未传承，不定期支持儿子创业
保险	指定受益人，合计总额500万元
其他资产	尚未传承

目前，人们普遍采用的多种传承方式各有特点。关于财富传承，陆先生夫妇做了很多研究，也咨询了多位资深理财师。他们希望传承安排能明确、安全且改动方便，能随时根据情况进行调整。

【任务精讲】

一、财富传承需求

伴随着中国成为世界第二大经济体的脚步，整个社会和家庭创造了巨大的精神和物质财富。如何安全且有规划地传承这些财富，已成为越来越多的高净值人群面临的问题。近年来，高净值人群的投资理念日趋成熟，机构对投资者在传承方面的知识普及效果显现，在金融市场不确定性提升的情况下，财富传承的重要性和急迫性进一步凸显。

中国财富管理自2005年银行理财起步，从银行一家独秀，发展到信托、券商、保险、基金公司、第三方财富机构、家族办公室等各类机构百花齐放。对从业者来说，从银行的理财经理到独立理财师、高端财富顾问，有了更多的发展平台和空间；对于高净值客户来说，从简单的理财投资，到综合资产配置，再到家族财富传承，有了更多选择。

目前，中国财富管理发展有3个趋势。①单一理财转向综合配置。单纯的投资理财卖产品已经不能适应客户新的需求。需要在不同市场上对客户进行各类金融产品的综合配置和运用。②客户需求从国内向海外延伸。高净值客户在海外进行资产配置，如海外置业、海外投资、海外保险、移民身份规划、税务规划的情况越来越多、越来越普遍，需要跨市场的服务者和跨市场的服务能力。③家族财富管理和传承需求正在快速形成。中国出现史上最大规模的传承潮，面临第一代企业家新老交班、财富传承、企业转型升级，三个问题叠加，对于金融服务机构和从业者提出了更高要求。

相关从业者需关注客户 6 大风险和需求。第一是债务风险。国内客户普遍存在家企不分、夫妻共债、无限连带责任担保，企业经营的债务风险容易向家庭传导，这是企业家客户群体及其家庭所面临的第一大风险。第二是税务风险。随着客户收入的多元化和国际化，国内税务系统的大数据化和国际共同申报准则（CRS）的落地，以及税务处理的专业化，税务风险将是未来高净值客户需要格外关注的重大风险。第三是投资风险。因为财富市场扩大、投资品类增加、信息不对称以及道德风险，近几年风险事件持续不断，未来的财富管理需要更专业的机构和人员协助。第四是婚姻风险。高净值客户可能面临婚姻关系不稳定、复杂姻亲等导致的家庭财产分割纠纷、财富转移风险，这不仅是家庭和睦的影响因素，而且可能为财产传承和分割埋下隐患。第五是继承风险。企业家客户普遍面临下一代不愿接班、不能接班、接不了、接不好的情况，继承无规划、执行无计划，往往导致资产和家业悬空问题。第六是意外风险。家庭核心成员的人身意外风险，是财富最大的不确定因素，很容易导致家庭成员争产、资产旁落、家业衰落。

二、财富传承工具

财富传承可以使用具有代表性的几种工具，例如遗嘱、赠与、保险、信托，各个财富传承工具并不是孤立的，而是可以紧密联系的，根据财富传承需求，综合利用各种工具，实现最优的财富传承方案。

（一）遗嘱

从解决财富传承难题角度看，遗嘱继承是一种较为简便的财富传承形式（见图 6-5），而且遗嘱继承制度在整个人类社会中的重要作用不言而喻，其在财产私有制基础之上衍生，为遗嘱人如愿配置遗产提供路径，也为减少家庭遗产纷争做出贡献。《民法典》规定了"遗嘱最新第一"原则，只要是合法有效的遗嘱，哪个遗嘱的时间距离现在最近、最新，那么这个遗嘱将作为最有效的遗嘱执行，公证遗嘱不再具有优先效力。

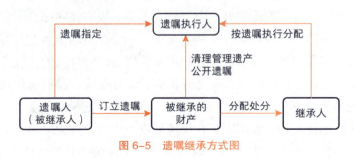

图 6-5　遗嘱继承方式图

遗嘱作为财富传承工具还存在着遗嘱的真实性认定、继承人的身份认定、不同遗嘱的效力认定、不同国家继承法的区别以及继承人是否存在丧失继承权的法定事由等问题，这些均可能引发遗产纠纷。对于一些富裕家庭，很多属于私营或个体企业主，现实操作中的企业财产和个人财产之间通常无清晰的界定，一旦面临财务危机，个人遗产往往暴露在追债清偿风险之下，所以遗嘱继承不再成为财富传承的第一选择。

（二）赠与

赠与作为一种古老的转移财产的方式，与交易（以有偿为特征）、继承（以身份为特征）共同组成了人类财产的三种基本流通方式，共同促进了社会经济的发展。赠与是赠与人将自己的财产无偿给予受赠人，受赠人表示接受的一种行为。这种行为的实质是财产所有权的转移。赠与行为一般要通过法律程序来完成，即签订赠与合同（见图 6-6）。

图 6-6 赠与当事人关系图

赠与虽然并不是财富传承最主要的方式，但也有其存在的意义，特别需要注意的是，在签订赠与合同后、财产权利转移之前，财产所有人享有任意撤销的权利，以保护财产所有人的资产安全，避免冲动赠与不爱惜者。财产所有人将自己的财产无偿给予受赠人，受赠人表示接受赠与，实质是财产所有权发生转移。我国尚未开征赠与税与遗产税，但是对赠与行为是课税的，我国对房产赠与这一领域有多项税收政策，个人将房产无偿赠与他人，涉及与之相关的个税、契税和印花税等税收政策和税收优惠。

（三）人寿保险

将保险，尤其是人寿保险，应用于民间财富代际传承的资产保全和财富转移越来越广泛。从目前来看，寿险是国内最可行、最合适、最规范的财富传承工具，其法律相对完善、监管严格、产品多样、服务到位、保障充分。因为寿险具有确定性、有效性、隐私性、安全性、经济性，实现所有权、控制权、收益权的统一，商业人寿保险被视为最信赖的财富保障和财富代际传承方式之一，保险当事人关系图见图 6-7。

保险的灵活性大于遗嘱，主要体现在其功能的多样性和灵活性，诸如保险可以根据被继承人需求进行个性化制定，保险可以实现富裕人群隐私保密、规避债务风险、实现被继承人财富传承意志和实现对继承人的约束，因而保险在财富传承领域的理解和认知非常高。

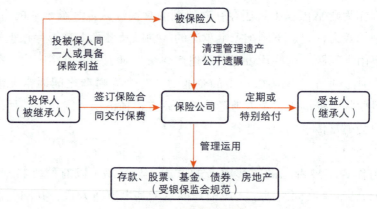

图 6-7 保险当事人关系图

首先，避免了债务清偿。保险可以通过收益权，规避代位权行使，实现家庭资产的安全隔离，避免清偿被保险人生前所欠的债务。寿险把财富以遗产的形式转化成了受益人的保险金，避免了债务清偿。其次，指定受益份额和受益顺序，避免家庭内部的纷争。寿险的遗嘱功能，还表现在通过保单可以指定多名受益人，同时还可以指定受益份额和受益顺序。这样即便被保险人遽然离世没有留下遗嘱，也可以在相当程度上避免家庭内部的纷争。另外还可以通过寿险合理分配不可分割财产，富裕人群还可以将不可分割的资产（如古董、书画等）合理分配给后代。再次，实现对可能推出的遗产税的规避。从受益人的角度来看，取得保险赔款免纳个人所得税，具有国外任意型信托的特点，相比遗产继承，实现合理避税作用。

不过，保险的流动性较差，无法变现；保险只能够对现金财富进行有序传承，但是无法对不动产、股权等进行有效管理，所能够实现的财富管理目的较小。

（四）信托

在国外，信托是财富传承的主要方式，而在国内，由于遗产税并未开征、信托制度局限、信托登记政策等不完善，始终未得到充分发展。不过随着中国中高净值家庭的庞大数量以及日益增长的财富传承需求，越来越多的金融机构探索通过信托，实现财产管理、遗嘱执行、管理遗产、财务咨询、合理节税、优化分配与继承等财富管理目标。目前国内针对财富传承的信托是以"他益信托"为主的家庭信托（见图6-8）。以家庭财富的管理、传承和保护为目的，个人作为委托人，将其财产所有权委托给受托人，受托人按照信托协议管理信托财产，并在指定情况下将该资产转予指定的受益人的信托，受益人一般为本家庭成员。具体可设置成养老型信托、子女抚养型信托、保险型信托、财产保值增值型信托、家族企业传承型信托。

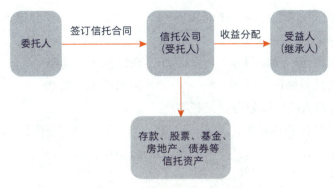

图 6-8　信托财富传承方式结构图

信托财产的独立性使得委托人或受益人在有限度的风险内享受信托财产利益，并且免于受益人被债权人的追索，建立了有效的破产隔离机制，具备一定的避债功能。传承对象可以由传承人指定，不会被家族外人窃富；受益资产不受债权人的追索；通过信托能够实现有效传承，因为可以通过信托约束受益人对财富的实际支配权，定期支取。

【任务实施】

富裕人士逐渐增多，如何将自己辛苦攒下的资产顺利传承给下一代，是每个富裕家庭值得思考的问题。为了避免下一代随意挥霍资产，富有的父母可以为下一代度身定制，购买一份合适的、高额的、可以做受益金定制领取的寿险产品。如此一来，子女可以在失去父母"监督"的相当长一段时间内获得持续稳定的收入，以保证生活质量，但又不至于短期内就挥霍殆尽。

结合任务精讲，充分利用各种工具进行组合传承。专项基金、家族信托是超级富豪的传承工具；保险定向传承是便捷、经济的传承工具；遗嘱也是最常见的传承工具。在理财师的协助下，陆先生夫妇根据理想的生活标准，划分出了养老基金，并配置了保险，同时设立自书遗嘱。当资产梳理完成后，他们还将逐步执行家族信托，设立公证遗嘱。陆先生夫妇传承安排方案的结果待实践验证，但对于这样的综合安排，陆先生夫妇安心了很多，减少了对资产安排结果未知的担忧。

【技能训练】

（一）知识测试（单选题）

1. 财富传承规划的功能不包括（　　　）。

A. 维持家庭成员生活质量　　　　B. 降低财富损失风险

C. 实现财产不断增值　　　　D. 降低税收风险

2. 目前在我国现行的法律框架下,(　　)和(　　)是遗产继承的两种重要形式。

　　A. 法定继承　遗嘱继承　　　　　B. 法定继承　遗赠

　　C. 遗赠扶养协议　遗赠　　　　　D. 遗嘱继承　遗赠

3. 从受益人的角度划分,信托有(　　)

　　A. 自益信托和他益信托　　　　　B. 个人信托和大众信托

　　C. 私益信托　　　　　　　　　　D. 公益信托

（二）能力训练

1. 老范 45 岁,是一个企业主,妻子是一名家庭主妇,两人生有一个儿子,18 岁。老范的资产有企业股权（价值 2 亿元）、房子（价值 2 000 万元）、金融资产（价值 5 000 万元）和境外资产（100 万美元）,可以通过哪些工具开展财富传承?

2. 张先生有一个 75 岁的母亲,父亲已经去世,母亲住在北京的一家高档养老公寓,作为独生子的张先生,每个周末都去探望母亲。张先生近期经常思考如何才能更好地照顾母亲,若自己发生意外或身体出现问题,母亲未来的生活是否能有所保障。其次是 45 岁的妻子,张先生与妻子结婚已经 21 年,感情深厚。妻子目前是一家企业的财务经理,平时工作压力大,养老规划也需要提上日程。张先生希望无论现在还是未来,无论自己发生什么变故,都能保障母亲和妻子幸福、稳妥、安逸地度过养老生活。那么,张先生应如何开展家庭保障和财富传承规划?

项目七
保障规划

》 任务一　测算保障需求

》 任务二　认知保障规划工具

》 任务三　开展保障规划

学习目标

知识目标
- 能准确描述典型场景中的风险类型
- 能准确描述风险管理的基本流程
- 能判断客户家庭的综合风险敞口
- 能熟悉掌握保险的分类及产品类型

能力目标
- 加深对所面临风险的判断，能够匹配不同的工具
- 掌握保险基本知识及原则，能进行保险合同分析
- 熟悉保障规划的流程设计，为客户提供理财建议

素养目标
- 强化服务人民美好生活的服务意识
- 具备个人理财规划师职业道德素养
- 形成自主学习获取新产品创新能力

思维导图

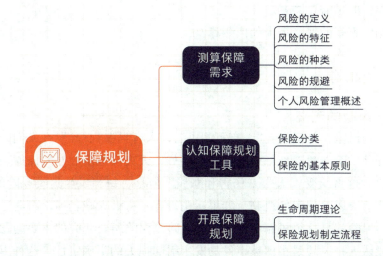

任务一　测算保障需求

财富万象
（七）

【任务情境】

胡先生，30 岁，目前年税后收入 5 万元，按照每年增长 5 000 元，60 岁退休。已婚，育有一子，孩子尚小，刚满 1 岁，有住房，房贷 100 万元，父母身体健康，但是需要赡养。

胡先生家庭的保障需求如何测算？

【任务精讲】

一、风险的定义

什么是风险？俗话说："天有不测风云，人有旦夕祸福。"在人们的日常生活中，各种风险随时随地都可能发生。例如，天灾、地震、车船碰撞、人身意外伤亡等，这将给受害人带来伤害和悲痛。但是，每当发生这类风险的同时，也存在着解决风险损害的机制，如果运用得当，将大大减轻风险可能造成的经济损失。保险就是这个机制中的一种，风险是保险所要研究的主要问题。

一般认为：风险是指偶然事件的发生引起损失的不确定性。这种提法比较简单、明确。具体而言，该定义包括三层含义：①风险是偶然发生的事件，即可能发生但又不一定发生的事件；②风险发生的结果是损失，即经济价值的非故意的、非计划的、非预期的减少；③事件发生所引起的损失是不确定的，即风险在发生之前，其发生的具体时间、空间、地点和损失的程度是不确定的，人们难以准确预期。最后需要强调的是，风险伴随着人类活动的开展而存在，没有人类的活动，也就不存在风险。

二、风险的特征

按照风险的定义，不难发现风险具有以下特征：

（一）风险存在的客观性

风险是实实在在的。在自然界和人类社会中，人们会面临各种各样的风险，如地震、台风、洪水、瘟疫、意外事故等。无论人类是否意识到，风险始终存在着，并且不以人的意志为转移。

（二）风险存在的普遍性

风险存在的普遍性是指风险无时不在、无处不有。自从人类出现后，就面临着诸如自然灾害、疾病、伤害、战争等各种风险的威胁。随着科学技术的发展、生产力水平的提高，人类社会走向文明，消除了一些风险，但又造就了新的风险，且风险事故造成的损失还越来越大。

（三）具体风险发生的偶然性

虽然风险是客观存在的，但就某一具体风险而言，它的发生是偶然的，是一种随机现象。风险也可以认为是经济损失的不确定性。风险事故的随机性主要表现为：风险事故是否发生不确定、何时发生不确定、造成的后果不确定。

（四）大量风险发生的必然性

就个别风险来看，其发生是偶然的、无序的、杂乱无章的，然而，对大量发生的同一风险进行观测，其明显地呈现出一定的规律。运用统计方法去处理大量相互独立的偶发风险，其结果可比较准确地反映风险的规律性。

（五）风险的可变性

风险在一定条件下是可以转化的。这些转化包括：

1. 性质转化

例如，在汽车没有普及之前，车祸是特定风险，但随着汽车的普及，车祸便转化为基本风险。火灾对财产所有人来讲是纯粹风险，但对以风险为经营对象的保险公司来讲，却是投机风险。

2. 量的转变

随着人们对风险认识的增强和风险管理方法的完善，某些风险在一定程度上得以控制，可以降低其发生频率和损失程度。

3. 某些风险被消除

在一定的时空条件下，某些风险在一定范围内可以被消除。例如，中华人民共和国成立之前天花危害着广大人民群众，中华人民共和国成立之后在很短的时期内天花就被消灭。

4. 新风险的产生

任何一项新的社会活动，都会带来新的风险。新发明、新技术的运用带来新的技术风险；随着新经济体制的确立，新的经济风险也随之而生。

三、风险的种类

为了更好地认识风险、识别风险和处理、控制风险，有必要对风险进行分类。由于分类基础的不同，风险有许多种分类方法。这里介绍的是同风险管理有密切关系的几种分类方法。

（一）按风险损害的对象分类

根据风险损害的对象，可把风险分为财产风险、人身风险、责任风险和信用风险四种。

1. 财产风险

财产风险是指导致财产发生毁损、灭失和贬值的风险。例如，房屋遭受火灾、地震等损失的风险，飞机有坠毁的风险，财产价值因经济因素有贬值的风险。

2. 人身风险

人身风险是指因生、老、病、死、残而导致的风险。主要包括由于经济主要来源人的死亡而造成其生活依赖人的生活困难，以及由于年老而丧失劳动能力，或由于疾病、残疾而增加医疗费支出从而导致经济困难等。

3. 责任风险

责任风险是指依法对他人遭受的人身伤害或财产损失应负的法律赔偿责任或无法履行契约所致对方受损应负的合同赔偿责任。例如，医生的过失行为导致医疗事故的发生，给病人造成了损害，根据法律规定，医生负有损害赔偿责任，这种风险即为责任风险。

4. 信用风险

信用风险是指在经济交往中，权利人与义务人之间，由于一方违约或犯罪而造成对方经济损失的风险。

（二）按风险的性质分类

根据风险的性质，可把风险划分为纯粹风险和投机风险。

1. 纯粹风险

纯粹风险也叫静态风险，是指造成损害可能性的风险。这种风险的发生，其结果有两种：一是损失；二是无损失，即有惊无险。纯粹风险是风险管理的主要对象，也是保险的对象，保险上称之为"可保风险"，如水灾、火灾、车祸、疾病、意外事故等。

2. 投机风险

投机风险也叫动态风险，是指可能产生收益和造成损害的风险。这种风险发生的结果有三种：一是损失；二是无损失；三是盈利。保险对于投机风险一般不予承保，如赌博、股票买卖、市场风险等。

（三）按损失的原因分类

根据损失的原因可将风险分为自然风险、社会风险、经济风险、政治风险和技术风险五种。

1. 自然风险

自然风险是指由于自然现象和意外事故所致财产毁损和人员伤亡的风险，如洪水、地震、暴风、火灾等所致的人身、财产损失的风险。

2. 社会风险

社会风险是指由于个人行为反常或不可预测的团体过失、疏忽、侥幸、恶意等不当行为所致的损害风险，如盗窃、抢劫、罢工、暴动等。

3. 经济风险

经济风险是指在产销过程中，由于有关因素变动或估计错误而导致的产量减少或价格涨跌的风险，如市场预期失误、经营管理不善、消费需求变化、通货膨胀、汇率变动等所致经济损失的风险。

4. 政治风险

政治风险是指由于政治原因，如政局的变化、政权的更替、政府法令和决定的颁布实施，以及种族和宗教冲突、叛乱、战争等引起社会动荡而造成损害的风险。

5. 技术风险

技术风险是指伴随着科学技术的发展、生产方式的改变而发生的风险，如核辐射、空气污染、噪声等风险。

（四）按风险涉及的范围分类

根据风险涉及的范围，风险可分为基本风险和特定风险两种。

1. 基本风险

基本风险是指损害波及社会的风险，本质上不易防止，即风险的起因及影响都不与特定的人有关，至少是个人所不能阻止的风险。例如，与社会或政治有关的风险，与自然灾害有关的风险等，都属于基本风险。

2. 特定风险

特定风险是指与特定的人有因果关系的风险，本质上较易控制，即由特定的人所引起，而且损失仅涉及个人的风险。如盗窃、人为原因引起的火灾等都属于特定风险。

基本风险和特定风险的界限，对某些风险来说，会因时代背景和人们观念的改变而有所不同。如失业，过去被认为是特定风险，而现在则被认为是基本风险。

四、风险的规避

风险可通过控制型和财务型两种方法进行规避。

控制型风险规避的实施是指在风险分析的基础上，针对存在的风险因素采取控制技术以消除风险因素，或减少风险因素的危险性。主要表现为：在事故发生前降低事故发生的频率；在事故发生时将损失减少到最低限度。控制型风险规避主要包括下列方式：

（一）避免风险

避免风险是指设法回避损失发生的可能性，从根本上消除特定风险。避免风险的方法一般用于以下两种情况：①当某特定风险所致损失频率和损失幅度相当高时；②处理风险的成本大于其产生的效益时。避免方法简单易行，但有时会丧失利润，且避免方法通常会受到限制。

（二）预防损失

预防损失是指在风险发生前为了消除或减少可能引起损失的各种因素而采取措施处理风险，其目的在于通过消除或减少风险因素而达到降低损失发生的频率。具体方法通常有：工程物理法，是指损失预防侧重于风险单位的物质因素；人类行为法，是指损失预防侧重于人们行为的教育。

（三）分散风险

分散风险是指增加同类风险单位的数目来提高未来损失的可预测性，以达到降低风险的目的。分散风险是通过兼并、扩张和联营等手段，集合许多原来各自独立的风险单位，增加风险单位数目，提高风险的预测性，达到把握风险、控制风险、降低风险成本的目的。

（四）损失抑制

损失抑制是指在风险事故发生时或之后采取各种措施防止损失扩大。它是处理风险的有效技术，如安装灭火系统等。损失抑制的一种特殊形态是割离，它是将风险单位割离成许多独立的小单位而达到缩小损失幅度的目的。其主要方法包括：

1. 自留风险

自留风险是指对风险的自我承担，即自我承受风险损害后果的方法，也是一种非常重要的财务型风险规避。

2. 转移风险

转移风险是指一些单位或个人为避免承担风险损失，而有意识地将损失或与损失有关的财务后果转嫁给另一些单位或个人去承担的一种风险规避方法。这种以转移风险成本为特征的财务处理方法包括非保险转移和保险转移。

一般说来，财务型风险规避的方式可以分为财务型非保险转移和财务型保险转移。财务型非保险转移是指通过订立经济合同，将风险以及与风险有关的财务结果转移给别人。在经济生活中，常见的财务型非保险风险转移有租赁、互助保证、基金制度等。财务型保险转移是指通过订立保险合同，将风险转移给保险公司（保险人）。个体在面临风险的时候，可以向保险人交纳一定的保险费，将风险转移。一旦预期风险发生并且造成了损失，则保险人必须在合同规定的责任范围之内进行经济赔偿。

五、个人风险管理概述

（一）明确个人风险管理目标

1. 损前目标

（1）经济合理目标。经济合理目标是指在损失发生前，风险管理者应比较各种风险处理工具、各种安全计划以及各种防损技术，并进行全面细致的财务分析，谋求最经济、最合理的处置方式，实现以最小成本获得最大安全保障的目标。为此，风险管理者应注意各种收益与支出分析，严格核算成本和费用开支，尽可能地选择费用低、代价小而又能保证风险处理效果的方案和措施。

（2）安全状况目标。风险的存在对个人和家庭来说主要是针对个人面临的安全性问题。风险可能导致个人的人身伤亡，影响个人的安全。因此个人风险管理目标必须尽可能削弱风险，给个人创造安全的生活和工作空间。

（3）个人和家庭责任目标。个人一旦遭受风险损失，不可避免地会影响到与之有关联的其他个人、家庭，乃至整个社会。因此，个人必须认真实施风险管理，尽可能地避免或减少风险损失，使家庭免受其害。另外，个人在家庭中同时还承担一定的家庭责任。因此，个人能够更好地承担家庭责任、履行家庭义务和树立良好的家庭形象是开展风险管理活动的又一个重要目标。

（4）担忧减轻目标。风险的存在与发生，不仅会引起各种财产的损毁和人身的伤亡，而且会给人们带来种种的忧虑和恐惧。比如，家庭主要收入来源的主劳动力就会担心自己失去劳动力之后给家庭带来风险，因此就可能会在生活中表现得过于谨慎。因而，在损前应采取各种方法使对所有损失风险的担心和忧虑最小化。

2. 损后目标

（1）减少风险的危害。损失一旦出现，风险管理者应该及时采取有效措施予以抢救和补救，防止损失的扩大和蔓延，将已出现的损失后果降到最低限度。

（2）提供损失的补偿。风险造成的损失事故发生后，风险管理的目标应该是能够及时地向个人、家庭提供经济补偿，以维持家庭的生活秩序，而不使其遭受灭顶之灾。这是风险管理的重要目标。

（3）保证收入的稳定。及时提供经济补偿，可以实现个人和家庭收入的稳定性，为个人和家庭的完美生活奠定基础。风险管理有助于实现这一目标。

（4）防止家庭的破裂。风险事故的发生可能直接导致个人严重的人身伤亡，对于一个完美的家庭可能造成不可挽回的损失。因此，风险管理的目标应该在最大限度内保持家庭关系的连续性，维持家庭的稳定，防止家庭的破裂和崩溃。

个人风险管理如图 7-1 所示。

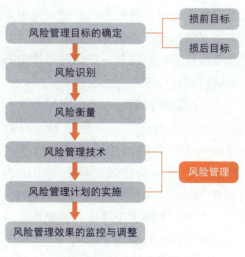

图 7-1　个人风险管理

（二）个人风险管理程序

1．识别和分析个人或家庭风险

识别和分析个人或家庭风险是整个风险管理程序的基础。个人和家庭面临的纯粹风险可以分为财产风险、责任风险、人身风险三大类，而人身风险又可细分为死亡风险、健康风险、老年风险和失业风险。在风险识别基础上进行风险分析，着重考察各种风险发生损失的可能性及损失幅度，并区分潜在损失的轻重缓急。

2．分析不同风险管理技术

与企业风险管理相同，个人或家庭风险管理技术也可以分为风险控制和风险融资两大类。风险控制是指针对可能诱发风险事故的各种风险因素，采取相应措施，在发生损失前减少风险发生概率的预防措施和损后改变风险状况的减损措施，其核心是改变引起风险事故和扩大损失的条件。风险融资是通过事先的财务计划筹集资金，以便对风险事故造成的经济损失进行及时而充分的补偿，其核心是将消除和减少风险成本分摊在一段时期内，以减少巨灾损失的冲击，稳定财务支出和生活水平。

3．选择最合适的风险管理技术

事实上，最适当的风险管理方案通常不能完全依赖保险，而要根据特定的个人或家庭面临的风险状况和管理目标，有针对性地选择合适的风险控制和风险融资技术，形成一个包括保险在内的风险管理技术组合。确保在保障程度一定时，风险管理费用最小；在风险管理费用一定时，保障程度最高。

4．实施风险管理计划

假设某人认为自己的住宅需要购买保险，就可以直接到保险公司购买住宅保险，或者通过代理人、经纪人等中介机构购买相应的保险，并根据自己的风险状况和风险承受能力确定合适的险种、免赔额、保单限额。如果认为某些风险可以自留，但需要一定的储蓄作为损失融资来源，他或她就必须按需要准备足够的储蓄存款。

5．监控与调整风险管理计划

我们生活在一个日新月异、瞬息万变的世界，因此，即使我们当前已经购买了合适的保险，或者采取了其他合适的风险管理技术，也有必要定期关注自身风险状况和承受能力的重大改变、新的风险控制和风险融资技术等。

当然，上述五个步骤并非是截然分开的（在时间上有所重叠，且必须围绕风险管理的目标和计划执行），也不是一劳永逸的，而是一个周而复始、循环往复的过程。

（三）个人风险分析

1. 人身风险分析

人身风险是指在日常生活以及经济活动过程中，个人或家庭成员的生命或身体遭受各种损害，或因此而造成的经济收入能力的降低或灭失的风险，包括死亡、残疾、生病、退休、衰老等损失形态。人身风险事故的发生可能导致个人或家庭经济收入减少、中断或利益受损，也可能导致相关当事人精神上的忧虑、悲伤、痛苦或创伤。

由于人身保险主要为人身损失风险提供某种程度的经济保障，因此，我们将着重分析人身风险可能导致的经济损失及相应的保险需求。下面首先介绍人的生命价值理论，也就是从经济学的角度来分析人的生命价值，然后从个人或家庭的角度来分析人身损失风险。

（1）人的生命价值理论。人的价值是否可以衡量？如何衡量？我们知道，每一个人都具有多方面的价值，在多数情况下是不可替代也不易衡量的。这些价值通常建立在一定的价值观和社会关系基础上。人身风险和人身保险不是以上述价值为基础的，而是基于生命经济价值，生命价值理论构成了人身保险的经济学基础。

（2）人身损失风险分析。家庭是社会的基本单位。每个人在家庭中都扮演着不同的角色，这既包括家庭收入来源者，又包括纯粹的消费者或受抚养人。个人或家庭的人身损失风险主要表现在两方面：一是收入的终止或减少。在一个家庭中，收入来源者的生命价值相对较高，其死亡、残疾、疾病、失业（下岗）和退休都将导致家庭收入的终止或减少，从而对家庭生活造成重大的经济影响，这是主要的家庭人身损失风险。二是额外费用的增加。任一家庭成员都可能因为死亡而发生丧葬费用，因为生病、受伤、残疾而发生医疗、护理等额外费用。以下分别对死亡、退休、健康、失业等人身损失进行具体分析。

① 死亡损失风险。家庭成员死亡对家庭产生的经济影响取决于该成员所提供的家庭收入或服务的多少，常用的损失衡量方法包括生命价值法和家庭需求法两种。

a. 生命价值法。生命价值法以生命价值理论为基础，计算人的生命价值并作为死亡损失的估计值。

【实训活动】某公司经理，现年40岁，预计工作至65岁退休，当前年薪为12万元，个人消费支出为7万元，预计在未来工作期间年收入和个人消费支出均按每年5%递增。为简化计算，假设年贴现率为5%，求该经理40岁时的生命价值或死亡损失。

分析根据前文计算生命价值的四个基本步骤：①该经理预期还能工作25

年（65-40）；②由于在未来工作期间的年收入按每年5%递增，所以，第 t 年（t：1，2，…，25）年收入为 $12 \times (1+5\%)^t$ 万元；③由于在未来工作期间的个人消费支出也按每年5%递增，所以，第 t 年（t=1，2，…，25）对家庭的净收入为 $(12-7) \times (1+5\%)^t$ 万元；④假设贴现率 i 为5%，求得第 t 年净收入的现值为：

$$(12-7) \times (1+5\%)^t \times (1+5\%)^{-t}=5（万元）$$

因此，该经理的生命价值为125（5×25）万元，即如果该经理在未来一年中死亡，其损失约为125万元。显然，当贴现率高于净收入增长率时，生命价值或死亡损失将减少；当贴现率低于净收入增长率时，生命价值或死亡损失将增加。

b．家庭需求法。家庭的主要收入来源者死亡后，家庭为恢复或维持原有的经济生活水准，会产生两项基本的财务需求，一是为了弥补死者给家庭造成的收入损失，二是为了弥补死者生前为家庭提供家务劳动的损失，这些损失构成该家庭成员的死亡损失。家庭需求法首先分析家庭的财务总需求，扣除可以用其他收入或资产满足的财务需求后，得到家庭财务净需求。

② 退休后的风险。一般地，退休就意味着收入能力的终止，其生命的经济价值已经非常有限，即死亡损失已经很小；同时，退休后的财务需求也将明显下降，比如，子女经济独立后不再需要父母提供教育经费，住房抵押贷款已经还清等。但退休以后仍可能发生严重的财务风险，主要原因是死亡时间不确定。

退休时间往往是预先知道的，个人和家庭可以在退休前作出充分的财务准备和安排，比如，通过适当的个人投资、储蓄、购买养老金等方式来满足退休收入需求，社会保险和企业退休计划也是退休收入的两个重要来源。

③ 健康损失风险。健康损失风险包括疾病和残疾风险，它们对个人或家庭产生的经济影响主要表现在收入损失风险和医疗费用风险两个方面。收入损失风险是指疾病或残疾使个人失去收入能力，即丧失生命的经济价值；医疗费用风险是指个人遭遇疾病或身体伤害可能给家庭带来巨额医疗费用以及其他附加费用，如长期护理费用的可能性。

④ 失业损失风险。家庭主要收入者失业意味着收入能力的终止或暂时终止，这会影响家庭的经济安全，但其影响程度低于疾病和残疾，因为失业不会发生高额的医疗费用，而且可以通过继续教育、职业培训等手段实现再就业。通常，社会保险为收入提供了一定的保障，可以缓解失业期间的财务困难，并有助于再就业，也可采取商业保险以外的风险处理技术。

财商学堂

双 十 原 则

在我们日常接触保险业务时，经常听到"双十原则"。第一个十即家庭年缴保费，占家庭年收入的10%左右；第二个十是指风险保额，要达到家庭年收入的十倍。这个原则比较适用于保障性保险，比如意外险、医疗险、重大疾病保险、定期或者终身寿险等保障型保险。

2. 财产损失风险分析

（1）家庭财产分类。家庭财产通常可分为不动产和个人财产两大类。不动产主要包括土地及其附属物。土地又分为未改良土地和改良土地。前者是指未施加永久性改良的不动产，未改良土地可能包括水、矿物质、可耕种土地、树木等有价值的资源。未改良土地的所有者可能因污染、腐蚀、洪水、地震、火灾（损害植物）等风险而遭受土地价值减损。改良土地是指包含某些永久性建筑设施的不动产。建筑设施不仅包括住房，还包括游泳池、固定设备、草坪地下浇水设施、管网线、车道、人行道等。永久性固定在土地或建筑物上的固定设备也属于不动产，比如插入地面并用混凝土固化的电视外天线杆。

除不动产以外的财产都属于个人财产。个人财产可以是有形的，如家具、衣物、金钱、珠宝、证券、汽车、摩托车、船只等；也可以是无形的，如专利权、版权、保险人在保单中所做的保险承诺等。个人财产可以是自有的，也可以是占有或租用的。当个人对某项财产具有排他性的使用权和享用权时就构成了对该项财产的所有权，所有者可以通过销售方式让渡财产所有权。

（2）财产损失的原因。个人财产均面临多种风险事故，常见的有火灾、水灾、暴风雨、地震、盗窃、碰撞、恶意破坏等。比如，火灾、水灾、地震是导致建筑物损失的常见原因，盗窃是导致有形个人财产（如金钱、珠宝、汽车等）损失的常见原因。

无形的个人财产没有实际形态，不存在物理损失原因，但仍然面临遭受损失的风险。无形个人财产的损失通常是因为他人的行为干涉所致，影响所有者对财产的完全使用权和享用权。比如，王某总结多年的研究成果和工作经验，出版了一本热门的培训教材，版权归个人所有，如果某培训机构未经王某允许，大量翻印该教材用于商业培训，王某的版权价值就受到严重减损，这种损失就属于无形个人财产损失。

（3）财产损失的后果。

① 财产价值损失。当财产直接被损坏或损毁后，财产本身将遭受价值减

损。比如，水灾可能冲毁住宅等建筑物，浸泡家具、电器等个人财产，财产所有者必须重建、重修和重置遭受损坏的财产。

② 丧失使用权的相关损失。被损坏的财产可能无法继续正常使用，或使用价值降低，以及在某些情况下，与其相关的财产不能配套使用或财产使用的条件（成本）提高等。

3. 责任损失风险分析

责任损失风险的基础是个人、家庭或任何机构造成另一个人、家庭或机构伤害时，对受害方的经济损失后果负有法律责任。其中，伤害包括身体伤害、财产损坏、精神折磨、声誉损失、侵犯隐私等多种形式。除个人行为可能导致法律责任外，他人或机构的行为也可能导致个人承担法律责任。

（1）责任的法律基础。法律通常可分为刑法和民法两大类，相应地，法律责任可以分为刑事责任和民事责任两大类。前者是由代表社会或国家的执法人员对犯罪主体提起刑事诉讼，原告所提出的证据必须符合"无可置疑原则"，即法官或陪审团必须能够依证据判断被告所造成的社会危害性已超出一般人的限度，主要惩罚方式是罚金和监禁；后者是因一方过错侵犯另一方的民事权益而引起的责任，主要制裁形式包括赔偿损失、依据法院判决支付赔偿金、恢复原状、停止侵害、退还财产等，诉讼费用由败诉方承担，其他费用由诉讼当事人自己支付。

民事责任主要分为违约责任和侵权责任两大类。违约责任是指当事人因违反合同或协议而引起的民事责任。原告对被告违约责任提起诉讼时，原告必须证明对方负有明示或暗示的合同责任，并在合同规定范围内进行索赔，法院判决侧重于补偿损失。侵权是指因侵害他人合法或自然的财产权利和人身权利而被起诉并承担民事赔偿责任的违法行为。

（2）责任损失风险的来源。

① 源自房产的责任损失风险。拥有房产者必须对发生在房产内的许多事件负责。比如，某人在他人家中登楼梯过程中摔倒并受伤，房东将负责受害人的医疗费用和误工损失。不良的房产状况可能增加房产责任的可能性，比如人行道和台阶上冰雪堆积或年久失修、游泳池没有保护设施、地形及房屋结构问题使污水等排到邻居区域内或造成邻居财产或利益受损。

② 源自机动车的责任损失风险。在现代社会中，机动车辆（包括家用汽车、摩托车等）成为个人和家庭越来越重要的交通、娱乐工具。一旦拥有或驾驶机动车辆，就会产生一系列的责任损失风险，常见行为包括倒车时未弄清车后是否有障碍、超速行驶、闯红灯、酒后驾车等。

③ 源自家政服务人员的责任损失风险。现在，越来越多的个人和家庭雇用家政服务人员承担家务杂事及照看受抚养人。个人或家庭必须对家政服务人

员在雇佣期间受到的人身伤害负责，还要对家政服务人员伤害他人的行为负连带责任。

④ 源自诽谤及其他侵权行为的责任损失风险。个人或家庭之间因为个人恩怨而故意侵害他人的权利，这类行为可能使行为人承担相应的法律责任，常见的行为有口头或书面形式的诽谤、房东未经房客允许私自进入已出租房间、夜间经常性制造噪声影响他人休息等。

⑤ 源自其他个人活动的责任损失风险。比如在运动或狩猎中伤及他人、放纵家养宠物在社区乱跑、将某危险用品或工具不当借给他人等。

（3）责任损失的后果。责任损失风险至少会给个人或家庭造成三类经济损失，即损害赔偿金、法律费用和法院费用。

① 损害赔偿金。一是民事责任的损害赔偿金，是对受害人身体伤害、财产损失、财务损失、情感伤害等方面的补偿。在多数简单的案例中，损害赔偿金由双方当事人及其法律代表相互协商确定，称为庭外和解，但也有不少案件必须通过法院审理和判决来确定损害赔偿金额。二是对犯罪行为的惩罚。依据刑法对犯罪行为进行惩罚，主要方式包括罚金、社区服务、监禁等。对于谋杀等重罪，可能判处极刑；对于偷窃等轻罪，通常处以罚金、有期徒刑等惩罚。

② 法律费用。责任损失还包括起诉方和辩护方的律师费用，此外还包括调查、记录、寻找证人、旅行查访费用以及其他一系列正常的诉讼辩护所需费用。个人和家庭即使不必对对方所受伤害负责，也可能需要承担律师费用。

③ 法院费用。如在财产争议中，原告可能需要对引起双方争议的财产进行登记备案。法院在不同审理阶段要求收取登记费，这些成本可能会包含在原告主张的赔偿金中。

【任务实施】

根据任务精讲的内容，我们可以用三种方法对胡先生家庭的保障需求进行测算：

1. 按照生命价值原则，胡先生年薪 5 万元（税后），每年增长 5 000 元，30 年工作时长，生命价值累计 367.5 万元，计算过程为：$5+（5+0.5×1）+（5+0.5×2）+\cdots+（5+0.5×29）=5×30+0.5×30×14+0.5×15=367.5$。此种方式估算值较大，需要结合客户实际经济情况进行调整。

2. 按照家庭责任原则，房贷 100 万元，教育金 50 万元，配偶生活扶助金 20 万元，父母养老扶助金 30 万元，大约在 200 万元。此种方式较为合理，体现家庭责任的内涵。

3. 按照保险双十原则，家庭收入的十倍，保障金额在 50 万元。此种方式最为简单，而且可以根据收入的增加进行调整，但是要注意理财型保险组合配置。

【技能训练】

（一）知识测试（多选题）

1. 风险的基本要素包括（   ）。

A. 风险因素　　　　B. 风险事故　　　　C. 风险处理

D. 风险评估　　　　E. 风险损失　　　　F. 风险载体

2. 纯粹风险的后果有损失、无损失两种，下列属于纯粹风险的有（   ）。

A. 战争　　　　　　B. 疾病　　　　　　C. 市价波动

D. 赌博　　　　　　E. 车祸

3. 对风险因素、风险事故和损失三者之间的关系表述正确的是（   ）。

A. 风险因素引起损失大　　　　　　B. 风险事故引起损失

C. 风险因素产生风险事故　　　　　D. 风险因素增加风险事故

E. 风险事故引起风险因素

（二）能力训练

1. 周女士今年 28 岁，先生 32 岁，今年 6 月份，他们迎来了可爱的宝宝。最近她打算给宝宝购买一份商业险，想到她和老公也没有买过商业险，就找到保险代理人，想做一份 3 人的保险计划。请向周女士给出保险计划建议。

2. 唐先生有两套房，每月租金收入在 1 万元以上，他决定以房养老。但是以房养老存在不稳定性，如果需要大笔资金时，只能通过卖房获得，而以当今的房地产走势来看，如果急需变现，未必有合理的回报。你是否有更好的保障建议？

任务二　认知保障规划工具

【任务情境】

在河北经商的李先生家境殷实，是家里的顶梁柱，也是位家庭责任感和事业心都很强的人。2017 年购买了一份保额 50 万元的重大疾病险和健康医疗险，随后又加保了一份 300 万元的终身寿险保单，并且购买了年金保险。天有不测风云，2018 年 12 月 2 日李先生在去外地出差的时候，突然感觉头晕头疼，在当地医院检查时被确诊为脑瘤，并立即转回当地医疗条件最好的医院进行手术治疗，这次患病对李先生及其家人来说就像晴天霹雳，让其家庭生活及生意都经受了很大的打击，除了生意上受到的影响，先后两个月的手术及康复治疗也花费了数十万元。在他患病期间，申请了重大疾病理赔，并于 2019 年 3 月 7 日及时收到赔付重疾险 50 万元，同时先后收到理赔医疗险 8 万余元。经过这次事故，李先生为自己的太太和女儿也各自购买了一份 50 万元的重大疾病保险。病魔无情，2020 年 8 月 5 日李先生脑瘤复发病情加重，于 2021 年 4 月 3 日医治无效身故。在被保险人身故后，保险公司经多次反复核查，确认无误，赔付受益人身故险 300 万元。

在这则案例中，提到了哪些保险工具？各类保险工具分别有哪些特点、作用？如何实现对家庭、爱人、子女的保障责任的？

【任务精讲】

"十四五"对保险业提出了新的要求。具体包括：①保单服务。保险业要发挥保障功能的基础，完成风险交易撮合，继而衍生出精算、承保、理赔、保单保全等各项服务，提升消费者满意度。②风险控制服务。发挥风险管理的重要手段，激励并帮助客户降低风险、规避损失，对风险链条的关键环节进行积极干预。③财务管理服务。个人可以通过保险安排，改善风险承受能力，优化储蓄投资结构，更好降低财务脆弱性，实现财富保值、增值、传承等各种理财目标；企业也可以通过保险安排，进行税收筹划，降低损失发生时的再融资成本，提升企业价值。④保障关联服务。保险还需要相关服务来修复或者替换受损标的、改善健康、便利生活，延伸触角、延长价值链。从产品来看，根据保险性质、保险标的、承保方式、实施方式的不同可以将保险分成不同类型。

一、保险分类

（一）根据保险性质不同分类

根据保险性质不同，保险可分为商业保险、社会保险、政策性保险。

1. 商业保险

商业保险（business insurance），是指保险公司所经营的各类保险业务。商业保险以营利为目标，进行独立经济核算。

社会保险与
商业保险的
区别

2. 社会保险

社会保险（social insurance），是指在既定的社会政策下，由国家通过立法手段对全体社会公民强制征缴保险费，形成保险基金，用以对其中因年老、疾病、生育、伤残死亡和失业而导致丧失劳动能力或失去工作机会的成员提供基本生活保障的一种社会保障制度。社会保险不以营利为目标，运行中若出现赤字，国家财政将给予支持。

3. 政策性保险

政策性保险（government insurance），是指为了体现一定的国家政策，如产业政策、国际贸易等，由国家财政直接投资成立的公司或国家委托独家代办的商业保险结构，以国家财政为后盾而举办的一些不以营利为目的的保险。这类保险所投保的风险一般损失程度较高，但出于种种考虑而收取较低保费，若经营者发生亏损，国家财政将给予补偿。常见的政策性保险有出口信用保险、投资保险等。

有了社保，我们还需要商业保险吗？

据报道，张某在某个周日不幸遭遇车祸遇难。在这次车祸丧生的9人中，没有一个人购买商业保险。张某遇难时年仅45岁，生前参加社会保险，张某妻子最后领取到的社会保险金为583.46元（不包括肇事单位的赔偿和本单位的抚恤金）。这虽然是一个令人难以相信的数字，但从社会保险角度来说，却是合理的。这必须从社会保险的险种和保险责任谈起。目前，社会保险有工伤保险、失业保险、医疗保险、生育保险和养老保险五大类。张某虽然参加了社会保险，但由于他是在周日的回家途中遭遇车祸，不属于工伤保险范围，也与失业保险无任何联系。张某发生事故后立即身亡，没用上医疗保险，至于养老保险，又因他遇难前未到退休年龄，也未能用上。所以，张妻得到的583.46元，是社会保险办公室退还的张某生前缴纳保险费的个人部分。

不少人在面对商业保险时，常常会这么说："单位已给我们缴纳了社会保险费，不需要再投保商业保险了。"其实社会保险是基础，商业保险可以作为补充。在上述案例里，如果张某购买了意外保险，或者是综合性的两全保险，就可以获得对应的保险费，降低家庭产生的损失。

（二）根据保险标的不同分类

根据保险标的不同，保险可分为人身保险和财产保险（见图7—2）。

1. 人身保险

人身保险（personal insurance），是以人的寿命和身体为保险标的的保险。当人们遭受不幸事故或因疾病、年老以致丧失工作能力、伤残、死亡或年老退休后，根据保险合同的规定，保险人对被保险人或受益人给付保险金或年金，以解决病、残、老、死所造成的经济困难。人身保险包括人寿保险、健康保险、意外伤害保险等保险业务。

（1）人寿保险是以被保险人的寿命作为保险标的，以被保险人的生存或死亡为给付保险金条件的一种人身保险。其主要业务种类有：定期寿险、终身寿险、两全寿险、年金保险、投资连结保险、分红寿险和万能寿险等。

（2）健康保险是以被保险人的身体为保险标的，使被保险人在疾病或意外

商业保险之
人身保险
分类

事故发生所致伤害时的费用或损失获得补偿的一种人身保险业务。其主要业务种类有医疗保险、疾病保险和收入保障保险等。

（3）意外伤害保险是指以被保险人的身体为保险标的，以意外伤害而致被保险人身故或残疾为给付保险金条件的一种人身保险。其主要业务种类有普通意外伤害保险、特定意外伤害保险等。

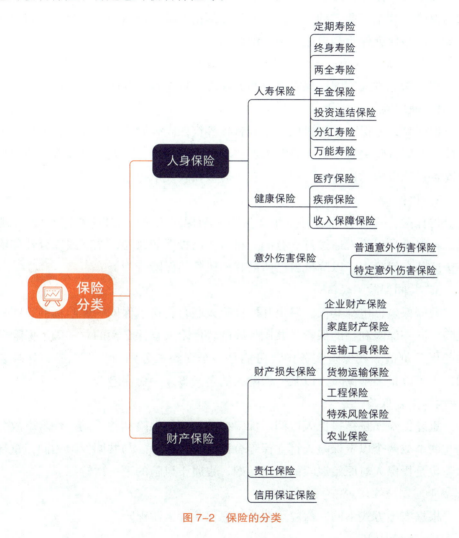

图7-2　保险的分类

2. 财产保险

财产保险（property insurance），广义上讲，是除人身保险外的其他一切险种，包括财产损失保险、责任保险、信用保证保险等。它是以有形或无形财产及其相关利益为保险标的的一类实偿性保险。

（1）财产损失保险是以各类有形财产为保险标的的财产保险。其主要业务种类有：企业财产保险、家庭财产保险、运输工具保险、货物运输保险、工程保险、特殊风险保险和农业保险等。

（2）责任保险（liability insurance）是指以被保险人对第三者的财产损失或人身伤害依照法律应负的赔偿责任为保险标的的保险。其主要业务种类有公众责任保险、产品责任保险、雇主责任保险和职业责任保险等。

（3）信用保证保险（credit & bonds insurance）是以各种信用行为为保险标的的保险。其主要业务种类有：一般商业信用保险、出口信用保险、合同保证保险、产品保证保险和忠诚保证保险等。

（三）根据承保方式不同分类

根据承保方式不同，保险可分为原保险、再保险、共同保险和重复保险。

1. 原保险

原保险，是保险人与投保人之间直接签订保险合同而建立保险关系的一种保险。在原保险关系中，保险需求者将其风险转嫁给保险人，当保险标的遭受保险责任范围内的损失时，保险人直接对被保险人承担赔偿责任。

2. 再保险

再保险，也称分保，是发生在保险人与保险人之间的保险行为。具体地说，再保险是保险人通过订立合同，将自己已投保的风险，全部或部分转移给一个或几个保险人，以降低自己所面临的风险的保险行为。

3. 共同保险

共同保险，也称共保，是由几个保险人联合直接承保同一保险标的、同一风险、同一保险利益的保险。共同保险的各保险人承保金额的总和等于保险标的的保险价值。在保险实务中，可能是多个保险人分别与投保人签订保险合同，也可以是多个保险人以某一保险人的名义签发一份保险合同。

4. 重复保险

重复保险，是指投保人以同一保险标的、同一保险利益、同一保险事故分别与两个或两个以上保险人订立保险合同的一种保险。与共同保险相同，重复保险也是投保人对原始风险的横向转嫁，也属于风险的第一次转嫁。

（四）根据实施方式不同分类

根据实施方式不同，保险可分为自愿保险和强制保险。

1. 自愿保险

自愿保险，是指投保人与保险人双方在平等的基础上，自愿通过订立保险合同而建立的保险关系。投保人可以自由决定是否投保、向谁投保、中途退保等，也可以自由选择保险金额、保障范围、保障期限等；保险人还可以根据情况自愿决定是否承保、怎样承保等。

2. 强制保险

强制保险，又称法定保险，是由国家（政府）通过法律或行政手段强制实施的一种保险。强制保险的实施方式有两种选择：一是保险标的与保险人均由法律限定；二是保险标的由法律限定，但投保人可以自由选择保险人，如机动车交通事故责任强制保险。

二、保险的基本原则

（一）保险利益原则

保险利益原则（insurable interest principle）是保险的基本原则，其本质内容是要求投保人必须对投保的标的具有保险利益。如果投保人以不具有保险利益的标的投保，保险人可单方面宣布保险合同无效；保险标的发生保险责任事故，被保险人不得因保险而获得不属于保险利益限度内的额外利益。

当然，并非投保人对保险标的所具有的任何利益都可以成为保险利益，保险利益的构成还必须具有下列条件：

（1）保险利益必须是合法的利益。合法的利益是指投保人或被保险人对保险标的所具有的利益，必须是法律上承认的利益。

（2）保险利益必须是确定的利益。确定的利益包括两层含义：首先这一利益是能够用货币形式估价的；其次这一利益能够确定量，无法定量的利益不能成为保险利益。

（3）保险利益必须是经济利益。经济利益是指投保人或被保险人对保险标的的利益必须是可通过货币计量的利益。

（二）最大诚信原则

最大诚信原则（principle of utmost good faith）作为现代保险法的四大基本原则之一，最早起源于海上保险。在早期的海上保险中，投保人投保时作为保险标的的船舶或者货物已在海上或在其他港口，真实情况如何，在当时的条件下，只能依赖于投保人的告知；保险人根据投保人的告知决定是否承保及估算保险风险、确定保险费率。

最大诚信原则的内容主要通过保险合同双方的诚信义务来体现，具体包括投保人或被保险人如实告知的义务及保证义务、保险人的说明义务及弃权和禁止反言义务。

1. 告知

如实告知义务又称据实说明义务，如实披露义务。告知（representations）是指投保人在订立保险合同时对保险人的询问所作说明或者陈述，包括对事实的陈述、对将来事件或者行为的陈述以及对他人陈述的转述。

2. 保证

保证（warranty）指保险人要求投保人或被保险人对做或不做某事，或者使某种状态存在或不存在做出承诺。保证有明示保证和默示保证两种：

（1）明示保证，是指以书面形式载于或附于保险单内、要求投保人（被保险人）必须作为或不作为或者保证某项事实的真实性的特约条款，这些条款作为保险单的一个内容，被保险人必须遵守。如机动车辆保险条款中必须对保险车辆妥善保管、使用、保养，使之处于正常技术状态。

（2）默示保证，是指保险合同中虽然没有载明，而习惯上社会公认的被保险人应遵守的规则，并将此视为投保人保证作为或不作为的承诺。

3. 弃权与禁止反言

（1）弃权（waiver）是指保险合同当事人放弃自己在合同中可以主张的某项权利。

（2）禁止反言（estoppel）是指保险人放弃某项权利后，不得再向投保人或被保险人主张这种权利。禁止反言的基本功能是要防止欺诈行为，以维护公平、公正，促成双方当事人之间本应达到的结果。

（三）损失补偿原则

损失补偿原则（principle of indemnity）是指当保险事故发生时，保险人必须在保险责任范围内对被保险人所受的损失进行补偿。损失补偿原则是由保险的经济补偿职能确定的，这是财产保险理赔的基本原则。通过补偿，使被保险人的保险标的在经济上恢复到受损前的状态，不允许被保险人因损失而获得额外的利益。补偿原则的实现方式通常有现金、修理、更换和重置。

根据损失补偿原则的要求，保险人承担的赔偿责任有一个量的限定，具体规定如下：①以实际损失为限，全部损失全部赔偿，部分损失部分赔偿。②以保险金额为限，赔偿金额在任何情况下都不能超过保险金额。③以保险利益为限。如果保险标的并不属于被保险人独有，则被保险人在此事故中损失的经济利益并不等于保险标的的全部实际损失额，被保险人得到的赔偿金只能以其保险利益为限；如被保险标的受损，被保险人已丧失了对该保险标的的保险利益，则被保险人对该财产的损失也不具有索赔权；如果受损时保险财产已部分转让，则被保险人对已转让的那部分财产所遭受的损失无索赔权。

损失补偿方式是损失补偿原则的具体应用，主要有[①]：

① 第一损失赔偿方式。它是指在保险金额内，按照实际损失赔偿。其计算公式为：

当损失金额≤保险金额时，损失赔偿 = 损失金额。

当损失金额＞保险金额时，赔偿金额 = 保险金额。

② 比例赔偿方式。在不定值保险条件下，若保险金额等于或大于保险价值，即足额或超额保险时，其赔偿金额等于损失金额；若保险金额小于保险价

---

① 作为金融理财师的考证内容，仅作了解。

值，即不足额保险时，按保障程度，即保险金额与损失当时保险财产的实际价值比例计算赔偿金额。其计算公式为：

$$赔偿金额 = 损失金额 \times 保障程度$$

$$保障程度 = 保险金额 \div 损失当时保险财产的实际价值$$

不足额投保不省心

买了车就得买保险，但是有些车主认为自己"艺高人胆大"，驾车出行不会擦碰，因此为了节省保费，投保时便选择不足额投保（指保险合同约定的保险金额低于保险价值）。尽管这样做表面看是可以省点钱，但万一发生事故造成车辆损毁，就得不到足额赔付，进而影响到个人的保险权益。例如，陈小姐买了一辆沃尔沃轿车并通过一位朋友投保机动车保险，投保时她让朋友按最低价格核算保费，于是原本市场价80多万元的新车，实际只按40万元的保额投保，由此省下一笔保费。然而，正是这样的不足额投保，给理赔埋下了隐患。有一次，陈小姐驾车出行发生交通事故，共花费修理费9 550元。但保险公司表示，由于她的车属于不足额投保，因此根据保险条款规定"保险金额低于新车购置价的车辆，按保险金额与新车购置价的比例计算赔偿修理及施救费用"，因此，陈小姐只获得9 550×（40÷80）=4 775（元）的赔偿金。

可见，不足额投保虽然让一些人在投保时感觉贪了便宜，实则不一定省心，甚至还会吃亏。对于汽车保额的确定，明智的选择还是应当足额投保，即车辆实际价值多少就保多少，一旦遇险就可以得到足额赔付，消除后顾之忧。

（四）近因原则

保险关系上的近因（proximate cause）并非是指在时间上或空间上与损失最接近的原因，而是指造成损失的最直接、最有效的起主导作用或支配性作用的原因。

认定近因的关键是确定风险因素与损失之间的关系，确定这种因果关系一般有两种基本方法：

（1）顺推法。这是一种从原因推断结果的方法，即从最初事件出发，按照逻辑推理直到最终损失发生，最初事件就是最后一个事件的近因。如雷击折断大树，大树压塌房屋，房屋倒塌致使室内家电损毁，则家电损毁的近因就是雷击。

（2）逆推法。这是一种从结果推断原因的方法，即从损害开始，自后往前推，追溯到最初事件，没有中断，最初事件就是近因。如第三者被两车相撞致死，导致两车相撞的原因是其中一位驾驶员酒后驾车，则酒后驾车是第三者死亡的近因。

【任务实施】

结合任务精讲，在该案例中提到了重大疾病险（简称重疾险）、健康医疗险（简称健康险）以及终身寿险（简称寿险）。重疾险、健康险可以满足自身求医需求，而寿险可以为家人子女留下一份保障权益。各类保险工具作用及解决的问题见表 7-1。

表 7-1　各类保险工具的作用及解决的问题

风险管理	工具类型	工具的作用	解决的问题（沟通逻辑）
损失性风险管理	重疾险	收入补偿（疾病）重疾大额医疗费用补偿	• 高发风险后的安全感建立 • 家庭财务的平稳过渡
	意外险	收入补偿（残疾、身故）	• 特定风险背后的责任感建立 • 家庭财务替代的选择权
	定期寿险	收入补偿（身故）	• 贷款族的债务兜底保护 • 单引擎的家庭责任防护
	医疗险	医疗费用的报销	• 对医疗资源有较多选择权
支出性风险管理	养老年金	养老期的工资来源	• 养老期固定收入的增加 • 养老期的安全感建立
	子女教育金年金保险	子女教育金的补充增强财务规划	• 被安全锁定的教育费用 • 无风险投资、终身复利的锁定
所有性风险管理	年金保险	生前财富支持	• 资金的刻度与时间的刻度同向等长增长 • 每个时间点的财富的归属、数额的确定
	终身寿险	身故后财富传承	• 锁定身家和身价 • 加杠杆的财富传承

【技能训练】

（一）知识测试（单选题）

1. 投保人寿保险往往需要为被保险人做体检，下列说法错误的是（　　）。

A. 体检是为了防范道德风险

B. 体检与否通常取决于被保险人的年龄及保险金额

C. 体检出现异常指标时可能需要进一步检查

D. 根据体检结果，保险公司可能会提高保费

2. 保险公司各险种相互区别的最重要标志是（　　　　）。

A. 保险费率

B. 保险责任

C. 保险期限

D. 保险金额

3. 保单生效日起算每满一个周年时所对应的日期是（　　　　）。

A. 保单生效日

B. 保单对应日

C. 保单生效对应日

D. 保单生效期限

4. 按照保险利益原则，各类专业人员，如医师、设计师，对由于工作上的疏忽，使他人遭受损害而依法承担的经济赔偿责任具有保险利益，那么，此类专业人投保的险种是（　　　　）。

A. 公众责任保险

B. 财产损失保险

C. 职业责任保险

D. 产品责任保险

5. 何先生是一家生产电池企业的企业主。日前某地发生了电池爆炸事件，何先生担心自己生产的电池如果发生爆炸会给消费者带来人身伤害和财产损失，从而承担经济赔偿责任。为此他应投保（　　　　），可以最大限度地将该风险转移。

A. 产品质量保证保险

B. 产品责任保险

C. 雇主责任保险

D. 公众责任保险

（二）能力训练

意外伤害医疗保险

2021 年 2 月 20 日，张某被王某驾驶的运货大卡车撞伤，住院治疗，交警部门认定王某负全部责任。经协商，王某赔偿了张某医疗费、营养费、护理费、误工费、交通费等损失共计 18 000 元。在事故发生前，张某已向其保险公司投保了 1 万元的意外伤害医疗保险。那么张某获得了王某的赔偿后，是否还可以向保险公司申请赔付 1 万元的保险金？

任务三　开展保障规划

【任务情境】

陈先生夫妻有一个令人羡慕的三口之家，夫妻二人今年均为 36 岁，女儿读小学一年级，今年 7 岁。陈先生在一家外资企业做部门主管，月薪5 000 元，年终奖金 4 万元；妻子是某事业单位财务主管，月薪 4 000 元，年终奖 3 800 元。双方都有社保，陈先生有一间老房子出租，每年的租金收入

保险规划
动画

7 200 元，如现在出售能卖到 18 万元。一家人目前购置一套 60 万元的新房，首付 30 万元，贷款 30 万元分 20 年偿还，还款额度每月 2 500 元。

陈先生家庭财务支出比较稳定，女儿一年的教育费用（含兴趣班支出）在 1 万元左右，陈太太办的美容卡每年需要 5 000 元，一家人平均每月的日常生活开支为 3 000 元，家庭应酬支出平均每月 500 元，每年旅游支出 1 万元。

家里有即将到期的定期存款 13 万元，活期存款 2 万元。陈先生夫妻除房贷外目前无其他贷款。除社保外夫妻二人没有投保其他商业保险，女儿的人身意外保险是学校统一缴纳的。

目前，陈先生想请理财规划师通过理财规划为其解决以下问题：

（1）陈先生夫妻觉得最近房价已经有所回落了，因此考虑用于出租的这处房产是现在出售还是留着。

（2）陈先生想知道家庭风险保障是否完备，如果不足，还需要补充哪些保险。

（3）准备孩子的教育金，希望孩子在国内读到研究生毕业。孩子到读大学还有差不多 11 年的时间，目标额度为 40 万 ~50 万元。

（4）陈先生希望准备一份退休金保障年老的生活品质，希望 55 岁提前退休，届时积攒资金的目标额度为 60 万元。

财务状况分析：总体来看，陈先生家庭属于收入、结余都处于中等水平的家庭，财务状况较好，但是也存在一些问题，主要包括：财产流动性比率过高、家庭成员和财产的风险管理保障不充分、收入有限、理财意识欠缺。如果想顺利地实现陈先生的理财规划目标，还需要仔细规划。

三口之家的保障规划如何开展实施呢？请思考并提出保障建议和制定保险规划。

家庭 6 张
保单

【任务精讲】

一、生命周期理论

生命周期理论是我们整个理财规划的基础，保险规划也不例外。根据生命周期理论，人生的不同阶段保险需求是不同的。人的一生，如果按年龄划分，大致可以分为少儿期、青年期、中年期和老年期四个阶段，各阶段的保险需求特征如表 7-2 所示。人生的每一个阶段，由于其收入水平、所负责任、身体状况的不同，其所需要保险的种类和金额也不相同。掌握了客户在不同的生命周期的不同需要，可以帮助理财规划师尽可能快地捕捉客户的保险需求。

表 7-2　人生不同阶段的保险需求

	期间	特征	保险需求
按年龄划分	少儿期	（1）经济上不独立，没有收入 （2）需要较大的教育费用支出 （3）免疫力较差，容易患病 （4）自我保护能力弱，易受伤害	（1）学生平安保险 （2）少儿健康保险 （3）少儿教育保险
	青年期	（1）开始有独立的经济收入 （2）积蓄较少，消费欲望高 （3）父母年纪渐大，责任增加 （4）准备结婚、买房、购车	（1）定期交保费的储蓄型保险 （2）人身意外伤害保险 （3）医疗费用保险 （4）贷款保险
	中年期	（1）收入稳定，希望生活安定 （2）家庭财产较多，要求保全 （3）储蓄较丰，有投资需求 （4）上有老下有小，责任较重 （5）身体开始出现各种疾病 （6）注重感情和家庭和睦	（1）分红、投连、万能等储蓄投资类保险 （2）高额人身意外伤害保险 （3）家庭财产险、汽车保险 （4）重大疾病等健康保险
	老年期	（1）收入减少 （2）疾病增加 （3）关注养老保障 （4）生病卧床需要护理	（1）养老年金保险 （2）疾病住院保险 （3）老年看护保险

我们可以看到，人在不同的年龄阶段，具有不同的特征，面临着不同的风险，承担着不同的责任。比如在少儿期，没有独立的收入来源，父母就有责任为其购买保险；在青年期，可以通过保险来强制自己进行有计划的存钱，养成良好的财富积累习惯；在中年期，人的事业和收入达到最高峰，但是所承担的责任和面临的风险也最多，因此所需的保险也最多；到了老年期，虽然收入明显下降，但是健康医疗和养老保障的需求突出，因此在中青年时期就应该考虑老年时期的保险需求。而对保险的需求最为迫切的人群，主要有以下五类：

（1）中年人。主要是指 40 岁以上的工薪人员，他们要考虑退休后的生活保障，就必须考虑给自己设定足够的"保险系数"，使自己的晚年生活获得充裕的物质保障。

（2）身体欠佳者。目前我国在原有的职工负担一部分医疗费、住院费的基础上，要适当加大职工负担的比例，这对于身体不好的职工来说，迫切需要商业保险来弥补。尤其是没有参加社会医疗保险的职工，医疗费用全部由自己及家庭承担，就更需要商业保险来替他们支付大笔的医疗费用。

（3）高薪阶层。由于这部分职工本身收入可观，又有一定量的个人资产，加之自然和不可抗力的破坏因素的存在，他们也急于寻找一种稳妥的保障方式，使自己的财产更安全。

（4）岗位竞争激烈的职工。岗位竞争激烈的职工面临着比一般人更大的工作量，且工作富于挑战性，所以，他们比一般人更有危机感，更需要购买保险，以给自己找到安全感。

保障需求

（5）少数单身职工家庭。单身职工家庭经济状况一般都不富裕，家庭都无法承受太大的经济压力，因而，单身职工家庭也迫切需要买保险。

二、保险规划制定流程

（一）分析客户面临的人身风险

1．生命风险

个体死亡不仅会导致所在家庭发生额外的费用，其带来的更大的财物损失是家庭未来收入的丧失。这种风险就是生命风险。

为了评估一个负担家庭生计者的死亡对家庭所产生的财务影响，可根据风险管理的方法建立一个生命价值分析模型。该模型将家庭可能遭受的财务损失以经济价值取代，此价值通常是购买保险的依据。利用该模型可以帮助人们决定是否需要购买人寿保险产品，以及确定合理的保险金额。

2．健康保险

健康状况不佳与死亡一样会造成两种损失，即所得的损失和额外的费用。经济损失的评估方法有多种，病痛也可以用于计算健康风险所引起的损失。

由受伤、生病所引起的非预期的额外费用主要包括住院费、手术费、药费、护理费等。但是，要评估健康风险是非常困难的，因为患病率不像死亡率，无法准确预测；生病的严重性与发生频率也难以确定；缺乏社会公共疾病统计数据。一般保险公司会收集和掌握一些疾病的相关统计资料，以便确定相关保险产品的费率。

（二）分析客户家庭面临的财产损失风险

家庭财产保险指因火灾、爆炸、雷击等一系列自然灾害和意外事故造成的家庭财产的损失以及合理的抢救、施救费用提供的经济补偿的保险。

家庭财产保险的承保对象包括：被保险人自有的家庭财产，包括房屋及其室内附属设备、室内装潢、室内财产（如家用电器、文体娱乐用品、衣物和床上用品、家具及其他生活用具）以及经被保险人与保险人特别约定并在保险单上载明的家庭财产。

家庭财产保险承保责任包括：

（1）火灾、爆炸；

（2）暴风、暴雨、台风、洪水、雷击、泥石流、雪灾、雹灾、冰凌、龙卷风、崖崩、突发性滑坡、地面突然塌陷；

（3）飞行物体及其他空中运行物体坠落，外来不属于被保险人所有或使用的建筑物和其他固定物体的倒塌；

（4）合理的、必要的施救费用。

家庭财产保险规划具体包括物质财产保险、责任保险、保证保险。另外，在普通型家庭财产综合保险的基础上，可附加一些险种，包括：附加盗抢险，附加现金及首饰盗抢险，附加家用电器用电安全险，附加管道破裂及水渍险，附加第三者责任保险，附加民用管道煤气、天然气综合保险，家庭装修保险，自行车盗窃险等。

（三）分析客户所面临的保险投资风险

1. 变额寿险

变额人寿保险（variable life insurance）是死亡给付金额可以变动的寿险。保险公司为保单所有人设立单独账户，把资金主要用于股权资本投资，死亡给付金额很大程度上取决于投资收益率。保单所有人拥有证券投资组合的选择权。

2. 万能寿险

万能寿险（universal life insurance）是一种交费灵活、保额可调整、非约束性的寿险。万能寿险的保险费、保险金额和现金价值都可以随保单所有人的需要而改变，甚至可以暂时停缴保费。保单所有人可提走部分现金价值，而不会使保险合同失效，但增加保险金额要提供可保性证据。

万能寿险保险公司替每个保险单所有人设置单独账户：①该账户上有三个收入项目：新缴保险费、对现金价值保证支付的利息、支付的超额利息。②该账户上有两个支出项目：支付的死亡保障金、管理和销售费用。③收支余额可以用来增加保险单的现金价值。当收不抵支时，就要催缴保险费，否则保险单失效。

3. 分红保险

分红保险是指保险公司在每个会计年度结束后，将上一会计年度该类险种的可分配盈余，按一定的比例、以现金红利或增值红利的方式分配给客户的一种人寿保险。分红来自利差益、死差益和费差益。而其分利支付方式有领取红利、累积生息、抵交保险费、购买交清增额保险。

4. 投资连结保险

投资连接保险是指包含保险保障功能并至少在一个投资账户中拥有一定资

投连险与万能险

保障规划
流程

产价值的人身保险。它是一种将投资与风险保障相结合的保险，保险公司将客户所交的保费分成"保障"和"投资"两个账户，被保险人在获得风险保障的同时，将保费的一部分用来购买保险公司所设立的基金单位，由保险公司进行投资运作，其特点包括：①具有保障与投资双重功能；②独立账户，运作透明；③保障水平不固定；④投资风险由保单持有人承担。

【任务实施】

第一步，分析客户家庭的财务情况（见表7-3、表7-4）

表7-3　家庭年现金流量表

单位：元

收入	金额	支出	金额
陈先生	100 000	房屋贷款	30 000
陈太太	51 800	教育支出	10 000
房租收入	7 200	美容支出	5 000
		日常支出	36 000
		应酬支出	6 000
		旅游支出	10 000
收入总计	159 000	支出总计	97 000
年结余	62 000	结余比例	38.99%

表7-4　家庭资产负债表

单位：万元

资产	金额	负债	金额
定期存款	13	房贷	30
活期存款	2		
自住房	60		
投资房	18		
资产总计	93	负债总计	30
净资产	63		

第二步，保障规划思路

按照谁需要买保险、家庭保险需求、保险费用分配以及产品选择进行规划。

1. 目前保障情况及家庭保障需求

规划对象：夫妻已有单位社保、女儿已有学校意外保险，不过目前来看不足，需要对家庭成员进行保障。

保险需求：夫妻双方可以配置重疾险、意外险及寿险综合性高的保险品种（含重疾险、养老险功能），小孩可以配置意外险和教育险，如有父母长辈，可配置老人意外险和看护险。

2. 保险费用及保障额度

可按照双十原则：保费占收入的 10%，即 1.5 万元左右；保额即保障力度为收入的 10 倍，即 150 万元左右。

3. 具体产品选择

可查阅各大保险公司官网、众安在线、慧择网选择对应保险产品进行组合。

第三步，保障规划建议

1. 建议配置品种（见表 7-5）

表 7-5　建议配置品种

家庭成员	寿险	重大疾病险	意外险	少儿保险
陈先生	√	√	√	
陈太太	√	√	√	
女儿			√	√

2. 配置具体产品（见表 7-6，仅为举例示意，可选择其他同类产品）

表 7-6　配置具体产品（仅为举例产品）

家庭成员	寿险	重大疾病险	意外险	少儿保险
陈先生	太平关爱 E 生健康保障计划（分红型）	达尔文 5 号	慧择全年综合意外 10+1 保障计划—幸福版	—
陈太太	太平关爱 E 生健康保障计划（分红型）	康瑞保 2.0	大都会人寿短期综合意外险、人身伤害医疗保险	—
女儿	—	—	儿童综合意外保险少儿意外医疗	阳光旅程教育金保障计划（分红型）

3．产品对应保额及保费（见表 7-7）

表 7-7　产品对应保额及保费

单位：元

家庭成员	寿险	重大疾病险	意外险	少儿保险	保费小结
陈先生	保额 200 000/保费 7 360	保额 3 000 000/保费 5 535	保额 500 000/保费 500	—	13 395
陈太太	保额 100 000/保费 3 440	保额 200 000/保费 4 000	保额 1 000 000/保费 150	—	7 590
女儿	—	—	保额 200 000/保费 160	保额 50 000/保费 3 900	4 060
保费总计					25 045
保额总计					5 250 000

【技能训练】

（一）知识测试

1．（单选题）谢小姐 2018 年为自己的房屋在甲保险公司购买了 5 年期房屋火灾保险，保额 50 万元，此时房产价值 80 万元，2019 年谢小姐又在乙保险公司购买了 3 年期房屋火灾保险，保额 100 万元，此时房产价值 120 万元，两份合同对重复保险都没有做任何特殊约定。2020 年 3 月房屋发生火灾，出险时房屋价值 140 万元，实际损失 100 万元，那么谢小姐可获得（　　　）。

A．甲公司赔偿 50 万元，乙公司赔偿 100 万元

B．甲公司赔偿 33.3 万元，乙公司赔偿 66.7 万元

C．甲公司赔偿 50 万元，乙公司赔偿 50 万元

D．甲公司酷偿 25 万元，乙公司赔偿 75 万元

2．（单选题）王真为其房屋在 A 和 B 两家保险公司分别投保了保额为 30 万元和 50 万元的家庭财产保险。在一次火灾中，市价 100 万元的房屋实际发生损失 40 万元，则下列说法正确的是（　　　）。

（1）此种情况属于重复保险

（2）在两家公司分别属于不足额投保

（3）王真总共可以获得 40 万元的赔款

（4）王真可以从 A 保险公司获得的保险赔偿金额为 31.25 万元

A．（2）　　　　　　　　　　B．（2）（3）（4）

C．（1）（3）　　　　　　　　D．（2）（4）

3.（多选题）人身保险与社会保险的区别是（　　　　）。

A. 权利与义务关系不同　　　　B. 保险的目的不同

C. 实施方式不同　　　　　　　D. 保险对象不同

E. 保险的资金来源不同

4.（多选题）人身保险没有（　　　）的概念。

A. 保险金额　　　　　　B. 保险利益　　　　　　C. 保险价值

D. 保险期限　　　　　　E. 重复保险

5.（多选题）按照人身意外伤害保险中的"意外伤害"条件，下面（　　　）意外事故不符合"意外伤害"的定义。

A. 一名心脏病患者，由于地震而受到惊吓，心脏病复发导致死亡

B. 沿海某区受到强烈台风侵袭，吹倒房屋，使屋里的人被压身亡

C. 某市遭受特大的洪涝灾害，某人来不及被他人救助就被洪水淹没身亡

D. 食物中毒

E. 一位身材十分肥胖的人，因弯腰穿袜子，挤压了内脏器官，致使肠变位并引起阻塞，对心脏造成极大压力，几天后死亡

（二）能力训练

刘先生一家三口在广州居住，正处于家庭成长期，家中育有一岁的女儿，考虑建立初步的家庭保障，请根据表7-8的信息，描述分析该家庭的保障需求，可具体列出寿险、重疾险、医疗险、意外险需求。

表7-8　家庭信息问卷

姓名	刘先生	年龄	30	生日	×××
性别	男	身体情况	健康		
职业	科研	年收入	50万元	年支出	6万元
家庭地址	广州市××××				
家庭成员1	吴女士	年龄	27	生日	×××
与填表人员关系	夫妻	身体情况	健康		
职业	运营	年收入	20万元	年支出	10万元
家庭成员2	刘小小	年龄	1	生日	×××
与填表人员关系	父女	身体情况	健康		
职业	无	年收入	0	年支出	0
家庭年收入	70万元	家庭年消费	30万元（生活支出+子女教育+旅游）		

续表

收入主要来源	薪资	主要支出内容	子女教育
子女教育费	10万元/年	父母赡养费	2万元/年
车贷总额	0	车贷月供	0
房贷总额	100万元	房贷月供	5 000元
家庭未来5年规划	孩子上学教育投入		

项目八
个税规划

- 任务一　认知个人税收基础
- 任务二　开展个人税收筹划

学习目标

知识目标　● 熟悉个人所得税课税范围

　　　　　● 掌握个人所得税纳税模式

　　　　　● 准确计算个人所得税税额

能力目标　● 加深对客户面临风险的判断，能够匹配不同的工具

　　　　　● 掌握个人所得税优惠政策，为客户提供理财建议

　　　　　● 熟悉新个税改革后新变化，为客户合理合规避税

素养目标　● 树立依法纳税理念及合法节税观念

　　　　　● 具备个人理财规划师职业道德素养

　　　　　● 形成自主学习的能力

思维导图

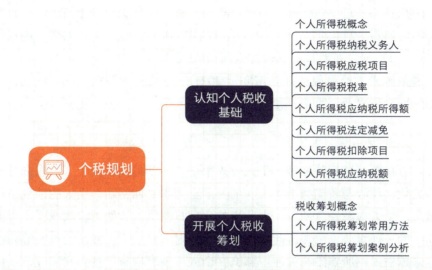

任务一 认知个人税收基础

【任务情境】

某职员 2017 年入职，2021 年每月应发工资均为 30 000 元，每月减除费用 5 000 元，"三险一金"等专项扣除为 4 500 元，享受子女教育、赡养老人两项专项附加扣除共计 2 000 元，假设没有减免收入及减免税额等情况。每月取得劳务报酬所得 8 000 元。11 月取得稿酬所得 40 000 元，12 月取得特许权使用费所得 2 000 元。每月没有其他综合所得收入。

请按照个人所得税法计算该职员 2021 年应纳税所得额、应纳税额，已经预扣预缴个税以及汇算应补税。

【任务精讲】

个人所得税
的基本认知

随着社会经济日益发展、个人收入水平的不断提高以及个人收入来源渠道的多元化，税收与我们每个人之间的关系也变得更加密切，个人的涉税事项逐渐增多，个人应纳税款所占个人所得的比重日益增大，使得税收成了个人财务活动中的一项重要支出。因此，作为个人理财项目中不可或缺的税收筹划活动也越来越被人们所熟悉与关注。那么，个人涉税事项有哪些？我们应该如何合理合法地节税呢？

一、个人所得税概念

个人所得税（personal income tax）是以个人（自然人）取得的各项应税所得为征税对象所征收的一种所得税。作为征税对象的个人所得，是指个人在一定期间内，通过各种来源或方式所取得的一切利益，而不论这种利益是偶然的，是临时的，是货币、有价证券的，还是实物的。

二、个人所得税纳税义务人

个人所得税的纳税人包括中国公民、个体工商业户、个人独资企业、合伙企业投资者、在中国有所得的外籍人员（包括无国籍人员）和我国香港、澳门、台湾同胞等。上述纳税人依据住所和居住时间两个标准，区分为居民个人和非居民个人，分别负有不同的纳税义务。

（一）居民个人

1. 居民个人纳税身份的确定

根据《中华人民共和国个人所得税法》（简称《个人所得税法》）的规定，居民个人是指在中国境内有住所，或者无住所而在一个纳税年度内在中国境内居住累计满 183 天的个人。

在中国境内有住所的个人，是指因户籍、家庭、经济利益关系而在中国境内习惯性居住的个人。所谓习惯性居住，是判定纳税义务人是居民或非居民的一个法律意义上的标准，不是指实际居住或在某一个特定时期内的居住地。如因学习、工作、探亲、旅游等而在中国境外居住的，在其原因消除之后、必须回到中国境内居住的个人，则中国即为该纳税人习惯性居住地。相反，对于因学习、工作、探亲、旅游等原因在境内居住，但这些原因消除后仍然准备回境外居住的，不属于在境内习惯性居住。

在中国境内居住满 183 天是指在一个纳税年度（自公历 1 月 1 日起至 12 月 31 日止）内在中国境内居住满 183 天。

2. 居民个人的纳税义务范围

居民个人负有无限纳税义务，其所取得的应纳税所得，无论是来源于中国境内还是中国境外任何地方，都要在中国缴纳个人所得税。

自 2019 年 1 月 1 日起，无住所个人一个纳税年度在中国境内累计居住满 183 天的（不论本年度是否有一次离境超过 30 天），如果此前六年在中国境内每年累计居住天数都满 183 天而且没有任何一年单次离境超过 30 天，该纳税年度来源于中国境内、境外所得应当缴纳个人所得税；如果此前六年的任一年在中国境内累计居住天数不满 183 天或者单次离境超过 30 天，该纳税年度来源于中国境外且由境外单位或个人支付的所得，免于缴纳个人所得税。其中，此前六年，是指该纳税年度的前一年至前六年的连续六个年度，此前六年的起始年度自 2019 年（含）以后年度开始计算。

无住所个人一个纳税年度内在中国境内累计居住天数，按照个人在中国境内累计停留的天数计算。在中国境内停留的当天满 24 小时的，计入中国境内居住天数，在中国境内停留的当天不足 24 小时的，不计入中国境内居住天数。

（二）非居民个人

1. 非居民个人纳税身份的确定

《个人所得税法》规定，非居民个人是在中国境内无住所又不居住或者无住所且一个纳税年度内在中国境内居住累计不满 183 天的个人。现实中，习惯性居住地不在中国境内的个人，只有外籍人员、华侨或我国香港、澳门和台湾同胞。

2. 非居民个人的纳税义务范围

非居民个人承担有限纳税义务，仅就其来源于中国境内的所得向中国缴纳个人所得税。

在中国境内无住所的个人，在一个纳税年度内在中国境内居住累计不超过 90 天的，其来源于中国境内的所得，由境外雇主支付并且不由该雇主在中国境内的机构、场所负担的部分，免予缴纳个人所得税。

居民个人与非居民个人的判定标准及纳税义务见表 8-1。

表 8-1　居民个人与非居民个人的判定标准及纳税义务明细表

纳税人	判定标准	纳税义务
居民个人	两者满足其一： （1）在中国境内有住所； （2）在中国境内无住所而一个纳税年度内在中国境内居住累计满 183 天	无限纳税义务：中国境内和境外取得的所得
非居民个人	两者满足其一： （1）在中国境内无住所又不居住 （2）在中国境内无住所而一个纳税年度内在中国境内居住不满 183 天	有限纳税义务：中国境内取得的所得

案 例分析

美国居民戴森，于 2020 年 8 月 20 日来到中国，并于 2021 年 5 月 20 日离开中国。请问：（1）戴森在中国应该如何缴纳个人所得税？（2）假设戴森由于工作原因，推迟至 7 月 20 日才离开中国，他在中国又应该如何缴纳个人所得税？

分析：居民个人和非居民个人的居住时间标准是一个纳税年度内的累计居住时间。纳税年度指自公历 1 月 1 日起至 12 月 31 日止。

（1）戴森于 2021 年 5 月 20 日离开中国，在 2020 年和 2021 两个纳税年度都未居住满 183 天，判定戴森为中国的非居民个人，仅就来源于中国境内的所得在中国缴纳所得税。

（2）假设戴森推迟至 7 月 20 日才离开中国，2020 年依然是非居民个人，仅就来源于中国境内的所得在中国缴纳所得税。2021 年在中国共居住了 201 天，达到了一个纳税年度居住满 183 天的条件，属于中国的居民个人，2021 年他来源于中国境内的所得和来源于中国境外的所得都需要缴纳个人所得税。

三、个人所得税应税项目

个人所得税的征收项目包括工资、薪金所得，劳务报酬所得，稿酬所得，特许权使用费用所得，经营所得，利息，股息，红利所得，财产租赁所得，财产转让所得，偶然所得。

（一）工资、薪金所得

工资、薪金所得，是指个人因任职或者受雇而取得的工资、薪金、奖金、年终加薪、劳动分红、津贴、补贴以及与任职或受雇有关的其他所得。除工资、薪金以外，奖金、年终加薪、劳动分红、津贴、补贴也被确定为工资、薪金范畴。其中年终加薪、劳动分红不分种类和取得情况，一律按工资、薪金所得课税。以下项目不予征税：①独生子女补贴；②执行公务员工资制度未纳入基本工资总额的补贴、津贴差额和家属成员的副食品补贴；③托儿补助费；④差旅费津贴、误餐补助。其中，误餐补助是指按照财政部门规定，个人因公在城区、郊区工作，不能在工作单位或返回就餐，根据实际误餐顿数，按规定的标准领取的误餐费。单位以误餐补助名义发给职工的补助、津贴不包括在内。

财 商学堂

新冠肺炎疫情防控相关的补助如何计征个税？

面对新冠肺炎疫情防控和复工复产的形势，税务部门深入贯彻落实习近平总书记一系列重要指示精神，坚决执行党中央、国务院决策部署，积极发挥税收职能作用，全力参与疫情防控工作，支持企业复工复产。在个人所得税的补助上也有相应措施。

1.《关于支持新型冠状病毒感染的肺炎疫情防控有关个人所得税政策的公告》（财政部税务总局公告 2020 年第 10 号）

自 2020 年 1 月 1 日起，对参加疫情防治工作的医务人员和防疫工作者按照政府规定标准取得的临时性工作补助和奖金，免征个人所得税。政府规定标准包括各级政府规定的补助和奖金标准，对省级及省级以上人民政府规定的对参与疫情防控人员的临时性工作补助和奖金，比照执行。单位发给个人用于预防新型冠状病毒感染的肺炎的药品、医疗用品和防护用品等实物（不包括现金），不计入工资、薪金收入，免征个人所得税。

2.《国家医疗保障局　财政部关于做好新型冠状病毒感染的肺炎疫情医疗保障的通知》

对于确诊新型冠状病毒感染的肺炎患者发生的医疗费用，在基本医保、大病保险、医疗救助等按规定支付后，个人负担部分由财政给予补助，实施综合保障。

（二）劳务报酬所得

劳务报酬所得，是指个人从事劳务取得的所得，包括从事设计、装潢、安装、制图、化验、测试、医疗、法律、会计、咨询、讲学、翻译、审稿、书画、雕刻、影视、录音、录像、演出、表演、广告、展览、技术服务、介绍服务、经纪服务、代办服务以及其他劳务取得的所得。

区分"劳务报酬所得"和"工资、薪金所得",主要看是否存在雇佣与被雇佣的关系。"工资、薪金所得"是指个人从事非独立劳动,从所在单位(雇主)领取的报酬,存在雇佣与被雇佣的关系,即在机关、团体、学校、部队、企事业单位及其他组织中任职、受雇而得到的报酬。而"劳务报酬所得"则是指个人独立从事某种技艺,独立提供某种劳务而取得的报酬,一般不存在雇佣关系。个人所得税所列各项"劳务报酬所得"一般属于个人独立从事自由职业取得的所得或属于独立个人劳动所得。

(三)稿酬所得

稿酬所得,是指个人因其作品以图书、报刊形式出版、发表而取得的所得。作品包括文学作品、书画作品、摄影作品以及其他作品。作者去世后,财产继承人取得的遗作稿酬,也应按"稿酬所得"征收个人所得税。

将稿酬所得独立划归一个征税项目,而对不以图书、报刊形式出版、发表的翻译、审稿、书画所得归为劳务报酬所得,主要是考虑了出版、发表作品的特殊性。它是一种依靠较高智力创作的精神产品,与社会主义精神文明建设密切相关。因此,稿酬所得应当与一般劳务报酬相区别,并给予适当优惠照顾。

(四)特许权使用费所得

特权使用费所得,是指个人提供专利权、商标权、著作权、非专利技术以及其他特许权的使用权取得的所得。其中提供著作权的使用权取得的所得不包括稿酬所得。

(五)经营所得

经营所得包括以下情形:①个体工商户从事生产、经营活动取得的所得,个人独资企业投资人、合伙企业的个人合伙人来源于境内注册的个人独资企业、合伙企业生产、经营的所得;②个人依法从事办学、医疗、咨询以及其他有偿服务活动取得的所得;③个人对企业、事业单位承包经营、承租经营以及转包、转租取得的所得;④个人从事其他生产、经营活动取得的所得。

(六)利息、股息、红利所得

利息、股息、红利所得指个人拥有债权、股权而取得的利息、股息、红利所得。利息,指个人拥有债权而取得的利息,包括存款利息、贷款利息和各种债券的利息,但是个人持有中华人民共和国财政部发行的债券而取得的国债利息所得以及个人持有经国务院批准发行的金融证券而取得的金融债券利息所得免纳个人所得税。股息、红利,指个人拥有股权取得的股息、红利。按照一定的比率对每股发给的息金，叫股息；根据公司、企业应分配的利润，按股份分配的叫红利。股东因持有股份而得到的利润称为股息所得，它是定额定率发放的。股东得到的超过股息的那一部分利润称为红利，红利没有定率，一般视公司或企业的利润而定。

（七）财产租赁所得

财产租赁所得指个人出租不动产、机器设备、车船以及其他财产取得的所得。个人取得的财产转租收入，属于财产租赁所得的征税范围。

（八）财产转让所得

财产转让所得指个人转让有价证券、股权、合伙企业中的财产份额、不动产、机器设备、车船以及其他财产取得的所得。

（九）偶然所得

偶然所得是指个人得奖、中奖、中彩以及其他偶然性质的所得。

个人所得税的征收范围见表 8-2。

表 8-2　个人所得税的征收范围

序号	征收项目	具体范围
1	工资、薪金所得	工资、薪金所得是指个人因任职或者受雇取得的工资、薪金、奖金、年终加薪、劳动分红、津贴、补贴以及与任职或受雇有关的其他所得。工资薪金为企业每一纳税年度支付给在本企业任职或者受雇的员工的所有现金和非现金形式的劳动报酬，包括基本工资、奖金、津贴、补贴、年终加薪、加班工资，以及与任职或者受雇有关的其他支出
2	劳务报酬所得	个人从事劳务取得的所得，包括从事设计、装潢、安装、制图、化验、测试、医疗、法律、会计、咨询、讲学、翻译、审稿、书画、雕刻、影视、录音、录像、演出、表演、广告、展览、技术服务、介绍服务、经纪服务、代办服务以及其他劳务取得的所得。 区分"劳务报酬所得"和"工资、薪金所得"，主要看是否存在雇佣与被雇佣的关系。个人所得税所列各项"劳务报酬所得"一般属于个人独立从事自由职业取得的所得或属于独立个人劳动所得
3	稿酬所得	个人因其作品以图书、报刊等形式出版、发表而取得的所得。作品包括文学作品、书画作品、摄影作品以及其他作品。作者去世后，财产继承人取得的遗作稿酬，也应按"稿酬所得"征收个人所得税
4	特许权使用费所得	个人提供专利权、商标权、著作权、非专利技术以及其他特许权的使用权取得的所得；提供著作权的使用权取得的所得，不包括稿酬所得

续表

序号	征收项目	具体范围
5	经营所得	（1）个体工商户从事生产、经营活动取得的所得，个人独资企业投资人、合伙企业的个人合伙人来源于境内注册的个人独资企业、合伙企业生产、经营的所得； （2）个人依法从事办学、医疗、咨询以及其他有偿服务活动取得的所得； （3）个人对企业、事业单位承包经营、承租经营以及转包、转租取得的所得； （4）个人从事其他生产、经营活动取得的所得
6	利息、股息、红利所得	个人拥有债权、股权等而取得的利息、股息、红利所得
7	财产租赁所得	个人出租不动产、机器设备、车船以及其他财产取得的所得
8	财产转让所得	个人转让有价证券、股权、合伙企业中的财产份额、不动产、机器设备、车船以及其他财产取得的所得
9	偶然所得	个人得奖、中奖、中彩以及其他偶然性质的所得

注：1. 2018 年《个人所得税法》的修订，取消了原"个体工商户的生产、经营所得"与"对企事业单位的承包、承租经营所得"的征收项目，新设立"经营所得"项目。

2. 2018 年修订后的《个人所得税法》的征收项目中删除了原版规定的"经国务院财政部门确定征税的其他所得"，但不意味着原计入"其他所得"的项目都无须再缴纳个税。

案 例分析

东方歌舞团的歌唱演员王某应经纪人邀请，到广州市参加商业演出。根据演出合同，王某每演出一场获得报酬 3 万元，此次组台共演出三场，获得收入 9 万元。那么，该笔所得应属于何种应税所得？

分析：判定一个演员的演出报酬是属于工资、薪金所得，还是属于劳务报酬所得，其依据主要是看其演出活动是否由所供职的演出团体所安排及是否存在雇佣关系。如果所参加的演出活动是供职单位组织的，则取得的报酬属于工资、薪金所得；否则，其收入属于劳务报酬所得。本案例中王某取得演出报酬来自供职单位以外的商业团体演出活动，因此，该收入应该计入劳务报酬所得。

案 例分析

　　开着一家小型个体加工厂的张某，将自己家一套闲置不用的自住房出租，每月取得租金收入 3 500 元。那么，该租金收入能否合并到工厂经营中一并纳税？

　　分析：根据税法规定，个体工商户取得与生产、经营有关的各项应纳税所得，合并到个体工商户的生产、经营中纳税；与生产、经营无关的应税所得，不得计入生产经营项目，应按照各项所得的性质，分别确定适用应税项目计交个人所得税。由于张某出租的是自用住房，与加工厂的生产经营无关，所以不能计入加工厂的经营所得，而应单独按照财产租赁计交个人所得税。

四、个人所得税税率

　　个人所得税不同的征税项目对应不同的征收方式，如表 8-3 所示。

表 8-3　个人所得税征收方式汇总表

序号	征收项目	征收方式		
		居民个人		非居民个人
		预扣预缴	汇算清缴	
1	工资、薪金所得	按月	属于综合所得，按年度合并计算	按月或按次分项计算，不办理汇算清缴
2	劳务报酬所得	按月或按次分项计算		
3	稿酬所得			
4	特许权使用费所得			
5	经营所得	按月（季）预缴，按年汇算清缴		
6	利息、股息、红利所得	按月或按次分项计算，不办理汇算清缴		
7	财产租赁所得			
8	财产转让所得			
9	偶然所得			

财 商学堂

个人所得税预扣预缴和汇算清缴的区别

预扣预缴是针对居民个人的工资薪金、劳务报酬、稿酬、特许权使用费四项所得，即"综合所得"采取的一种按月缴纳个人所得税的缴税方式。而出于纳税人从多处取得所得、累计收入适用综合所得年税率有差异等原因，导致年度应纳个税与实际预扣预缴的个税金额可能会产生差异，因此个人还需通过汇算清缴来实现退补税。

与预扣预缴的按月缴纳不同，汇算清缴按年计算应纳税额，如果已预缴税额与年度应纳税额一致，那么纳税人就无须办理汇算清缴，如果已预缴税额与年度应纳税额不一致，那么纳税人可以通过汇算清缴来获得退税或补缴税款。

也就是说，预扣预缴和汇算清缴都是计算个人所得税的一种方式，但预扣预缴是按月计算每月的预扣税款，汇算清缴是按年计算一个纳税年度的应缴税款，即在预扣预缴税款的基础上，承担着"查遗补漏，汇总收支，按年算账，多退少补"的职责，以确保纳税人准确的履行了纳税义务。

个人所得税的税率按所得项目不同分别确定，具体情况如表 8-4 所示。

表 8-4　个人所得税税率汇总

序号	征收项目	税率		
		居民个人		非居民个人
		预扣预缴	汇算清缴	预扣预缴
1	工资、薪金所得	见表 8-5	综合所得，适用 3%—45% 的超额累进税率，见表 8-5	见表 8-7
2	劳务报酬所得	见表 8-6		
3	稿酬所得	20% 的比例税率		
4	特许权使用费所得			
5	经营所得	5%—35% 的超额累进税率，见表 8-8		
6	利息、股息、红利所得	20% 的比例税率		
7	财产租赁所得			
8	财产转让所得			
9	偶然所得			

（1）适用7级超额累进税率。工资、薪金所得，劳务报酬所得，稿酬所得，特许权使用费所得这四项劳动性所得纳入综合所得征税范围，适用统一的超额累进税率，居民个人按纳税年度合并计算个人所得税，非居民个人按月或按次分项计算个人所得税。综合所得，适用3%—45%的超额累进税率，共7级。居民个人平时取得综合所得，有扣缴义务人的，由扣缴义务人按月或者按次预扣预缴税款。工资、薪金所得的预扣预缴，适用3%—45%的超额累进税率，共7级。

（2）适用5级超额累进税率。经营所得，适用5%—35%的超额累进税率，共5级。

（3）居民个人劳务报酬所得预扣预缴，适用20%—40%的超额累进税率，共3级。

（4）比例税率。居民个人稿酬、特许权使用费所得的预扣预缴，适用比例税率，税率为20%。利息、股息、红利所得，财产租赁所得，财产转让所得，偶然所得和其他所得，适用比例税率，税率为20%。自2001年1月1日起，对个人出租住房取得的所得暂减按10%的税率征收个人所得税。

扣缴义务人向居民个人支付工资、薪金所得时，按照累计预扣法计算预扣税款，并按月办理扣缴申报。个人所得税税率表（一）如表8-5所示。

表8-5 个人所得税税率表（一）

（居民个人综合所得适用、居民个人工资、薪金所得预扣预缴和综合所得汇算清缴适用）

级数	全年应纳税所得额	税率 /%	速算扣除数
1	不超过 36 000 元的部分	3	0
2	超过 36 000 元至 144 000 元的部分	10	2 520
3	超过 144 000 元至 300 000 元的部分	20	16 920
4	超过 300 000 元至 420 000 元的部分	25	31 920
5	超过 420 000 元至 660 000 元的部分	30	52 920
6	超过 660 000 元至 960 000 元的部分	35	85 920
7	超过 960 000 元的部分	45	181 920

注：本表所称全年应纳税所得额是指依照《个人所得税法》的规定，居民个人取得综合所得以每一纳税年度收入额减除费用6万元以及专项扣除、专项附加扣除和依法确定的其他扣除后的余额。

扣缴义务人向居民个人支付劳务报酬所得时，居民个人劳务报酬预扣预缴适用20%—40%的三级超额累进税率。个人所得税税率表（二）如表8-6所示。

表 8-6   个人所得税税率表（二）

（居民个人劳务报酬所得预扣预缴使用）

级数	预扣预缴应纳税所得额	税率 /%	速算扣除数
1	不超过 20 000 元的部分	20	0
2	超过 20 000 元至 50 000 元的部分	30	2 000
3	超过 50 000 元的部分	40	7 000

个人所得税税率表（三）与个人所得税税率表（四）如表 8-7、表 8-8 所示。

表 8-7   个人所得税税率表（三）

（非居民个人工资、薪金、劳务报酬、稿酬、特许权使用费所得代扣代缴适用）

级数	应纳税所得额	税率 /%	速算扣除数
1	不超过 3 000 元的部分	3	0
2	超过 3 000 元至 12 000 元的部分	10	210
3	超过 12 000 元至 25 000 元的部分	20	1 410
4	超过 25 000 元至 35 000 元的部分	25	2 660
5	超过 35 000 元至 55 000 元的部分	30	4 410
6	超过 55 000 元至 80 000 元的部分	35	7 160
7	超过 80 000 元的部分	45	15 160

表 8-8   个人所得税税率表（四）

（经营所得适用）

级数	全年应纳税所得额	税率 /%	速算扣除数
1	不超过 30 000 元的部分	5	0
2	超过 30 000 元至 90 000 元的部分	10	1 500
3	超过 90 000 元至 300 000 元的部分	20	10 500
4	超过 300 000 元至 500 000 元的部分	30	40 500
5	超过 500 000 元的部分	35	65 500

注：本表所称全年应纳税所得额是指依照税法规定，以每一纳税年度的收入总额减除成本、费用以及损失后的余额。

案 例分析

中国公民李某在国内某公司任职，于 2016 年入职，2021 年每月应发工资均为 10 000 元，每月减除费用 5 000 元，缴纳"三险一金"等专项扣除为 1 500 元，从 1 月起享受子女教育专项附加扣除 1 000 元，没有减免收入及减免税额等情况，以前三个月为例，应当按照以下方法计算预扣预缴税额。

1 月：（10 000−5 000−1 500−1 000）×3% =75（元）

2 月：（10 000×2−5 000×2−1 500×2−1 000×2）×3% −75=75（元）

3 月：（10 000×3−5 000×3−1 500×3−1 000×3）×3% −75−75=75（元）

进一步计算可知，该纳税人全年累计预扣预缴应纳税所得额为 30 000 元，一直适用 3% 的税率，因此各月应预扣预缴的税款相同。

案 例分析

中国公民张某在国内某公司任职，于 2018 年入职，2021 年每月应发工资均为 30 000 元，每月减除费用 5 000 元，缴纳"三险一金"等专项扣除为 4 500 元，享受子女教育、赡养老人两项专项附加扣除共计 2 000 元，没有减免收入及减免税额等情况，以前三个月为例，应当按照以下方法计算各月应预扣预缴税额。

1 月：（30 000−5 000−4 500−2 000）×3% =555（元）

2 月：（30 000×2−5 000×2−4 500×2−2 000×2）×10% −2520−555=625（元）

3 月：（30 000×3−5 000×3−4 500×3−2 000×3）×10% −2 520−555−625=1850（元）

上述计算结果表明，由于 2 月累计预扣预缴应纳税所得额为 37 000 元，适用 10% 的税率，因此 2 月和 3 月应预扣预缴有所提高。

五、个人所得税应纳税所得额

根据《个人所得税法》不同项目、不同纳税人个人所得税应纳税所得额的计算方法不同，具体情况如表 8-9 所示。

居民个人综合所得的预扣预缴与汇算清缴

表 8-9　个人所得税应纳税所得额的计算方法

序号	征收项目	应纳税所得额			
		居民个人			非居民个人
		预缴		汇算清缴	
		预缴			
1	工资、薪金所得	累计收入 – 累计免税收入 – 累计减除费用 – 累计专项扣除 – 累计专项附加扣除 – 累计依法确定的其他扣除 – 准予扣除的捐赠额		全年工资薪金所得 + 全年劳务报酬所得 × （1–20%）+ 全年特许权使用费所得 × （1–20%）+ 全年稿酬所得 × （1–20%）× 70%– 免税收入 – 60 000 – 专项扣除 – 专项附加扣除 – 其他扣除 – 准予扣除的捐赠额	收入额 – 免税收入 5 000 元 – 准予扣除的捐赠额
2	劳务报酬所得	每次收入 ≤ 4 000 元	每次收入额 –800 元		收入 × （1–20%）– 免税收入 – 准予扣除的捐赠额
		每次收入 > 4 000 元	每次收入额 × （1–20%）		
3	稿酬所得	每次收入 ≤ 4 000 元	（每次收入额 –800 元）× 70%		收入 × （1–20%）× 70%– 免税收入 – 准予扣除的捐赠额
		每次收入 > 4 000 元	每次收入额 × （1–20%）× 70%		
4	特许权使用费所得	每次收入 ≤ 4 000 元	每次收入额 –800 元		收入 × （1–20%）– 免税收入 – 准予扣除的捐赠额
		每次收入 > 4 000 元	每次收入额 × （1–20%）		
5	经营所得	有综合所得	（收入总额 – 成本、费用 – 损失）× 分配比例 – 准予扣除的捐赠额		
		无综合所得	（收入总额 – 成本、费用 – 损失）× 分配比例 – 60 000 元 – 专项扣除 – 专项附加扣除 – 其他扣除 – 准予扣除的捐赠额		
6	利息、股息、红利所得	每次收入额 – 准予扣除的捐赠额			

续表

序号	征收项目	应纳税所得额			
			居民个人		非居民个人
			预缴	汇算清缴	
7	财产租赁所得	收入≤4 000元	每月（次）收入额－免税收入－准予扣除项目－修缮费用－800元－允许扣除的公益慈善捐赠额（修缮费用800元为限）		
		收入>4 000元	（每月（次）收入额－免税收入－准予扣除项目－修缮费用）×（1－20%）－允许扣除的公益慈善捐赠额（修缮费用800元为限）		
8	财产转让所得	转让财产收入额－财产原值－合理费用－准予扣除的捐赠额			
9	偶然所得	每次收入额－准予扣除的捐赠额			

案 例分析

中国公民李某 2021 年 5 月个人取得劳务报酬所得 2 000 元，则这笔所得应预扣预缴税额计算过程为：

预扣预缴应纳税所得额 =2 000－800=1 200（元）

应预扣预缴的税额 =1 200×20% =240（元）

中国公民张某 2021 年 7 月个人取得稿酬所得 40 000 元，则这笔所得应预扣预缴税额计算过程为：

预扣预缴应纳税所得额 =40 000×（1－20%）×70% =22 400（元）

应预扣预缴的税额 =22 400×20% =4 480（元）

某公司职员张某月薪 10 000 元，每月个人缴纳"三险一金"为 2 000 元，此外 12 月还有劳务报酬收入 30 000 元，其综合所得预扣预缴应纳个人所得税税额为多少？需不需要汇算清缴？

1. 工资、薪金所得的预扣预缴

1 月预缴个人所得额 =（10 000－5 000－2 000）×3%=90（元）；

2 月预缴个人所得额 =（10 000×2－5 000×2－2 000×2）×3% －90=90（元）；

进一步计算可知，该纳税人全年工资、薪金累计预扣预缴应纳税所得额为 36 000 元，一直适用 3% 的税率，因此各月应预扣预缴的税款相同，均为 90 元。

2. 劳务报酬所得的预扣预缴

劳务报酬预扣预缴应纳税所得额 =30 000×（1－20%）=24 000（元）

应预扣预缴的税额 =24 000×20% =4 800（元）

3．全年应纳税额汇算

全年综合所得应纳所得额 =10 000×12+30 000×（1-20%）-5 000×12-2 000×12=90 000（元）

全年应纳税额 =90 000×10% -2 520=6 480（元）

4．张某需要进行年度汇算清缴

汇算清缴应补税款 =6 480-（90×12+4 800）=600（元）

六、个人所得税法定减免

免税是按照税收法律、法规对纳税人免征全部应纳税款，免税的项目需要法律或行政法规明确予以执行。减税是按照税收法律、法规对纳税人免征部分应纳税款。

《个人所得税法》和《个人所得税法实施条例》对可享受免税和减税的范围进行了界定。法定免税情形如表 8-10 所示。

表 8-10　法定免税情形汇总表

序号	法定免税的情形	
1	省级人民政府、国务院部委和中国人民解放军军以上单位，以及外国组织、国际组织颁发的科学、教育、技术、文化、卫生、体育、环境保护等方面的奖金	
2	（1）国债利息	个人持有中国财政部发行的债券而取得的利息
	（2）国家发行的金融债券利息	个人持有经国务院批准发行的金融债券而取得的利息
3	按照国家统一规定发给的补贴、津贴	按照国务院规定发给的政府特殊津贴、院士津贴，以及国家规定免予缴纳个人所得税的其他补贴、津贴
4	（1）抚恤金	
	（2）福利费	根据国家有关规定，从企业、事业单位、国家机关、社会组织提留的福利费或者工会经费中支付给个人的生活补助费
	（3）救济金	各级人民政府民政部门支付给个人的生活困难补助费
5	保险赔款	
6	军人的转业费、复员费、退役金	
7	按照国家统一规定发给干部、职工的安家费、退职费、基本养老金或者退休费、离休费、离休生活补助费	
8	依照《中华人民共和国外交特权与豁免条例》和《中华人民共和国领事特权与豁免条例》应予免税的各国驻华使馆、领事馆的外交代表、领事官员和其他人员的所得	
9	中国政府参加的国际公约、签订的协议中规定免税的所得	

续表

序号	法定免税的情形
10	国务院规定的其他免税所得（需由国务院报全国人民代表大会常务委员会备案）

法定减征个人所得税情形如表 8-11 所示。

表 8-11　法定减征个人所得税情形汇总表

序号	减征情形	减征幅度和期限
1	残疾、孤老人员和烈属的所得	由省、自治区、直辖市人民政府规定，并报同级人民代表大会常务委员会备案
2	因自然灾害遭受重大损失的	

七、个人所得税扣除项目

根据《个人所得税法》第六条以及《个人所得税法实施条例》第十三条的规定，居民的综合所得，以每一纳税年度的收入额减除费用六万元以及专项扣除、专项附加扣除和依法确定的其他扣除后的余额，为应纳税所得额。具体范围如图 8-1 所示，内容概览如表 8-12 所示。

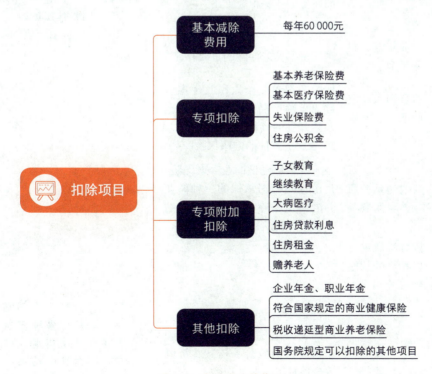

图 8-1　扣除项目的范围

表 8–12　个人所得税扣除项目汇总表

扣除项目		扣除项目简介	适用征收项目	其他规定
基本减除费用		为维持基本生计而发生的支出（每年 6 万元）	综合所得经营所得	以居民个人一个纳税年度的应纳税所得额为限，一个纳税年度扣除不完的，不结转以后年度扣除
专项扣除	基本养老保险费	国家建立的社会保险制度个人负担部分		
	基本医疗保险费			
	失业保险费			
	住房公积金	个人缴存的长期住房储金		
专项附加扣除	子女教育	子女接受全日制学历教育和学前教育		
	继续教育	学历教育、职业资格教育		
	大病医疗	与基本医保相关的医药费用		
	住房贷款利息	本人或其配偶购买中国境内住房，发生的首套住房贷款利息		
	住房租金	在主要工作城市没有自有住房而发生的住房租金支出		
	赡养老人	赡养老人支出		
其他扣除	企业年金、职业年金	国家基本养老保险的重要补充		
	符合国家规定的商业健康保险	保险公司参照个人税收优惠型健康保险产品指引框架及示范条款开发的、符合财税〔2017〕39 号规定条件的健康保险产品		
	税收递延型商业养老保险	个人税收递延型商业养老保险，是由保险公司承保的一种商业养老年金保险，主要面向缴纳个人所得税的社会公众		
	国务院规定可以扣除的其他项目	—		
公益捐赠		通过境内公益性社会组织、县级以上人民政府及其部门等国家机关，向教育、扶贫、济困等公益慈善事业的捐赠	所有项目	居民个人捐赠当月有多项多次分类所得的，应先在其中一项一次分类所得中扣除

个人所得税专项附加扣除如表 8-13 所示。

表 8-13　个人所得税专项附加扣除

项目	扣除条件		扣除标准
子女教育	子女接受学前教育阶段	年满 3 岁至小学前	每个子女每月定额 1 000 元
子女教育	子女接受全日制学历教育	义务教育（小学、初中）	
		高中（普通高中、中等职业、技工教育）	
		高等教育（大专、本科、硕士、博士）	
继续教育	在中国境内接受学历（学位）继续教育		每月定额 400 元
	接受技能人员职业资格继续教育、专业技术人员职业资格继续教育的		取得相关证书的当年定额扣除 3 600 元
大病医疗	在一个纳税年度内，纳税人发生的与基本医保相关的医药费用支出，扣除医保报销后个人负担（指医保目录范围内的自付部分）累计超过 15 000 元的部分		办理汇算清缴时在 80 000 元限额内据实扣除
住房贷款利息	购买中国境内住房，发生的首套住房贷款利息支出		每月 1 000 元定额扣除
住房租金	在主要工作城市没有自有住房而发生的住房租金支出	直辖市、省会（首府）城市、计划单列市以及国务院确定的其他城市	每月 1 500 元
		市辖区户籍人口超过 100 万的城市	每月 1 000 元
		市辖区户籍人口不超过 100 万的城市	每月 800 元
赡养老人	赡养一位及以上被赡养人的赡养支出（赡养人是指年满 60 周岁的父母，以及子女均已去世的祖父母、外祖父母）	独生子女	每月定额 2 000 元
		非独生子女	非独生子女每人分摊的额度 ≤ 1 000 元 / 月

案例分析

购买商业健康保险产品如何缴纳个人所得税

2020 年 1 月，晨星科技公司统一为高级管理人员购买了两种保险产品：（1）商业性补充养老保险产品，保费支出为每份 500 元，已办理投保手续；（2）税收递延型商业健康保险产品，保费支出每份 300 元。

高级管理人员陈辉，2020 年 1 月份工资为 20 000 元。请问陈辉当月的工资薪金所得应税收入额是多少？

分析：单位为职工个人购买商业性补充养老保险，在办理投保手续时，应作为个人所得税的"工资、薪金所得"项目，计征个人所得税，公司统一购买的商业性补充养老保险产品 500 元，应并入当月工资薪金所得计征个税。

单位为员工购买符合规定的税收递延型商业健康保险产品，应视同个人购买，扣除限额为 2 400 元 / 年（200 元 / 月），超出限额 300−200=100（元），应并入陈辉当月工资薪金所得计征个税。

综上，陈辉 2020 年 1 月的工资薪金所得应税收入额 =20 000+500+100=20 600（元）。

八、个人所得税应纳税额

个人所得税应纳税额的计算应该结合税率和应纳税所得额的相关规定进行，根据《个人所得税法》第六条，应纳税所得额的计算如下：

（1）居民个人的综合所得，以每一纳税年度的收入额减除费用六万元以及专项扣除、专项附加扣除和确定的其他扣除后的余额，为应纳税所得额。

（2）非居民个人的工资、薪金所得，以每月收入额减除费用五千元后的余额为应纳税所得额；劳务报酬所得、稿酬所得、特许权使用费所得，以每次收入额为应纳税所得额。

（3）经营所得，以每一纳税年度的收入总额减除成本、费用以及损失后的余额，为应纳税所得额。

（4）财产租赁所得，每次收入不超过四千元的，减除费用八百元；四千元以上的，减除百分之二十的费用，其余额为应纳税所得额。

（5）财产转让所得，以转让财产的收入额减除财产原值和合理费用后的余额，为应纳税所得额。

（6）利息、股息、红利所得和偶然所得，以每次收入额为应纳税所得额。

居民个人取得各项所得应纳税额的计算方法如表 8−14 所示。

表 8-14　个人所得税应纳税额计算方法表

序号	项目	应纳税额	
		预缴	汇算清缴
1	工资、薪金所得	累计预扣预缴应纳税所得额 × 预扣率 - 速算扣除数 - 累计已预扣预缴税额	
2	劳务报酬所得	预扣预缴应纳税所得额 × 预扣率 - 速算扣除数	
3	稿酬所得	预缴应纳税所得额 × 20%	
4	特许权使用费所得		
5	经营所得	年度应纳税所得额 × 经营所得税率 - 速算扣除数	
6	利息、股息、红利所得	每次应纳税所得额 × 20%	
7	财产租赁所得	每次财产租赁所得应纳税所得额 × 20%	
8	财产转让所得	财产转让所得应纳税所得额 × 20%	
9	偶然所得	每次应纳税所得额 × 20%	

注：本表所列应纳税所得额的计算方法请查阅表 8-9。

案例分析

中国公民李军是梅松公司的职员，2021 年度收入情况如下：

（1）当年取得工资薪金收入 300 000 元。

（2）4 月出版小说，取得稿费收入 30 000 元，11 月再版，取得再版稿费收入 50 000 元。

（3）8 月给税台公司提供临时咨询服务，取得一次性服务费 20 000 元。

（4）10 月将小说改成剧本，从电影制作单位取得剧本使用费 100 000 元。

全年支出情况如下：

（1）按国家规定标准缴纳的"三险一金"共计 50 000 元。

（2）发生可扣除的子女教育支出 24 000 元，继续教育支出 8 400 元，住房贷款利息 12 000 元，赡养父母支出 12 000 元，大病医疗 12 000 元。

（3）发生符合扣除标准的企业年金 10 000 元，商业健康保险 2 400 元。

（4）通过红十字会向贫困山区希望小学捐赠 50 000 元。

问：李军 2021 年度综合所得应如何计征个人所得税？

分析：

（1）计算 2021 年综合所得收入额。

工资、薪金所得收入额＝工资、薪金所得 ＝300 000（元）

劳务报酬所得收入额＝劳务报酬所得 ×80%＝20 000×80%＝16 000（元）

稿酬所得收入额＝稿酬所得 ×80%×70%＝（30 000＋50 000）×80%×70%＝44 800（元）

特许权使用费所得收入额＝特许权使用费所得 ×80%＝100 000×80%＝80 000（元）

综合所得收入额＝工资、薪金所得收入额＋劳务报酬所得收入额＋稿酬所得收入额＋特许权使用费所得收入额＝440 800（元）

（2）扣除捐赠前的应纳税所得额＝综合所得收入额－基本扣除费用－专项扣除－专项附加扣除－其他扣除＝440 800－60 000－50 000－24 000－8 400－12 000－12 000－12 000－10 000－2 400＝142 000（元）

（3）捐赠扣除：扣除限额＝142 000×30%＝42 600（元）

实际捐赠金额 50 000 元 >42 600 元，税前可扣除捐赠金额为 42 600 元。

（4）2020 年综合所得应纳税额的计算。

应纳税所得额＝扣除捐赠前的应纳税所得额－准予扣除的公益捐赠＝142 000－42 600＝99 400（元），根据《个人所得税税率表（一）》（表 8-5）适用税率 10%，速算扣除数 2 520。

应纳税额＝应纳税所得额 × 适用税率－速算扣除数 ＝99 400×10%－2 520＝7 420（元）

【任务实施】

第一步：汇算清缴计算解析。

工资收入额 ＝360 000（元）

劳务报酬收入额 ＝8 000×12×（1–20%）＝76 800（元）

稿酬收入额 ＝40 000 ×（1–20%）×70%＝22 400（元）

特许权使用费收入额 ＝2 000×（1–20%）＝1 600（元）

综合收入额 ＝360 000＋76 800＋22 400＋1 600＝460 800（元）

各项扣除总额 ＝（5 000＋4 500＋2 000）×12＝138 000（元）

每月减除费用 5 000 元，"三险一金"等专项扣除为 4 500 元，享受子女教育、赡养老人两项专项附加扣除共计 2 000 元。

应纳税所得额 ＝460 800－138 000＝322 800（元）

应纳税额 ＝322 800×25%－31 920＝48 780（元）

第二步：工资预扣预缴。

1月：（30 000－5 000－4 500－2 000）×3%＝555（元）；

2月：（30 000×2－5 000×2－4 500×2－2 000×2）×10%－2 520－555 ＝625（元）；

3月：（30 000×3－5 000×3－4 500×3－2 000×3）×10%－2 520－555－625＝1 850（元）；

案例拓展：如果每个月都是上述案例操作，则个税计算见表8-15。

表 8-15　预扣预缴个税

月份	每月应发工资 / 元	每月各项扣除 / 元	每月预扣预缴个税 / 元
1 月	30 000	11 500	555
2 月	30 000	11 500	625
3 月	30 000	11 500	1 850
4 月	30 000	11 500	1 850
5 月	30 000	11 500	1 850
6 月	30 000	11 500	1 850
7 月	30 000	11 500	1 850
8 月	30 000	11 500	2 250
9 月	30 000	11 500	3 700
10 月	30 000	11 500	3 700
11 月	30 000	11 500	3 700
12 月	30 000	11 500	3 700
合计	360 000	138 000	27 480

第三步：劳务报酬所得、稿酬所得、特许权使用费所得预扣预缴。

每月劳务费预扣预缴个税 ＝8 000×（1-20%）×20%-0＝1 280（元）

1—12月劳务费预扣预缴个税 ＝1280×12＝15 360（元）。

11月稿酬所得，预扣预缴应纳税所得额 ＝（40 000-40 000×20%）×70%＝22 400元。应预扣预缴税额 ＝22 400×20%＝4 480（元）。

12月特许权使用费所得，特许权使用费所得 2 000元，则这笔所得应预扣预缴税额计算过程为：

预扣预缴应纳税所得额 ＝2 000-800＝1 200（元）

应预扣预缴税额 ＝1 200×20%＝240（元）。

根据以上计算，2021年 1—12月，合计预扣预缴个税为 15 360+4 480+240＝20 080（元）。

273

已经预扣预缴个税 =27 480+20 080=47 560（元）。

汇算应补税 =48 780-47 560=1 220（元）

【技能训练】

（一）知识测试（单选题）

1. 根据个人所得税法律制度的规定，下列在中国境内无住所的外籍人员中，属于 2021 年度居民个人的是（   ）。

A. 马丁 2021 年 8 月 1 日来到中国，2021 年 10 月 31 日离开中国

B. 亨利 2021 年 7 月 5 日来到中国，2022 年 1 月 5 日离开中国

C. 琼斯 2021 年 3 月 1 日来到中国，2021 年 12 月 1 日离开中国

D. 路易 2020 年 9 月 1 日来到中国，2021 年 5 月 1 日离开中国

2. 根据个人所得税法律制度的规定，在中国境内有住所的居民取得的下列所得中，属于综合所得的是（   ）。

A. 经营所得

B. 劳务报酬所得

C. 利息、股息、红利所得

D. 财产租赁所得

3. 根据个人所得税法律制度的规定，下列各项中，属于劳务报酬所得的是（   ）。

A. 作家李某取得的剧本使用费

B. 演员孙某从其所属单位领取的工资

C. 律师赵某出租房屋取得的租金

D. 王某兼职取得的报酬

4. 2021 年 3 月李某出版一部小说，取得稿酬 10 000 元，已知稿酬所得个人所得税预扣率为 20%；每次收入超过 4 000 元的，减除 20% 的费用。李某当月稿酬所得应预缴个人所得税税额的下列算式中，正确的是（   ）。

A. $10\,000 \times (1-30\%) \times 20\% = 1\,400$（元）

B. $10\,000 \times (1-20\%) \times 20\% = 1\,600$（元）

C. $10\,000 \times 20\% = 2\,000$（元）

D. $10\,000 \times (1-20\%) \times (1-30\%) \times 20\% = 1\,120$（元）

5. 赵某有 A、B、C 三套住房，其中 A、B 两套用于出租，3 月共收取租金 9 600 元，其中住宅 A 租金 4 799 元，住宅 B 租金 4 801 元，两套住宅同时发生修缮费用，各 900 元，则下列说法中正确的有（   ）。（不考虑个人出租住房应缴纳的其他税费。）

A. 出租 A 住房应缴纳个人所得税 [（4 799-0-800）-800]×10%=319.9（元）

B. 出租 A 住房应缴纳个人所得税（4 799-0-900）×（1-20%）×10%=311.92（元）

C. 出租 B 住房应缴纳个人所得税（4 801-0-900）×（1-20%）×10%=312.08（元）

D. 出租 B 住房应缴纳个人所得税（4 801-0-800）×（1-20%）×10%=320.08（元）

（二）能力训练

1. 赵某是我国公民，独生子，单身，在甲公司工作。2021 年取得工资收入 80 000 元，在某大学授课取得收入 40 000 元，出版著作一部，取得稿酬 60 000 元，转让商标使用权，取得特许权使用费收入 20 000 元。已知：赵某个人缴纳"三险一金"20 000 元，赡养老人支出享受税法规定的扣除金额为 24 000 元，假设无其他扣除项目，计算赵某本年应缴纳的个人所得税。

2. 王某是我国公民，独生子，单身，在甲公司工作。2021 年取得工资收入 80 000 元，在某大学授课取得收入 40 000 元，出版著作一部，取得稿酬 60 000 元，转让商标使用权，取得特许权使用费收入 20 000 元。已知：赵某个人缴纳"三险一金"20 000 元，赡养老人支出等专项附加扣除为 24 000 元，假设无其他扣除项目，已知全年综合所得应纳税所得额超过 36 000 元至 144 000 元的，适用的预扣率为 10%，速算扣除数为 2 520，赵某全年已预缴个人所得税 23 000 元，计算赵某 2021 年汇算清缴应补或应退个人所得税。

任务二　开展个人税收筹划

【任务情境】

某科技公司研发部门王先生，2021 年每月税前工资为 12 000 元（基本工资 7 000 元，薪级工资 3 000 元，绩效工资 1 000 元，加班费 500 元，津贴补助 500 元），代扣社保合计 1 050 元，代扣公积金 500 元，2021 年 12 月发放年终奖 350 000 元，王先生每月专项附加扣除为 3 500 元，2021 年发放此笔年终奖之前，没有享受年终奖个税计算政策。

考虑年终奖节税筹划，计算王先生个税及年终奖个税。

【任务精讲】

一、税收筹划概念

税收筹划又称税务筹划，就其目的和结果而言，常被称为节税（tax savings）。印度税务专家 N.J. 雅萨斯威认为，税收筹划是"纳税人通过纳税活动的安排，以充分利用税收法规所提供的包括减免税在内的一切优惠，从而获得最大的税收利益"。美国学者 W.B. 梅格斯博士认为："人们合理又合法地安排自己的经营活动，使之缴纳可能最低的税收，他们使用的方法可称之为税收筹划。"对税收筹划一般国家都采取接受的态度，如荷兰议会和法院就承认：纳税人有采用"可接受的方法"、用正常的途径来"节税"的自由，其特征是用合法的策略减轻纳税义务。

在我国，税收筹划是指在纳税行为发生前，在不违反法律、法规（税法及其他相关法律、法规）的前提下，通过对纳税主体（法人或自然人）的经营活动或投资行为等涉税事项做出事先安排，以达到少纳税和递延交纳目标的一系列谋划活动。合法性是税收筹划区别于偷税、逃税、欠税、抗税、骗税行为的重要特征。纳税人只有在严格按照税法的规定充分尽其义务，才符合法律规定，才具有合法性。只有在这一前提下，纳税人才可以依据法律，经过合理安排，通过对经营、投资、理财活动的筹划来实现尽可能地减少自身税收负担，以获取节税收益。

从另一个层面来说，税收筹划是纳税人针对政府税收经济政策所进行的一系列的反馈活动。

二、个人所得税筹划常用方法

（一）工资、薪金所得的税收筹划

对工资、薪金所得的税收筹划主要表现在以下几个方面：

第一，采用工资、薪金福利化的税收筹划。由于企业给员工个人提供的符合福利支出的费用可以不并入工资计缴个人所得税，所以利用这一方法能很好地避免员工多交个税。比如员工在食堂就餐取代直接餐贴，企业提供住宿取代直接房补，为员工提供相应的福利设施等，这些都可以使工资、薪金福利化，达到减税的目的。

第二，采用纳税项目转换与选择的税收筹划。在我国，工资、薪金所得适用 3%~45% 的七级超额累进税率，劳务报酬所得适用 20%~40% 的税率，对于一次收入畸高可以实行加成征收，因此，利用税率差异进行税收筹划是节税的一个重要思路。当应纳税所得额比较少的时候，工资、薪金所得的适用税率比劳务报酬所得的适用税率低，因此在可能的时候将劳务报酬所得转化为工资、薪金所得，能节省税收，转化的关键是个人与用工单位建立固定的雇佣关系。反之，工资、薪金转化为劳务报酬所得有利于节省税收，转化的关键在于劳务合同的签订。

第三，采用"削平头"法进行税务筹划。"削平头"法就是指对于适用累进税率的纳税项目，应纳税的计税依据在各期分布越平均，越有利于节省纳税支出。

（二）劳务报酬所得的税收筹划

对劳务报酬所得的税收筹划主要表现在以下几个方面：

第一，采用分项计算筹划法。劳务报酬所得以每次收入额减去一定的费用后的余额作为应纳税所得额。个人兼有不同劳务报酬所得，应当分别减去费用，计算缴纳个人所得税。

第二，采用支付次数法。虽然我国税法规定，对于同一项目取得连续性收入，以每月的收入为一次，但是在现实生活中，由于种种原因，某些行业收入的取得具有一定的阶段性，即在某个时期收入较多，而在另一个时期收入较少，这样就造成了在收入较多时适用较高的税率，收入较少时适用较低的税率，甚至可能免征，导致总体税收较高。这时，我们采用多次支付的方法可以大大降低税负。比如，打算3个月支付的劳务报酬费在1年内支付，使得该劳务报酬支付每月比较平均，从而使得该项所得适用较低的税率。

第三，采用费用转移筹划法。为他人提供劳务以取得报酬的个人，可以考虑由对方提供一定的福利，将本应由自己承担的费用改为由对方提供，以达到规避个税的目的。具体方式有：由对方提供餐饮服务、报销交通费、提供住宿、提供办公用具、安排实验设备等。

（三）稿酬所得的税务筹划

目前我国对稿酬所得按照20%的税率计算个人所得税后，再按照应纳税额减征30%，体现对稿酬这种知识性所得的特殊政策。稿酬所得的税务筹划主要表现在以下几个方面：

第一，采用系列丛书筹划法。我国税法规定，个人以图书、报刊方式出版、发表同一作品，不论出版单位是预付还是分笔支付稿酬，或者加印该作品支付的稿酬，均应合并稿酬所得一次性计征个税，但是对于不同作品却是分开计税的，比如以系列丛书的形式出现，则该作品将被认定为几个单独的作品，单独计算纳税，这在有些情况可以节省纳税人不少税款。

第二，采用著作组筹划法。如果一项稿酬所得的预计数额较大，还可以考虑使用著作组筹划法，即改一本书由一个人编写为多人合作创作。

第三，采用增加前期写作费用筹划法。根据税法规定，个人取得的稿酬所得只能在一定限额内扣除费用，一般的做法是跟出版社商量，让其提供尽可能多的设备和服务，这样就将费用转移给出版社，自己基本上不负担费用，使得自己的稿酬所得相当于享受到两次费用抵扣，从而减少应纳税额。让出版社负担的费用主要有以下几种：资料费、稿纸费、绘画费、作图工具费、书写费、交通费、住宿费、实验费、用餐费等。

（四）个体工商户生产、经营所得的税务筹划

个体工商户的生产、经营所得适用五级超额累进税率。个体工商户生产、经营所得的税务筹划主要表现在以下几个方面：

第一，采用合法增加费用支出的筹划法。个体户和合伙企业以及个人独资企业，其个人缴纳的所得额为收入减去发生的成本、费用，因此，合理合法地扩大成本费用开支，降低应纳税所得额是个体工商户进行税务筹划的主要方法。

第二，采用分散、推后收益实现筹划法。个体工商户的生产经营所得，以每一纳税年度的收入总额减去成本费用以及损失后的余额作为应纳税额，一般纳税人可以做如下考虑：一是合理使用原材料核算的计价方法，以便原材料的成本尽可能往前计算，使纳税人的利润推迟实现；二是在可以预见的若干年内合理地安排有关费用，使费用尽可能在前面摊销；三是在必要的时候采取捐赠手段，从而在降低税负的同时，扩大了纳税人的社会影响力。

三、个人所得税筹划案例分析

（一）纳税人身份的纳税筹划

个人所得税的纳税义务人，包括居民纳税义务人和非居民纳税义务人两种。居民纳税义务人就其来源于中国境内或境外的全部所得缴纳个人所得税；而非居民纳税义务人仅就其来源于中国境内的所得，向中国政府缴纳个人所得税。很明显，非居民纳税义务人将会承担较轻的税负。

居住在中国境内的外国人、海外侨胞和我国香港、澳门、台湾同胞，如果在一个纳税年度内，一次离境超过 30 日或多次离境累计超过 90 日的，将不视为全年在中国境内居住简称"90 天规则"。牢牢把握这一尺度就会避免成为个人所得税的居民纳税义务人，而仅就其来源于中国境内的所得缴纳个人所得税。

（二）薪酬福利化的纳税筹划

由于目前我国对个人工资薪金所得征税时，按照固定的费用扣除标准做相应扣除，不考虑个人的实际支出水平，这就使利用非货币支付办法达到节税的目的成为可能。在既定工薪总额的前提下，为员工支付一些服务的费用，并把支付的这部分费用从应付给员工的货币工资中扣除，减少员工的货币工资，企业就可以把这些作为福利费、教育经费、工会经费支出，而这些在计算企业所得税的时候都是可以分别按照计税工资总额的相应比例在税前扣除的（具体比例参考各地税收政策），这样既减少了企业所得税应纳税所得额负担，又为员工提高了实际可支配的收入，可谓一举多得。

案例分析

　　某公司员工小王 2021 年月薪 10 000 元，每月房租 1 800 元，上班交通费用 400 元，工作午餐费用 400 元，小王每月应纳个人所得税所得额 = 10 000−5 000=5 000（元），每年应纳个人所得税所得额为 60 000 元，每年应纳个人所得税为 3 480 元。

　　若公司为其提供集体宿舍，安排从集体宿舍至上班地点的班车并解决工作午餐，工资调整为 7 400（即 10 000−1 800−400−400）元，则小王每月应纳个人所得税所得额 =7 400−5 000=2 400（元），每年应纳个人所得税所得额为 28 800 元，每年应纳个人所得税为 864 元。

　　两者相比，全年节税 2 616 元，企业既减少了所得税的应税负担，员工又得到了实惠，且便于管理，可谓一举多得。应该注意的是，企业为员工提供的福利不能为现金或其他购物券。一般来说，可供企业选择的免税福利有：提供免费的工作餐，且必须是不可转售的餐券；提供上下班交通工具或车辆；提供含家具在内的宿舍或住宅；提供补充的养老保险或企业年金；或多缴纳住房公积金（在当地政策许可的上限以下）；提供根据劳动合同或协议确定的公用福利设施如水、电、煤气、电话、通信、宽带网络等；提供员工继续教育经费或其他培训机会；提供员工子女教育基金或奖学金。

　　不具备提供上述福利能力的中小企业可以根据企业的实际情况，给予员工在教育、交通、通信、子女医疗等方面一定的报销幅度，也可以达到员工薪酬福利化，但各项福利列支应为政策准许。另外要考虑员工不同的福利需求，切忌为了单一的避税目的而搞一刀切。发掘员工个性化的福利需求，提高有针对性的福利，还能体现对员工的人性关怀，提高员工的工作积极性，可谓一举多得。

（三）分拆所得，降低适用税率的纳税筹划

　　根据国家税务总局《关于在中国境内有住所的个人取得奖金征税问题的通知》的规定，对于在中国境内有住所的个人一次取得数月奖金或年终加薪、劳动分红，可以单独作为一个月的工资、薪金所得计算纳税。由于对于每月的工资、薪金所得计税时已按月扣除了费用，因此，对上述奖金不再减除费用，全额作为应纳税所得额直接按适用税率计算应纳税额。如果纳税人取得奖金当月的工资、薪金所得不足 5 000 元，可将奖金收入减除"当月工资与 5 000 元的差额"后的余额作为应纳税所得额，并据以计算应纳税款。如果该项奖金所得一次性发放，由于其数额相对较大，将适用较高税率。这时，如果采取分摊筹

划法，就可以节省不少税款。

案例分析

  某公司实行业绩提成制度，底薪为 3 000 元，提成奖金为销售额的 1%，每年 7—10 月为销售旺季，销售员小王在销售旺季每月提成额约为 3 万元，4 个月累计为 12 万元，计算分析进行纳税筹划前后的效果。

  分析：如果不做任何纳税筹划，则小王全年应纳税所得额 =3 000×12＋120 000-60 000=96 000（元），应纳税额 =36 000×3%+60 000×10%=7 080（元）。

  若从纳税筹划的角度考虑，将小王的销售提成收入在每年 7 月至次年 6 月进行分摊，则小王今年应纳税所得额 =（3 000×12＋12 000÷2）-60 000=36 000（元），应纳税额为 1 080 元，两者比较，当年节税 6 000 元，节税效果相当可观。

  在某些受季节或产量等方面因素影响的特定行业，如采掘业、远洋运输业、远洋捕捞业以及财政部规定的其他行业，在其职工工资收入波动幅度较大的情况下，合理调节奖金发放的时间，能为员工节税，提高实际收入水平，从而提高其工作积极性。

（四）个人投资者成立公司的纳税筹划

  个人投资者成立公司缴纳税费的情况，首先取决于公司的类型，一人有限公司和个人独资企业在税收上是不同的，在纳税筹划上，应以两种方式分别与一人有限公司对比，作出优化选择，具体见表 8-16。

表 8-16 个人独资企业和一人有限公司在税收上的优化选择

序号	利润总额 X / 万元	优化选择
1	$X \leqslant 59.55$	个人独资企业
2	$59.55 < X \leqslant 300$	一人有限公司
3	$300 < X$	个人独资企业

  一人有限公司，主要缴纳增值税和企业所得税，投资者收到公司分配的利润时，按照 20% 的税率缴纳个人所得税。企业所得税的法定税率为 25%。自 2021 年 1 月 1 日至 2022 年 12 月 31 日实施减半政策，小型微利企业年应纳税所得额不超过 100 万元、超过 100 万元但不超过 300 万元的部分，分别减按

12.5%、50% 计入应纳税所得额，按 20% 的税率缴纳企业所得税。

个人独资企业，主要缴纳增值税，投资者按照经营所得缴纳个人所得税。个人所得税的征税方式分为查账征收和核定征收。

一人有限公司的投资者和个人独资企业的投资者纳税情况不同，税负也有所不同，此时纳税人可以根据这些差异进行税收上的优化选择。

（五）年终奖的纳税筹划

《财政部　税务总局关于个人所得税法修改后有关优惠政策衔接问题的通知》（财税〔2018〕164 号）规定居民个人取得全年一次性奖金，符合《国家税务总局关于调整个人取得全年一次性奖金等计算征收个人所得税方法问题的通知》（国税发〔2005〕9 号）规定的，在 2021 年 12 月 31 日前，不并入当年综合所得，以全年一次性奖金收入除以 12 个月得到的数额，按照按月换算后的综合所得税率表（见表 8–17），确定适用税率和速算扣除数，单独计算纳税。计算公式为：

$$应纳税额＝全年一次性奖金收入 × 适用税率 － 速算扣除数$$

居民个人取得全年一次性奖金，也可以选择并入当年综合所得计算纳税。

自 2022 年 1 月 1 日起，居民个人取得全年一次性奖金，应并入当年综合所得计算缴纳个人所得税。

"年终奖"税收优惠再延两年！国常会决定延续实施三大个税政策

表 8–17　按月换算后的综合所得税率表

级数	全月应纳税所得额	税率 /%	速算扣除数
1	不超过 3 000 元的	3	0
2	超过 3 000 元至 12 000 元的部分	10	210
3	超过 12 000 元至 25 000 元的部分	20	1 410
4	超过 25 000 元至 35 000 元的部分	25	2 660
5	超过 35 000 元至 55 000 元的部分	30	4 410
6	超过 55 000 元至 80 000 元的部分	35	7 160
7	超过 80 000 元的部分	45	15 160

2018 年底，新个税改革细则颁布，随后不久，财政部、国家税务总局下发了《关于个人所得税法修改后有关优惠政策衔接问题的通知》（财税[2018]164），其中对年终奖分成三种情况：

第一，三年之内，2022 年 1 月 1 日之前，全年一次性奖金不并入综合所得，单独计税。

第二，全年一次性奖金也可以选择并入当年综合所得计税。

第三，2022 年 1 月 1 日起，全年一次性奖金正式纳入综合所得。

也就是说，2022 年以前，一个纳税年度中，纳税人年终奖计税方式可从单独计税政策计算或并入综合所得计税两种计税方式中任选其一。简单来说，高收入群体，用全年一次性奖金单独计算的方式比较实惠；中低收入群体，使用年终奖并入综合所得计税的方式会更实惠，提前安排年终奖避开"年终奖陷阱"。

所谓"年终奖雷区"是指经税务专家测算发现，年终奖发放金额存在六个临界点盲区，在这些年终奖区间内，可能因为多发 1 块钱，而多缴几千块个税，极端情况下甚至因为多发 1 块钱而多缴好几万个税。因此，发放年终奖时应该尽量避开这些区间。

若纳税人的年终奖采用单独申报的方式，可能出现多发一元钱，适用的税率跳档而造成实发工资反而减少的情况。

由于年终奖单独申报存在雷区（见表 8-18），且工资（不含年终奖）可能扣除不充分，所以需要对年终奖的申报方式，即单独申报还是合并申报进行筹划。

表 8-18　年终奖单独发放的六大雷区

单位：元

序号	应纳税所得额的区间
1	$36\,000 < X \leq 38\,567$
2	$144\,000 < X \leq 160\,500$
3	$300\,000 < X \leq 318\,334$
4	$420\,000 < X \leq 447\,500$
5	$660\,000 < X \leq 706\,540$
6	$960\,000 < X \leq 11\,120\,000$

财政部　税务总局关于个人所得税法修改后有关优惠政策衔接问题的通知（财税〔2018〕164 号）

其他所得应纳税额的计算与个人税收筹划

案 例分析

居民个人小松 2020 年的工资收入 36 万元，全年可扣除的"三险一金"及专项附加扣除 6 万元，12 月收到年终奖 6 万元。请问假设不考虑其他因素，小松的年终奖如何申报更节税？

分析：小松年终奖单独申报和合并申报的分析如表 8-19 所示。

表 8-19　单独申报和合并申报的纳税分析

单位：元

项目		应纳税所得额	税率	速算扣除数	应纳税额		节税情况
单独计算	工资	240 000	20%	16 920	31 080	36 870	单独计算节税
	年终奖	60 000	10%	210	5 790		
合并计算		300 000	20%	16 920	43 080		

【任务实施】

第一步：计算年应纳税所得额。

年应纳税所得额 =12 000×12+350 000-1 050×12-500×12-3 500×12-60 000=37.34（万元）

第二步：判断选择计算模式。

因为年应纳税所得额为 37.34 万元，则年终奖和工资薪金分别计算有利。

第三步：判断年终奖发放额是否属于年终奖雷区

年终奖 30 万元，根据年终奖雷区表（见表 8-20），属于雷区。所以为避免陷入雷区，需要将年终奖一部分划入工资薪金计税，剩下部分单独按照年终奖计算个税。

表 8-20　年终奖雷区表

单位：元

年终奖	除以 12 的商数	适用税率	速算扣除数	应纳税额	多发奖金数额	增加税额	税后数额
36 000.00	3 000.00	3%	0	1 080.00			34 920.00
36 001.00	3 000.08	10%	210	3 390.10	1	2 310.10	32 610.90
38 566.67	3 213.89	10%	210	3 646.67	2 566.67	2 566.67	34 920.00
144 000.00	12 000.00	10%	210	14 190.00			129 810.00
144 001.00	12 000.08	20%	1 410	27 390.20	1	13 200.20	116 610.80
160 500.00	13 375.00	20%	1 410	30 690.00	16 500.00	16 500.00	129 810.00
300 000.00	25 000.00	20%	1 410	58 590.00			241 410.00
300 001.00	25 000.08	25%	2 660	72 340.25	1	13 750.25	227 660.75
318 333.33	26 527.78	25%	2 660	76 923.33	18 333.33	18 333.33	241 410.00
420 000.00	35 000.00	25%	2 660	102 340.00			317 660.00
420 001.00	35 000.08	30%	4 410	121 590.30	1	19 250.30	298 410.70
447 500.00	37 291.67	30%	4 410	129 840.00	27 500.00	27 500.00	317 680.00

第四步：计算划入工资薪金的年终奖。

年终奖35万元，根据年终奖雷区表，有几个雷区跨越界限，分别是36 000元、144 000元、300 000元。那么35万元应划归多少进入工资薪金计算个税呢？

1. 如果划归30万元计入年终奖，5万元应作为工资薪金

工资薪金个税：

工资薪金应纳税所得额 = $12\,000 \times 12 + 50\,000 - 1\,050 \times 12 - 500 \times 12 - 3\,500 \times 12 - 60\,000 = 7.34$（万元）

计算个税 = $7.34 \times 10\% - 0.252 = 0.482$（万元）

年终奖个税：

$300\,000 \div 12 = 2.5$（万元），年终奖个税 = $300\,000 \times 20\% - 1\,410 = 5.859$（万元）

共计个税 = $0.482 + 5.859 = 6.341$（万元）

2. 如果划归14.4万元计入年终奖，20.6万元作为工资薪金

工资薪金个税：

工资薪金应纳税所得额 = $12\,000 \times 12 + 206\,000 - 1\,050 \times 12 - 500 \times 12 - 3\,500 \times 12 - 60\,000 = 22.94$（万元）

工资薪金个税 = $22.94 \times 20\% - 1.692 = 2.896$（万元）

年终奖个税：

$14.4 \div 12 = 1.2$（万元），年终奖个税 = $14.4 \times 10\% - 0.021 = 1.419$（万元）

共计纳税 = $2.896 + 1.419 = 4.315$（万元）

3. 如果划归36 000元计入年终奖，31.4万元计入工资薪金

工资薪金个税：

工资薪金应纳税所得额 = $12\,000 \times 12 + 314\,000 - 1\,050 \times 12 - 500 \times 12 - 3\,500 \times 12 - 60\,000 = 33.74$（万元）

工资薪金个税 = $33.74 \times 25\% - 3.192 = 5.243$（万元）

年终奖个税：

$36\,000 \div 12 = 0.3$（万元），年终奖个税 = $36\,000 \times 3\% = 0.108$（万元）

合并纳税 = $5.243 + 0.108 = 5.351$（万元）

通过以上对比分析，如果划归14.4万元计入年终奖，20.6万元作为工资薪金。缴纳个税最少，可以选择此种办法。

【技能训练】

（一）知识测试（单选题）

1. 根据个人所得税法律制度的规定，下列各项中，暂免征收个人所得税的有（　　）。

A．赵某转让自用满 10 年，并且是唯一的家庭生活用房取得的所得 500 000 元

B．在校学生李某因参加勤工俭学活动取得的 1 个月劳务所得 1 000 元

C．王某取得的储蓄存款利息 1 500 元

D．张某因举报某公司违法行为获得的奖金 20 000 元

2．根据个人所得税法律制度的规定，下列情形中，免征个人所得税的是（　　　）。

A．吴某取得所在单位发放的年终奖

B．周某获得省政府颁发的科学方面的奖金

C．王某取得所在公司发放的销售业绩奖金

D．郑某获得县教育部门颁发的教育方面的奖金

3．2021 年 3 月"非居民个人"汤姆赵出版一部小说，取得稿酬 10 000 元，已知稿酬所得每次应纳税所得额超过 3 000 元至 12 000 元的，适用税率为 10%，速算扣除数为 210。"非居民个人"汤姆赵当月稿酬所得应缴纳个人所得税税额的下列算式中，正确的是（　　　）。

A．10 000×70%×10%–210 ＝ 490（元）

B．10 000×（1–20%）×10%–210 ＝ 590（元）

C．10 000×10%–210 ＝ 790（元）

D．10 000×（1–20%）×70%×10%–210 ＝ 350（元）

4．关于个人所得税"工资、薪金所得"，下列说法中，正确的有（　　　）。

A．企业为职工支付的各项保险金，应并入员工当期工资收入，按工资、薪金所得项目征收个人所得税

B．企业为本单位职工交付的企业年金，超过规定标准的单位缴费部分和超过缴费基数 4% 的个人缴费部分，按照工资、薪金所得项目征收个人所得税

C．城镇企事业单位及其职工个人实际缴付的失业保险费，超过规定比例的，应将其超过规定比例缴付的部分计入职工个人当期的工资薪金收入，依法计征个人所得税

D．兼职律师从律师事务所取得工资、薪金性质的所得，律师事务所代扣代缴其个人所得税时，直接以其收入全额为应纳税所得额

5．2021 年 10 月，李某购买福利彩票，取得一次中奖收入 3 万元，购买彩票支出 400 元，已知偶然所得个人所得税税率为 20%，计算李某中奖收入应缴纳个人所得税税额的下列算式中，正确的是（　　　）。

A．30 000×（1–20%）×20% ＝ 4 800（元）

B．（30 000–400）×20% ＝ 5 920（元）

C．30 000×20% ＝ 6 000（元）

D.（30 000–400）×（1–20%）×20% = 4 736（元）

（二）能力训练

1. 方某 2021 年 7—9 月取得同一项目劳务收入 60 000 元，在完成项目的过程中需支付交通、住宿等费用 9 000 元。方某和对方约定项目完成后一次性支付 60 000 元，你认为合理吗？如果不合理，有什么个人税收筹划办法？

2. 赵某任职受雇于甲公司，2021 年每月平均发放工资 6 000 元，允许扣除的社保等专项扣除费用 500 元、每月专项附加扣除 3 000 元；2021 年 12 月取得全年一次性奖金 36 000 元，计算赵某 2021 全年一次性奖金应选择何种方式缴纳个人所得税。

3. 张先生一家居住于某市。张先生已结婚生子，育有两个孩子，均就读于全日制本科大学。张先生还有一位姐姐，姐弟两人均在工作，两人的父母健在，老人已经年满 70 周岁，且都在老家安享晚年。最新《个人所得税法》实施后，张先生想通过学习相关税法的内容进行个税筹划来降低家庭负担。张先生的主业为一家公司的财务经理，年薪 25 万元，家中租有一辆代步车，张先生业余时间爱好画山水画，经常在空闲时间自己创作，有出售一些定制精品画作赚取劳务报酬的情况存在，张先生的妻子以前专心教育孩子，待两个孩子读大学后才开始工作，月薪 4 000 元。2021 年张先生因为工作表现突出，公司给予其全年一次性奖金 4 万元，当年通过出售定制精品山水画取得劳务报酬总计 4.2 万元，代步车一年租金需要 5 万元。张先生一家除上述收入外无其他相关收入来源，请问张先生应该怎样筹划达到降低个人税负的目的？

项目九
综合理财规划

⟩ 任务一　综合编制理财规划方案
⟩ 任务二　综合理财方案编制与评价

学习目标

知识目标 ● 能准确判断典型家庭理财类型

     ● 能熟悉掌握综合理财方案流程

     ● 熟悉理财顾问服务内容及流程

能力目标 ● 能够通过团队合作，针对具体案例撰写综合理财方案

     ● 能够通过小组活动，对方案实施多角度的评价

     ● 能够为自身制定方案，从身边家庭理财服务开展尝试

素养目标 ● 强化服务人民美好生活的服务意识

     ● 具备个人理财规划师公平、公正的职业操守

     ● 培养思辨思维、独立审慎的职业素养

思维导图

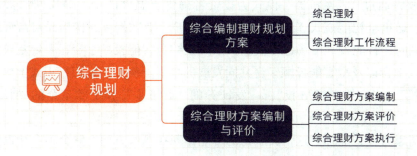

任务一　综合编制理财规划方案

【任务情境】

如今，理财规划以机器 AI 的形式走入家庭视野，家庭理财服务由人工服务逐步融入智能元素。随着智能化程度不断提高，科技赋能程度不断加深，智能投顾将通过"人＋机器"模式为投资者提供有温度的全生命周期财富管理服务，通过全智能模式逐渐覆盖更多长尾客户，有效提高我国居民财富管理水平。同时，智能投顾市场也形成了少数大型综合智能投顾平台、大量差异化精品投顾平台以及全智能投顾平台共同发展的格局。例如招商银行正式上线"摩羯智投"、工商银行"AI 投"、广发证券的"贝塔牛"和中欧基金的"水滴智投"等。

请思考，智能理财这个新事物的智能体现在哪些方面？它会不会让投资更轻松？智能投顾能让投资"智能"起来吗？

【任务精讲】

一、综合理财

（一）什么是综合理财

综合理财规划又称理财规划（financial planning），是指运用科学的方法和特定的程序为客户制定切合实际的、具有可操作性的某方面或综合性的财务方案。

综合理财规划是由专业理财人员提供个性化的服务，通过对个人或家庭各方面财务需求的整体评估，明确客户理财目标，分析客户的生活、财务现状，从而帮助客户制定出可行的理财方案的一种综合性金融服务。

综合理财的目的在于能够使客户不断提高生活品质，即使到年老体弱或收入锐减的时候，也能保持自己所设定的生活水平。理财规划主要是为了实现两个层次的需求：财务安全和财务自由。

（二）综合理财核心内容

综合理财以客户分析为基础，在对目标客户在财务、风险偏好和理财需求方面进行全面分析的基础上，对其人生发展、现金与流动性管理、消费与住房投资、风险与保障管理、金融投资、税收筹划等进行综合性规划。

因此，综合理财规划师为客户提供的是一种综合性的金融服务。理财规划不仅仅是某个阶段的规划，更是针对理财对象个体或者家庭生命周期进行的综合性规划。在了解客户财务、生活状况以及风险偏好的基础上，进一步明确特定的财务需求和理财目标，制定出切实可行并且进行定期的监控、反馈和调整的理财方案。

综合理财规划不局限于提供某种单一的金融产品，而是针对理财对象的综合需求进行有针对性的金融服务的组合创新，是一种全方位、分层次、个性化的理财服务。这种个性化的理财服务已经在国际上较发达城市拥有成熟的市场。理财规划师为客户进行的理财，主要是根据客户的资产状况与风险偏好，关注客户的需求与目标，以"帮助客户"为核心理念，采取一整套规范的模式提供包括客户生活方方面面的全面财务建议，为客户寻找一个最适合的理财方式，包括保险、储蓄、股票、债券、基金等，以确保其资产的保值与增值。

财 商学堂

哪些人群需要理财规划师？

- 每年缴纳税收超过 20 万元的人群
- 因继承或中奖得到一笔意外之财的人群
- 遗产总额超过 60 万元人民币的人群
- 定期存单到期后想如何续存利息更高存单的人群
- 改变用钱习惯，加强个人储蓄的人群
- 需为子女储存大量学费的人群
- 缺乏时间和精力收集了解投资项目资料的人群
- 了解各种保险契约以及员工社保福利等资料的人群
- 有重大生活形态的改变，如结婚、离异、小孩出生或购房等的人群

二、综合理财工作流程

（一）规划的基本原则

在进行理财规划的整体设计过程中，需要遵循六大基本原则，才可以为客户做好资金管理与配置，提供更加有效的理财服务。

1. 整体规划原则

整体规划原则既包含规划思想的整体性，也包含理财方案的整体性。因为综合理财规划贯彻整个生命周期，不是单一性规划，涉及现金规划、消费支出规划、教育规划、风险管理与保险规划、税收筹划、投资规划、退休养老规划、财产分配与传承规划等内容，是内在综合性的规划。

2. 提早规划原则

要及早地实现财务自由就要未雨绸缪，预先做好规划和安排，因为通过理

财规划达到预期的财务目标，与时间长短有很直接的关系。一方面，可以尽早地利用"钱生钱"的复利功效；另一方面，凭借较长期的准备期，可以减轻各个阶段的经济压力。

3．现金保障优先原则

现金保障规划应是理财规划师首先考虑和重点安排的内容，只有建立了完备的现金保障，才能考虑其他的专项规划。现金规划内容通常包括日常生活覆盖准备和意外现金储备。

4．风险管理优于追求收益原则

追求收益最大化应基于风险管理基础之上，应根据客户不同生命周期及风险承受能力制定不同的理财方案。

5．消费、投资与收入相匹配原则

理财规划应该正确处理消费、资本投入与收入之间的矛盾，实现资产的动态平衡，确保在投资达到预期目的的同时保证生活质量的提高。

6．家庭类型与理财策略相匹配原则

根据不同的家庭生命周期，在理财策略上有所侧重。例如，青年家庭理财风险承受能力强，规划的核心策略可为进攻型；中年家庭居中可以采取攻守兼备型；老年家庭的家庭风险承受能力较低，应采取防守型理财策略。

（二）综合理财规划工作流程

制定理财规划方案的工作流程，见图 9-1。

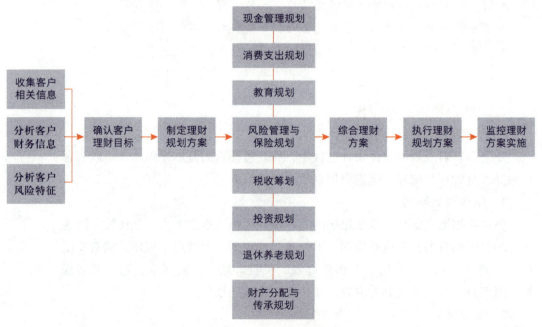

图 9-1　制定理财规划方案的工作流程

综合理财规划遵循一定的流程，基本上包括以下几个步骤：

1. 收集客户相关信息

（1）确定客户关系。通过与客户的交谈和沟通，在确认客户有真实的理财需求并且有委托意向的情况下，理财规划师应与客户签订规划服务合同，正式确立客户关系。

在建议客户关系以后，理财规划师就要开始进一步收集客户的相关信息，因为最终的理财规划方案是否符合客户的实际需要，关键取决于是否充分和准确地了解了客户相关信息，因此各国的理财资格标准中，明确指出将收集客户信息作为理财规划的基础。

（2）收集方式。客户信息需要通过直接和间接途径来获取。直接途径包括理财规划师与客户直接沟通和交谈。除了收集与客户直接相关的信息外，还需要获取由政府部门或金融机构公布的公开宏观经济信息，例如经济周期、物价和通货膨胀率、金融市场和监管、个人税收、社会保障等相关信息，以作为理财规划设定经济假设前提的备用数据。

（3）信息分类。客户信息可以分成财务信息和非财务信息。财务信息具体包括客户目前的收支情况、资产负债情况和其他财务安排以及这些信息的未来变化状况。财务信息是理财规划的依据，本书项目二已经阐述过财务信息的收集方法。

非财务信息是指其他相关的信息，包括客户的社会地位、年龄、投资偏好、价值观、风险承受能力。掌握客户的非财务信息能够进一步了解客户，直接影响理财规划的制定。

2. 分析客户财务信息

在收集了完整的个人财务信息和非财务信息以后，接下来是对这些零散的信息进行整理。可以采取类似编制企业财务报表的方式处理这些信息，使其成为一系列个人财务表。同样，客户的财务信息可以整理归类到个人资产负债表、个人收入支出表以及现金预算表。

个人资产负债表反映的是某一时点客户个人资产和负债状况的总结，由资产、负债以及净资产组成，而净资产恰恰可以体现个人累积财富的程度。需要注意的是，在实际运用时，个人理财规划与公司规划不一样，在编制的时候以客户的家庭情况和工作习惯进行具体的格式设计。

个人收入支出表反映的是一段时间内的财务活动状况，包括收入、支出和结余（或赤字）。这张表格可以帮助规划师深入了解客户的现金流情况，发现实际发生的费用和预算数字、所得收入与花费之间的差异。从某种意义上来说，个人收入支出表比个人资产负债表更能体现客户存在的财务问题，为进行财务现状分析和理财目标设置提供基础资料。

现金预算表主要对客户未来的现金流量表进行一定的预算和估测，包括预测未来客户的现金收入和支出。在对未来收入进行预测时需要注意两点：一是估计客户的收入最低时的情况，这将有助于客户了解自己基本的生活质量；二是根据客户以往收入和宏观经济情况对其收入进行调整。而预测客户未来支出时则要注意，首先要考虑满足客户基本生活的支出，再次要了解客户期望实现的支出水平。

3．分析客户风险特征

风险是对预期的不确定性，是可以被度量的。同样的风险在不同的主体那里会有不同的感受，因此每个客户对待风险的态度都是不一样的。客户的风险特征是进行理财顾问服务要考虑的重要因素之一。客户的风险特征可以从风险偏好、风险认知度、实际风险承受能力三个方面来进行说明，前文已有阐述。

4．确认客户理财目标

俗话说："知道目标等于完成了行程的一半。"在家庭理财领域管理家庭财务，如果没有一个具体的目标，就像驾驶一辆不知道驶向何处的汽车，很难到达目的地。可见，能否给自己的家庭理好财，其关键是有没有明确的理财目标。而在提供服务的诉求时理财规划师需要帮助客户实现从基础需求到高级需求的转换（见图9-2）。

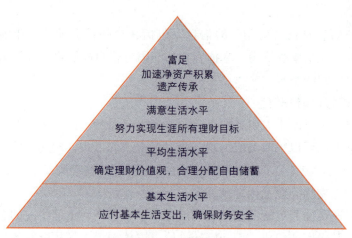

图 9-2　理财需求层次

5．综合理财方案

（1）现金管理规划。建立应急基金，保障个人和家庭生活质量和状态的持续稳定。

（2）消费支出规划。即为客户制定开源节流的生活规划，包括住房消费规划、汽车消费规划以及信用卡与个人信贷消费规划，以达到适度消费，稳步提高生活质量的目的。

（3）教育规划。在收集客户信息、分析教育费用的变动趋势并估算教育费用的基础上，为客户选择适当的教育费用准备方式及工具，制定并根据因素变化调整教育规划方案。子女教育规划已经成为理财规划方案中非常重要的一部分。

（4）风险管理与保险规划。通过对风险的识别、衡量、评价，选择与优化组合各种风险管理技术，对风险实施有效控制和妥善处理风险所致损失的后果，以尽可能小的成本去争取最大的安全保障和经济利益。

（5）税收筹划。是指纳税人在符合国家法律及税收法规的前提下，按照税收政策法规的导向，事前选择税收利益最大化的纳税方案处理自己的生产、经营和投资、理财活动的一种筹划行为。

（6）投资规划。根据客户投资理财目标和风险承受能力，为客户制定合理的资产配置方案，构建投资组合来帮助其实现理财目标的过程。为客户制定合适的投资规划是理财规划师个人水平的充分体现，合适的投资规划是为不同客户或同一客户不同时期的理财目标而设计的，不同的理财目标要借助不同的投资产品来实现。

（7）退休养老规划。退休养老规划是为了保证客户在将来有一个自立、有尊严、高品质的退休生活，而从现在开始积极实施的规划方案。其核心在于退休需求的分析和退休规划工具的选择。主要包括社会养老保险、企业年金、商业养老保险、储蓄、其他投资方式。

（8）财产分配与传承规划。财产分配与传承规划是个人理财规划中不可或缺的部分。从形式上看，制定财产分配和传承规划能够对个人及家庭财产进行合理合法的配置；从更深层次的角度看，财产分配与传承规划为个人和家庭提供了一种规避风险的保障机制，当个人及家庭在遭遇现实中存在的风险时，这种规划能够帮助客户隔离风险或降低风险带来的损失。

6．执行理财规划方案

依照制定的整体理财规划方案实施，首先是取得客户授权，这是执行规划的第一步，包括代理授权和信息披露授权；其次是签署客户声明，包括资质声明、客户许可、实施效果等声明；最后就是对执行时间、人员、资金做出合理的安排。

7．监控理财方案实施

提供持续的理财服务，定期对理财规划方案进行评估，当宏观经济的重要参数发生变化、金融市场或客户自身的情况发生改变时，都要对理财规划方案进行调整。

【任务实施】

智能投顾，也称机器人顾问，是一种在线财富管理服务，具体指根据现代资产组合理论，结合个人投资者生命周期、具体风险偏好与理财目标，通过后台算法与用户友好型界面相结合，利用证券市场组建投资证券组合，并持续跟踪市场变化，在这些资产偏离目标配置过远的时候进行再平衡。

清华大学金融科技研究院与华锐金融科技研究所联合发布《智能投顾发展现状及趋势研究报告（2020）》指出，智能投顾广义范围包含智能投顾、智能化交易、买方投顾等广义智能化财富管理业务。报告认为智能投顾与传统投顾有互补作用，为解决传统投顾服务费用高、覆盖面小、难以满足不断增长的中低收入人群财富管理需求问题提供了解决路径。

国内智能投顾行业发展至今，经过了兴起、第一次小高潮、回落、泡沫破灭、低估、重启六个阶段。理论上来说，传统投顾做了两件事情，一个是资产管理，选择优秀资产池；一个是财富管理，根据客户需求，结合未来现金管理，做资产配置。智能投顾把其工作信息化，批量化做资产管理，自动化做财富管理。由于没有服务的边际成本，低净值客户也能享受，体现了普惠金融。实际应用中，理财服务竞争优势是精细化服务，因此智能投顾还需要一个较长阶段的发展推广。

【技能训练】

（一）知识测试

1.（多选题）影响客户理财方式和理财产品选择的因素有（　　　）。

A．知识结构　　　　　　B．实际风险承受力　　　　　　C．生活方式

D．风险认知度　　　　　E．风险偏好

2.（多选题）理财师在向客户提供理财顾问服务时需要掌握的个人财务报表包括（　　　）。

A．资产负债表　　　　　B．现金流量表　　　　　　C．利润分配表

D．中间业务表　　　　　E．资产利润表

3.（单选题）执行理财方案时，理财规划师应注意（　　　）。

A．妥善保管理财计划的执行记录

B．理财方案的制订和执行最好一成不变

C．执行理财计划不必首先获得客户的执行授权

D．不论是在实施计划制定的过程中，还是在完成之后，都应当积极主动地与客户进行沟通和交流，但不需要客户亲自参与到实施计划的制定和修改过程中来

4.（单选题）一般来说，适合攻守兼备型投资的家庭类型是（　　）。

A. 青年家庭　　　　　　B. 中年家庭

C. 老年家庭　　　　　　D. 退休家庭

5.（单选题）理财规划师为客户做方案时，选择的即付比率的参考值为（　　）。

A. 30%　　　　　　　　B. 50%

C. 70%　　　　　　　　D. 80%

（二）能力训练

2020 年 10 月 29 日，《中共中央关于制定国民经济和社会发展第十四个五年规划和二〇三五年远景目标的建议》（简称《建议》）经中共第十九届中央委员会第五次全体会议通过，对金融领域发展做出若干部署，全文共 16 次提及"金融"。

《建议》与金融领域相关的内容主要集中在"全面深化改革，构建高水平社会主义市场经济体制"部分。在"建立现代财税金融体制"工作部署中，《建议》提出：建设现代中央银行制度，完善货币供应调控机制，稳妥推进数字货币研发，健全市场化利率形成和传导机制。构建金融有效支持实体经济的体制机制，提升金融科技水平，增强金融普惠性。深化国有商业银行改革，支持中小银行和农村信用社持续健康发展，改革优化政策性金融。全面实行股票发行注册制，建立常态化退市机制，提高直接融资比重。推进金融双向开放。完善现代金融监管体系，提高金融监管透明度和法治化水平，完善存款保险制度，健全金融风险预防、预警、处置、问责制度体系，对违法违规行为零容忍。

除此之外，《建议》其他部分也多处提及金融行业的发展，例如在"坚持创新驱动发展，全面塑造发展新优势"部分，强调了坚持创新在我国现代化建设全局中的核心地位，把科技自立自强作为国家发展的战略支撑。这部分提到：完善金融支持创新体系，促进新技术产业化规模化应用。《建议》在畅通国内大循环方面提出，推动金融、房地产同实体经济均衡发展。与此呼应，在推进以人为核心的新型城镇化方面，《建议》重申坚持房子是用来住的、不是用来炒的定位，租购并举、因城施策，促进房地产市场平稳健康发展。《建议》还提到健全农村金融服务体系，发展农业保险；发展绿色金融；提高参与国际金融治理能力；维护金融重要基础设施安全，维护金融安全，守住不发生系统性风险底线等方面。

为什么说金融是国家竞争力的重要组成部分？金融安全是国家安全的重要内容？

任务二　综合理财方案编制与评价

【任务情境】

案例一：角色 A 为大堂经理；角色 B 为张女士，55 岁，有一女已大学毕业，手上有 10 万元空闲资金，打算以后留给女儿当嫁妆，厌恶风险，考虑最近股票和外汇市场波动较大，欲向角色 A 咨询适合的投资产品。

案例二：角色 A 为银行理财规划师；角色 B 为客户，是一位中年离异的妇女，刚获得离婚分割财产 300 万元和房子一套。育有一子，归其抚养，目前无职业。欲向角色 A 咨询适合自己的理财方案。

任选上述案例及角色，模拟理财场景，向客户提供理财建议或展示理财方案，并且进行服务营销。

【任务精讲】

一、综合理财方案编制

（一）编制家庭资产负债表

1．家庭资产负债表内容及编制依据

家庭资产负债表包括资产、负债和净资产，而净资产由资产减去负债所得。家庭的资产科目又可以划分成流动性资产、自用性资产和投资性资产，而负债科目相对要简单一些，包括信用卡应付账款、汽车贷款、房屋抵押贷款、耐用品分期付款等内容。

理财方案
评估

在具体编制过程中，参考项目二客户分析里提及的表 2-14 客户家庭资产负债样表进行编制。分析家庭的资产负债结构有利于我们了解家庭的财务状况，并明确今后的理财规划方向和重点。

2．家庭资产负债表编制案例

王先生与王太太均为外企职员。王先生 33 岁，王太太 31 岁，家中有一个 5 岁男孩。王先生年收入 15 万元，王太太年收入 5 万元。2012 年购买一套房子，其价值为 70 万元，现市价为 130 万元，目前还剩 20 万元左右的贷款未还，每月支付房贷 2 000 元。夫妇俩有购车的想法，目前看好的车辆总价约在 15 万元。夫妇俩从 2009 年起在股市的投资约为 20 万元，主要用于购买新股，至今尚保留的原始股及所配新股市值 15 万元，资金账户有资金 20 万元。王先生有现金 2 万元，定期存款 5 万元；每月用于补贴双方父母的费用为 1 000 元；每月家庭开销 4 000 元，孩子的教育费用每年 5 000 元。王先生有每年举家外出旅行的习惯，每年花费 8 000 元。王太太有在未来 5 年购买其他物业做投资的家庭计划。可能的话，夫妇俩想在适当的时候送孩子出国念书。夫妇俩所在的企业为他们投保了社会养老保险和医疗保险，保险没有购买其他任何保险。

按照以上客户资料，可编制家庭资产负债表如表 9–1 所示。

表 9–1　王先生家庭资产负债表

（2021 年 12 月 31 日）　　　　　　　　　单位：万元

资产		负债	
项目	金额	项目	金额
现金及活期存款	22	信用卡贷款余额	
定期存款	5	消费贷款余额	
股票	15	汽车贷款余额	
基金		房屋贷款余额	20
债券		其他负债	
自住房产	130		
投资不动产			
汽车			
珠宝首饰			
收藏品			
其他资产			
资产总计	172	负债总计	20
净资产		152	

（二）编制家庭收入支出表

1．家庭收入支出表内容及编制依据

家庭收入支出表包括总收入、总支出，以及总收入扣除总支出以后的余额，即总储蓄。也有一些家庭可能入不敷出，出现赤字。家庭收入的主要项目可参考项目二表 2–16 "××客户家庭收入支出表（样表）"进行编制。家庭收支表在某种程度上比资产负债表更能反映客户的财务问题，因此在编制该表的时候要体现现金流量的变动情况。

2．家庭收入支出表编制案例

续上案例。

编制王先生家庭的收入支出表如表 9–2 所示。

表 9-2　王先生家庭收入支出表

（2021 年 1 月 1 日 — 2021 年 12 月 31 日）　　　　　单位：万元

收入		支出	
项目	金额	项目	金额
工资收入	20	基本消费支出	4.8
年终奖		房屋按揭支出	2.4
利息收入		教育支出	0.5
股票红利		娱乐支出	0.8
证券买卖差价		医费	
租金收入		投资支出	
劳务收入		赡养费	1.2
其他收入		其他支出	
收入合计	20	负债合计	9.7
年余		10.3	

（三）家庭财务的分析和诊断

1. 家庭财务比率分析内容及编制依据

通过家庭资产负债表和收支表可以较为清楚地梳理家庭财务数据，但是我们还需要借助其他一些工具更加清晰和准确地找到家庭财务结构的问题，如可以使用家庭比率分析法，通过对具体指标综合判断家庭的财务情况，对于这些指标可参看项目二中家庭财务比率内容，而在这一部分则通过具体案例帮助大家了解并掌握指标的计算，诊断家庭财务问题。

2. 综合案例财务比率分析

根据沈先生资产负债表和收支表提供的财务信息（见表 9-3 和表 9-4）对该家庭的财务状况进行指标分析。

表 9-3　沈先生家庭基本情况

家庭成员	年龄	职业
沈先生	32	大型企业管理层
沈太太	32	财务人员

表 9-4 沈先生家庭年收支和资产负债情况

（a）沈先生家庭年收支情况

年收入	金额 / 元	占收入百分比 /%	年支出	金额 / 元	占支出百分比 /%
沈先生薪金收入	150 000	83	房屋按揭	21 360	27
沈太太薪金收入	30 000	17	汽车费用	4 000	5
			家庭生活费	36 000	45
			商业保险费	12 000	15
			赡养费	6 000	8
总收入	180 000	100	总支出	79 360	100
年结余	100 640				

（b）家庭资产负债表

资产		金额 / 元	占资产百分比 /%	负债	金额 / 元	占负债百分比 /%
金融资产	存款	90 000	5.3	按揭借贷余额	250 000	100
	投资（证券、债券、基金等）	35 000	2.1	其他负债	0	0
	银行理财产品	160 000	9.4			
实物资产	自住房产	1 300 000	76.7			
	自有汽车	110 000	6.5			
资产合计		1 695 000	100	负债合计	250 000	100
资产净值		1 445 000				

分析：

（1）财务指标比率分析（见表 9-5）。

表 9-5　沈先生家庭财务比率情况

项目	计算过程	参考值	实际值	分析结果
结余比率	年结余 / 年税后收入 =100 640/180 000	30%	55.91%	偏高
投资与净资产比率	投资资产 / 净资产 =195 000/1 445 000	50%	13.49%	过低
清偿比率	净资产 / 总资产 =1 445 000/1 695 000	> 50%	85.25%	合理
负债比率	负债总额 / 总资产 =250 000/1 695 000	< 50%	14.75%	合理
即付比率	流动资产 / 负债总额 =90 000/250 000	70%	36%	偏低
负债收入比率	当年负债 / 税后收入 = 21 360[①]/180 000	< 40%	11.87%	合理
流动性比率	流动性资产 / 每月支出 =90 000/（79 360/12）	3~6	13.61	过高
财务自由度	投资性收入 / 日常消费支出 =0	≥ 1	0	偏低

注：①客户当年支付的房屋贷款即是当年负债，如果有信用卡也应算当年负债。

（2）家庭总体财务状况评价。

通过财务比率的指标分析法，可以看出沈先生家庭目前的主要收入来源为薪金收入，属于中等收入，结余比率为55.91%，家庭储蓄能力较强。金融资产共28.5万元，其中投资性资产19.5万元，仅占总资产的11.50％，投资与净资产比率较低，家庭投资收益率很低。实物资产房、车等非生息资产占据资产很大一部分。因此需要进一步增加投资性资产，以提高家庭财富的增值。流动性比率远远超过6倍的安全值，可以降低流动性资产，进行合理的现金规划。

沈先生的偿债和财务运行状况都比较良好，随着房贷总额的逐年减少，无论是短期还是长期的综合偿债能力都是较强的，同时考虑到随着家庭逐步成长，尤其是养育下一代、换房换车等各项费用的开支将逐渐增加，除了增加投资收益，还需要完善家庭成员的风险保障，进行保险规划。

二、综合理财方案评价

一份优秀的理财方案必须紧紧围绕设计的核心要素来展开：客户需求是否最大化地体现在规划方案里，理财规划师和客户之间的沟通是否充分，所选方案是否最大效率地实现资源配置与平衡，是否有注意风险收益均衡并进行风险提示等。因此，针对理财客户，可从目标拟合、财务齿合、风险耦合、保障适合和收益最大化五个方面对理财目标进行评价，并能出具检验报告，提出优化建议。

对理财方案的评价，实际上是对整个财务策划过程的所有主要步骤做重新分析与再次评估，对理财方案的评估过程基本上是根据以下特定的步骤逐步进行的。

（1）回顾客户的目标与需求。对于一个新客户来说，就是要考虑客户以下方面的个人情况：资产流动性、稳定性、社会保障状况、健康状况、对现有投资的满意程度、保险需求、遗嘱需求等，并且要关注客户的目标与需求有无变化。

（2）评估财务与投资策略。分析各种宏观、微观因素的变化对当前策略的影响，并且研究如何调整策略以应对这种变化及其影响。

（3）评估当前投资组合的资产价值和业绩。投资组合是否可以达到目标？如未达到目标，找出原因。收入是否足够？如果不足的话，考虑如何弥补这个缺口。

（4）评判当前投资组合的优劣。考虑各项投资的安全性和前景，是否出现业绩下滑的征兆或者大量投资者撤资的情况。找出各项投资的弱点，分析弱点是来自投资产品本身，还是来自管理者及管理者所采取的策略，或是因为市场环境的变化。可以先不考虑当前的投资状况，而是假设如果当前的投资都是现金，最应该如何投资。如果这种假设状况和现有的投资组合相差很大，就应该对投资组合进行调整。

（5）调整投资组合。在调整投资组合时，应该考虑交易成本（比如税负、补偿赎金等）、风险分散化需求以及客户条件的变化。

（6）及时与客户沟通。显然，任何对理财方案以及投资组合的修改都应该获得客户的同意和认可。与前面提到的首次对理财报告的解释一样，由于理财方案的修改而对客户所做的解释和建议都应该准确简洁、清楚明了。

（7）检查方案是否被遵循。这是理财方案评估的最后一步，就是看理财规划师所制定的理财方案是否被客户遵照执行。在某些情况下，客户没有遵照原有的理财方案来进行投资，而是自行决定购买了某只股票或者是某份保险。一旦这种情况发生，理财方案的作用就会大打折扣。理财规划师应该提醒客户注意理财方案的完整性。建议客户在做出计划外投资决定之前，最好能咨询理财规划师的意见。

三、综合理财方案执行
（一）执行理财方案应遵循的原则
在执行理财方案时，理财规划师或理财方案执行者应遵循准确性原则、有效性原则和及时性原则。

1. 准确性原则

准确性原则主要是针对所制定的资产分配比例和所选择的具体投资品种而

言。比如用于保险计划的资金数量，或是具体的中长期证券投资品种，理财方案执行者只有在资金数额分配和品种选择上准确无误地执行规划，才能保证客户既定目标的实现。

2．有效性原则

有效性原则主要是指要使实施计划能够有效地完成理财方案的预定目标，使客户的财产得到真正的保护或者实现预期的增值。比如，对客户的保险计划而言，如果原来的策划方案并未选定具体的保险公司和保险产品，或者所选择的保险公司和保险产品发生了变化，理财方案执行者有责任为客户选定能够有效地对客户的人身和财产进行保护的保险公司和保险产品，或者及时地将现实情况的变化告知客户，让其对保险公司或保险产品重新进行选择。

3．及时性原则

及时性原则主要是指理财方案执行者要及时地落实各项行动措施。因为很多影响理财方案的因素，比如利率、证券价格、保险费等，都会随着时间的推移而变化，从而使各种预期的结果与实际情况产生较大的差距。另外，客户自身各方面的情况也是不断变化的，如果理财方案执行者不能及时执行计划，就有可能使原来规划对客户的人身或者财产的保护效果大打折扣，甚至完全无法实现客户原来的目标。

（二）实施计划制定方法

在理财规划师完成并提出整合的理财方案，或者根据客户要求与情况变化进行了方案的修改与调整，并且为客户所接受之后，接下来的步骤就是执行这个理财方案。同样，在执行该方案之前，应该制定一个周边具体的财务方案来实施计划。

实施计划是对理财方案的具体化和现实化，它需要列出针对客户各个方面不同需求的各子计划（如保险计划、税收计划、退休计划等）的具体实施时间、实施方法、实施人员、实施步骤等。

（三）确定计划行动步骤

前面的章节中，已经比较详细地介绍了客户的各种特定目标，并且对这些目标按时间的长短进行了分类，因此在制定实施计划的时候，首先应该对客户的各个目标按照其轻重缓急进行分类，同时应该明确实现每一个目标所需要实施的行动步骤。换句话说，必须弄清楚每一个行动过程中所对应的客户预期实现的目标。只有这样，才可能防止或者减少行动步骤的疏漏。

（四）确定匹配资金来源

在制定理财方案的时候，我们已经针对不同类型的客户分析了各自的风险偏好与风险承受能力，同时也分析了与对应的客户类型相匹配的各种资源配置的策略与原则。但是在制定实施计划的时候，还需要根据客户现在的财务状况进一步明确各类资金的具体来源和使用方向，尤其是各个行动的资金来源保障，因为资金来源的及时和充足与否直接关系到行动步骤实施的有效性和及时性。

比如在理财方案中，保险计划准备购买某种保险产品，就必须弄清楚投保时所需要缴纳的保险费是来源于原有的储蓄账户，还是来源于对原来的投资策略进行调整时所出售的某种债券的收入。只有这样，才能使制定的整个实施计划确实可行。

（五）确定实施时间表

一般说来，较容易受到时间因素影响的行动步骤应该放在实施计划的时间表前面，比如某些为实现客户短期目标所采取的行动步骤。对整个实施计划具有关键作用的行动步骤也应该放在前面，比如客户对理财规划师以及理财方案执行者的授权声明或者雇用合同的签订。而那些为了实现客户长远的目标所采取的行动步骤，在实施计划的时间表中可以适当向后移。因为，这类行动步骤一般不会因为推迟几天或者几个星期而影响最终目标的实现，这些长远目标对客户来说一般都意义重大，可能会影响到客户的长远生活质量和财产保障。需要对所应采取的行动步骤和选择的特定产品进行反复考虑和审慎选择。如为客户的退休计划制定的养老保险产品的选择和投资行为，就应该在制定实施计划之前做好充分的准备，要通过各种渠道收集现有保险市场中各个保险公司的财务状况、服务质量、偿付能力以及所提供的养老保险品种和保险价格，结合自身情况做出比较和选择，这些行动都需要一定的时间。此外，为了实现客户比较保守或者说稳定性较高的目标而采取的行动步骤可以适当后移，比如投资计划中的购买固定利率政府债券的行为，因为这些行为受时间因素的影响不大。

（六）执行理财计划

1．获得客户授权

在前面有关制定财务计划方案的项目任务中，我们已经介绍了客户对于理财规划师的雇用协议和客户声明。

雇用协议规定客户和被雇用的理财规划师之间比较详细的责任、权利和利益关系的划分；客户声明是客户在完全理解和接受了理财规划师向他提出的理财方案之后，对理财方案中所提到的自身财务状况、理财方案、涉及收费等方面的内容表示认可的声明，可以把它看作是为了避免理财规划师和客户之间产生各种纠纷的有力文件保障。

客户授权主要是指信息披露授权。即客户授权给他所雇用的理财规划师或者是理财方案执行者，由他们在适当的时间和场合，将客户的有关信息（比如姓名、住址、保险情况等）披露给相关的人员。

在我们上面提到的理财方案执行计划中就牵涉了与理财方案实施有关的其他专业人员，比如保险专家、律师等。显然在与这些专业人员进行联络与沟通的过程中，必然涉及对客户信息的披露与介绍，所以获得客户的信息披露授权是非常重要的。这样一方面有利于对客户隐私和个人信息的保护，同时也可以避免由于客户信息的泄露所引起的理财规划师或者理财方案执行者与客户之间的不愉快甚至是法律纠纷。

在没有获得客户书面的信息披露授权书之前，理财规划师或者理财方案执行者不能与其他相关专业人员讨论有关客户的任何情况，也不能向他们泄露客户的任何信息。事实上有些客户甚至认为，在未经客户允许的情况下，即使理财规划师或者理财方案执行者只是将客户姓名告诉给其他专业人员也是一种侵犯隐私的行为。所以在制定与执行实施计划的过程中理财规划师和理财方案执行者在与其他人员进行沟通与合作、讨论客户情况的时候，应该特别谨慎。

2．与其他专业人员沟通合作

在现实的理财方案执行过程中，理财规划师或者理财方案执行者有可能需要与很多其他相关领域的专业人员进行沟通与合作，这些专业人员主要包括会计师、律师、房地产代理商、投资咨询人员、投资基金销售商、保险代理商或经纪人等。

对于设计各类财务计划来说，这些专业人员是必不可少的。比如投资咨询人员，只有他们才对现在的宏观经济形势、行业发展状况与整体经济走势比较了解，并且对各个投资市场和各类投资产品的结构与特点比较熟悉。由具有专业知识与经验的他们参与设计客户的投资计划，才可能使制定出来的投资计划具有可信性和可行性，满足客户的理财目标与要求。

3．客户声明

客户在签署授权书后，还应出具一份关于方案实施的声明，这一份声明是针对客户同意由理财规划师去执行方案，并且理财规划师没有承诺实施效果。该声明应包括关于理财规划师资质的声明、客户许可的声明、实施效果的说明，以及其他双方认为应当声明的事项。

4．文件存档及执行记录的保存

在理财规划方案的具体实施过程中，必然会产生大量的文件资料，理财规划师应对这些文件资料进行存档管理，同时保存完整的执行记录。

文件存档及保存主要通过两种途径：书面文件的保存和计算机文件的保存。这是目前我们保存信息最常用的两种方式，还需要注意的是文件的备份问题。

在实施过程中，保存客户的记录和相关文件是非常重要的。第一，保存这些业务资料，对于理财规划师或财务策划公司都非常重要。一旦日后发生了某些非客户与理财规划师间的法律纠纷，理财规划师就可以将自己保存的这些标明日期并记录理财规划师向客户提供各项建议与整个业务过程的文件与资料作为证据，从而免除自己不应当承担的法律责任。第二，保存这些业务资料有利于积累公司的资料库，理财规划师可以随时对这些客户记录进行跟踪和检索，找出客户没有接受理财方案或建议的原因，实施过程中出现的各种问题，吸取教训，总结经验，可供以后工作中遇到类似问题时进行研究学习。

5. 理财计划实施中的争端处理

一般来说，在理财规划师与客户签订合同的时候，就应该列出专门的免责条款。一旦发生争端，理财规划师可以根据这些条款免除自己的责任、维护自己的权益。此外，合同中也应该明确双方发生争端之后，如何解决争端的条款。争端处理的步骤大致包括协商、调解、诉讼或仲裁。

【任务实施】

根据任务精讲，在模拟理财规划、展示方案、营销服务时，要与客户充分沟通讨论，详细介绍理财规划方案，列明重点提示事项，告知风险和应承担责任，并且要注意展示从业人员的金融服务礼仪等，展示理财专业人士职业素养、从业风貌。可以扫描边白处的二维码观看视频，进行参考。

案例一
模拟视频

【技能训练】

（一）知识测试（单选题）

案例二
模拟视频

1. 一个理财目标应该包含的因素，包括（　　　）。

A. 目标名称、目标优先级、离目标年数、期望报酬率、届时需求额

B. 目标名称、目标优先级、风险承受度、投资经验值、届时需求额

C. 目标名称、风险承受度、离目标年数、期望报酬率、届时需求额

D. 目标名称、现有的资产与储蓄状况、离目标年数、风险承受度

2. 理财规划的架构，从现况到完成目标的过程，需要注意的要点为（　　　）。

A. 剩下多少时间、可以借入多少钱、有谁可以帮忙、是否会有遗产

B. 剩下多少时间、有谁可以帮忙、投资的绩效、子女是否孝顺

C. 剩下多少时间、可负担多大风险、需要多少努力、紧急应变方案

D. 目前有多少本钱、可以借入多少钱、过去投资绩效、紧急应变方案

3. 下列（　　　）是量化一个完整的理财目标应包括的内容。

A. 何时开始、需要多少整笔资金流出、每年需要多少资金流出、流出多少年

B. 有多少资产、多少年收入、收入可持续几年、已经安排好的现金流入

C. 何时开始、有多少资产、需要多少整笔资金流出、已经安排好的现金流入

D. 有多少年收入，收入可持续几年、每年需要多少资金流出、流出多少年

4. 理财规划报告书中一定要呈现的基本内容有（　　）。

A. 家庭财务报表＋理财目标可否达成检验＋资产配置与保险建议

B. 客户的梦想＋客户的风险属性＋客户的投资经验＋产品建议

C. 家庭财务报表＋理财目标可否达成检验＋本行的产品目录

D. 客户的风险属性＋客户的投资经验＋客户应该购买的金融产品

5. 在检查理财方案实施的进度时，发现实际累积的生息资产金额比应累积的生息资产少，可以采取的调整方案包括（　　）。

（1）在资源允许的范围内适当提高储蓄额

（2）降低目标金额，使其与当前的能力相匹配

（3）延后目标实现的时间，让生息资产有更长时间的积累

（4）适当提高预期投资报酬率，调整投资组合，提高实现目标的可能性

A.（1）（2）　　　　　　　　　　B.（1）（3）（4）

C.（2）（3）（4）　　　　　　　　D.（1）（2）（3）（4）

（二）能力训练

赵先生今年 40 岁，在一家公司担任高级管理人员，每月税后收入 10 000 元。其妻孙女士为某高校教师，每月税后收入在 8 000 元左右。赵先生的父母早已离世，他们唯一的孩子今年 12 岁，正在读小学六年级。

赵先生一家原先居住的房屋现值 110 万元，目前租给了一对外籍白领夫妇，每月可获租金收入 6 000 元。现在他们居住在 2010 年贷款购置的第二套房中，市值 90 万元，目前贷款余额尚余 15 万元，预计两年即可还清。除了两处房产外，他们还有 30 万元的国债，每年可获利息收入约 10 000 元。他们还购买了 20 万元的信托产品，每年的收益在 10 000 元左右。另有各类银行存款约 40 万元（不考虑利息收入）。

他们的支出情况如下：每月按揭还款额为 6 000 元，全家每个月的日常支出约为 5 000 元左右。此外，赵先生一家每年还有 10 000 元左右的旅游支出。

听过一次理财讲座后，赵先生觉得有必要对家庭财产进行一番规划。赵先生主要考虑了以下几个方面的问题：

（1）赵先生夫妇原先对保险了解不多，除参加基本社会保险外没有购买任何商业保险。听完讲座后赵先生觉得有必要加强风险管理，决定首先请专家为全家设计一个保险规划。

（2）他们计划在孩子高中毕业后（18岁）将其送往国外读书（本硕连读共6年）。预计届时在国外就读每年所需费用为22万元，并且学费将每年上涨3%。赵先生希望专家能为他制定一个子女教育规划（要求投资收益率为6%）。

（3）由于经常出差在外，经过考虑，赵先生决定提前拟订一份遗嘱对财产分配进行安排，这同样需要咨询专家的意见。

提示：信息收集时间为2021年1月，资料截止时间为2020年12月31日。

理财要求：

（1）制定赵先生的资产负债表和现金流量表；

（2）描述赵先生的理财目标；

（3）通过家庭财务比率分析，找出客户的财务结构问题并提出理财建议。

项目十
理财规划综合案例

⏺ 任务一　城市成熟型家庭理财规划方案

⏺ 任务二　杭州市"80后"双职工中薪家庭理财规划

学习目标

知识目标
- 区分理财规划模块
- 掌握理财计算要点
- 熟悉理财最新产品

能力目标
- 加深对客户案例理解，能够分析客户需求
- 能编制财务三张表格，发现客户家庭问题
- 能开展各个模块规划，进行流程理财规划

素养目标
- 提高对各类典型家庭的判断能力
- 培养计算能力和问题解决能力
- 为开展专业理财服务做好准备

任务一　城市成熟型家庭理财规划方案

案例来源：改编自浙江省大学生投资理财技能大赛理财规划赛项案例

一、客户基本资料

周先生，38 岁，某会计师事务所会计师，税后年收入 18 万元上下，年终奖金 1.6 万元，每年缴纳养老金在 1 万元左右，每月公积金有 2 500 元（单位和个人缴存共计）。周太太，35 岁，某国企二级公司的文员，税后年收入 8.5 万元上下，年终奖 8 000 元上下，每年缴纳养老金在 6 000 元左右，每月公积金有 1 500 元（单位和个人缴存共计）。因为之前买房，公积金账户都提取了，余额不多，大概在 2 万元左右。

儿子，7 岁，今年刚在某民办小学就读一年级，在学校有意外保险，其余均无任何商业保险，每年兴趣班和学校各类杂费大概 2 万元左右。家里比较重视教育，所以想尽可能地创造更好的条件，要给孩子准备教育金。周先生很喜欢小孩，想要第二个孩子，但是周太太一直犹豫不决，不知道能否照顾好两个孩子，也希望理财师能给予一定评估。周先生和太太的双方父母均健在，且周先生的父母为退休教授，退休金比较高，不需要承担赡养费用。周太太父母也健在，有城镇职工基本养老保险，给周太太父母赡养费用每年 5 000 元左右。

周先生，基本消费支出 3 500 元每月，每年旅游休闲花费 2 万元左右，除了孩子的教育费用，夫妻两个也很重视自我提升，每年大概有 7 000 元左右的买书及考证培训支出。其他一些杂费在 1 万元左右。

目前，周先生家有现金 1 万元，活期 2 万元（不计利息），1 年期定期存款 12 万元（泰隆银行，利率 2.1%），2015 年年底已经到期自动续存。这几年，因为亲戚在银行工作，经常推荐不错的中低风险的理财产品给他们购买（年收益率 5% 左右），资金大概在 20 万元左右。其他没有任何股票、基金以及债券产品，并且没有这方面的投资经验，但是周先生也想在控制风险的情况下，能拓宽投资途径，增加投资收入。周先生性格谨小慎微，一家人都较为保守传统，认为能坚持长期投资，能跑赢通货膨胀，能有稳定收益，就很满足。他们也想尝试基金和债券品种，对目前的互联网理财渠道也有兴趣，但是苦于没有时间和专业知识。双方均未购买任何的保险产品，周先生近期希望购买保险来提高他们退休后的生活质量，同时也增加健康疾病保险来防范风险。

房产方面，自住一套房，无贷款，和父母分开住，离小孩读书学校较近，是父母在两人结婚时为其准备的婚房，110 平方米三居室，目前房价大概在 2 万元每平方米，但是已经有将近 10 年房龄了。另外他们还有一套价值 80 万元的商品房，无贷款，准备将来给儿子当婚房或者换房使用，目前正在出租，租金收入大约为 1.5 万元每年。前期由于购买这套房有个人借款 25 万元，其中 10 万元为民间借贷已经归还，还有 15 万元从周先生父母处借得，近期不着急还，按照民间的半分借贷利息即 0.5% 偿还，每月支付。两套房子的物业费及维护费共计 3 000 元。

因为周太太上班较远以及家里其他需求，还想买一辆宽敞的家庭用车。

二、理财规划假设

本理财规划建议的计算均基于以下假设条件：

（1）通货膨胀率。考虑到各地区通胀情况不相同，在保守性原则下，我们在做此理财规划建议书时假设通货膨胀率为 3%。

（2）收入增长率。假定周先生和周太太工资和奖金收入的年均增长率为 6%。

（3）投资收益率。目前该家庭投资综合收益率为 4%，在规划之后会有明显提高，退休后能采取较为稳健的投资策略，其综合收益率为 3%。

（4）货币市场基金收益率。货币市场基金收益率大部分都在 2%~5%，现以 3% 作为参考。

（5）住房按揭及购车贷款利率。目前住房商业贷款按揭贷款利率为 4.9%，执行 95 折优惠利率；公积金贷款利率为 3.25%，但是需要考虑房产政策变化趋势。购车贷款利率 3 年期 5.25%。

（6）教育费用增长率及医疗费用增长率。假设未来国内教育费用增长率为 5%，医疗费用增加率相对较慢，增长率假设为 3.5%。

（7）目前教育费用如下：

周先生本身具有较好的文化背景，所以对于儿子的教育十分注重。虽然现在周先生儿子只是就读小学一年级，但是周先生对于儿子日常教育方面的费用，占家庭消费中的大部分。周先生儿子目前就读于某民办小学，每学期学费大约在 7 500 元左右，其他杂费涵括在内 2 万元左右一年；周先生希望儿子初中能考上某民办中学，目前每学期学费大约在 1.1 万元左右，其他费用包括在内每年 3 万元左右；然后争取考到排名前 10 名的高中，高中学费、住宿费 2 500 元左右，包括其他费用大概也在 3 万元左右一年；大学和研究生一年费用大概在 2.5 万元左右。周先生希望尽量还能准备一笔教育金。假设教育费用以当年入学的标准进行估算，就读期间不涨学费，生活费变化不大。

（8）退休及养老假设：退休前两人还有 25 年的工作时间，按目前城镇职工领取的退休金来看，退休时能领取的退休金共计每月 7 000 元，假设退休后余寿有 20 年。

（9）财务数据编制时间是 2020 年 1 月 1 日到 2020 年 12 月 31 日。数据计算保留到小数点后两位。

（10）规划实施从 2021 年 1 月 1 日开始。

三、客户财务分析

（1）客户家庭资产负债表（见表 10-1）。

表 10-1　周先生家庭资产负债表

（2020 年 12 月 31 日）　　　　　　　　　　　　　单位：万元

资产		负债	
现金	1	其他（父母借款）	15
活期存款	2		
定期存款	12		
银行理财产品	20		
投资性房产	80		
自住房产	220		
其他（公积金余额）	2		
资产总计	337	负债总计	15
净资产	322		

从周先生的资产负债表看出周先生现金及现金等价物较多，流动性很好，投资类资产较少，负债比率低，经济压力小，但是投资渠道过于单一，较为保守。

（2）客户家庭收支表（见表 10-2）。

表 10-2　周先生家庭收入支出表

（2020 年 1 月 1 日 — 2020 年 12 月 31 日）　　　　　　单位：万元

收入		支出	
项目	金额	项目	金额
周先生工资奖金收入	19.6	基本消费支出	4.2
周太太工资奖金收入	9.3	教育支出	2.7
利息收入	0.252	娱乐支出	2
租金收入	1.5	赡养费	0.5
其他（银行理财产品收入）	1	其他支出	1.3
		利息支出	0.9
收入合计	31.652	支出合计	11.6
年结余	20.052		

从目前周先生的收入来看，其工资和年终奖收入占总收入的 70% 以上，可见其比例明显偏高，收入比较单一，以被动性收入为主。从支出上看，主要支出在儿子的教育支出，消费习惯良好，储蓄率较高，达到 60% 以上，有充足的资金结余进行理财分配。

（3）客户家庭财务比率分析（见表 10-3）。

表 10-3　周先生家庭财务比率分析表

项目	计算公式	参考值	实际值	主要体现内容	诊断
结余比率	年结余 / 年税后收入	10%~40%	63.35%	储蓄意识和投资理财能力	略高
家庭投资比率	投资资产 / 净资产	50%	31.06%	投资意识	偏低
负债比率	负债 / 总资产	< 50%	4.45%	综合偿债能力	偏低
负债收入比率	年债务支出 / 年税后收入	< 40%	2.84%	短期偿债能力	偏低
流动性比率	流动资产 / 月支出	3~6	15.52	应急储备状况	偏高
财务自由度	（目前净资产 × 投资回报率）/ 目前的年支出	≥ 1	1.11	投资意识	合理

根据以上的计算得出以下分析结果：

（1）结余比率反映家庭控制其开支和能够增加其净资产的能力，周先生家庭的结余比率在 63.35%，一般来说，结余比率在 10%~40% 都是合理的，周先生家庭结余比率稍偏高，说明储蓄意识比较强，但是可以进行适当的投资。

（2）家庭投资比率反映客户家庭的投资意识，一般在 50% 的比例较为适宜。但周先生投资比例在 30% 左右，偏低说明家庭理财意识可以进一步提高。

（3）负债比率反映家庭综合偿还债务能力的高低，周先生家庭的比率为4.45%，说明周先生家庭的偿还债务能力很高，可以适当地提高家庭的负债，合理的负债可以更好地让资产增值。

（4）负债收入比率反映的是负债和收入的占比情况，它是衡量家庭财务状况是否良好的重要指标。周先生家庭的负债收入比率在 2.84%，说明家庭短期偿债能力较好，经济收入可以承担当期债务。

（5）流动性比率反映一个家庭的应急储备状况，周先生家庭的流动性比率为 15.52 倍，远远高于 6 个月的水平，说明家庭的应急储备状况是非常好的。

（6）财务自由度反映了客户的投资意识和主动收入比例，周先生家庭目前财务自由度大于 1，但是考虑到未来支出将进一步增加，因此必须提高投资收入，才能让财务更加自由，可以适当地投资，增加投资性收入。

总体来说，周先生家庭财务情况良好，结余较多，储蓄意识好，偿债能力非常强，但资产结构不够合理，家庭理财意识略显薄弱，投资收入较低，流动性过高影响资产的利用率。

四、客户风险特征评估

通过对周先生的家庭风险偏好和风险承受能力的评估，我们可以看到周先生属于中庸型投资者（见表 10-4），注重资产的安全性、流动性及收益性稳定。周先生处于年富力强、收入增长的成长期，积累了一定的家庭资产，因此风险承受能力相对较高。在选择债券类产品、保本型的基金、保险产品等风险较低产品的同时也可以选择风险相对较大、收益性比较高的产品，如股票、股票型基金等产品。但由于周先生个性谨慎，较为保守，加之近期要购车和配置保险，还需要为孩子的未来教育储蓄资金考虑，所以在理财产品选择上要注意平衡性。

表 10-4 周先生客户风险偏好分析

分数	10 分	8 分	6 分	4 分	2 分	计分
首要考虑	赚短线差价	长期利得	年现金收益	抗通胀保值	保本保息	4
认赔动作	预设止损点	事后上损	部分认赔	持有待回升	加码摊平	4
赔钱心理	学习经验	照常过日子	影响情绪小	影响情绪大	难以忍受	6
最重要特性	获利性	收益兼成长	收益性	流动性	安全性	6
减免工具	无	期货	股票	房地产	债券	6
本金损失容忍度	总分 50 分，不能容忍任何损失为 0 分，每增加一个承受损失百分比，加 2 分，可容忍 25% 以上损失者为满分 50 分					20
风险偏好类型	积极进取型	温和进取型	中庸型	温和保守型	非常保守型	46
分值	80~100 分	60~80 分	40~60 分	20~40 分	0~20 分	

周先生虽然家庭的收入稳定，没有房贷和车贷，但是由于性格的因素，属

于风险中庸型投资者，所以不建议风险很大的产品，建议风险适中的产品。

如表 10-5 所示，周先生风险承受能力为 75 分，所以有一定的风险承受能力，但是由于周先生的性格原因，所以建议周先生投资稳健，不单单追求高收益，应该考虑风险和收益平衡。

表 10-5 周先生家庭风险承受能力评估表

分数	10 分	8 分	6 分	4 分	2 分	计分
就业状况	公职人员	公司职员	佣金收入	自由职业	失业	8
家庭负担	未婚	双薪无子女	双薪有子女	单薪无子女	单薪有子女	6
置业情况	投资不动产	自宅无房贷	房贷 <50%	房贷 >50%	无自宅	10
投资经验	10 年以上	6~10 年	2~5 年	1 年以内	无	6
投资知识	有专业证照	财经相关专业	自修有心得	略懂一些	一无所知	8
年龄	总分 50 分，25 岁以下者 50 分，每多一岁少 1 分，75 岁以上者 0 分					37
总分	75					

五、确定客户理财目标

在接下来的具体理财建议中，将围绕周先生家庭的合理的理财愿景，结合周先生的家庭情况。为周先生家庭制定一份较为合适的家庭理财方案，以达到如下短、中、长的理财目标。

1．短期目标

（1）降低目前现金及现金等价物的持有，提高资金使用效率，降低流动性比率。

（2）购买一辆价值 20 万元左右的汽车。

（3）建立家庭保障体系，购买夫妻双方保险，通过保险储备教育金，也可以为父母购买一些健康及意外保险。

（4）为二胎做好人力、物力准备。

2．中期目标

（1）重新调整投资分配，增加投资途径，提高投资收益。

（2）偿还父母的 15 万元借款。

（3）提高生活品质，带着一家人外出旅游及满足休闲需求。

（4）置换一套改善性住房，提升居住品质。

（5）自身的教育计划。

3．长期目标

（1）按阶段准备好子女的教育经费及相应规划，实现教育期望。

（2）适时考虑自身的养老问题。

六、制定理财规划方案

（1）现金规划。建立家庭备用金是现代社会家庭成员正常生活的基础，可以避免因为失业、意外疾病事故或其他突发事件使家庭经济出现剧烈的变动，使家庭成员更安心地工作和生活，现金储备一般是生活用费的3~6倍。

①日常备用金规划。周先生目前每月支出大约在1万元左右，但是在规划后支出费用会增值1.7万元左右，考虑到儿子才读小学，还有四位老人，为了准备充足，所以安排4倍的意外金大约7万元。这笔钱不建议投入定期存款，建议购买货币市场基金，因为货币市场基金比活期存款利率高，且流动性和活期无差异。因此配置2万元活期存款和5万元货币市场基金，把目前的现金、活期及定期重新分配，不足部分从即将到期的定期存款中支取4万元。

目前手机银行成为管理日常现金高效便捷的方式，建议周先生及太太学会用手机进行银行账户管理和货币市场基金的申购与赎回，选择银行系的货币市场基金，如"浦发宝""薪金宝""灵通快线"等现金管理工具。

②信用卡配置。建议周先生与太太分别申请一张信用卡，在消费支出增大需要急用时可以起到融通资金的作用，透支额度高、免息透支消费，可以实现轻松理财的目的，例如近期的购车消费和旅游消费。考虑到夫妻二人资产情况良好，信用良好，工作稳定，可以选择一些城市商业银行例如温州银行、宁波银行、杭州银行等针对优质客户的信用卡产品，这些产品额度高，手续费减免、消费活动优惠多。

（2）消费规划。

①购车规划。因为家庭所需，打算购置一辆家庭轿车，希望能够宽敞舒适，价格适中，所以选择车价在20万元左右的"天籁"。建议全款买车，从8万元存款和年终结余中拿出12万元。

②置换房产规划。考虑在5~6年以后购买一套改善型的住房，打算用目前这套住房进行置换，考虑到逐年升高的房价，还需要储备一定的资金作为后期购房款，按照该理财规划，5年以后将增加40万~50万元的购房款，目前该家庭结余能力较强，储蓄习惯良好，需要继续保持该理财习惯，为下个阶段的财富积累做好准备。

（3）教育规划。

①教育费用测算。教育规划是该家庭理财规划的重点内容，按照国内教育费用5%的总体增长率，进行教育费用测算（见表10-6）。

表 10-6　周先生家庭小孩教育费用估算表

单位：元

费用	年级	当前费用	距今时间	增长率	当期费用	费用合计	教育保险	教育金缺口（FV）	每月折现（PMT）
小学费用	1	20 000	0	0%	20 000	120 000			
	2		1		20 000				
	3		2		20 000				
	4		3		20 000				
	5		4		20 000				
	6		5		20 000				
初中费用	1	30 000	6	5%	40 202.87	120 608.61		120 608.61	1 352.71
	2		7		40 202.87				
	3		8		40 202.87				
高中费用	1	30 000	9	5%	46 539.85	139 619.55	6 000	121 619.55	811.56
	2		10		46 539.85		6 000		
	3		11		46 539.85		6 000		
大学费用	1	25 000	12	5%	44 896.41	179 585.64	12 000	131 585.64	585.62
	2		13		44 896.41		12 000		
	3		14		44 896.41		12 000		
	4		15		44 896.41		12 000		
研究生费用	1	25 000	16	5%	54 571.86	109 143.72		109 143.72	309.83
	2		17		54 571.86				

从表 10-6 中可以看到，小学费用合计 12 000 元，直接从当年支出；初中费用约 120 608.61 元；高中费用 139 619.55 元，减去教育保险（参照保障规划的教育保险产品）高中阶段每年的 6 000 元，还需支付 121 619.55 元；大学费用 179 585.64 元，减去大学教育金每年的 12 000 元，还需要 131 585.64 元；研究生费用共计 109 143.72 元。

② 教育规划工具。教育工具可以选择调整后的证券投资工具中的中低风险理财产品（5%）、债券及债券型基金 (6%)、股票型基金，进行基金定投 (15%)。考虑到教育金弹性小，需求刚性，因此较为保守地按照调整后的平均投资回报率 7% 进行折现，从现在开始筹备初中到研究生的教育费用，平摊到每月折现投资额为：

1 352.71 ＋ 811.56 ＋ 585.62+309.83=3 059.72（元）

也就说每月投入 3 059.72 元，每年投资 36 716.64 元在教育储备上。建议资金的 1/3 选择股票型基金进行定投，2/3 购买国债或者债券型基金。

除了证券工具，也可以考虑教育保险，尤其是储蓄性的险种，是以为孩子准备教育基金为目的的保险，既具有强制储蓄的作用又有一定的保障功能。一般教育保险金在孩子上高中、大学的特定时间内才能提取，完全是针对少儿的教育阶段而定，到孩子大学毕业或创业阶段再一次性返还一笔费用以及账户价值，以帮助孩子在每一个教育的重要阶段都能获得一笔稳定的资金支持，针对周先生家庭的教育规划重点选择了一份教育保险：平安·鸿运英才少儿分红教育基金，其具有如下特点：

- 高中教育金 6 000 元每年，大学教育金 1.2 万元每年；
- 25 岁，创业婚嫁金 3 万元；
- 其他时间不固定红利分配；
- 投保人身故或全残免保费。

（4）养老规划。

① 养老费用测算。该家庭距离退休还有 25 年时间，在调整投资结构后，按平均回报率在 7% 左右进行估算，退休后余寿 20 年，退休后的收益率下降到 3%。目前家庭支出在 9 666.67 元左右，退休后维持目前生活水平，按照 70% 比例进行估算，也就是退休后生活费在 6 766.67 元左右，通货膨胀率保持在 3%，因此 25 年以后，生活费将达到每月 14 167.90 元，减去退休时退休金 7 000 元，还有 7 167.90 元的缺口，20 年共计 1 720 296 元，按照 7% 的回报率进行折现，目前每个月需要投入 2 123.63 元，一年 27 198.77 元。

② 养老规划工具。从表 10-7 可以看出，为实现这个养老目标大概每年需要的平均储蓄金额为 2 万 ~3 万元，每月 2 123.63 元，每年的节余基本上可以在满足保险保障、偿还房贷以后用来储备退休基金。为确保完备的退休养老金，规划工具以长期稳定的投资产品为主，比如债券型基金、国债、票据型理财产品等，同时考虑到养老规划时间较长，在选择产品时可以适度选择中等风险产品，例如采取基金定投方式控制风险获取收益，实现保值增值。建议资金的 1/2 选择股票型基金进行定投，1/2 购买国债或者债券型基金。

表 10-7　养老费用测算表

养老测算参数	计算结果
退休前工作年数	25
退休前假设通胀率 /%	3
退休前投资收益率 /%	7

续表

养老测算参数	计算结果
退休后余寿年数	20
退休后假设通胀率 /%	3
退休后投资收益率 /%	3
预期退休后每月生活费的现值 / 元	6 766.67
预期退休后每月生活费的终值 / 元	14 167.90
退休后预计领取的每月退休金 / 元	. 7 000
预期退休后每月养老金缺口 / 元	7 169.90
养老金缺口 / 元（7 169.90 × 12 × 20）	1 720 296
如现在一次性投入需要 / 元	316 963.12
如从现在每年投入需要 / 元	27 198.77
如从现在每月投入需要 / 元	2 123.63

（5）保障规划。由于周先生夫妻两人保险计划欠缺，所以必须首先考虑两人的保险基金，根据理财规划的基本原则，保险规划中的保额设计为年收入的10倍，保费则不超过家庭年收入的10%。所以，我们建议每年保费不超过3万元，这样的保障程度比较完备，保费支出也不会构成过度的家庭财务负担。具体计划如下：

从表10-8中可以看到周先生和周太太各买了一份两全养老寿险，届时退休可以有30万元的保险金。这笔钱弹性较大，可以作为子女继续深造，例如出国留学的专项资金，也可以作为养老补充。另外孩子选择的教育保险在25岁的时候还将有一笔2.5万元的创业婚嫁金。

表 10–8　周先生家庭保险购买计划表

家庭成员	保险品种	保额 / 万元	保费 /（元 / 年）	交费年限	建议产品
周先生	意外保险卡	30	200	每年	众安保险·个人住院医疗保险、人身意外重大疾病健康综合保险
	重大疾病保险	30	3 500	10	同方全球"康爱一生"终身防癌疾病保险
	养老保险	20	10 000	15	国寿鸿寿年金保险 (分红型)
周太太	女性专属重疾保险	30	580	每年	众安保险·个人住院医疗保险、人身意外重大疾病健康综合保险

续表

家庭成员	保险品种	保额/万元	保费/（元/年）	交费年限	建议产品
周太太	养老保险	10	4 000	一年	国寿鸿寿年金保险（分红型）
孩子	教育保险	20	10 000	每年	平安·鸿运英才少儿分红教育金
父母	老年健康险	10	2 000	每年	慧择老年关爱（含重疾）加强版
共计		150	30 280		

（6）投资规划。从在未来几年内，周先生一家的投资比例和投资结构需要进一步完善，这对于改善其目前的财务结构，增加投资收益是十分必要的。当然，控制投资风险也是必须要考虑的事情。从目前的投资情况来看（见表 10-9），做得并不是很理想，主要缺点是投资太保守，过于考虑流动性而对增值要求重视不够。

从上面的分析可以看出，周先生的风险偏好属于中庸水平，风险承受能力中等偏上，但是考虑其个性及接受程度，建议进行平衡型投资，大致可以配置为货币基金 10%，债券或债券型基金 50%，银行理财产品 20%，股票或股票型基金 20%，平均回报率大约为 7.3%（见表 10-10）。具体来说，就是要大幅降低存款的比例，增加股票或基金以及安全性和收益率都比较理想的各项银行理财产品的投资份额。当然，对于周先生这样缺乏投资经验的家庭来说，建议购买股票型基金，余额控制在总投资额的 20% 以内，主要做长期定投，而不要去做股票的短线操作。这样小孩未来的教育费用和养老规划资金就主要可以通过长期投资来实现。

表 10-9　现有资产组合

投资工具	资产配置比例	实际报酬率
银行理财产品	57.14%	5%
活期及定期存款	42.86%	2%
平均回报率	3.71%	

表 10-10　未来资产组合

投资工具	资产配置比例	实际报酬率
货币市场基金	10%	3%
债券/债券型基金/保本型基金	50%	6%

续表

投资工具	资产配置比例	实际报酬率
银行理财产品	20%	5%
股票型基金	20%	15%
平均回报率	7.3%	

（7）其他专项规划。通过上述规划，该家庭年结余有 7 万元左右，结余比率下降到 22%，仍然在安全范畴之内，为后期的二胎规划、房产置换及债务清偿留出充分的弹性。

① 二胎规划。对于二胎计划，从理财规划角度来看，12 万元定期存款中，减去 2 万元用作现金管理，7.4 万元首期购车款，还余下 2.6 万元可以作为育儿备用金，应对前期费用支出。后期教育费用可参考第一个孩子的教育费用及规划，大概每年增加 3 万元左右的投入，3 年以后车贷偿还结束，这部分资金可以用作二孩教育金储备。如果二胎计划实施，后期还需要在理财方案上补充相应计算和实施方案。

② 偿还父母债务。因为偿还父母债务时间自由，因此可以根据是否生二胎、购房进行安排，建议分摊为每年 2.5 万元，从年终奖中专项支出。

七、理财规划方案风险提示

投资总是有风险的，风险的大小一方面由所选择的投资品种其本身因素决定，即非系统性风险；另一方面则可能存在一定的系统性风险，如政策变动、不可抗力等。作为以保护客户权益为前提的理财计划，首先考虑的是客户所投资本金的安全，还包括流动性风险等，其次要符合客户对于风险的承受能力并根据不同的年龄、职业和收入状况来定制相应的理财计划。

本规划的主要风险及其防范：

（1）开放式基金投资收益的不确定性及风险较大，收益率可能达不到预期的风险，但考虑到开放式基金是由专家进行理财并有其业绩记录加以例证，相信随着中国经济和证券市场的成长，这方面的风险将有所稀释。

（2）外部环境的变化会引起收益的不确定和风险的增大。鉴于以上两点，本机构将与客户一起监控其方案的实施，一旦有变化时务请周先生及时和理财机构保持联系，经周先生同意及时为周先生修改理财规划方案。

（3）股票型基金和基金定投中的指数型基金的风险收益的不确定性及风险相比其他几种的理财产品而言较大，收益率可能不如预期想象的那样，甚至会背道而驰，对此，要跟周先生及时沟通，调整投资结构。

（4）二胎计划实施需要调整教育规划内容、消费规划等内容，一旦有变化需要请周先生及时和理财机构保持联系，经周先生同意及时为周先生修改理财规划方案。

八、理财方案的预期效果分析

以上的规划统筹考虑了周先生一家在现金、购房、教育、保险、投资等方面的各种因素，对于这个规划到底能够为这个家庭带来怎么样的变化，我们可以进行前后比较（见表10-11至表10-13）。

表 10-11 周先生家庭资产负债表（估计）

（2021年12月31日）　　　　　　　　单位：万元

资产		负债	
活期存款	2	其他（父母借款）	12.5
货币市场基金	5	汽车贷款	0
股票型基金	2.4		
债券型债券	3.6		
国债	5.5		
银行理财产品	20		
投资性房产	80		
汽车	18		
自住房产	220		
其他（公积金余额）	6.8		
资产总计	363.3	负债总计	12.5
净资产	350.8		

表 10-12 周先生家庭收入支出表（估计）

（2021年1月1日—2021年12月31日）　　　　单位：万元

收入		支出	
项目	金额	项目	金额
周先生工资奖金收入	20.776	基本消费支出	4.326
周太太工资奖金收入	9.858	教育支出	2.7
货币市场基金收入	0.175		
基金收入	0.42	娱乐支出	2
债券收入	0.25	保险支出	3.028
租金收入	1.5	赡养费	0.5

续表

收入		支出	
项目	金额	项目	金额
其他（银行理财产品收入）	1	投资支出	6
		其他支出	1.3
		利息支出	0.75
收入合计	33.979	支出合计	20.604
年结余	13.375		

表 10-13　周先生家庭财务比率分析表

项目	计 算 公 式	参考值	实际值	诊断
结余比率	年结余/年税后收入	10%~40%	38.98%	合理
家庭投资比率	投资资产/净资产	50%	31.60%	提高，逐年会提高
负债比率	负债/总资产	<50%	3.61%	5 年后买房，负债比率会合理
负债收入比率	年债务支出/年税后收入	<40%	2.21%	进一步降低
流动性比率	流动资产/月支出	3~6	4	合理
财务自由度	（目前净资产 × 投资回报率）/目前的年支出	≥1	1.19	较之前提高

九、理财方案总结

本理财方案兼顾了家中每个成员所需的理财情况，对周先生家庭的财务状况进行了简单分析，对其进行调整和建议，并就其中出现的问题进行了补救。根据以上几个方面的规划可以看出，周先生若采用所推荐的投资理财计划，可以在调整现有家庭理财方式的情况下，维持家庭收支平衡，实现家庭的理财目标：① 根据具体的家庭情况调整了家庭储备金额度，针对周先生及周太太不同的消费特征推荐了适用的信用卡；② 为周先生家庭能顺利实现购车需求，提出购车品牌及资金来源的简单建议；③ 为周先生家庭小孩未来接受教育的费用做了一个梳理和规划，初步估算出每个教育阶段所需费用以及每年需要储备的金额；④ 为周先生家庭建立了初步的保险保障体系；⑤ 改变了周先生家庭的资金利用结构，增加了投资资产的比例，使闲置资金得到了合理的利用，提高了收益。

理财过程是需要终身贯彻和坚守的过程。在整个理财过程中，要不断地检查理财的实施情况，适时地根据市场行情的变化对理财规划做出相应的调整，同时还要多听取专家的意见，加强对风险的管理和控制。

任务二 杭州市"80后"双职工中薪家庭理财规划

案例来源：改编自浙江省大学生投资理财技能大赛理财规划赛项案例

一、客户家庭背景资料

（一）客户基本资料概述

金先生一家三口居住在某市。金先生现年36岁，在一家互联网企业任职，是一名IT工作者，有五险一金。税后年收入200 000元，年终奖金150 000元。金太太，32岁，某证券公司职员，有五险一金，税后年收入120 000元，年终奖100 000元。结婚8年，有一个7岁的女儿，目前是一所私立小学一年级学生，每年教育费用为30 000元，将来打算送女儿出国完成研究生阶段学业。夫妻双方父母将在5年后退休，退休后双方需要开始赡养父母，预计赡养20年，每年共计15 000元。

金先生一家的开支情况如下：吃饭方面每年平均开销为3 600元/月；买衣服每年平均支出10 000元；家庭娱乐开销每年平均8 000元；家庭医疗支出每年平均为5 000元；每年房贷利息支出为16 573元。目前家庭有一辆自用车，车子是金太太平时出行时使用，二手车价值约10万元。

目前，金先生一家有银行定期存款100 000元，活期存款20 000元，2020年年初金先生购买银行理财产品2 000 000元，锁定期1年，年利率为5.5%。国内股票市值223 500元，在市区有一套自住房，面积90平方米，买价为12 000元/米^2，现在市价为45 000元/米^2，买的时候首付30%，贷款为公积金贷款，贷款年限为20年，还款方式为等额本息，无商业贷款，公积金贷款利率为3.25%。截至2019年年底贷款余额为509 937元，还有12年还清，在本案例中不考虑通货膨胀率。因为目前所居住的房子为两室一厅户型，考虑到未来照顾老人的需求，金先生和金太太打算买一套200平方米的房子，每平方米单价预算在30 000元。夫妻俩性格开朗，身体健康，对于投资较为理性，愿意长期投资，以时间换理财收益。

（二）客户理财目标

（1）购房规划：因为目前所居住的房子为两室一厅户型，考虑到未来照顾老人的需求，打算购置一套200平方米的房子，每平方米单价预算在30 000元。

（2）女儿教育：希望为女儿准备好各个阶段的教育经费，未来可以送女儿出国完成研究生阶段的学业。

（3）赡养父母：希望准备好一笔资金作为双方父母的赡养费，并为父母购买商业保险。

二、理财规划假设及要素说明

为了使本理财规划建议书的结果具有较强的科学性和合理性，我们根据目前的经济环境和对未来的形势预测，提出以下几点关于理财数据的假设前提，本理财规划建议的计算均基于以下假设条件。

（1）通货膨胀率。

考虑到各地区通胀情况不尽相同，在做此理财规划建议书时假设通货膨胀率为4%。

（2）收入增长率。

假定金先生工资和奖金收入的年均增长率为2%，假定金太太工资和奖金收入的年均增长率为2%。

（3）投资收益率。

目前该家庭投资综合收益率为4%，在规划之后会有明显提高，退休后能采取较为稳健的投资策略，其综合收益率为3%。

（4）房产相关数据。

目前住房商业贷款按揭贷款利率为4.9%，无优惠利率，将采用等额本息方式还款。房产具有一定的增值保值作用，假设房价按照较为理性的2%上涨。

（5）教育费用增长率。

根据目前通货膨胀情况，我们假设未来国内教育费用增长率为4%。金先生对于女儿的教育十分注重，女儿的日常教育方面的费用占家庭消费中的大部分。金先生家所在地区，私立小学学费和其他杂费共30 000元/年；民办初中学费及其他杂费约30 000元/年；高中学费及其他杂费约10 000元/年；大学费用约25 000元/年，留学3年费用约20万元/年。假设学费以当年入学的标准进行估算，就读期间不涨学费，生活费变化不大。

（6）退休计划。

金先生60岁退休，金太太55岁退休，目前退休能领取的退休金每月共计在10 000元，总体增长率在3%左右（不考虑养老金增长），假设余寿有20年。

（7）家庭财务数据搜集截至2020年12月31日。

（8）规划实施从2021年1月1日开始。

（9）比率保留到小数点 2 位，金额精确到单位元。

三、客户财务分析

（一）客户家庭财务分析

根据金先生家庭的基本资料，通过整理分析，得到以下财务数据。

1. 客户家庭资产负债表（见表 10-14）

表 10-14　金先生家庭资产负债表

（截至 2020 年 12 月 31 日）　　　　　　　　　　　　单位：元

资产			负债		
项目	金额	百分比	项目	金额	百分比
活期	20 000	0.31%	房贷	475 357[①]	100%
定存	100 000	1.54%			
理财产品	2 000 000	30.8%			
股票	223 500	3.44%			
自住房产	4 050 000	62.37%			
汽车	100 000	1.54%			
资产合计	6 493 500	100%	负债合计	475 357	100%
净资产			6 018 143		

注：①房贷余额：运用财务计算器 $PV=90×12\ 000×70\%=756\ 000$，$I/Y=3.25\%$，$N=20$，计算出 $PMT=4\ 288$。再利用 2ND，$p1=1$，$p2=108$（2019 年时，房贷余额为 509 937 元，还需 12 年还清，因此至 2020 年年底一共 108 期）截至 2020 年年底，房贷余额为 475 357。

金先生家资产负债占比图见图 10-1、图 10-2。

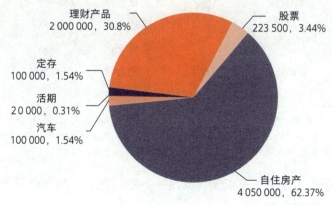

理财产品
2 000 000，30.8%

股票
223 500，3.44%

定存
100 000，1.54%

活期
20 000，0.31%

汽车
100 000，1.54%

自住房产
4 050 000，62.37%

图 10-1　资产占比图

房贷
475 357，100%

图 10-2　负债占比图

　　从资产负债情况我们可以看出金先生的储蓄意识较强，现值 405 万元的自住房和 200 万元的银行理财产品占金先生家庭资产的九成以上，投资产品结构相对单一，200 万元的银行理财产品安全稳定，但收益率偏低，总体的投资收益有待提高。47 万余元的房屋贷款是唯一的负债支出，可借助信用卡等工具利用杠杆，提高资金利用率的同时增收创收。除增加工资奖金收入外，以合理长期的投资换得理财收益是十分必要的。

　　2. 客户家庭收支表（见表 10-15）

表 10-15　金先生家庭收入支出表

（2020 年 1 月 1 日 — 2020 年 12 月 31 日）　　　　　　　单位：元

收入			支出		
项目	金额	百分比	项目	金额	百分比
自身工资奖金收入	350 000	52%	基本消费支出	53 200	36%
配偶工资奖金收入	220 000	32%	教育支出	30 000	20%
利息收入	110 000	16%	房贷支出	51 456[①]	35%
			医疗支出	5 000	3%
			其他支出	8 000	6%
收入合计	680 000	100%	支出合计	147 656	100%
年结余			532 344		

　　注：①房贷支出：贷款金额 =12 000×90×70%=756 000（元），采用公积金贷款，利率 3.25%，贷款年限为 20 年，即 PV=756 000，I/Y=3.25%，N=20，计算出 PMT=4 288，每月需还款 4 288 元，一年需还款 51 456 元。

　　年初，金先生家有一笔偶然性支出——银行理财产品 200 万元，因此不计入本年的收入支出表中。

金先生家收入、支出占比图见图10-3、图10-4。

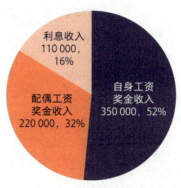

图 10-3　收入占比图

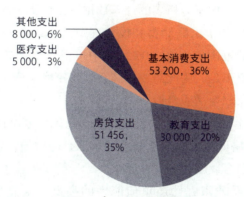

图 10-4　支出占比图

从金先生的家庭收支状况可以看出，金先生和金太太家庭收入处于中等水平，收入可观，是一种较稳定的家庭结构类型。由于夫妻二人的工作奖金收入占总收入的84%，一旦因意外等丧失劳动能力不再能为家庭创收时，或其他不可预期的事件发生时，家庭的正常生活也将随之受到影响。在考虑拓宽收入渠道的同时，也需完善相应的应急保障机制，可以增加适当合理的投资，以时间换得投资收益；也可以添置配齐相对应的保险产品，在意外发生时，降低损失，保险的赔付款也能帮助家庭减轻一定的经济压力。

3．客户家庭财务比率分析

表 10-16　金先生家庭财务比率分析表

项目	计算公式	参考值	实际值	主要功能	诊断
结余比率	年结余 / 年税后收入	10%～40%	78%	储蓄意识和投资理财能力	偏高
家庭投资比率	投资资产 / 净资产	50%	37%	投资意识	偏低

续表

项目	计算公式	参考值	实际值	主要功能	诊断
负债比率	负债/总资产	<50%	8%	综合偿债能力	偏低
负债收入比率	年债务支出/年税后收入	<40%	5%	短期偿债能力	偏低
流动性比率	流动资产/月支出	3-6	9.75	应急储备状况	偏高
财务自由度	（目前净资产×投资回报率）/目前的年支出	≥1	1.63	投资意识	合理

根据表 10-16 财务比率分析表的计算数据得出以下分析结果：

（1）结余比率反映了家庭储蓄和投资理财意识，金先生家庭结余比率为 78%，远高于正常的范围值 10%~40%，从中可以看出金先生家庭财务状况良好，但资金使用效率不足，为此需要提高金先生家庭的资金使用效率，可增加适当的消费，提高家庭生活质量。

（2）家庭投资比率反映家庭的投资意识，金先生家庭的投资比率为 37%，与参考值 50% 相比略低，家庭的投资理财意识有待增强，资产结构相对单一，需要优化投资产品组合，增加投资性收益。

（3）负债比率反映家庭偿还负债能力的高低，金先生家庭负债比率为 8%，远低于给定的参考范围，可知金先生家庭的资产状况良好，综合还债能力强。金先生家庭未来想购置新房及其他家庭需求，当下需利用好资金杠杆提高资金利用效率，实现资产的保值增值。

（4）负债收入比率是负债和收入的占比情况，是衡量家庭财务状况是否良好的重要指标，金先生家庭负债收入比率为 5%，目前大约有 47 万元的房屋贷款正在偿还。因此家庭财务状况良好，短期偿债能力较强。

（5）流动性比率反映一个家庭的应急储备状况，金先生家庭流动比率高达 9.75，反映出家庭的应急储备状况优良，但闲置资金过多，应降低流动比率，合理适度地增加投资，建立健全家庭保障体系，降低因意外发生所带来的潜在风险。

（6）财务自由度反映客户的投资意识和主动收入比率，金先生家庭财务自由度为 1.63。但是考虑到未来子女教育、父母赡养及家庭保障等需求，家庭各方面的开销也会增大。因此需增加投资性收入，提高财务自由度，通过合理适当投资，实现财富的增长。

（二）客户家庭财务状况总结

通过对金先生家庭的资产负债表、收入支出表和财务比率分析表分析总结，可以得出以下结论：第一，金先生家庭资产状况良好，结余略多，储蓄意识较好，偿还债务能力强；第二，金先生家庭资产结构相对简单，产品配置单一，投资性收入占比低，家庭理财意识有待增强，应合理选择投资产品，组合投资，分散风险，赚取收益；第三，家庭流动性比率过高会影响资产的使用效率，可借长期投资和风险承受获得更好的收益，并通过建立健全家庭保障体系，增强风险防范意识，提高对突发状况的应急处理能力，保险等产品的赔付款也会起到良好的经济补偿的作用，相应地减轻家庭因意外造成的经济负担，为其他家庭成员正常的生活提高保障。

四、客户风险特征评估

（一）客户家庭风险承受能力评估表（见表 10-17）

表 10-17　金先生家庭风险承受能力评估表

分数	10 分	8 分	6 分	4 分	2 分	计分
就业状况	公教人员	上班族	佣金收入	自营事业	失业	8
家庭负担	未婚	双薪无子女	双薪有子女	单薪有子女	单薪养三代	6
置业情况	投资不动产	自宅无房贷	房贷 <50%	房贷 >50%	无自宅	6
投资经验	10 年以上	6~10 年	2~5 年	1 年以内	无	8
投资知识	有专业证照	财经专业毕业	自修有心得	懂一些	一片空白	6
年龄	总分 50 分，25 岁以下者 50 分，每多一岁少 1 分，75 岁以上者 0 分					38
总分	72					

金先生的测试分数是 72 分，具有一定的风险承受能力，而且金太太是证券公司的一名职员，家庭对投资风险的认知和承受能力强于一般家庭，在投资方面自有心得，愿意以长期的时间投入换得收益。综合考虑金先生的家庭正处于成长期，上有父母需赡养，下有女儿要抚养教育，因此建议金先生选用稳健的投资工具，例如债券，中风险的基金股票等产品。在追求收益的同时，也需要兼顾到潜在的风险。

（二）客户家庭风险偏好分析表（见表 10-18）

表 10-18　金先生客户风险偏好分析表

分数	10 分	8 分	6 分	4 分	2 分	计分
首要考虑	赚短线差价	长期利得	年现金收益	抗通胀保值	保本保息	8
认赔动作	预设止损点	事后上损	部分认赔	持有待回升	加码摊平	8
赔钱心理	学习经验	照常过日子	影响情绪小	影响情绪大	难以成眠	6
最重要特征	获利性	收益兼成长	收益性	流动性	安全性	8
减免工具	无	期货	股票	房地产	债券	6
本金损失容忍度	总分 50 分，不能容忍任何损失为 0 分，每增加一个承受损失百分比，加 2 分，可容忍 25% 以上损失者为满分 50 分					36
风险偏好型	积极进取型	温和进取型	平衡型	温和保守型	非常保守型	72
分值	80~100 分	60~80 分	40~60 分	20~40 分	0~20 分	

根据金先生家庭风险承受能力评估表（表 10-17）和风险偏好分析表（表 10-18）可以看出，金先生风险偏好属于温和进取型，风险承受能力也比较强，所以在之后的理财规划方案中，我们可以给金先生选择一些风险适中的理财产品来提高收益，比如股票型基金，混合型基金等，同时再购买一些低风险的产品来保证收益，比如债券型基金，黄金等产品。

五、客户理财目标

在接下来的具体理财建议中，将围绕金先生家庭的合理的理财愿景，结合金先生的家庭情况，为金先生家庭制定一份较为合适的家庭理财方案，以达到如下短、中、长的理财目标。

（一）短期目标

（1）降低流动性资产，提高资金使用效率，提高流动性比率。

（2）建立家庭保障体系，购买夫妻双方保险，通过保险储备教育金，因为需要赡养父母，也可以为父母购买一些健康及意外保险。

（3）利用好结余资金，可运用投资或者未来开展必备消费。

（二）中期目标

（1）换置一套改善性住房，提升居住品质。

（2）提高生活品质，带着一家人外出旅游及满足休闲需求。

（3）重新调整投资分配，增加投资途径，提高投资收益。

（4）父母赡养费。

（三）长期目标

（1）按阶段准备好女儿的教育经费以及相应规划，保证她能读到研究生阶段，实现教育期望。

（2）适时考虑自身的养老问题。

六、理财规划

（一）现金规划

建立家庭备用金是现代社会家庭成员正常生活的基础，可以避免因为失业、意外疾病事故或其他突发事件使家庭经济出现剧烈的变动，使家庭成员更安心地工作和生活，现金储备一般是生活费用的 3 到 6 倍。

1. 日常备用金规划

金先生家中目前月平均支出 12 305 元，因为金先生和太太二人工作的稳定，且家庭资产状况良好，所以建议金先生可保留平均月支出的三倍，约40 000 元作为家庭备用金。对于 40 000 元的备用金支出，可以将活期存款的20 000 元转入，并在年结余中支取 20 000 元补充计入。这笔钱不建议投入定期存款，建议购买货币市场基金。第一，货币市场基金收益率高于银行活期存款；第二，两者的流动性基本无差异。因此建议将 10 000 元作为现金投入支付宝的余额宝（华安日日鑫货币 A，七日年化收益为 2.4640%）中，投资收益微小，不计入投资性收入。

目前手机银行成为管理日常现金高效便捷的方式，建议金先生及太太学会用手机应用进行账户管理及货币市场基金的申购与赎回，可以选择银行系货币市场基金。综合比较分析各家手机银行的余额理财产品，建议将余下 30 000元配置工商银行的工银瑞信添益快线货币（七日年化收益为 2.5630%）。

2. 信用卡配置

考虑到金先生和太太资产情况良好，工作稳定，信用优良。也为进一步提高家庭资产利用率，建议夫妻二人分别申请一张信用卡，在消费支出增大需要急用时可以起到融通资金的作用。也因信用卡具有透支额度高、免息透支消费等金融功能，有助于实现轻松理财的目标。考虑到金先生家庭有车，现各家银行都有推出与汽车相关的优惠活动和服务业务。综合比较各银行同类型产品，推荐金先生办理一张中国工商银行的工银爱车 plus 信用卡金卡。金太太作为家中的女主人，通过分析家庭的日常消费支出，建议金太太配置中国银行的长城环球通爱家信用卡。

（二）消费规划

考虑到未来 5 年老人退休，奉养赡养老人便利需要，金先生和金太太有打算买一套 200 平方米的房子，每平方米单价预算在 30 000 元，因此未来会有换房或者买房需求。

（1）购房需求：按照假设中提到每年房价上涨2%，5年后，房屋单价约为33 122元/平方米，200平方米的房屋总价大约是6 624 400元。

（2）房贷政策：按照当前该市"认房也认贷"房产政策看，662万元左右的房产，如果是换购第二套房，首付比例6成以上（39 746 40l元），4成按揭（2 649 760元）。

（3）公积金政策：该市可以申请两次，但第二次申请需要第一次贷款已结清。公积金二套房"认房又认贷"，首付最低六成，且贷款首付款比例不低于60%。贷款额度方面，二套住房贷款最高额度为60万元，贷款利率为同期贷款基准利率的1.1倍。

（4）贷款利率：二套LPR+79BP（5.64%）。

（5）贷款时间：对于个人住房按揭贷款，借款人年龄与贷款年限之和最长不超过70年，在实际办理中，有部分银行是按照65周岁执行的。5年后，金先生41岁，为主贷款人，可贷款时间24年以内。

（6）购房评估：

方案一　换房置换改善型住房

首付款评估：5年后置换的小房子总价 =405×（1+2%）^{5}=447.1527（万元），作为新房首付、税费、装修、杂费等买房准备。

因此，首付款为4 000 000元（首付60%以上），其他杂费在47万元左右。

按揭方式及还款计划说明：确认首付后，按揭款2 624 400元，可采用公积金（符合二次使用公积金，首付60%以上，最高额60万元）和商业贷款的组合贷款，可采用压力比较平均的等额本息还款方式，20年贷款时长，公积金和商店的利率都要上浮，假设都为上浮10%，分别为3.58%和5.64%。

购房相关计算：

$PV1$=600 000，$I/Y1$=3.58%，$N1$=20，计算公积金还款PMT=3 504。

$PV2$=2 024 400，$I/Y2$=5.64%，$N2$=20，计算商业贷款还款PMT=14 086。

累计每月应还款为3 504+14 086=17 590（元），在该家庭每月收入40%以内

方案二　购置第二套房

首付款评估：首付为3 974 640元，近400万元的首付，可以考虑用银行理财产品200万元，和5年以后的家庭结余储备200万元左右（每年结余50万元左右）的资金。

按揭方式及还款计划说明：确认首付后，按揭款2 649 760元，可采用公积金（符合二次使用公积金，首付60%以上，最高额60万元）和商业贷款的组合贷款，可采用压力比较平均的等额本息还款方式，20年贷款时长，公积

金和商店的利率都要上浮，假设都为上浮 10%，分别为 3.58% 和 5.64%。

$PV1$=600 000， $I/Y1$=3.58%， $N1$=20，计算公积金还款 PMT=3 504。

$PV2$=2 049 760， $I/Y2$=5.64%， $N2$=20，计算商业贷款还款 PMT=14 263。

累计每月应还款为 3 504+14 263=17 767（元），在该家庭每月收入 40% 以内。

（7）小结：通过计算从两个方案来看，受到目前房贷政策的影响，无论置换还是购买第二套房，首付都要在 60% 以上，每月按揭在 14 000 元左右，在金先生家庭可接受范围中，主要差别在于首付对于资金占用。方案一可以保留 200 万元的银行理财产品和每年结余开展理财投资，方案二则要使用这些资金，家庭资产形态发生改变，流动资产和金融资产减少。

因为有 5 年的弹性时间，建议客户选择具体方案时，考虑房产政策、房屋价格走势，以及家庭阶段的理财需求等问题。

（三）教育规划

根据目前通货膨胀情况，我们假设未来国内教育费用增长率为 4%。

1. 教育目标

金先生对于女儿的教育十分注重，对于女儿的日常的教育方面的费用，占家庭消费中的大部分。目前金先生家所在地区，私立小学学费和其他杂费约 30 000 元一年；私立初中学费及其他费用约每年 30 000 元；高中学费及其他费用大概也在 10 000 元一年；大学一年费用大概在 25 000 元左右，留学 3 年每年费用在 20 万元左右。假设学费以当年入学的标准进行估算，就读期间不涨学费，生活费变化不大。

2. 教育费用测算

表 10-19 金先生家庭教育费用估算表

教育阶段	当前费用 / 元	距今时间 / 年	增长率 /%	预期费用 / 元
小学	150 000	0	4	150 000
初中	90 000	6	4	113 879
高中	30 000	9	4	42 699
大学	100 000	12	4	160 103
研究生	600 000	16	4	1 123 789

公式：$FV=PV \cdot (1+r)^t$

根据表 10-19 罗列出的每个阶段未来所产生的教育费用，目前投资回报率大致在 4%，考虑投资规划后，回报率会有适度提高，且教育规划时间较长，可以承担一定的风险，因此教育规划的回报率考虑在 7% 左右。

初中 $FV=113\,879$ $N=6$ $I/Y=7\%$ $PMT=15\,920$

高中 $FV=42\,699$ $N=9$ $I/Y=7\%$ $PMT=3\,565$

大学 $FV=160\,103$ $N=12$ $I/Y=7\%$ $PMT=8\,950$

研究生 $FV=1\,123\,789$ $N=16$ $I/Y=7\%$ $PMT=40\,296$

女儿小学的费用总计为 150 000 元，小学教育费用可以直接从当年收入中支出，其他阶段需要做一些提前准备，即教育规划。

15 920+3 565+8 950+40 296=68 731（元），也就是投资组合在 7% 的产品下，需要每年配置 68 731 元的资金，用于未来教育。

3. 教育规划工具

（1）投资理财工具。

教育规划作为肯定要支出的资金，投资理财应选择风险较低的投资方案，暂且按照调整后的投资回报率的较小值 7% 作为教育规划的回报率计算。可以按照货币基金 5%；债券基金 45%；混合型基金 50% 来分配。基金产品选择如表 10–20 所示。

表 10–20　金先生家庭教育投资产品表

基金类型	产品名称	年化收益率
货币基金	平安财富货币宝	2.95%
债券基金	中银添利债券发起 A	6.60%
混合基金	广发趋势优选灵活配置混合 A	8.96%

数据来源于天天基金网。

教育规划投资产品的综合投资回报率为 7.60%（2.95%×5%+6.60%×45%+8.96%×50% ≈ 7.60%）。

（2）教育保险

教育保险可以有效实现强制储蓄、专款专用的功能。推荐平安保险旗下的金博士教育金保险，每年保费 10 335 元，共需缴费 10 年。在孩子 17 岁时开始领取，17~21 岁每年领取 1.8 万元，共计 9 万元。到 22 岁时一次性领取 5 万元。累计领取 14 万元，内部收益率为 2.1%（不分红）。

（四）养老规划

1. 养老费用测算

目前金先生家每月生活费在 147 656 元，一般考虑退休后生活支出会减少，以 70% 为参考，也就是目前退休每月生活费为 8 613.27 元，在通货膨胀率（4%）之下，24 年后退休，两人每月生活费增至 22 078.43 元，根据案例不考虑养老金的增长，在 3% 的投资回报率之下，作为期初年金进行折现，计算出预期退休后养老费用的折现值 3 990 934.36 元，这就是养老费用所需资金。

另外一方面，该家庭享受城镇职工的退休金，目前退休金为 10 000 元，按照 3% 增加，24 年后退休金会增至 20 327.94 元，投资回报率和增长率刚好抵消，所以乘以 240 期，退休金预估有 4 878 720 元，可以覆盖养老所需，没有缺口。养老费用测算如表 10-21 所示。

表 10-21　养老费用测算表

养老测算参数	计算结果
退休前工作年数 / 年	24
退休前假设通胀率 /%	4
退休前投资收益率 /%	7
退休后余寿年数 / 年	20
退休后假设通胀率 /%	4
退休后投资收益率 /%	3
预期退休后每月生活费的现值 / 元	8 613.27
预期退休后每月生活费的终值 / 元	22 078.43
预期退休后养老费用的折现值 / 元	3 390 934.36
退休后预计领取的每月退休金 / 元	20 327.94
预计能领的社保总退休金的折现值 / 元	4 878 720
养老金缺口 / 元	0
如现在一次性投入需要 / 元	0
如从现在每年投入需要 / 元	0
如从现在每月投入需要 / 元	0

2. 养老规划工具

从表 10-21 可以看出，为实现这个养老目标需要的平均储蓄金额大概每年为 1 万元左右，每月在 677.52 元，每年的节余基本上可以满足保险保障，用来储备退休基金。为确保完备的退休养老金，规划工具以长期稳定的投资产品为主，比如债券型基金、国债、票据型理财产品等，同时考虑到养老规划时间较长，在选择产品时可以适度选择中等风险产品，例如采取基金定投方式控制风险获取收益，实现保值增值。建议 60% 选择股票型基金进行定投，40% 购买国债或者债券型基金。

（五）保障规划

由于今年金先生家有一笔偶然性支出理财产品 200 万元，所以年基本支出

200 万元不算入其中，基本年支出为 147 656 元，年收入 680 000 元。

1. 保险配置原则

兼顾"双十原则"和家庭责任原则进行保障规划。按照家庭保障方面的投入应遵循"双十原则"，即不超过家庭年收入的 10%，保障额度需达到家庭年支出的 10 倍，因此，全家年保费约在 68 000 元左右，保障额度达到 148 万元左右是较合理的。在保额设定上同时也考虑家庭责任原则，保额至少要覆盖房屋贷款（约 50 万元）、子女教育（约 160 万元）、父母赡养（约 30 万元）、配偶生活（约 100 万元），总共在 340 万元左右。

2. 目前该家庭保障配置

金先生、金太太有单位缴纳的基本的五险，而女儿没有任何的保险，双方父母年事较高，也缺少相应保险。

3. 保险规划配置及说明

（1）金先生家庭的主要收入来源为夫妻二人的工资薪金收入，同时金先生和金太太作为家庭收入的重要成员，要防范未知和不确定因素可能带来的风险，可为其增加配置商业保险。金先生可配置中国人寿旗下的国寿福终身寿险和国寿附加国寿福提前给付重大疾病保险，添置了意外保险，选择平安保险的平安百万综合意外险。金太太可配置中国人寿国寿福终身寿险、国寿康宁终身重大疾病、中国人保百万综合意外险。

（2）女儿，从未来的教育及健康陪护角度分析，可考虑购买教育保险和健康险；为此选择了平安保险金博士教育金保险和健康福少儿重疾险。

（3）金先生双方父母年岁渐高，在未来的生活中会有一些不确定的因素而增加入院门诊住院的次数。为避免因突然状况对家庭的经济造成的负担，也为家庭成员的正常生活做好保障，此时老年健康保险就显得尤为重要。所以可为四位老人投保国泰产险·孝顺保中老年医疗保险。

（4）保险产品配置表（见表 10-22）。

表 10-22　金先生家庭保险购买计划表

家庭成员	保险品种	保额/万元	保费/（元/年）	交费年限	建议产品
金先生	人寿保险	50	12 250	20 年	中国人寿·国寿福终身寿险（至尊版）
	健康保险	50	4 750	20 年	中国人寿·国寿附加国寿福提前给付重大疾病保险（至尊版）
	意外保险	100	358	1 年	平安保险·平安百万综合意外险
金太太	人寿保险	50	10 650	20 年	中国人寿·国寿福终身寿险（至尊版）
	健康保险	100	3 280	20 年	中国人寿·国寿康宁终身重大疾病保险
	意外保险	50	295	1 年	中国人保·人保百万综合意外险

续表

家庭成员	保险品种	保额 /万元	保费 /（元 / 年）	交费年限	建议产品
孩子	教育保险	24	10 335	10 年	平安保险·金博士教育金保险
	健康保险	30	398	20 年	健康福·少儿重疾险
父母	健康保险	200	2 528	1 年	国泰产险·孝顺保中老年医疗保险
共计		654	44 844		

（六）投资规划

从在未来几年内，金先生一家的投资比例和投资结构需要进一步完善，这对于改善其目前的财务结构，增加投资收益是十分必要的。当然，控制投资风险，也是必须要考虑的事情。从目前的投资情况来看，并不是很理想，主要缺点是投资结构单一，因考虑到流动性而对增值要求重视不够。

从上面的分析可以看出，金先生的风险偏好属于温和进取型，风险承受能力中等偏上，综合分数结合风险矩阵表，建议配置 0% 的货币，30% 的债券和 70% 的股票产品。但是考虑其家庭现状和未来发展，因此投资组合建议进行平衡型投资。

金先生家 2020 年投资可用资产负债调节后剩余的 234.35 万元。2021 年投资可用的金额为 46.75 万元（由去年的年结余 532 344 元减去备用金支出 20 000 元和保障支出 44 844 元后所得），共计 281.1 万元。金先生家庭未来的年结余资金可作为添置第二套房产的首付款。在此期间，在保证金先生家庭年紧急备用金充足的情况下，我们需对该部分资金采用较为稳健的投资工具进而实现这部分资金的保值增值。现有资产组合如表 10-23 所示。

表 10-23　现有资产组合

风险类别	投资工具	投资金额	资产配置比例	实际报酬率
高风险	股票	223 500	10%	8%
低风险	活期及定期存款	120 000	5%	2%
	银行理财产品	2 000 000	85%	5.5%
平均回报率			5.58%	

基于金先生家庭现有资产及 2020 年可用的年结余共计 281.1 万元，对金先生家庭投资结构的调整如下。

1．高风险产品

（1）金先生在股票投资领域自有心得且具有一定的风险承受能力，对原持有的 223 500 元股票不变。

（2）近年来，医疗和消费主题的股票产品走势良好，再为金先生增配 90 万元高风险的基金产品，优先推荐选择发展走势稳定、可以带来较高收益的股票型基金和近年前景良好的 ETF 指数型基金。因此建议购入中欧医疗创新股票 A、25 万元，嘉实新消费股票 20 万元，中欧消费主题股票 A15 万元和南方沪深 300 发起式 ETF，30 万元。多产品多主题选择产品配置，将鸡蛋放在多个篮子里，可分散投资带来的风险（见表 10-24）。

表 10-24　高风险基金产品

基金名称	投资金额／元	近 6 月涨跌幅	近 1 年涨跌幅	主要行业分配	近 1 年夏普比率	近 1 年波动比率
中欧医疗创新股票 A	250 000	34.56%	74.02%	制造业、卫生和社会工作	0.38	2.85%
嘉实新消费股票	200 000	11.85%	27.26%	制造业、文化、体育和娱乐业	0.18	2.59%
中欧消费主题股票 A	150 000	31.38%	52.32%	制造业、租赁和商务服务业	0.27	2.95%
南方沪深 300 发起式 ETF	300 000	0.37%	9.19%	制造业、金融业、房地产业	0.07	2.54%

2．中风险产品

（1）信托产品具有独特的财产独立与风险隔离的特定优势，使资产相对更加安全，且收益稳定可观，推荐四川信托的锦江 87 号集合资金信托计划（第 1 期）产品。可投入 50 万元进行为期 24 个月的投资运用，预期收益率在 8.3% 左右（见表 10-25）。

表 10-25　锦江 87 号集合资金信托计划（第 1 期）

产品名称	锦江 87 号集合资金信托计划（第 1 期）		
产品类型	信托产品	产品状态	执行
发行机构	四川信托	投资门槛	40 万元
发行地	成都市	收益分配方式	按年分配
发行时间	2020-04-20 至	发行规模	6 030 万元

续表

成立时间	2020-04-23	成立规模	6 030 万元
产品期限	24 月	期限类型	单一期限
预计收益	8.3 至 9.5%	收益类型	固定型
投资方式	组合运用	资金托管行	兴业银行股份有限公司成都分行
投资领域	金融	投资项目所在地	
产品特点	1. 交易结构清晰，投资范围广，风险小；2. 信托期限短，投资收益可观，回报较好；3. 受托人主动管理，风控措施齐全，安全系数高，4. 受托人信托业后起之秀，管理团队完善，保障佳		
其他相关信息	40-100：8.3%；100-300：8.7%；300-600：9.1%：600-1 000：9.3%；1 000 及以上：9.5%		

（2）在中风险基金产品中，根据当前的主力板块推荐消费主题产品，建议考虑富国新动力灵活配置混合 A20 万元和招商产业债券 A20 万元（见表 10-26）。

表 10-26　中风险基金产品

基金名称	投资金额/元	近6月涨跌幅	近1年涨跌幅	主要行业分配	近1年夏普比率	近1年波动比率
富国新动力灵活配置混合 A	200 000	30.59%	68.35%	制造业、信息技术服务业	0.39	2.55%
招商产业债券 A	200 000	4.07%	6.95%	工农中行的永续债	0.84	0.12%

（3）近来黄金的价格走势良好，黄金又称为"硬通货"，方便携带变现能力强，也是抗通胀的首选产品。建议配置银行销售的黄金 18.75 万元左右，在银行销售的黄金虽不可换作饰品，但其兼有投资和收藏价值。近三个月金价涨幅为 6% 左右。

3. 低风险产品

根据金先生的风险承受能力和风险偏好分析的结果知：金先生家庭原有投资较为保守，与测评结果存在较大差异，建议将原有的 200 万元银行理财产品减持为 60 万元进行投资。

金先生家庭调整后投资结构如表 10-27 所示。

表 10-27　金先生家庭未来资产组合

风险类别	投资工具	投资金额	资产配置比例	实际报酬率
高风险	股票	223 500	8%	8%
	股票型基金	600 000	21%	25.7%
	ETF 指数基金	300 000	11%	0.4%
中风险	债券型基金	400 000	14%	17.3%
	黄金	187 500	7%	6%
	信托产品	500 000	18%	8.3%
低风险	银行理财产品	600 000	21%	5.5%
平均回报率			11.57	

七、理财规划方案风险提示

投资总是有风险的，风险的大小一方面由所选择的投资品种其本身因素决定，即非系统性风险；另一方面则可能存在一定的系统性风险，如政策变化、不可抗因素等。作为以保护客户利益为前提的理财规划，首先考虑的是客户投资本金的安全，包括流动性风险等，其次要符合客户对于风险的承受能力，并根据不同的年龄、职业和收入状况来制定相应的理财规划。

本规划是在充分考虑该家庭的实际收入、所处的人生阶段等各个方面制定的理财方案。本规划的主要风险及其防范：

（1）开放式基金投资收益的不确定性及风险较大，收益率可能达不到预期的风险，但考虑到开放式基金是由专家进行理财，并有其业绩记录加以例证。

（2）外部环境的变化会引起收益的不确定和风险的增大。考虑到以上两点，应与客户一起共同监控其方案的实施，一旦有变化时务请金先生及时沟通联系，经金先生同意及时为金先生修改理财规划方案。

八、预测及总结

（一）规划前后的财务情况比较（见表 10-28~ 表 10-30）

表 10-28　金先生家庭资产负债表

2021 年 12 月 31 日　　　　　　　　　　单位：元

资产			负债		
项目	调整前	调整后	项目	调整前	调整后
现金	0	10 000	房贷余额	475 357	438 809
活期存款	20 000	0			

续表

	资产			负债	
项目	调整前	调整后	项目	调整前	调整后
货币市场基金	0	30 000			
股票	223 500	223 500			
基金	0	1 300 000			
银行理财产品	2 000 000	600 000			
汽车	100 000	100 000			
自住房产	4 050 000	4 131 000			
其他家庭资产	100 000	687 500			
资产总计	6 493 500	7 082 000	负债总计	475 357	438 809
净资产	6 018 143	6 643 191			

表 10-29　金先生家庭收入支出表

2021 年 1 月 1 日 — 2021 年 12 月 31 日　　　　　　　　单位：元

收入		支出	
项目	金额	项目	金额
金先生工资奖金收入	357 000[①]	基本消费支出	55 328[③]
金太太工资奖金收入	224 400[②]	教育支出	30 000
利息收入	33 000	房贷支出	51 456
基金收入	224 600	医药支出	5 000
其他收入	65 050	保险支出	44 844
		其他支出	8 000
收入合计	904 050	支出合计	194 628
年结余		709 422	

注：①②金先生和太太的工资奖金收入按上年工资奖金收入乘以年均增长率 2% 计算所得。
③基本消费支出按上年基本消费支出的基础上乘以通货膨胀率 4% 的增长所得。

表 10-30　金先生家庭财务比率分析表

项目	计算公式	调整前	参考值	调整后
结余比率	年结余/年税后收入	78%	10%—40%	122.02%
家庭投资比率	投资资产/净资产	37%	50%	42.31%
负债比率	负债/总资产	8%	< 50%	6.61%

续表

项目	计算公式	调整前	参考值	调整后
负债收入比率	年债务支出 / 年税后收入	5%	<40%	8.85%
流动性比率	流动资产 / 月支出	9.75	3—6	3.29
财务自由度	（目前净资产 × 投资回报率）/ 目前的年支出	1.63	≥1	4

（二）总结

本理财方案兼顾了家庭中每个成员所需的理财情况，对金先生家庭的财务状况进行了简单分析，对其进行调整和建议，并就其中出现的问题进行了补救。根据以上几个方面的规划可以看出，金先生若采用所推荐的投资理财计划，可以在调整现有家庭理财方式的情况下，维持家庭收支平衡，实现家庭的理财目标：①根据具体的家庭情况调整了家庭储备金额度，针对金先生及金太太不同的消费特征推荐了适用的信用卡；②为金先生家庭能顺利实现购房需求，提出购房方案及资金来源的简单建议；③为金先生家庭小孩未来接受教育的费用做了一个梳理和规划，初步估算出每个教育阶段所需费用以及每年需要储备的金额；④为金先生家庭建立了初步的保险保障体系；⑤改变了金先生家庭的资金利用结构，增加了投资资产的比例，使闲置资金得到了合理的利用，提高了收益。

理财过程是需要终身贯彻和坚守的过程。在整个理财过程中，要不断地检查理财的实施情况，适时地根据市场行情的变化，并对理财规划做出相应的调整，同时还要多听取专家的意见，加强对风险的管理和控制。

附录一　财务计算器及运用实例

一、财务计算器介绍

（一）财务计算器产品介绍

目前经标准委员会认可的 AFP 与 CFP 考试专用财务计算器包括如下几个产品系列：① 惠普：HP12c 和 HP 10BII；② 德州仪器：TI BA Ⅱ plus；③ 卡西欧：CASIO FC-200V 和 FC-100V。

（二）财务计算器的应用

1. 应用领域

财务计算器主要应用于金融理财计算领域，如附图 1 所示：

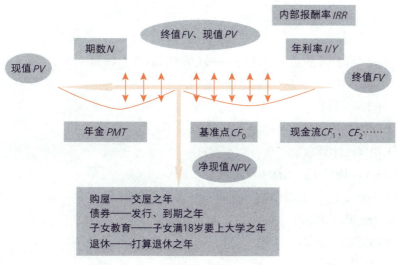

附图 1　财务计算器的计算领域

2. 与财务计算器有关的数学运算公式

（1）$FV = PV(1+I/Y)^N$；$PV = FV/(1+I/Y)^N$。

（2）$PV = \dfrac{PMT}{I/Y}\left[1 - \dfrac{1}{(1+I/Y)^N}\right]$；$FV = \dfrac{PMT}{I/Y}\left[(1+I/Y)^N - 1\right]$。

（3）$NPV = \sum\limits_{n=0}^{N} \dfrac{(CFI - CFO)_n}{(1+I/Y)^N}$；$\sum\limits_{n=0}^{N} \dfrac{(CFI - CFO)_n}{(1+IRR)^n} = 0$。

3. 财务计算器的运用原则

（1）期数 n、利率 i、现值 PV、年金 PMT、终值 FV，是运用财务计算器计算货币时间价值问题的五大变量。只要输入任何四个变量，就可以求出剩下的一个变量。输入时，数字在前，变量键或功能键（如 PV 键）在后。输出答案时按下待求的变量键（如 FV 键），即可求出答案。

（2）输入数字时，如投资、存款、生活费用支出、房贷本息支出都是现金流出，输入符号为负；收入、赎回投资、借入本金都是现金流入，输入符号为正。期数以月计算时，要输入月利率，年金部分也要输入月现金流量。期数以年计算时，要输入年利率，年金部分也要输入年现金流量。

（3）在解决货币时间价值问题时，最好先画出现金流量与时间图。把理财目标当作基准点，基准点之前我们通过累积资产来实现理财目标，是用现值（比如现有资产）或年金（比如每期储蓄）来求复利终值或年金终值。基准点之后可以理解为先借贷来实现理财目标，之后再分期摊还，是用终值（比如预留遗产额）或年金（比如每期学费、每期生活费、每期房贷）来求复利现值或年金现值。如果前段现值与年金所累计的资产，等于后段终值与年金所算出的负债之时，就是现财目标可以实现的时间点。而折现率的高低，则是决定何时资产会等于负债的关键因素。

二、财务计算器运用实例——以德州仪器（TI BA Ⅱ plus）为例

（一）基本按键及功能设定

1. 基本功能键

财务计算器基本按键

（1）ON｜OFF：开／关；

（2）CPT：计算；

（3）ENTER/SET：确认／设定；

（4）↑、↓：上下选择；

（5）→：逐个删除；

（6）CE｜C：清除。

2. 常用功能键

（1）注意赋值顺序、屏幕显示；

（2）N：付款期数；

（3）I/Y：年利率（默认%）；

（4）PV：现值；

（5）PMT：年金；

（6）FV：终值；

（7）+｜−：正负号。

3. 利用第二功能键

（1）2ND：第二功能键（黄色）。

（2）P/Y：年付款次数。

2ND，P/Y，"P/Y=？"，数字，ENTER，CE｜C （默认P/Y=C/Y）。

（3）C/Y：年复利计息次数。

2ND，P/Y，↓，"C/Y=？"，数字，ENTER，CE｜C。

（4）BGN：期初付款。

2ND，BGN，2ND，ENTER，CE｜C（显示）。

（5）END：期末付款。

2ND，BGN，2ND，ENTER，CE｜C（默认，不显示）。

（6）FORMAT：小数点后位数。

2ND，FORMAT，"DEC=？"，数字，ENTER，CE｜C，CE｜C。（默认保留小数点后两位）

（7）RESET：复位。

2ND，RESET，ENTER，CE｜C。

4．小数位数的设置

不设置时初始值为两位小数，更改设置时，依次按 2ND FORMAT，进入格式设置选项，出现 *DEC*=2.00，输入 4 ENTER，出现 *DEC*=4.000 0 即可。考试时最好设为 4 位小数，输入 PV 或 FV 时可以万元计，得出 PMT 时小数点 4 位，答案可以精确到元。小数位数设置将保持有效，不会因退出或重新开机而改变，要重新设置才会改变。

5．一般四则运算

与一般代数运算规则相同，算式列完按 = 键可以求出答案，按 2ND ANS 可以调出前一个计算结构。例如，3+2=5，2，y^x，2ND ANS =，32。

（二）金融计算模式演示

在运用 TI BA Ⅱ plus 时，要注意每次都需要复位，现金流的符号（"+"代表现金流入，"–"代表现金流出）以及要区分先付年金（期初年金），后付年金（普通年金）的设置，付款次数 P/Y，计息次数 C/Y 的设置。

在进行与货币时间价值相关的计算中，第一，要注意五个关键的功能键：N，I/Y，PV，PMT，FV，五大变量知四即可求一，而输入的顺序对运算结果没有影响。第二，输入时，谨记数字在先，变量键或功能键（如 PV 键）在后，输出答案时先按计算的指令键（CPT），再按要求的变量键（如 FV），即可求出答案。第三，根据现金的流动方向确定正负号，输入负数时，先输入数字再按 +/–。第四，N，I/Y，PMT 的时间期间应保持一致。第五，如果 N 计算出来非整数，应自动向上取整。第六，注意期末年金和期初年金的设定，按 2ND BGN 键，如果显示 END，表示默认设置为期末年金。此时再按 2ND SET，显示 BGN，表示已设置为期初年金，屏幕右上角会显示 BGN，如果继续按 2ND SET，BGN 又会消失，恢复到期末年金的模式。

财务计算器
注意要点

1．复利计算模式

【例题】大约 350 年前，西方殖民者用大约价值 25 美元的饰品从印第安人手中换来了曼哈顿岛。这笔钱如果按 6% 的年复利计算，到今天将是多少钱？

操作：（1）开机：ON/OFF；

（2）复位：2ND，RESET，ENTER，CE｜C；

（3）赋值：350，N；6，I/Y；25，+｜－，PV；

（4）计算：CPT，FV；$FV=1.798\,841 \times 10^{10}$。

2．年金计算模式

【例题】朱先生租房居住，每年年初须支付房租 15 000 元。朱先生计划明年出国留学 4 年，他打算今年年底把留学 4 年的房租一次性付清，考虑货币的时间价值，若贴现率是 5%，朱先生今年年底应向房东支付（　　　）。

A. 55 849 元   B. 53 189 元

C. 60 000 元   D. 39 920 元

操作：（1）2ND BGN，2ND SET 年金由默认状态切换到期初；

（2）CE/C 返回标准模式；

（3）4 N；

（4）5 I/Y；

（5）15 000 +/− PMT；

（6）0 FV，此步骤也可以省略；

（7）CPT PV 得出 558 48.72。

提示：下面要计算期末年金，一定要把年金状态再切换回期末模式。

3．付款与复息周期不同的年金计算模式

【例题】李先生计划开立一个存款账户，每月月初存入一笔钱，10 年后拥有 25 000 元。如果年利率为 5%，按季度复利计息，则李先生每月应存入多少钱？

操作难点：每月存款，$P/Y=12$；按季度结息，$C/Y=4$。

操作：（1）2ND BGN，2ND SET 年金由切换到期初（屏幕右上角显示 BGN）；

（2）2ND P/Y 12 ENTER，↓，$C/Y=4$；

（3）CE/C 返回标准模式；

（4）赋值：120 N，5% I/Y，25 000 FV；

（5）计算：CPT PMT= −160.51。

提示：因计算器默认 $P/Y=C/Y$，故此处需对 P/Y 和 C/Y 分别赋值。

4．现金流量模式

进行现金流量运算时，操作按 CF 键，出现 $CF_0=0.000\,0$，这时输入期初的现金流量，如果是投资，要输入 +/−，代表是负的现金流。然后按 ↓ 键，出现 $C_{01}=0.000\,0$，输入第一期的现金流量，按 ENTER，给 C_{01} 赋值。然后再按

↓键，出现 F_{01}=1.000 0（默认），代表该现金流量连续出现的次数，输入次数，继续按 ENTER 赋值。然后再按↓键，输入下一期的现金流量和连续次数。

将所有现金流量都输入完毕后，算净现值时用 NPV 键，算内部报酬率时用 IRR 键。期中净现值的计算：按 NPV 键时，显示 I=0.000 0，输入相应的投资报酬率，按 ENTER，按↓键显示 NPV=0.000 0，此时按 CPT 可得出净现值的余额；内部报酬率的计算：按 IRR 键时，显示 IRR=0.000 0，此时按 CPT 可得出内部报酬率。

【例题】个体工商户小董投资人民币 7 000 元购买一辆小型运输车辆，计划此项投资未来六年的年必要回报率为 15%，现金流情况如下：第一年购买花 7 000 元，第二年收入 3 000 元，第 3~5 年每年收入 5 000 元，第 6 年收回车辆残值 4 000 元。求该项投资的 NPV、IRR，并分析该项投资是否合算。

操作难点：准确操作每段现金流，如附图 2 所示。

操作：（1）按 CF 键，出现 CF_0=0.000 0，输入 7 000，+/-ENTER；

（2）按↓键；出现 C_{01}= 0.000 0，输入 3 000，ENTER；

（3）按↓键，出现 F_{01}=1.000 0，不改动，ENTER；

（4）按↓键，出现 C_{02}= 0.000 0，输入 5 000，ENTER；

（5）按↓键，出现 F_{02}=1.000 0，输入 3 ENTER；

（6）按↓键，出现 C_{03}= 0.000 0，输入 4 000，ENTER；

（7）按↓键，出现 F_{03}=1.000 0，输入 1，ENTER；

（8）按 NPV 键，显示 I=0.000 0，输入 15，ENTER；

（9）按↓键，显示 NPV=0.000 0，按 CPT，得出 7 524.47；

（10）按 IRR 键，显示 IRR=0.000 0，按 CPT，得出 IRR=51.92%。

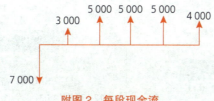

附图 2 每段现金流

分析：因为 $NPV > 0$，$IRR > 15\%$，所以该项投资合算。

（三）综合案例运算

通过一则复杂案例，使用以上三种具有代表性的财务计算器分别进行演示。

【例题】退休规划：你的客户打算 30 年后退休，退休后每年开销的现值为 5 万元，退休后预计余寿 20 年。假设年通货膨胀率为 3%，年投资报酬率在其工作期间为 8%，在其退休后为 5%。假设他现有资产 5 万元，那么每年还应该储蓄多少钱才能实现退休目标?

1. 解题思路

（1）近似算法实际上考虑的是，投资报酬被通货膨胀抵消，使得实际收益减小；

（2）只有在通货膨胀率比较低（不大于5%）的情况下，才能使用近似算法；

（3）使用名义报酬率还是实际报酬率作为投资回报率；

（4）在使用财务计算器进行计算时，注意期末年金与期初年金设置的切换。

解题思路如附图3所示。

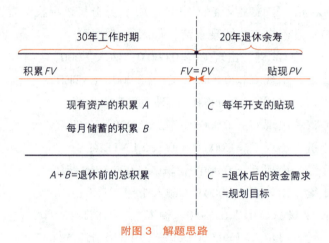

附图3 解题思路

2. 运算（德州仪器：TI BA Ⅱ plus 运用）

运算思路见附图4。

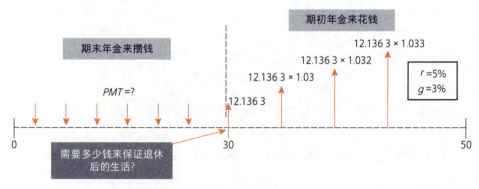

附图4 运算思路

第一步：确定目标基准点（退休时刻）。

第二步：退休金总需求。

• 退休当年年生活费（小数点设置成4位）

3 I/Y（通货膨胀率），30 N，0 PMT，5 +/– PV，CPT FV，得到 12.136 3 万元。

• 计算期初增长型年金现值

（1）公式法：应用期初增长型年金公式精确计算。

TI BA Ⅱ plus 计算步骤：1.03 ÷ 1.05 yx 20，–1=+/–，× 12.136 3 ÷ 0.02，× 1.05 =，得到 203.441 1 万元。

（2）计算器精算法：把（1+r）/（1+g）–1 当作 i，退休当年的生活费当作 PMT，本题是期初年金，用财务计算器进行计算：

2ND BGN 2ND SET，CE/C；20 N；1.05 ÷ 1.03，–1，× 100=，I/Y；0 FV；12.136 3 +/– PMT；CPT PV，得到 203.441 1 万元。

（3）计算器概算法：增长率 g 不大于 5% 的情况下，可以把 $r–g$ 当作 i，退休当年的生活费当作 PMT，本题是期初年金，用财务计算器进行计算。

2ND BGN 2ND SET，CE/C；20 N，2 I/Y，0 FV，12.136 3 +/– PMT，CPT PV 得到 202.414 8 万元。

第三步：退休金总供给。

2ND BGN 2ND SET，CE/C；8 I/Y，30 N，5 +/– PV，202.414 8 FV，CPT PMT 得到 –1.342 7 万元。

即每年至少还应该储蓄 13 427 元。

附录二 资金时间价值系数表

附表一 复利终值系数表

期数	1%	2%	3%	4%	5%	6%	7%	8%	9%	10%
1	1.010 0	1.020 0	1.030 0	1.040 0	1.050 0	1.060 0	1.070 0	1.080 0	1.090 0	1.100 0
2	1.020 1	1.040 4	1.060 9	1.081 6	1.102 5	1.123 6	1.144 9	1.166 4	1.188 1	1.210 0
3	1.030 3	1.061 2	1.092 7	1.124 9	1.157 6	1.191 0	1.225 0	1.259 7	1.295 0	1.331 0
4	1.040 6	1.082 4	1.125 5	1.169 9	1.215 5	1.262 5	1.310 8	1.360 5	1.411 6	1.464 1
5	1.051 0	1.104 1	1.159 3	1.216 7	1.276 3	1.338 2	1.402 6	1.469 3	1.538 6	1.610 5
6	1.061 5	1.126 2	1.194 1	1.265 3	1.340 1	1.418 5	1.500 7	1.586 9	1.677 1	1.771 6
7	1.072 1	1.148 7	1.229 9	1.315 9	1.407 1	1.503 6	1.605 8	1.713 8	1.828 0	1.948 7
8	1.082 9	1.171 7	1.266 8	1.368 6	1.477 5	1.593 8	1.718 2	1.850 9	1.992 6	2.143 6
9	1.093 7	1.195 1	1.304 8	1.423 3	1.551 3	1.689 5	1.838 5	1.999 0	2.171 9	2.357 9
10	1.104 6	1.219 0	1.343 9	1.480 2	1.628 9	1.790 8	1.967 2	2.158 9	2.367 4	2.593 7
11	1.115 7	1.243 4	1.384 2	1.539 5	1.710 3	1.898 3	2.104 9	2.331 6	2.580 4	2.853 1
12	1.126 8	1.268 2	1.425 8	1.601 0	1.795 9	2.012 2	2.252 2	2.518 2	2.812 7	3.138 4
13	1.138 1	1.293 6	1.468 5	1.665 1	1.885 6	2.132 9	2.409 8	2.719 6	3.065 8	3.452 3
14	1.149 5	1.319 5	1.512 6	1.731 7	1.979 9	2.260 9	2.578 5	2.937 2	3.341 7	3.797 5
15	1.161 0	1.345 9	1.558 0	1.800 9	2.078 9	2.396 6	2.759 0	3.172 2	3.642 5	4.177 2
16	1.172 6	1.372 8	1.604 7	1.873 0	2.182 9	2.540 4	2.952 2	3.425 9	3.970 3	4.595 0
17	1.184 3	1.400 2	1.652 8	1.947 9	2.292 0	2.692 8	3.158 8	3.700 0	4.327 6	5.054 5
18	1.196 1	1.428 2	1.702 4	2.025 8	2.406 6	2.854 3	3.379 9	3.996 0	4.717 1	5.559 9
19	1.208 1	1.456 8	1.753 5	2.106 8	2.527 0	3.025 6	3.616 5	4.315 7	5.141 7	6.115 9
20	1.220 2	1.485 9	1.806 1	2.191 1	2.653 3	3.207 1	3.869 7	4.661 0	5.604 4	6.727 5
21	1.232 4	1.515 7	1.860 3	2.278 8	2.786 0	3.399 6	4.140 6	5.033 8	6.108 8	7.400 2
22	1.244 7	1.546 0	1.916 1	2.369 9	2.925 3	3.603 5	4.430 4	5.436 5	6.658 6	8.140 3
23	1.257 2	1.576 9	1.973 6	2.464 7	3.071 5	3.819 7	4.740 5	5.871 5	7.257 9	8.954 3
24	1.269 7	1.608 4	2.032 8	2.563 3	3.225 1	4.048 9	5.072 4	6.341 2	7.911 1	9.849 7
25	1.282 4	1.640 6	2.093 8	2.665 8	3.386 4	4.291 9	5.427 4	6.848 5	8.623 1	10.835
26	1.295 3	1.673 4	2.156 6	2.772 5	3.555 7	4.549 4	5.807 4	7.396 4	9.399 2	11.918
27	1.308 2	1.706 9	2.221 3	2.883 4	3.733 5	4.822 3	6.213 9	7.988 1	10.245	13.110
28	1.321 3	1.741 0	2.287 9	2.998 7	3.920 1	5.111 7	6.648 8	8.627 1	11.167	14.421
29	1.334 5	1.775 8	2.356 6	3.118 7	4.116 1	5.418 4	7.114 3	9.317 3	12.172	15.863
30	1.347 8	1.811 4	2.427 3	3.243 4	4.321 9	5.743 5	7.612 3	10.063	13.268	17.449
40	1.488 9	2.208 0	3.262 0	4.801 0	7.040 0	10.286	14.975	21.725	31.409	45.259
50	1.644 6	2.691 6	4.383 9	7.106 7	11.467	18.420	29.457	46.902	74.358	117.39
60	1.816 7	3.281 0	5.891 6	10.520	18.679	32.988	57.946	101.26	176.03	304.48

期数	12%	14%	15%	16%	18%	20%	24%	28%	32%	36%
1	1.120 0	1.140 0	1.150 0	1.160 0	1.180 0	1.200 0	1.240 0	1.280 0	1.320 0	1.360 0
2	1.254 4	1.299 6	1.322 5	1.345 6	1.392 4	1.440 0	1.537 6	1.638 4	1.742 4	1.849 6
3	1.404 9	1.481 5	1.520 9	1.560 9	1.643 0	1.728 0	1.906 6	2.097 2	2.300 0	2.515 5
4	1.573 5	1.689 0	1.749 0	1.810 6	1.938 8	2.073 6	2.364 2	2.684 4	3.036 0	3.421 0
5	1.762 3	1.925 4	2.011 4	2.100 3	2.287 8	2.488 3	2.931 6	3.436 0	4.007 5	4.652 6
6	1.973 8	2.195 0	2.313 1	2.436 4	2.699 6	2.986 0	3.635 2	4.398 0	5.289 9	6.327 5
7	2.210 7	2.502 3	2.660 0	2.826 2	3.185 5	3.583 2	4.507 7	5.629 5	6.982 6	8.605 4
8	2.476 0	2.852 6	3.059 0	3.278 4	3.758 9	4.299 8	5.589 5	7.205 8	9.217 0	11.703
9	2.773 1	3.251 9	3.517 9	3.803 0	4.435 5	5.159 8	6.931 0	9.223 4	12.167	15.917
10	3.105 8	3.707 2	4.045 6	4.411 4	5.233 8	6.191 7	8.594 4	11.806	16.060	21.647
11	3.478 5	4.226 2	4.652 4	5.117 3	6.175 9	7.430 1	10.657	15.112	21.199	29.439
12	3.896 0	4.817 9	5.350 3	5.936 0	7.287 6	8.916 1	13.215	19.343	27.983	40.038
13	4.363 5	5.492 4	6.152 8	6.885 8	8.599 4	10.699	16.386	24.759	36.937	54.451
14	4.887 1	6.261 3	7.075 7	7.987 5	10.147	12.839	20.319	31.691	48.757	74.053
15	5.473 6	7.137 9	8.137 1	9.265 5	11.974	15.407	25.196	40.565	64.359	100.71
16	6.130 4	8.137 2	9.357 6	10.748	14.129	18.488	31.243	51.923	84.954	136.97
17	6.866 0	9.276 5	10.761	12.468	16.672	22.186	38.741	66.461	112.14	186.28
18	7.690 0	10.575	12.376	14.463	19.673	26.623	48.039	85.071	148.02	253.34
19	8.612 8	12.056	14.232	16.777	23.214	31.948	59.568	108.89	195.39	344.54
20	9.646 3	13.744	16.367	19.461	27.393	38.338	73.864	139.38	257.92	468.57
21	10.804	15.668	18.822	22.575	32.324	46.005	91.592	178.41	340.45	637.26
22	12.100	17.861	21.645	26.186	38.142	55.206	113.57	228.36	449.39	866.67
23	13.552	20.362	24.892	30.376	45.008	66.247	140.83	292.30	593.20	1 178.7
24	15.179	23.212	28.625	35.236	53.109	79.497	174.63	374.14	783.02	1 603.0
25	17.000	26.462	32.919	40.874	62.669	95.396	216.54	478.90	1 033.6	2 180.1
26	19.040	30.167	37.857	47.414	73.949	114.48	268.51	613.00	1 364.3	2 964.9
27	21.325	34.390	43.535	55.000	87.260	137.37	332.96	784.64	1 800.9	4 032.3
28	23.884	39.205	50.066	63.800	102.97	164.84	412.86	1 004.3	2 377.2	5 483.9
29	26.750	44.693	57.576	74.009	121.50	197.81	511.95	1 285.6	3 137.9	7 458.1
30	29.960	50.950	66.212	85.850	143.37	237.38	634.82	1 645.5	4 142.1	10 143
40	93.051	188.88	267.86	378.72	750.38	1 469.8	5 455.9	19 427	66 521	*
50	289.00	700.23	1 083.7	1 670.7	3 927.4	9 100.4	46 890	*	*	*
60	897.60	2 595.9	4 384.0	7 370.2	20 555	56 348	*	*	*	*

注：* > 99 999

计算公式：复利终值系数 = （1+i）^{n}，$S=P（1+i）^n$

其中，P——现值或初始值；

i——报酬率或利率；

n——计息期数；

S——终值或本利和。

附表二　复利现值系数表

期数	1%	2%	3%	4%	5%	6%	7%	8%	9%	10%
1	0.990 1	0.980 4	0.970 9	0.961 5	0.952 4	0.943 4	0.934 6	0.925 9	0.917 4	0.909 1
2	0.980 3	0.961 2	0.942 6	0.924 6	0.907 0	0.890 0	0.873 4	0.857 3	0.841 7	0.826 4
3	0.970 6	0.942 3	0.915 1	0.889 0	0.863 8	0.839 6	0.816 3	0.793 8	0.772 2	0.751 3
4	0.961 0	0.923 8	0.888 5	0.854 8	0.822 7	0.792 1	0.762 9	0.735 0	0.708 4	0.683 0
5	0.951 5	0.905 7	0.862 6	0.821 9	0.783 5	0.747 3	0.713 0	0.680 6	0.649 9	0.620 9
6	0.942 0	0.888 0	0.837 5	0.790 3	0.746 2	0.705 0	0.666 3	0.630 2	0.596 3	0.564 5
7	0.932 7	0.870 6	0.813 1	0.759 9	0.710 7	0.665 1	0.622 7	0.583 5	0.547 0	0.513 2
8	0.923 5	0.853 5	0.789 4	0.730 7	0.676 8	0.627 4	0.582 0	0.540 3	0.501 9	0.466 5
9	0.914 3	0.836 8	0.766 4	0.702 6	0.644 6	0.591 9	0.543 9	0.500 2	0.460 4	0.424 1
10	0.905 3	0.820 3	0.744 1	0.675 6	0.613 9	0.558 4	0.508 3	0.463 2	0.422 4	0.385 5
11	0.896 3	0.804 3	0.722 4	0.649 6	0.584 7	0.526 8	0.475 1	0.428 9	0.387 5	0.350 5
12	0.887 4	0.788 5	0.701 4	0.624 6	0.556 8	0.497 0	0.444 0	0.397 1	0.355 5	0.318 6
13	0.878 7	0.773 0	0.681 0	0.600 6	0.530 3	0.468 8	0.415 0	0.367 7	0.326 2	0.289 7
14	0.870 0	0.757 9	0.661 1	0.577 5	0.505 1	0.442 3	0.387 8	0.340 5	0.299 2	0.263 3
15	0.861 3	0.743 0	0.641 9	0.555 3	0.481 0	0.417 3	0.362 4	0.315 2	0.274 5	0.239 4
16	0.852 8	0.728 4	0.623 2	0.533 9	0.458 1	0.393 6	0.338 7	0.291 9	0.251 9	0.217 6
17	0.844 4	0.714 2	0.605 0	0.513 4	0.436 3	0.371 4	0.316 6	0.270 3	0.231 1	0.197 8
18	0.836 0	0.700 2	0.587 4	0.493 6	0.415 5	0.350 3	0.295 9	0.250 2	0.212 0	0.179 9
19	0.827 7	0.686 4	0.570 3	0.474 6	0.395 7	0.330 5	0.276 5	0.231 7	0.194 5	0.163 5
20	0.819 5	0.673 0	0.553 7	0.456 4	0.376 9	0.311 8	0.258 4	0.214 5	0.178 4	0.148 6
21	0.811 4	0.659 8	0.537 5	0.438 8	0.358 9	0.294 2	0.241 5	0.198 7	0.163 7	0.135 1
22	0.803 4	0.646 8	0.521 9	0.422 0	0.341 8	0.277 5	0.225 7	0.183 9	0.150 2	0.122 8
23	0.795 4	0.634 2	0.506 7	0.405 7	0.325 6	0.261 8	0.210 9	0.170 3	0.137 8	0.111 7
24	0.787 6	0.621 7	0.491 9	0.390 1	0.310 1	0.247 0	0.197 1	0.157 7	0.126 4	0.101 5
25	0.779 8	0.609 5	0.477 6	0.375 1	0.295 3	0.233 0	0.184 2	0.146 0	0.116 0	0.092 3
26	0.772 0	0.597 6	0.463 7	0.360 7	0.281 2	0.219 8	0.172 2	0.135 2	0.106 4	0.083 9
27	0.764 4	0.585 9	0.450 2	0.346 8	0.267 8	0.207 4	0.160 9	0.125 2	0.097 6	0.076 3
28	0.756 8	0.574 4	0.437 1	0.333 5	0.255 1	0.195 6	0.150 4	0.115 9	0.089 5	0.069 3
29	0.749 3	0.563 1	0.424 3	0.320 7	0.242 9	0.184 6	0.140 6	0.107 3	0.082 2	0.063 0
30	0.741 9	0.552 1	0.412 0	0.308 3	0.231 4	0.174 1	0.131 4	0.099 4	0.075 4	0.057 3
35	0.705 9	0.500 0	0.355 4	0.253 4	0.181 3	0.130 1	0.093 7	0.067 6	0.049 0	0.035 6
40	0.671 7	0.452 9	0.306 6	0.208 3	0.142 0	0.097 2	0.066 8	0.046 0	0.031 8	0.022 1
45	0.639 1	0.410 2	0.264 4	0.171 2	0.111 3	0.072 7	0.047 6	0.031 3	0.020 7	0.013 7
50	0.608 0	0.371 5	0.228 1	0.140 7	0.087 2	0.054 3	0.033 9	0.021 3	0.013 4	0.008 5
55	0.578 5	0.336 5	0.196 8	0.115 7	0.068 3	0.040 6	0.024 2	0.014 5	0.008 7	0.005 3

期数	12%	14%	15%	16%	18%	20%	24%	28%	32%	36%
1	0.8929	0.8772	0.8696	0.8621	0.8475	0.8333	0.8065	0.7813	0.7576	0.7353
2	0.7972	0.7695	0.7561	0.7432	0.7182	0.6944	0.6504	0.6104	0.5739	0.5407
3	0.7118	0.6750	0.6575	0.6407	0.6086	0.5787	0.5245	0.4768	0.4348	0.3975
4	0.6355	0.5921	0.5718	0.5523	0.5158	0.4823	0.4230	0.3725	0.3294	0.2923
5	0.5674	0.5194	0.4972	0.4761	0.4371	0.4019	0.3411	0.2910	0.2495	0.2149
6	0.5066	0.4556	0.4323	0.4104	0.3704	0.3349	0.2751	0.2274	0.1890	0.1580
7	0.4523	0.3996	0.3759	0.3538	0.3139	0.2791	0.2218	0.1776	0.1432	0.1162
8	0.4039	0.3506	0.3269	0.3050	0.2660	0.2326	0.1789	0.1388	0.1085	0.0854
9	0.3606	0.3075	0.2843	0.2630	0.2255	0.1938	0.1443	0.1084	0.0822	0.0628
10	0.3220	0.2697	0.2472	0.2267	0.1911	0.1615	0.1164	0.0847	0.0623	0.0462
11	0.2875	0.2366	0.2149	0.1954	0.1619	0.1346	0.0938	0.0662	0.0472	0.0340
12	0.2567	0.2076	0.1869	0.1685	0.1372	0.1122	0.0757	0.0517	0.0357	0.0250
13	0.2292	0.1821	0.1625	0.1452	0.1163	0.0935	0.0610	0.0404	0.0271	0.0184
14	0.2046	0.1597	0.1413	0.1252	0.0985	0.0779	0.0492	0.0316	0.0205	0.0135
15	0.1827	0.1401	0.1229	0.1079	0.0835	0.0649	0.0397	0.0247	0.0155	0.0099
16	0.1631	0.1229	0.1069	0.0930	0.0708	0.0541	0.0320	0.0193	0.0118	0.0073
17	0.1456	0.1078	0.0929	0.0802	0.0600	0.0451	0.0258	0.0150	0.0089	0.0054
18	0.1300	0.0946	0.0808	0.0691	0.0508	0.0376	0.0208	0.0118	0.0068	0.0039
19	0.1161	0.0829	0.0703	0.0596	0.0431	0.0313	0.0168	0.0092	0.0051	0.0029
20	0.1037	0.0728	0.0611	0.0514	0.0365	0.0261	0.0135	0.0072	0.0039	0.0021
21	0.0926	0.0638	0.0531	0.0443	0.0309	0.0217	0.0109	0.0056	0.0029	0.0016
22	0.0826	0.0560	0.0462	0.0382	0.0262	0.0181	0.0088	0.0044	0.0022	0.0012
23	0.0738	0.0491	0.0402	0.0329	0.0222	0.0151	0.0071	0.0034	0.0017	0.0008
24	0.0659	0.0431	0.0349	0.0284	0.0188	0.0126	0.0057	0.0027	0.0013	0.0006
25	0.0588	0.0378	0.0304	0.0245	0.0160	0.0105	0.0046	0.0021	0.0010	0.0005
26	0.0525	0.0331	0.0264	0.0211	0.0135	0.0087	0.0037	0.0016	0.0007	0.0003
27	0.0469	0.0291	0.0230	0.0182	0.0115	0.0073	0.0030	0.0013	0.0006	0.0002
28	0.0419	0.0255	0.0200	0.0157	0.0097	0.0061	0.0024	0.0010	0.0004	0.0002
29	0.0374	0.0224	0.0174	0.0135	0.0082	0.0051	0.0020	0.0008	0.0003	0.0001
30	0.0334	0.0196	0.0151	0.0116	0.0070	0.0042	0.0016	0.0006	0.0002	0.0001
35	0.0189	0.0102	0.0075	0.0055	0.0030	0.0017	0.0005	0.0002	0.0001	*
40	0.0107	0.0053	0.0037	0.0026	0.0013	0.0007	0.0002	0.0001	*	*
45	0.0061	0.0027	0.0019	0.0013	0.0006	0.0003	0.0001	*	*	*
50	0.0035	0.0014	0.0009	0.0006	0.0003	0.0001	*	*	*	*
55	0.0020	0.0007	0.0005	0.0003	0.0001	*	*	*	*	*

注：* < 0.0001

计算公式：复利现值系数 = $(1+i)^{-n}$，$P = \dfrac{S}{(1+i)^n} = S(1+i)^{-n}$

其中，P——现值或初始值；

i——报酬率或利率；

n——计息期数；

S——终值或本利和。

附表三　年金终值系数表

期数	1%	2%	3%	4%	5%	6%	7%	8%	9%	10%
1	1.000 0	1.000 0	1.000 0	1.000 0	1.000 0	1.000 0	1.000 0	1.000 0	1.000 0	1.000 0
2	2.010 0	2.020 0	2.030 0	2.040 0	2.050 0	2.060 0	2.070 0	2.080 0	2.090 0	2.100 0
3	3.030 1	3.060 4	3.090 9	3.121 6	3.152 5	3.183 6	3.214 9	3.246 4	3.278 1	3.310 0
4	4.060 4	4.121 6	4.183 6	4.246 5	4.310 1	4.374 6	4.439 9	4.506 1	4.573 1	4.641 0
5	5.101 0	5.204 0	5.309 1	5.416 3	5.525 6	5.637 1	5.750 7	5.866 6	5.984 7	6.105 1
6	6.152 0	6.308 1	6.468 4	6.633 0	6.801 9	6.975 3	7.153 3	7.335 9	7.523 3	7.715 6
7	7.213 5	7.434 3	7.662 5	7.898 3	8.142 0	8.393 8	8.654 0	8.922 8	9.200 4	9.487 2
8	8.285 7	8.583 0	8.892 3	9.214 2	9.549 1	9.897 5	10.260	10.637	11.029	11.436
9	9.368 5	9.754 6	10.159	10.583	11.027	11.491	11.978	12.488	13.021	13.580
10	10.462	10.950	11.464	12.006	12.578	13.181	13.816	14.487	15.193	15.937
11	11.567	12.169	12.808	13.486	14.207	14.972	15.784	16.646	17.560	18.531
12	12.683	13.412	14.192	15.026	15.917	16.870	17.889	18.977	20.141	21.384
13	13.809	14.680	15.618	16.627	17.713	18.882	20.141	21.495	22.953	24.523
14	14.947	15.974	17.086	18.292	19.599	21.015	22.551	24.215	26.019	27.975
15	16.097	17.293	18.599	20.024	21.579	23.276	25.129	27.152	29.361	31.773
16	17.258	18.639	20.157	21.825	23.658	25.673	27.888	30.324	33.003	35.950
17	18.430	20.012	21.762	23.698	25.840	28.213	30.840	33.750	36.974	40.545
18	19.615	21.412	23.414	25.645	28.132	30.906	33.999	37.450	41.301	45.599
19	20.811	22.841	25.117	27.671	30.539	33.760	37.379	41.446	46.019	51.159
20	22.019	24.297	26.870	29.778	33.066	36.786	40.996	45.762	51.160	57.275
21	23.239	25.783	28.677	31.969	35.719	39.993	44.865	50.423	56.765	64.003
22	24.472	27.299	30.537	34.248	38.505	43.392	49.006	55.457	62.873	71.403
23	25.716	28.845	32.453	36.618	41.431	46.996	53.436	60.893	69.532	79.543
24	26.974	30.422	34.427	39.083	44.502	50.816	58.177	66.765	76.790	88.497
25	28.243	32.030	36.459	41.646	47.727	54.865	63.249	73.106	84.701	98.347
26	29.526	33.671	38.553	44.312	51.114	59.156	68.677	79.954	93.324	109.18
27	30.821	35.344	40.710	47.084	54.669	63.706	74.484	87.351	102.72	121.10
28	32.129	37.051	42.931	49.968	58.403	68.528	80.698	95.339	112.97	134.21
29	33.450	38.792	45.219	52.966	62.323	73.640	87.347	103.97	124.14	148.63
30	34.785	40.568	47.575	56.085	66.439	79.058	94.461	113.28	136.31	164.49
40	48.886	60.402	75.401	95.026	120.80	154.76	199.64	259.06	337.88	442.59
50	64.463	84.579	112.80	152.67	209.35	290.34	406.53	573.77	815.08	1 163.9
60	81.670	114.05	163.05	237.99	353.58	533.13	813.52	1 253.2	1 944.8	3 034.8

期数	12%	14%	15%	16%	18%	20%	24%	28%	32%	36%
1	1.000 0	1.000 0	1.000 0	1.000 0	1.000 0	1.000 0	1.000 0	1.000 0	1.000 0	1.000 0
2	2.120 0	2.140 0	2.150 0	2.160 0	2.180 0	2.200 0	2.240 0	2.280 0	2.320 0	2.360 0
3	3.374 4	3.439 6	3.472 5	3.505 6	3.572 4	3.640 0	3.777 6	3.918 4	4.062 4	4.209 6
4	4.779 3	4.921 1	4.993 4	5.066 5	5.215 4	5.368 0	5.684 2	6.015 6	6.362 4	6.725 1
5	6.352 8	6.610 1	6.742 4	6.877 1	7.154 2	7.441 6	8.048 4	8.699 9	9.398 3	10.146
6	8.115 2	8.535 5	8.753 7	8.977 5	9.442 0	9.929 9	10.980	12.136	13.406	14.799
7	10.089	10.731	11.067	11.414	12.142	12.916	14.615	16.534	18.696	21.126
8	12.300	13.233	13.727	14.240	15.327	16.499	19.123	22.163	25.678	29.732
9	14.776	16.085	16.786	17.519	19.086	20.799	24.713	29.369	34.895	41.435
10	17.549	19.337	20.304	21.322	23.521	25.959	31.643	38.593	47.062	57.352
11	20.655	23.045	24.349	25.733	28.755	32.150	40.238	50.399	63.122	78.998
12	24.133	27.271	29.002	30.850	34.931	39.581	50.895	65.510	84.320	108.44
13	28.029	32.089	34.352	36.786	42.219	48.497	64.110	84.853	112.30	148.48
14	32.393	37.581	40.505	43.672	50.818	59.196	80.496	109.61	149.24	202.93
15	37.280	43.842	47.580	51.660	60.965	72.035	100.82	141.30	198.00	276.98
16	42.753	50.980	55.718	60.925	72.939	87.442	126.01	181.87	262.36	377.69
17	48.884	59.118	65.075	71.673	87.068	105.93	157.25	233.79	347.31	514.66
18	55.750	68.394	75.836	84.141	103.74	128.12	195.99	300.25	459.45	700.94
19	63.440	78.969	88.212	98.603	123.41	154.74	244.03	385.32	607.47	954.28
20	72.052	91.025	102.44	115.38	146.63	186.69	303.60	494.21	802.86	1 298.8
21	81.699	104.77	118.81	134.84	174.02	225.03	377.46	633.59	1 060.8	1 767.4
22	92.503	120.44	137.63	157.42	206.34	271.03	469.06	812.00	1 401.2	2 404.7
23	104.60	138.30	159.28	183.60	244.49	326.24	582.63	1 040.4	1 850.6	3 271.3
24	118.16	158.66	184.17	213.98	289.49	392.48	723.46	1 332.7	2 443.8	4 450.0
25	133.33	181.87	212.79	249.21	342.60	471.98	898.09	1 706.8	3 226.8	6 053.0
26	150.33	208.33	245.71	290.09	405.27	567.38	1 114.6	2 185.7	4 260.4	8 233.1
27	169.37	238.50	283.57	337.50	479.22	681.85	1 383.1	2 798.7	5 624.8	11 198
28	190.70	272.89	327.10	392.50	566.48	819.22	1 716.1	3 583.3	7 425.7	15 230
29	214.58	312.09	377.17	456.30	669.45	984.07	2 129.0	4 587.7	9 802.9	20 714
30	241.33	356.79	434.75	530.31	790.95	1 181.9	2 640.9	5 873.2	12 941	28 172
40	767.09	1 342.0	1 779.1	2 360.8	4 163.2	7 343.9	22 729	69 377	207 874	609 890
50	2 400.0	4 994.5	7 217.7	10 436	21 813	45 497	195 373	819 103	*	*
60	7 471.6	18 535	29 220	46 058	114 190	281 733	*	*	*	*

注：* > 999 999.99。

计算公式：年金终值系数 $=\dfrac{(1+i)^n-1}{i}$，$S=A\dfrac{(1+i)^n-1}{i}$

其中，A——每期等额支付（或收入）的金额；

i——报酬率或利率；

n——计息期数；

S——年金终值或本利和。

附表四　年金现值系数表

期数	1%	2%	3%	4%	5%	6%	7%	8%	9%	10%
1	0.990 1	0.980 4	0.970 9	0.961 5	0.952 4	0.943 4	0.934 6	0.925 9	0.917 4	0.909 1
2	1.970 4	1.941 6	1.913 5	1.886 1	1.859 4	1.833 4	1.808 0	1.783 3	1.759 1	1.735 5
3	2.941 0	2.883 9	2.828 6	2.775 1	2.723 2	2.673 0	2.624 3	2.577 1	2.531 3	2.486 9
4	3.902 0	3.807 7	3.717 1	3.629 9	3.546 0	3.465 1	3.387 2	3.312 1	3.239 7	3.169 9
5	4.853 4	4.713 5	4.579 7	4.451 8	4.329 5	4.212 4	4.100 2	3.992 7	3.889 7	3.790 8
6	5.795 5	5.601 4	5.417 2	5.242 1	5.075 7	4.917 3	4.766 5	4.622 9	4.485 9	4.355 3
7	6.728 2	6.472 0	6.230 3	6.002 1	5.786 4	5.582 4	5.389 3	5.206 4	5.033 0	4.868 4
8	7.651 7	7.325 5	7.019 7	6.732 7	6.463 2	6.209 8	5.971 3	5.746 6	5.534 8	5.334 9
9	8.566 0	8.162 2	7.786 1	7.435 3	7.107 8	6.801 7	6.515 2	6.246 9	5.995 2	5.759 0
10	9.471 3	8.982 6	8.530 2	8.110 9	7.721 7	7.360 1	7.023 6	6.710 1	6.417 7	6.144 6
11	10.367 6	9.786 8	9.252 6	8.760 5	8.306 4	7.886 9	7.498 7	7.139 0	6.805 2	6.495 1
12	11.255 1	10.575 3	9.954 0	9.385 1	8.863 3	8.383 8	7.942 7	7.536 1	7.160 7	6.813 7
13	12.133 7	11.348 4	10.635 0	9.985 6	9.393 6	8.852 7	8.357 7	7.903 8	7.486 9	7.103 4
14	13.003 7	12.106 2	11.296 1	10.563 1	9.898 6	9.295 0	8.745 5	8.244 2	7.786 2	7.366 7
15	13.865 1	12.849 3	11.937 9	11.118 4	10.379 7	9.712 2	9.107 9	8.559 5	8.060 7	7.606 1
16	14.717 9	13.577 7	12.561 1	11.652 3	10.837 8	10.105 9	9.446 6	8.851 4	8.312 6	7.823 7
17	15.562 3	14.291 9	13.166 1	12.165 7	11.274 1	10.477 3	9.763 2	9.121 6	8.543 6	8.021 6
18	16.398 3	14.992 0	13.753 5	12.659 3	11.689 6	10.827 6	10.059 1	9.371 9	8.755 6	8.201 4
19	17.226 0	15.678 5	14.323 8	13.133 9	12.085 3	11.158 1	10.335 6	9.603 6	8.950 1	8.364 9
20	18.045 6	16.351 4	14.877 5	13.590 3	12.462 2	11.469 9	10.594 0	9.818 1	9.128 5	8.513 6
21	18.857 0	17.011 2	15.415 0	14.029 2	12.821 2	11.764 1	10.835 5	10.016 8	9.292 2	8.648 7
22	19.660 4	17.658 0	15.936 9	14.451 1	13.163 0	12.041 6	11.061 2	10.200 7	9.442 4	8.771 5
23	20.455 8	18.292 2	16.443 6	14.856 8	13.488 6	12.303 4	11.272 2	10.371 1	9.580 2	8.883 2
24	21.243 4	18.913 9	16.935 5	15.247 0	13.798 6	12.550 4	11.469 3	10.528 8	9.706 6	8.984 7
25	22.023 2	19.523 5	17.413 1	15.622 1	14.093 9	12.783 4	11.653 6	10.674 8	9.822 6	9.077 0
26	22.795 2	20.121 0	17.876 8	15.982 8	14.375 2	13.003 2	11.825 8	10.810 0	9.929 0	9.160 9
27	23.559 6	20.706 9	18.327 0	16.329 6	14.643 0	13.210 5	11.986 7	10.935 2	10.026 6	9.237 2
28	24.316 4	21.281 3	18.764 1	16.663 1	14.898 1	13.406 2	12.137 1	11.051 1	10.116 1	9.306 6
29	25.065 8	21.844 4	19.188 5	16.983 7	15.141 1	13.590 7	12.277 7	11.158 4	10.198 3	9.369 6
30	25.807 7	22.396 5	19.600 4	17.292 0	15.372 5	13.764 8	12.409 0	11.257 8	10.273 7	9.426 9
35	29.408 6	24.998 6	21.487 2	18.664 6	16.374 2	14.498 2	12.947 7	11.654 6	10.566 8	9.644 2
40	32.834 7	27.355 5	23.114 8	19.792 8	17.159 1	15.046 3	13.331 7	11.924 6	10.757 4	9.779 1
45	36.094 5	29.490 2	24.518 7	20.720 0	17.774 1	15.455 8	13.605 5	12.108 4	10.881 2	9.862 8
50	39.196 1	31.423 6	25.729 8	21.482 2	18.255 9	15.761 9	13.800 7	12.233 5	10.961 7	9.914 8
55	42.147 2	33.174 8	26.774 4	22.108 6	18.633 5	15.990 5	13.939 9	12.318 6	11.014 0	9.947 1

期数	12%	14%	15%	16%	18%	20%	24%	28%	32%	36%
1	0.892 9	0.877 2	0.869 6	0.862 1	0.847 5	0.833 3	0.806 5	0.781 3	0.757 6	0.735 3
2	1.690 1	1.646 7	1.625 7	1.605 2	1.565 6	1.527 8	1.456 8	1.391 6	1.331 5	1.276 0
3	2.401 8	2.321 6	2.283 2	2.245 9	2.174 3	2.106 5	1.981 3	1.868 4	1.766 3	1.673 5
4	3.037 3	2.913 7	2.855 0	2.798 2	2.690 1	2.588 7	2.404 3	2.241 0	2.095 7	1.965 8
5	3.604 8	3.433 1	3.352 2	3.274 3	3.127 2	2.990 6	2.745 4	2.532 0	2.345 2	2.180 7
6	4.111 4	3.888 7	3.784 5	3.684 7	3.497 6	3.325 5	3.020 5	2.759 4	2.534 2	2.338 8
7	4.563 8	4.288 3	4.160 4	4.038 6	3.811 5	3.604 6	3.242 3	2.937 0	2.677 5	2.455 0
8	4.967 6	4.638 9	4.487 3	4.343 6	4.077 6	3.837 2	3.421 2	3.075 8	2.786 0	2.540 4
9	5.328 2	4.946 4	4.771 6	4.606 5	4.303 0	4.031 0	3.565 5	3.184 2	2.868 1	2.603 3
10	5.650 2	5.216 1	5.018 8	4.833 2	4.494 1	4.192 5	3.681 9	3.268 9	2.930 4	2.649 5
11	5.937 7	5.452 7	5.233 7	5.028 6	4.656 0	4.327 1	3.775 7	3.335 1	2.977 6	2.683 4
12	6.194 4	5.660 3	5.420 6	5.197 1	4.793 2	4.439 2	3.851 4	3.386 8	3.013 3	2.708 4
13	6.423 5	5.842 4	5.583 1	5.342 3	4.909 5	4.532 7	3.912 4	3.427 2	3.040 4	2.726 8
14	6.628 2	6.002 1	5.724 5	5.467 5	5.008 1	4.610 6	3.961 6	3.458 7	3.060 9	2.740 3
15	6.810 9	6.142 2	5.847 4	5.575 5	5.091 6	4.675 5	4.001 3	3.483 4	3.076 4	2.750 2
16	6.974 0	6.265 1	5.954 2	5.668 5	5.162 4	4.729 6	4.033 3	3.502 6	3.088 2	2.757 5
17	7.119 6	6.372 9	6.047 2	5.748 7	5.222 3	4.774 6	4.059 1	3.517 7	3.097 1	2.762 9
18	7.249 7	6.467 4	6.128 0	5.817 8	5.273 2	4.812 2	4.079 9	3.529 4	3.103 9	2.766 8
19	7.365 8	6.550 4	6.198 2	5.877 5	5.316 2	4.843 5	4.096 7	3.538 6	3.109 0	2.769 7
20	7.469 4	6.623 1	6.259 3	5.928 8	5.352 7	4.869 6	4.110 3	3.545 8	3.112 9	2.771 8
21	7.562 0	6.687 0	6.312 5	5.973 1	5.383 7	4.891 3	4.121 2	3.551 4	3.115 8	2.773 4
22	7.644 6	6.742 9	6.358 7	6.011 3	5.409 9	4.909 4	4.130 0	3.555 8	3.118 0	2.774 6
23	7.718 4	6.792 1	6.398 8	6.044 2	5.432 1	4.924 5	4.137 1	3.559 2	3.119 7	2.775 4
24	7.784 3	6.835 1	6.433 8	6.072 6	5.450 9	4.937 1	4.142 8	3.561 9	3.121 0	2.776 0
25	7.843 1	6.872 9	6.464 1	6.097 1	5.466 9	4.947 6	4.147 4	3.564 0	3.122 0	2.776 5
26	7.895 7	6.906 1	6.490 6	6.118 2	5.480 4	4.956 3	4.151 1	3.565 6	3.122 7	2.776 8
27	7.942 6	6.935 2	6.513 5	6.136 4	5.491 9	4.963 6	4.154 2	3.566 9	3.123 3	2.777 1
28	7.984 4	6.960 7	6.533 5	6.152 0	5.501 6	4.969 7	4.156 6	3.567 9	3.123 7	2.777 3
29	8.021 8	6.983 0	6.550 9	6.165 6	5.509 8	4.974 7	4.158 5	3.568 7	3.124 0	2.777 4
30	8.055 2	7.002 7	6.566 0	6.177 2	5.516 8	4.978 9	4.160 1	3.569 3	3.124 2	2.777 5
35	8.175 5	7.070 0	6.616 6	6.215 3	5.538 6	4.991 5	4.164 4	3.570 8	3.124 8	2.777 7
40	8.243 8	7.105 0	6.641 8	6.233 5	5.548 2	4.996 6	4.165 9	3.571 2	3.125 0	2.777 8
45	8.282 5	7.123 2	6.654 3	6.242 1	5.552 3	4.998 6	4.166 4	3.571 4	3.125 0	2.777 8
50	8.304 5	7.132 7	6.660 5	6.246 3	5.554 1	4.999 5	4.166 6	3.571 4	3.125 0	2.777 8
55	8.317 0	7.137 6	6.663 6	6.248 2	5.554 9	4.999 8	4.166 6	3.571 4	3.125 0	2.777 8

注:

计算公式:年金现值系数 $= \dfrac{1-(1+i)^{-n}}{i}$,$P=A\dfrac{1-(1+i)^{-n}}{i}$

其中,A——每期等额支付(或收入)的金额;

　　　i——报酬率或利率;

　　　n——计息期数;

　　　P——年金现值或本利和。

附表五　自然对数表

N	0	1	2	3	4	5	6	7	8	9
1.0	0.000 0	0.010 0	0.019 8	0.029 6	0.039 2	0.048 8	0.058 3	0.067 7	0.077 0	0.086 2
1.1	0.095 3	0.104 4	0.113 3	0.122 2	0.131 0	0.139 8	0.148 4	0.157 0	0.165 5	0.174 0
1.2	0.182 3	0.190 6	0.198 9	0.207 0	0.215 1	0.223 1	0.231 1	0.239 0	0.246 9	0.254 6
1.3	0.262 4	0.270 0	0.277 6	0.285 2	0.292 7	0.300 1	0.307 5	0.314 8	0.322 1	0.329 3
1.4	0.336 5	0.343 6	0.350 7	0.357 7	0.364 6	0.371 6	0.378 4	0.385 3	0.392 0	0.398 8
1.5	0.405 5	0.412 1	0.418 7	0.425 3	0.431 8	0.438 3	0.444 7	0.451 1	0.457 4	0.463 7
1.6	0.470 0	0.476 2	0.482 4	0.488 6	0.494 7	0.500 8	0.506 8	0.512 8	0.518 8	0.524 7
1.7	0.530 6	0.536 5	0.542 3	0.548 1	0.553 9	0.559 6	0.565 3	0.571 0	0.576 6	0.582 2
1.8	0.587 8	0.593 3	0.598 8	0.604 3	0.609 8	0.615 2	0.620 6	0.625 9	0.631 3	0.636 6
1.9	0.641 9	0.647 1	0.652 3	0.657 5	0.662 7	0.667 8	0.672 9	0.678 0	0.683 1	0.688 1
2.0	0.693 1	0.698 1	0.703 1	0.708 0	0.712 9	0.717 8	0.722 7	0.727 5	0.732 4	0.737 2
2.1	0.741 9	0.746 7	0.751 4	0.756 1	0.760 8	0.765 5	0.770 1	0.774 7	0.779 3	0.783 9
2.2	0.788 5	0.793 0	0.797 5	0.802 0	0.806 5	0.810 9	0.815 4	0.819 8	0.824 2	0.828 6
2.3	0.832 9	0.837 2	0.841 6	0.845 9	0.850 2	0.854 4	0.858 7	0.862 9	0.867 1	0.871 3
2.4	0.875 5	0.879 6	0.883 8	0.887 9	0.892 0	0.896 1	0.900 2	0.904 2	0.908 3	0.912 3
2.5	0.916 3	0.920 3	0.924 3	0.928 2	0.932 2	0.936 1	0.940 0	0.943 9	0.947 8	0.951 7
2.6	0.955 5	0.959 4	0.963 2	0.967 0	0.970 8	0.974 6	0.978 3	0.982 1	0.985 8	0.989 5
2.7	0.993 3	0.996 9	1.000 6	1.004 3	1.008 0	1.011 6	1.015 2	1.018 8	1.022 5	1.026 0
2.8	1.029 6	1.033 2	1.036 7	1.040 3	1.043 8	1.047 3	1.050 8	1.054 3	1.057 8	1.061 3
2.9	1.064 7	1.068 2	1.071 6	1.075 0	1.078 4	1.081 8	1.085 2	1.088 6	1.091 9	1.095 3
3.0	1.098 6	1.101 9	1.105 3	1.108 6	1.111 9	1.115 1	1.118 4	1.121 7	1.124 9	1.128 2
3.1	1.131 4	1.134 6	1.137 8	1.141 0	1.144 2	1.147 4	1.150 6	1.153 7	1.156 9	1.160 0
3.2	1.163 2	1.166 3	1.169 4	1.172 5	1.175 6	1.178 7	1.181 7	1.184 8	1.187 8	1.190 9
3.3	1.193 9	1.196 9	1.200 0	1.203 0	1.206 0	1.209 0	1.211 9	1.214 9	1.217 9	1.220 8
3.4	1.223 8	1.226 7	1.229 6	1.232 6	1.235 5	1.238 4	1.241 3	1.244 2	1.247 0	1.249 9
3.5	1.252 8	1.255 6	1.258 5	1.261 3	1.264 1	1.266 9	1.269 8	1.272 6	1.275 4	1.278 2
3.6	1.280 9	1.283 7	1.286 5	1.289 2	1.292 0	1.294 7	1.297 5	1.300 2	1.302 9	1.305 6
3.7	1.308 3	1.311 0	1.313 7	1.316 4	1.319 1	1.321 8	1.324 4	1.327 1	1.329 7	1.332 4
3.8	1.335 0	1.337 6	1.340 3	1.342 9	1.345 5	1.348 1	1.350 7	1.353 3	1.355 8	1.358 4
3.9	1.361 0	1.363 5	1.366 1	1.368 6	1.371 2	1.373 7	1.376 2	1.378 8	1.381 3	1.383 8
4.0	1.386 3	1.388 8	1.391 3	1.393 8	1.396 2	1.398 7	1.401 2	1.403 6	1.406 1	1.408 5
4.1	1.411 0	1.413 4	1.415 9	1.418 3	1.420 7	1.423 1	1.425 5	1.427 9	1.430 3	1.432 7
4.2	1.435 1	1.437 5	1.439 8	1.442 2	1.444 6	1.446 9	1.449 3	1.451 6	1.454 0	1.456 3
4.3	1.458 6	1.460 9	1.463 3	1.465 6	1.467 9	1.470 2	1.472 5	1.474 8	1.477 0	1.479 3
4.4	1.481 6	1.483 9	1.486 1	1.488 4	1.490 7	1.492 9	1.495 1	1.497 4	1.499 6	1.501 9
4.5	1.504 1	1.506 3	1.508 5	1.510 7	1.512 9	1.515 1	1.517 3	1.519 5	1.521 7	1.523 9

N	0	1	2	3	4	5	6	7	8	9
4.6	1.526 1	1.528 2	1.530 4	1.532 6	1.534 7	1.536 9	1.539 0	1.541 2	1.543 3	1.545 4
4.7	1.547 6	1.549 7	1.551 8	1.553 9	1.556 0	1.558 1	1.560 2	1.562 3	1.564 4	1.566 5
4.8	1.568 6	1.570 7	1.572 8	1.574 8	1.576 9	1.579 0	1.581 0	1.583 1	1.585 1	1.587 2
4.9	1.589 2	1.591 3	1.593 3	1.595 3	1.597 4	1.599 4	1.601 4	1.603 4	1.605 4	1.607 4
5.0	1.609 4	1.611 4	1.613 4	1.615 4	1.617 4	1.619 4	1.621 4	1.623 3	1.625 3	1.627 3
5.1	1.629 2	1.631 2	1.633 2	1.635 1	1.637 1	1.639 0	1.640 9	1.642 9	1.644 8	1.646 7
5.2	1.648 7	1.650 6	1.652 5	1.654 4	1.656 3	1.658 2	1.660 1	1.662 0	1.663 9	1.665 8
5.3	1.667 7	1.669 6	1.671 5	1.673 4	1.675 2	1.677 1	1.679 0	1.680 8	1.682 7	1.684 5
5.4	1.686 4	1.688 2	1.690 1	1.691 9	1.693 8	1.695 6	1.697 4	1.699 3	1.701 1	1.702 9
5.5	1.704 7	1.706 6	1.708 4	1.710 2	1.712 0	1.713 8	1.715 6	1.717 4	1.719 2	1.721 0
5.6	1.722 8	1.724 6	1.726 3	1.728 1	1.729 9	1.731 7	1.733 4	1.735 2	1.737 0	1.738 7
5.7	1.740 5	1.742 2	1.744 0	1.745 7	1.747 5	1.749 2	1.750 9	1.752 7	1.754 4	1.756 1
5.8	1.757 9	1.759 6	1.761 3	1.763 0	1.764 7	1.766 4	1.768 1	1.769 9	1.771 6	1.773 3

计算公式：自然对数值 $=\ln N$，表示以自然数 e 为底，N 的对数值。

如 $N=5.83$，则查纵列 5.8 横列 3 对应的数值，即 $\ln(5.83)=1.763\,0$。

参 考 文 献

[1] 陈玉罡 . 个人理财：理论、实务与案例［M］. 2 版 . 北京：北京大学出版 社，2020.

[2] 黄达 . 金融学［M］. 5 版 . 北京：中国人民大学出版社，2020.

[3] 高鸿业 . 西方经济学［M］. 8 版 . 北京：中国人民大学出版社，2021.

[4] 周建松 . 中国金融制度与体系［M］. 北京：中国人民大学出版社，2018.

[5] 周建松 . 金融学基础［M］. 2 版 . 北京：中国人民大学出版社，2017.

[6] 王静，裘晓飞 . 个人理财［M］. 2 版 . 北京：科学出版社，2015.

[7] 王静 . 证券投资实务［M］. 北京：中国金融出版社，2014.

[8] 阿瑟·J. 基翁 . 个人理财［M］. 6 版 . 北京：中国人民大学出版社，2016.

[9] 尼尔·基什特尼 . 经济学通识课［M］. 北京：民主与建设出版社，2017.

[10] 银行业专业人员职业资格考试办公室 . 银行业专业人员职业资格初级考试 辅导教材：个人理财［M］. 北京：中国金融出版社，2015.

[11] 证券业从业人员一般从业资格考试专家组 . 证券业从业人员一般从业资格 考试辅导教材：金融市场基础知识［M］. 北京：中国金融出版社，2017.

[12] 法律出版社法规中心 . 中华人民共和国保险法注释本 . 5 版 . 北京：法律出 版社，2016.

[13] 中国法制出版社 . 中华人民共和国民法典［M］. 北京：中国法制出版社， 2020.

[14] 立信会计出版社 . 个人所得税实操手册 . 上海：立信会计出版社，2021.

[15] 中国证券业协会 . 金融市场基础知识［M］. 北京：中国财政经济出版社， 2021.

主编简介

　　潘静波，浙江金融职业学院副教授，投资保险学院副院长，国家二级理财规划师，AFP 金融理财师，浙江省政府金融顾问。研究方向为区域金融、家庭金融。主持完成教育部人文社科、浙江省社科联等各类省厅级课题 8 项，在核心期刊公开发表论文 10 余篇，出版学术专著 2 本。主编十二五国家规划教材《个人理财》，主持建设中国大学 MOOC、智慧职教 MOOC 学院 "个人理财" 课程。获得浙江省高校教师教育技术成果评比一等奖、浙江省高职院校教师技能大赛二等奖，指导学生多次获得浙江省大学生证券投资竞赛团队赛、浙江省大学生投资理财大赛团队赛、全国 "黄炎培杯" 投资理财大赛理财方案团队赛一等奖等奖项。

　　裴晓飞，浙江金融职业学院副教授，投资保险学院副院长，浙江大学经济学硕士，注册会计师，经济师。主要从事个人理财和地方金融等领域的研究。

郑重声明

高等教育出版社依法对本书享有专有出版权。任何未经许可的复制、销售行为均违反《中华人民共和国著作权法》，其行为人将承担相应的民事责任和行政责任；构成犯罪的，将被依法追究刑事责任。为了维护市场秩序，保护读者的合法权益，避免读者误用盗版书造成不良后果，我社将配合行政执法部门和司法机关对违法犯罪的单位和个人进行严厉打击。社会各界人士如发现上述侵权行为，希望及时举报，我社将奖励举报有功人员。

反盗版举报电话　　（010）58581999　58582371

反盗版举报邮箱　dd@hep.com.cn

通信地址　北京市西城区德外大街4号　高等教育出版社法律事务部

邮政编码　100120

读者意见反馈

为收集对教材的意见建议，进一步完善教材编写并做好服务工作，读者可将对本教材的意见建议通过如下渠道反馈至我社。

咨询电话　400-810-0598

反馈邮箱　gjdzfwb@pub.hep.cn

通信地址　北京市朝阳区惠新东街4号富盛大厦1座

　　　　　高等教育出版社总编辑办公室

邮政编码　100029

防伪查询说明（适用于封底贴有防伪标的图书）

用户购书后刮开封底防伪涂层，使用手机微信等软件扫描二维码，会跳转至防伪查询网页，获得所购图书详细信息。

防伪客服电话　　（010）58582300

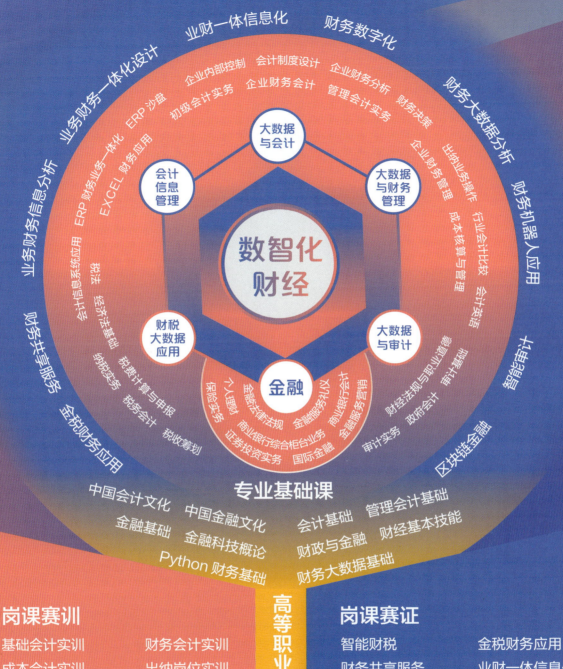

业财一体信息化　　财务数字化

业财务一体化设计　　业务财务一体化分析

企业内部控制　会计制度设计　　企业财务分析

ERP 沙盘　初级会计实务　企业财务会计　　管理会计实务　财务决策　财务大数据分析

EXCEL 财务应用　ERP 财务业务一体化　　企业财务管理　出纳业务操作　行业会计比较　财务机器人应用

会计信息系统应用　手工账　纳税审查实务　　成本核算与管理　成本会计英语　智能审计

大数据
与会计

会计
信息
管理

大数据
与财务
管理

**数智化
财经**

财税
大数据
应用

大数据
与审计

个人理财　金融服务礼仪　　财经法规与职业道德　审计基础　区块链金融

保险实务　金融法律法规　金融服务会计　　政府会计

纳税实务　证券投资实务　商业银行综合柜台业务　商业银行业务　审计实务

税费计算与申报　税务会计　国际金融　金融服务营销

税收筹划

金税财务应用

业务财务信息分析

金融客户关系网络

金税财务应用

金融

专业基础课

中国会计文化　中国金融文化　　会计基础　管理会计基础

金融基础　金融科技概论　　财政与金融　财经基本技能

Python 财务基础　　财务大数据基础

岗课赛训

基础会计实训	财务会计实训
成本会计实训	出纳岗位实训
审计综合实训	税务会计实训
管理会计实训	会计综合实训
数字金融业务实训	会计信息化实验

高等职业教育财经类专业群

岗课赛证

智能财税	金税财务应用
财务共享服务	业财一体信息化应用
财务数字化应用	数字化管理会计
智能估值	智能审计
财务机器人应用